# 九人

## 美国最高法院风云

Jeffrey Toobin
[美国] 杰弗里 · 图宾 **著**　　何帆 **译**

# THE NINE

Inside the Secret World of the Supreme Court

译林出版社

**图书在版编目（CIP）数据**

九人：美国最高法院风云 ／（美）杰弗里·图宾(Jeffrey Toobin) 著；何帆译．—南京：译林出版社，2020.10（2024.4重印）
书名原文：The Nine: Inside the Secret World of the Supreme Court
ISBN 978-7-5447-7977-7

Ⅰ.①九… Ⅱ.①杰… ②何… Ⅲ.①法官－生平事迹－美国－1990-2007 Ⅳ.①K837.125.19

中国版本图书馆 CIP 数据核字（2020）第 183460 号



著作权合同登记号 图字：10-2018-419 号

**九人：美国最高法院风云 ［美国］杰弗里·图宾／著 何帆／译**

责任编辑 黄 洁
装帧设计 陈 悦
校 对 蒋 燕
责任印制 单 莉

原文出版 Doubleday, 2007
出版发行 译林出版社
地 址 南京市湖南路 1 号 A 楼
邮 箱 yilin@yilin.com
网 址 www.yilin.com
市场热线 025-86633278
排 版 南京展望文化发展有限公司
印 刷 苏州市越洋印刷有限公司
开 本 850 毫米 ×1168 毫米 1/32
印 张 16.375
插 页 8
版 次 2020 年 10 月第 1 版
印 次 2024 年 4 月第 4 次印刷
书 号 ISBN 978-7-5447-7977-7
定 价 88.00 元

1991 年 10 月 18 日，克拉伦斯·托马斯在美国联邦最高法院宣誓就职，仪式由大法官拜伦·怀特主持。左起依次为第一夫人芭芭拉·布什、老布什总统、托马斯及其妻子维吉尼亚·托马斯、拜伦·怀特。

1993 年 1 月 20 日，美国国会大厦，美国联邦最高法院首席大法官威廉 · H. 伦奎斯特主持比尔 · 克林顿总统的宣誓就职仪式。克林顿总统的左手边是妻子希拉里 · 克林顿，右手边是女儿切尔西 · 克林顿。

1993 年 6 月 14 日，比尔 · 克林顿总统（左）在白宫玫瑰园宣布了露丝 · 巴德 · 金斯伯格的大法官提名。

美国联邦最高法院全体成员（2003 年）。前排左起依次为安东宁·斯卡利亚、约翰·保罗·斯蒂文斯、威廉·H. 伦奎斯特、桑德拉·戴·奥康纳、安东尼·M. 肯尼迪，后排左起依次为露丝·巴德·金斯伯格、戴维·H. 苏特、克拉伦斯·托马斯、斯蒂芬·G. 布雷耶。

美国联邦最高法院全体成员（2009 年）。前排左起依次为安东尼 · M. 肯尼迪、约翰 · 保罗 · 斯蒂文斯、约翰 · G. 罗伯茨、安东宁 · 斯卡利亚、克拉伦斯 · 托马斯，后排左起依次为萨缪尔 · A. 阿利托、露丝 · 巴德 · 金斯伯格、斯蒂芬 · G. 布雷耶、索尼娅 · 索托马约尔。

2016 年 2 月 14 日，《纽约时报》（左）、《纽约邮报》（中）和《纽约每日新闻》（右）以头版报道了美国联邦最高法院大法官安东宁·斯卡利亚逝世的消息。

2018年1月19日，第45届维护生命权利游行的参与者聚集在美国最高法院外。这个一年一度的游行活动旨在抗议罗伊诉韦德案，美国联邦最高法院在该案中裁决堕胎为合法行为。

2018年，美国最高法院。

2018 年 10 月 5 日上午，美国华盛顿国会山，华盛顿州民主党参议员乔·曼钦（中）与弗吉尼亚州民主党参议员蒂姆·凯恩（左）被记者包围，他们刚刚审查了美国联邦调查局对最高法院大法官候选人布雷特·卡瓦诺的补充背景调查报告。

# 译者序
# 法袍下的政治魅影

## 一

《九人：美国最高法院风云》出版于2007年，年底即入选《纽约时报》年度十大好书。英文书名“The Nine”，特指美国最高法院九位大法官。崇拜者尊之为“护法九神”，视为公平正义之化身。反对者则将最高法院贬作“九老院”，恨不得某些“眼中钉”早日退休。

作者杰弗里·图宾，《纽约客》专职作家，有线电视新闻网（CNN）首席法律分析员，著有诸多法政题材非虚构作品，主题涉及橄榄球明星O.J.辛普森被控故意杀人案、克林顿总统被弹劾案、小布什总统大选计票纠纷案等。关于辛普森案的著作被改编为剧集后，获得多项艾美奖。

图宾毕业于哈佛法学院，与最高法院现任大法官艾琳娜·卡根是同班同学兼好友。哈佛校友资源，加上前联邦助理检察官经历，使图宾有更多机会接触法政“圈内人”，也更容易挖掘到内部“猛料”。《九人》与2013年出版的《誓言：白宫与最高法院》，就是他采访多位大法官、法官助理和“圈内人”的成果。《九人》内容贯穿1990年至 2007 年，记叙了美国最高法院 17 年间的意识形态更替、法官选任斗争和重大判决内幕。

作为一名自由派媒体人，图宾毫不掩饰自己的政治倾向。《九人》出版时，总统大选鏖战正酣，作者在书末明言："因此，一项因素——而且仅有一项因素——能决定最高法院的未来：总统大选的结果。"在他看来，选出什么样的总统，就会有什么样的最高法院，若要避免最高法院沦为保守派的政治"桥头堡"，2008 年就必须选一名民主党人当总统。奥巴马后来的当选，也令图宾由衷感叹："最高法院得救了！"

大选明明选的是总统，为何会关系到最高法院的未来？这是因为，按照美国宪法，总统享有联邦法官提名权。只要被总统提名，并得到参议院多数票确认，就可以成为最高法院大法官。请注意，总统只有任命权，没有罢免权。大法官除非在任内去世、辞职、病退，或者因品行不端、触犯重罪而被弹劾，否则可以终身任职。也就是说，万一总统选中的人后来不听招呼，最多也只能画个圈圈诅咒他早日退休。

历史上，总统选大法官看走眼的情况比比皆是。很多可靠的"自己人"，上岗后却反戈一击。因此，历任总统挑选大法官都格外慎重。毕竟，选择大法官，就是确立自己留给未来的政治遗产。为什么说是"政治遗产"呢？因为总统四年选一次，大法官却可以一直干下去。如果选对了人，就能把总统的政治意志一以贯之，令总统所属党派的政治议程垂范久远。

2005 年，小布什总统选择首席大法官期间，就格外注重干部"年轻化"问题。现任首席大法官约翰·罗伯茨那年上任时，才刚满 50 周岁，这就意味着，至少在未来 30 年内，无论进入白宫的是谁，只要罗伯茨身体不出大状况，都是最高法院的"掌舵人"。

但是，既然大法官是终身任职，谁又能保证他们甘当一成不变的“政治遗产”？以2010年6月退休的大法官约翰·保罗·斯蒂文斯为例。老人家1975年上任，35年来，世情社情、潮流文化、科学技术不知发生多大变化，一个人的司法理念又怎么可能一成不变？1975年，老先生还是死刑的坚定拥护者，到2008年，88岁的斯蒂文斯已明确提出死刑违宪了。

政治鏖战延伸到司法领域，自然就变成大法官人选之争。历届总统大选，候选人都会把自己将提名什么样的大法官，作为竞选政治承诺之一，至于上任后有没有机会提名，则全看运气。

进入21世纪，民主党、共和党都加大了对候选人意识形态的审查力度。总统上任伊始，均会安排幕僚班底寻觅政治可靠、组织放心的大法官人选。候选人的家庭背景、职业经历、社交范围、雇工信息、房产交易、财税状况、文字作品（在校作业、学术论文、社论时评、法律文书、工作报告），以及担任法官期间起草的判决书或异议意见书，都要经历严格审查，目标只有一个：“确保永不叛党”。经过上述严苛排查，总统看走眼的现象，如今已不大可能出现。

不过，这边政党越是放心的人选，对立政党肯定会在参议院竭力“阻击”。所以，如果所属党派在参议院不占优势，总统一般会打着凝聚“两党共识”的旗号，尽可能选择立场相对温和、中立的候选人。倘若参议院多数派都是自己人，总统就会放开手脚，果断提名令本党放心的“强硬派”。这，或许就是美国特色的“司法政治”。

## 二

行文至此，有必要解释一下自由派与保守派之分。所谓美国政治，基本就是民主党、共和党的“两党政治”。通常情况下，人们习惯把民主党称为左翼，贴上自由派标签；把共和党称为右翼，打上保守派标记。但是，实际情况远比按党派划线复杂。

首先，自由也好，保守也罢，都是中性词，均代表相当一部分民众的价值取向。这里的“自由”并不意味着包容开放，“保守”也不一定特指抱残守缺，不能纯按中文字面意思理解。细究起来，二者还有融汇相通之处。

例如，美国革命赶走了英国殖民者，但归根结底还是一场“保守”的革命。建国者选择决裂的，是贵族、国教、长子继承制等封建“糟粕”，但保留了正当程序、言论自由、税收法定等英国本土价值观，对专制皇权和“大政府”保持天然警惕，却又与奴隶制关系暧昧。所以，早期的美国保守主义，其实是“自由基础上的保守”，或者说是“维护传统自由观的保守”。换言之，传统的保守理念，可能是对“大政府”的防备之心，也可能是对上帝的虔诚信仰，还可能是对种族、文化、生命、婚姻、性的审慎态度，很难用进步或落后加以评判。

进入 20 世纪，自由派与保守派的分野逐渐明显。总体上看，自由派赞成堕胎、同性恋（包括同性婚姻）、种族平权措施、安乐死、宽松移民政策，支持扩大联邦政府权力和限制个人持枪，反对死刑，抵制宗教进入公共领域。保守派则坚决反对堕胎、同性恋、安乐死，支持死刑，捍卫公民持枪权，认为州权神圣，要求对富人减税，呼吁限制移民进入美国，积极推动宗教进入政府、学校等公共领域。

与许多国人想象不同的是，美国有 41% 的民众以保守派自居，而认为自己是纯正自由派的，则不到 20%。某种程度上讲，保守理念反而是多数美国人的内心信仰。2008 年岁末，奥巴马能成功当选总统，或许意味着美国民众厌烦了小布什执政后期那套极端保守主义作风，却未必证明保守理念已失去民意基础。到 2016 年底，特朗普果然借助保守派“票仓”成功上位，并开始全面实行自己的保守派“政纲”。

事实上，自由派与保守派观点也并非绝对对立、泾渭分明，保守派存在中间偏左立场，自由派也有中间偏右观点。例如，有人可能既支持同性恋婚姻，又赞成死刑，或者同时反对个人持枪和安乐死。

具体到立场本身，也很难分出对错。就拿美国高校的种族平权措施为例。种族隔离早已废除，但自由派总觉得国家欠黑人一笔历史旧账，必须想办法弥补。而最简单直接的“补偿”措施，就是入学优惠政策。说白了，就是降分录取，而且是降很多分。但如此一来，白人或其他族裔就有意见了，考差不多的分数，为什么黑人被录取的概率更高，这算不算对白人的“逆向歧视”？根据哈佛大学公布的数据，该校 2020 年入学的 1980 名新生中，少数族裔已占 54.6%，其中非洲裔占到 14.8%。

别说白人，就是黑人内部也有分歧。最高法院现任黑人大法官克拉伦斯·托马斯就认为，黑白平等的前提是自立自强、公平竞争，靠享受优惠政策永远换不来其他族裔的尊重。围绕上述意见，又延伸出很多观点。有人认为，优惠政策是为了促进种族多元化，确保校园、军队或其他行业都有各个族裔。也有人提出，历史旧账应该还，优惠政策可以给，但必须有个限期，不能子子孙孙无穷尽还下去。这些观点，都曾体现在最高法院审理的案件中，背后皆有很多支持者，很难作出非此即彼的价值判断。

如果一定要寻找一块检验两派观点的“试金石”，当属堕胎议题。自由派认为堕胎是女性的自由选择，应当受宪法保护，又称“捍卫选择派”；保守派认为胎儿也是生命，除非生育危及孕妇生命健康，或是因强奸、乱伦受孕，堕胎行为都应被严格禁止，故称“捍卫生命派”。两派之争延伸到司法领域，体现为对罗伊诉韦德案判决的态度。

罗伊诉韦德案是最高法院1972年审理的一起案件。在这起案件中，大法官们以7票对2票，宣布得克萨斯州禁止堕胎的法律违宪，维护了妇女的自由选择权，堕胎随之在全美成为合法行为。48年来，保守派一直希望将堕胎案和反对堕胎的大法官一起送入最高法院，最终实现推翻罗伊案判决的战略目标。在1992年的计划生育联盟诉凯西州长案中，要不是靠苏特与奥康纳、肯尼迪三位大法官联手力挽狂澜，罗伊案判决早已寿终正寝。在那之后，对罗伊案判决的冲击从未停止。图宾在《九人》中，用一句话概括了堕胎案在最高法院的敏感性和重要性，即“最高法院主要审理两类案子。堕胎案是一类——其他全属另一类”。

而在历任大法官候选人必经的参议院司法委员会确认听证会上，“你怎么看待罗伊案判决？”始终是个绕不开的问题。候选人若回答支持，共和党人将全力抵制他进入最高法院；候选人若表示反对，民主党人也不会善罢甘休。当然，含糊其辞、顾左右而言其他，也是一种选择。首席大法官约翰·罗伯茨当年就是这么应付过去的。2005年之后，几乎没有大法官候选人再直接回答这一终极提问。两党参议员也仿佛形成一种政治默契，不再打破砂锅问到底。

## 三

奥巴马当选后，形势发展暂时让自由派人士松了一口气。2009年到2010年，随着戴维·苏特和约翰·保罗·斯蒂文斯两位大法官陆续宣布退休，奥巴马先后任命两位女性自由派大法官接任，她们是：西班牙裔的索尼娅·索托马约尔，以及哈佛法学院前院长艾琳娜·卡根。

她俩与露丝·巴德·金斯伯格、斯蒂芬·布雷耶形成最高法院内的“自由派组合”，首席大法官约翰·罗伯茨则与安东宁·斯卡利亚、克拉伦斯·托马斯、萨缪尔·阿利托构成“保守派组合”。肯尼迪大法官早期属于中间派，但近些年总体上偏向保守派一方，在许多案件中，成为“最关键的第5票”。例如，在2015年的奥伯格费尔诉霍奇斯案中，就是靠肯尼迪的关键一票，最高法院才以5票对4票判决承认同性婚姻的合法性。

与此同时，首席大法官罗伯茨的重要作用也逐渐凸显。他对大局的看重和把握，逐渐超越个人政治倾向，甚至在2012年的全国独立企业联合会诉西贝利厄斯案中，投票挽救了奥巴马医疗保险法案，被许多共和党人斥为叛徒。

2016年2月，保守派大法官安东宁·斯卡利亚在度假期间突然去世。奥巴马决定提名特区巡回上诉法院首席法官梅里克·加兰德接任。此时，距离总统大选还有9个月，完全可以正常启动确认程序。可是，参议院多数党领袖、共和党人米奇·麦康奈尔硬是以临近大选，大法官应由新当选总统任命为由，强行“封堵”了选任程序，连参加听证会的机会都没有给加兰德法官。当然，共和党若不这么做，奥巴马可能成为1990年以来任命大法官人数最多的总统，最高法院内部“自由派—保守派”的平衡也有望就此打破。

特朗普2017年上任后，迅速提名尼尔·戈萨奇出任大法官，确保斯卡利亚留下的席位由保守派人士接替。他在大选时的承诺之一，就是一旦当选，“会把捍卫生命派的大法官送入最高法院，罗伊案判决的末日自然就到了”。

2018 年 6 月 27 日，81 岁的肯尼迪大法官宣布退休。12 天后，总统特朗普决定提名特区巡回上诉法院法官布雷特 · 卡瓦诺接任。

接下来的事，比美剧《纸牌屋》更富戏剧性，也让全世界大跌眼镜。7 月 30 日，帕罗奥图大学心理学教授克里斯汀 · 布莱希 · 福特致信某位民主党参议员，声称高中时曾险遭卡瓦诺性侵。消息很快被《纽约客》杂志曝光，引起轩然大波。之后，又有两名女性公开指控卡瓦诺有过性骚扰行为。到底是大法官候选人品行不端，还是马克 · 吐温笔下《竞选州长》的场景再现？一时众说纷纭。

面对各方质疑，参议院不得不组织公开听证。9 月 27 日的听证会上，上午是福特教授自称“百分之百”确定的指控，下午是卡瓦诺近乎失态的愤怒反驳，却都缺乏实质证据支持，两党议员群情激奋，普罗大众一头雾水，只留下“罗生门”式的悬念。

整件事导致的民意分裂和两党之争，从最终投票结果可见一斑。9 月 28 日上午，参议院司法委员会以 11 票赞成、10 票反对，同意将卡瓦诺的提名提交参议院确认。10 月 6 日下午，参议院最终以 50 票赞成、48 票反对，通过对卡瓦诺的提名。49 名民主党参议员中，有 48 人投了反对票，几乎称得上“一边倒”。当晚，卡瓦诺宣誓就职，成为联邦最高法院第 114 位大法官。

为什么民主党几乎动用全部政治资源，“阻击”参议院对卡瓦诺的确认？第一，肯尼迪大法官留下的“席位”非常重要，这可是决定最高法院力量对比的关键一票。第二，卡瓦诺的政治经历，足以证明他是一个铁杆保守派。细心的读者会发现，卡瓦诺的身影在《九人》中已多次出现。20 世纪 90 年代，大名鼎鼎的《斯塔尔调查报告》就是由他主笔，差点儿让克林顿总统被弹劾下台。小布什就职前，他也曾作为核心幕僚，参与拟订“大法官候选人名单”。

其实，卡瓦诺的凄惨遭遇，托马斯大法官在27年前就已经历过。1991年，也是在参议院的听证会上，面对前任女助理安妮塔·希尔的性骚扰指控，他狼狈不堪，在全国电视观众面前出尽洋相。2006年，现任大法官萨缪尔·阿利托也在听证会上被民主党参议员不断刁难，惨遭“修理”，连在一边旁听的妻子也委屈不已，泪洒会场。然而，形势走向最终会让人们意识到，对所谓的反堕胎事业而言，保守派大法官们所受的“委屈”是值得的，因为，经过近30年的酝酿和忍耐，反击时刻已经到了。

## 四

2019年5月14日，美国亚拉巴马州议会通过“史上最严”的反堕胎法。之所以说“史上最严”，是因为它规定在孕期任何阶段都禁止堕胎，只有危及孕妇生命这一种例外情形。实施堕胎手术的医生，最高可面临99年监禁。其极端程度，连总统特朗普都看不下去，在社交媒体上表态：因强奸、乱伦而怀孕，还是可以堕胎的。在此之前，肯塔基州、密西西比州、俄亥俄州和佐治亚州都通过了所谓“心跳法案”，规定凡是能检测到胎儿心跳，就禁止实施堕胎手术。

亚拉巴马州的反堕胎法，显然违反了罗伊案判决确定的规则。美国公民自由联盟等民权组织均发布声明，表示要起诉亚拉巴马州。然而，官司一旦启动，就正中保守派下怀。因为与48年前相比，最高法院的保守派数量已渐居优势。罗伊案判决，必将再次接受考验。

金斯伯格大法官曾说过一段名言，“最高法院不应只关注某一天的天气，而要看重特定时代的气候”。这里的“气候”，特指政治形势与民意走向。至少就政治气候和最高法院的内部变化而言，进入2020年，整个“气候”对罗伊案判决已极为不利。

2020年9月18日，身患三种癌症的金斯伯格未能撑到总统大选，因病逝世。本来已占少数（四位）的自由派大法官再次减员。而保守派大法官阵营中，戈萨奇今年才52岁，卡瓦诺55岁，正处于司法岗位的“黄金时期”。9月26日，特朗普又决定提名年富力强的“七零后”女性、第七巡回上诉法院法官艾米·巴雷特接任大法官职位。

此时，距离大选日仅45天。如果按照2016年“封堵”奥巴马时的“规矩”，特朗普根本就不该启动选任程序。这时，之前那个“讲原则”的麦康奈尔却把党派利益放在第一位，不仅支持特朗普的提名，还运筹帷幄，力图加速参议院的确认程序。消息传出后，图宾在《纽约客》的专栏中感慨：“关于堕胎的战争再次打响，罗伊案判决又危险了。”要知道，育有7个孩子（2个为领养）的巴雷特法官，可是铁杆的反堕胎派，早就对罗伊案判决虎视眈眈。

有人或许会问，最高法院不是有“遵循先例”原则吗？罗伊案判决这样垂范久远的先例，怎么可能被推翻？问题是，“先例”除了遵循，就是用来打破的。历史上，自由派打破先例的例子屡见不鲜，又怎么可能指望保守派大法官望之却步。更何况，最近几年来，每年都有不少先例被推翻。“遵循先例”从来只是惯例，而非法律。政治理想主义者希望，当法官就像做学问，有门户出身，无门户之见。这一点在学术界尚是一厢情愿，更别说在位于政治“风暴眼”的最高法院了，那里的门户之见早已上升为门户之争。

以上内容，可以算《九人》之后的故事延伸。而到本书中文版修订重版之际，形势发展的紧迫程度，与原版问世时已高度相似。值得一叙，特作补记。

## 五

《九人》是我翻译的第一本司法题材作品，中文首版距今正好十年。本书虽非学术著作，但在那时却起到了解当代美国最高法院的“敲门砖”作用，被许多高校法学、政治学、新闻学专业列为入门基础书目。此次译林出版社推出新版，邀我修订译文，不胜荣幸。现就修订重点，简述如下：第一，纠正错译或误译，并结合近年学习体会，调整了一些术语或词汇的表述。第二，重新润色文字，理顺句式，语言尽可能简洁、平实，贴近原文，祛除初涉译事时的华丽文风。第三，删除大量不必要的译者注，结合时事进展，增补适量新注。

时至今日，原书前半部的“九人”中（也即本书封面上的九位大法官），伦奎斯特、斯卡利亚、斯蒂文斯、金斯伯格均已谢世，奥康纳、苏特、肯尼迪先后退休，仅托马斯、布雷耶二人在位。十年以来，除了世事更替、人员变迁，国人对美国最高法院已不再陌生，甚至对部分大法官的姓名、轶事如数家珍。更重要的是，随着形势发展和现实变化，人们已不再以单一视角或价值判断看待自由派和保守派之争，也不会被过度“包装”或“美化”的美式“司法神话”所误导。

翻译《九人》，让我获得一些声名，也由此打开一扇新门，成为十多本法政著作的译者。翻译能让人躬下身、沉下心，深入探知另一个语言体系、另一套制度安排、另一种人生经历，进而发现光鲜表面背后的暗流涌动、简单逻辑蕴含的复杂纠结。更重要的是，翻译能让人更深入地切入一国司法的政治脉络，打破某些刻意打造或一厢情愿的“制度想象”。唯有如此，方可对司法与政治、司法之本质，有更丰富的理解与感悟。在从事具体司法工作中，才不会被“看上去很美”的“异国司法图景”误导，进而更加从容、自信地建设属于我们自己的法治制度。

在初版“译者序”中，我曾将本书献给1999年冬天武汉街头的一名巡警。那年，他刚刚大学毕业，对未来有无限憧憬，却又充满迷惘。值此修订重版之际，仍将本书献给他与他的同龄人们。是的，未来已来，可我们一样不愿匆匆与生活讲和，一样有各种憧憬和迷惘，一样对不确定的岁月充满希望。愿读者诸君都能不负今日、不惧将来。

是为序。

何　帆

2020年9月28日

献给我的儿子亚当

# 目　录

## 第三部



## 第四部

# 序篇：台阶

在建筑师卡斯·吉尔伯特心目中，最高法院是“世上最伟大的 1
法庭，联邦政府三大分支机构之一”，所以，对法院新大楼的设计，
他自有一番宏伟设想。吉尔伯特深知，通向最高法院的道路，与
大楼架构同等重要，二者都将决定人们对这座建筑的体验，但是，
即将迁移的新址却给他带来难题。哥伦比亚特区其他几座宏大建
筑——国会大厦、华盛顿纪念碑、林肯纪念堂——皆是以规整有序
的步道唤起人们内心的敬畏。但在 1928 年，国会为最高法院指定
的新址，却是一处狭窄且不对称的地块，勉强挤在国会大厦与国会
图书馆之间。[1] 吉尔伯特该如何精心设计，才能向访客们宣示，发生

---

1 美国建国之初，联邦最高法院并未受到太多重视，办公场所被安排在国会大厦地下室及一楼偏僻角落，由于那里空间狭小、空气流通不畅、光线不足，大法官们大多只能在家办公。1921 年，曾任美国总统的威廉·塔夫脱出任首席大法官后，开始为修建最高法院大楼奔走呼吁。经他游说，国会最终批准了建立最高法院大楼的计划。塔夫脱聘请著名建筑师卡斯·吉尔伯特为大楼设计师，并亲自参与选址、设计过程。大楼建造费时数年，跨越了 1930 年代初的“经济大萧条”时期。1935 年，最高法院大楼终于竣工，此时，塔夫脱（1930 年）与吉尔伯特（1934 年）均已先后过世。——译注（原书注释附录于书后，页下注均为译注。）

在最高法院大楼内的诉讼活动至关重要、泽及众生呢?

答案是：台阶。按照吉尔伯特的设计，大楼两翼整体推后，这样一来，高大柱廊与恢宏台阶将得以凸显。参观者无须步行太久，即可进入最高法院，他们当然不会忽略登上 44 级台阶后，抵达 8 根支撑檐顶的两排巨柱时的感受。拾级而上的体验，恰是设计者的寓意所在，象征着美国跃向正义国度的艰难历程。台阶将最高法院与日常世界，尤其是国会政客的世俗考量分隔开来，宣示着大法官们将在更高层面上审慎判断、细致裁量。

2 当然，台阶仅仅是理论意义上的象征，最高法院内部的现实，远比这些复杂。

过去两百多年里，最高法院也曾面临与政府（Government）其他分支（Branch）一样的政治难题，走过了一段荣辱交织的历程。[1] 担任首席大法官的漫长岁月里，在塑造与维系合众国政府的宪政架构方面，约翰·马歇尔[2]起到了与制宪先贤一样的作用。然而，在随后几十年内，无论是在改善奴隶恶劣处境方面，还是在避免内战爆

1 这里有必要就部分译法与表述做一说明。在美国，Government 是指美国联邦政府，包括立法（国会）、司法（最高法院）、行政（总统）三大分支，而 Administration 只是指政府的行政分支，也称执行分支（Executive Branch）。在国内，经常有人将 Clinton Administration 或 Bush Administration 译为“克林顿政府”或“布什政府”，这样的表述是不准确的，而且容易造成误解，将立法、行政分支混为一谈，规范译法应当是“克林顿领导下的行政分支”或“布什领导下的行政分支”。

为严谨起见，本书将 Government 一律译作“政府”，Administration 一律译作“行政分支”，这样表述或许有些拗口，但比较贴近原意。关于相关表述的差异，参见林达著:《总统是靠不住的》，生活·读书·新知三联书店 1998 年版。

2 约翰·马歇尔（John Marshall），1801—1835 年任联邦最高法院首席大法官，任职之初，他通过对划时代的马伯里诉麦迪逊案（*Marbury v. Madison*）的判决，确立了最高法院的司法审查权，被视为美国历史上最具影响力的首席大法官。

发方面，最高法院的表现都与总统、国会一样糟糕。同样，在“一战”爆发前的领土与经济扩张时期，最高法院刻意避免成为潮流引领者，更大程度偏向商业利益及其政治盟友，政府其他两个分支亦受二者支配。直到 1950 年代至 1960 年代，在首席大法官厄尔·沃伦任期内，法院才真正将自身定位为独立、进取的宪法权利守护者。

在接下来的 30 年里，也就是首席大法官沃伦·E. 伯格与威廉·H. 伦奎斯特任期内，许多重大议题使最高法院呈现出内部分裂态势。涉及种族、性别、宗教、联邦政府权力的一系列问题，都曾引发持续争议。案件的最终结果，往往取决于那些摇摆不定的中间温和派（moderate）大法官，早期是刘易斯·F. 鲍威尔，后来是桑德拉·戴·奥康纳，他们秉持初心、审慎裁断，力图使判决更贴近最广大美国人民的意愿。不过，这也恰恰是矛盾所在。因为，一直以来，大法官们都属于最高法院这一非民选机构，他们并不是经选举而产生，无须对公众承担任何形式的责任，任期终身制也使他们不必竭力逢迎民意。但是，从 1992 年至 2005 年，最高法院仍将能否最大限度反映公众意愿作为衡量判决的标准。判决以最高法院惯常使用的法言法语表达，看上去是为昭示宪法原意、遵循既往先例[1]，但这些判决结果，实际上更像是经普选得出的。

现在，变革的时刻就要到了。经过伯格与伦奎斯特时代的紧张僵持，一股强有力的保守主义势力正卷土重来，矛头直指最高法院。这股意识形态上的攻击力量，主要来自精英法学院与福音派教 3

1 先例（precedents），美国属于判例法国家，法院的判决是同级法院或下级法院以后处理相同或类似法律问题案件的范例，过去的司法判决是将来处理类似案件的范例依据。先例可以在以后的判决中被推翻，但这种情况较少发生，而且受“遵循先例”（*stare decisis*）原则限制。

会，而真正的幕后操纵者却是白宫。几十年来，这股势力想要推动的预定议程从未改变过：推翻罗伊诉韦德案[1]，允许各州禁止堕胎；扩张行政分支权力；终止对非裔美国人的诸项种族优惠；加快死刑执行速度；倡导宗教进入公共领域。由于最高法院在相当长一段时间里内部分化严重，保守派的议程推进举步维艰。现在，伴随突如其来的变故，他们正逐步攫取最高法院的控制权，有时甚至可以一票定乾坤。

最高法院运转隐秘，向来与世隔绝，唯有在某些仪式性场合，外界才有机会窥其风采。2005 年 9 月 6 日这天，大法官们集聚一堂，送别 3 天前离世的威廉·伦奎斯特。

---

1 罗伊诉韦德案，1969 年 8 月，得克萨斯州 21 岁的女招待诺尔玛·麦克维（Norma McCorvey）声称被强奸，并因此怀孕。她薪水微薄、居无定所，根本不想，也无力生育和抚养孩子，因而要求医生为她实施堕胎手术。但是，得州法律禁止堕胎，并规定堕胎是犯罪行为（除非是为避免孕妇出现生命危险），堕胎人将被处以最高达 10 年的刑期。因此，没有医生敢为她实施堕胎手术。她走投无路，只好向律师求助。在两位女权律师的帮助下，麦克维化名简·罗伊（Jane Roe），向法院提起诉讼，指控得州的堕胎禁令侵犯了她的“个人隐私”，要求联邦法院宣布该法违宪，并下令禁止继续执行该法。三法官地区法庭（The Three-Judge District Court）以州堕胎法令违反宪法第九修正案为由，判决支持他们的诉讼请求。但是，由于地方法院没有判决推翻州法，罗伊只好又向联邦最高法院上诉。美国最高法院最终受理了这一案件。经过一年零两个月的审理，最高法院在 1973 年以 7∶2 的多数意见裁定：得州刑法禁止堕胎的规定过于宽泛地限制了妇女的选择权，侵犯了宪法第十四修正案正当程序条款所保护的个人自由，布莱克门大法官代表多数意见方撰写了支持罗伊的判决书。

罗伊诉韦德案的判决废除了美国 46 个州的堕胎法，对美国堕胎政策产生了深远影响，是美国反堕胎运动（Anti-Abortion Movements）一直致力于推翻的判例。相关争论的前因后果可参见［美］雷蒙德·塔塔洛维奇、拜伦·W. 戴恩斯等编：《美国政治中的道德争论》，吴念、谢应光等译，重庆出版社 2001 年版。

在最高法院任职的33年间，伦奎斯特有过105名法官助理[1]。在他们眼中，伦奎斯特非常注重形式、效率和守时，甚至到了近乎偏执的程度。因此，仪式开始前，助理们准时来到最高法院一间雅致的会议厅内，商议相关注意事项。7名前助理和1名前行政助理已被选中为伦奎斯特抬棺，他们必须再次确认各项程序。8位扶灵者与逝者亲属讨论了一系列问题，其琐碎、细致程度，几乎超过这位已故首席大法官对律师们的苛刻要求：如谁该站在何处；扶灵者应一步一顿，还是缓步慢行；步幅是两英尺还是一英尺；等等。他们当中，只有一人有过扶灵经历，由他负责提醒其他扶灵者，以让众人保持步伐一致。“必须十分小心，”1980—1981年间任伦奎斯特助理的小约翰·G. 罗伯茨说，“这远比你们想象的要困难。”

上午10点，扶灵者们与灵车准时到达第一街（First Street），伫立在卡斯·吉尔伯特设计的台阶前。[2] 棺木质地如同伦奎斯特本人特质：圆润光滑、不加修饰。7位男士、1位女士擎住松木灵柩的扶手，最后一次将首席大法官送入这座宏伟建筑。晚夏的晨光柔和地投射在台阶上，大理石板折射出强烈光芒，颇有些耀眼。

扶灵者向法院缓步迈进时，其他法官助理肃穆地列队于台阶左侧， 4
右侧则是大法官们。大法官人选11年来未有更替，创下了历史纪录，如今，很快就会有一位新的大法官产生。（自罗伯特·H. 杰克逊1954

1 法官助理（law clerk），联邦最高法院的法官助理一般由大法官从著名法学院的优秀毕业生申请者中选出，主要负责筛选案件、撰写摘要、检索研究、参与讨论（并非合议）、草拟判决初稿等。他们一般为大法官工作1～2年，然后会去律师事务所或大公司工作。1885年，司法部长曾向国会建议为大法官每人提供1名助理或秘书，国会1886年采纳了这一建议，并拨专款支持。1960年代，每位大法官可以配备2名助理，1970年代增加为3名，现在可以配备4名。

2 最高法院位于华盛顿第一街，街对面即是国会大厦。

年离世以来，伦奎斯特是 50 多年来唯一在任上逝世的大法官。）大法官们沿台阶站立，次序严格依照任职资历由低到高、自下而上。

灵柩首先经过斯蒂芬·G. 布雷耶，他于 1994 年由克林顿总统任命。布雷耶不太适应这种仪式性场合，之前在国会山工作时，他长袖善舞，擅长交际，其乐趣远胜于在最高法院做一名循规蹈矩、刻板无趣的大法官。[1] 他刚刚过了 67 岁生日，可看上去要比实际年纪整整年轻 10 岁。布雷耶略有些谢顶，头顶被晒成棕褐色，这与他热爱长途单车旅行和鸟类观察探险有关。很少有大法官对上述运动有如此大的兴趣与热情。

布雷耶的精力旺盛，与克林顿之前提名的另一名大法官，1993 年上任的露丝·巴德·金斯伯格形成鲜明对比。她站在离他三个台阶远的地方。72 岁的金斯伯格纤细瘦弱。沿台阶而下时，她挽住布雷耶的胳膊。尽管身着黑衣，她的气质仍与往常一样优雅高贵。面对伦奎斯特的离去，她难掩痛苦与失落之意。事实上，无论是个人背景，还是政见立场，伦奎斯特与金斯伯格都截然不同：一位是来自密尔沃基[2] 郊区信奉路德教派的保守派，一位是来自布鲁克林区的犹太自由派，但他俩却共同分享着对司法事业的挚爱与热忱。一直以来，金斯伯格都扮演着局外人角色。她知道，首席大法官的离世将使她与法院主流距离更远。

灵柩接下来经过的，是大法官中最为人熟知的面孔——克拉伦斯·托马斯。1991 年那场令人难忘的听证会，使他声名远播，面孔更是

1 布雷耶被提名为大法官之前，曾任参议院司法委员会的首席法律顾问，任期内既获得两党参议员认可，也博取了党团领袖的欢心。他的大法官提名后来在参议院以 87 : 9 高票通过。

2 密尔沃基（Milwaukee），威斯康星州东南部的一个港口城市。

广为人知。[1]不过，台阶上的这位大法官已经一点儿也没有当年那位震惊全国、深陷窘境的年轻人的影子了。[2]尽管托马斯才 57 岁，可看上去却很苍老。他的头发在那场听证会上时还显得漆黑茂密，如今已变成缕缕白发。病痛让他永远告别了篮球场，长期久坐则让他的体重增加了 100 多磅。摄影师的快门此起彼伏，摄像机也拍个不停，托马斯却一直横眉冷对。事实上，他从不掩饰，甚至公开表示过对媒体的敌视与轻蔑。

戴维·H. 苏特本应站在托马斯右侧。伦奎斯特去世时，苏特正
在新罕布什尔州韦尔市的家里，由于没有及时接到消息，所以未能 5
赶回参加送别仪式。事实上，当苏特待在新罕布什尔州时，人们很难联系到他，因为他只用电话与钢笔，排斥电视、传真、手机和电邮。（别人倒是送过他一台电视，可他连插头都没动过。）他 65 岁了，看上去更像是生活在 18 世纪的人。苏特讨厌华盛顿，对这份工作的热情也比不上其他同事，而且丝毫不在乎他们对自己的看法。他将于翌日返回，参加伦奎斯特的葬礼。

安东尼·M. 肯尼迪也没来，缺席原因与苏特差不多。伦奎斯特逝世时，他正在中国出访，因此连星期三举行的葬礼也无法参加。肯尼迪 1987 年被罗纳德·里根总统提名时，因为其一直住在萨克拉门托[3]的祖居，而被人看作一个沉闷无趣的保守派。但是，他很快

---

1 托马斯是最高法院第二位黑人大法官，被总统提名为大法官人选后，曾被人指控性骚扰，之后不得不在听证会上辩解，全国多家电视台对此进行了全程直播，详见本书第 2 章。

2 托马斯被任命为大法官时年仅 43 岁，在当时算是最高法院内最年轻的大法官（同样年龄被任命为大法官的还有之前的波特·斯图尔特），所以作者在这里称他为“年轻人”。不过，美国历史上最年轻的大法官是约瑟夫·斯托里，他 1812 年 2 月 3 日被任命为大法官时才 32 岁，一直干到 1845 年才离任。

3 萨克拉门托（Sacramento），加利福尼亚州首府。

从一名典型的乡村俱乐部型共和党人，蜕变为一个狂热的旅行爱好者。出任大法官后，他热衷于各类国际旅行，无论公差还是私务都乐此不疲，长期奔波在外。

再往上三个台阶，站着安东宁·斯卡利亚。此君素来争强好胜，并以此著称于世，此时此刻，他却显得黯然神伤。1986 年，伦奎斯特被里根提名为首席大法官时，斯卡利亚填补了前者在最高法院留下的空缺，两人从此成为这一时期司法界的灵魂人物。作为歌剧爱好者，斯卡利亚情感丰富，从不掩饰内心好恶，痛失好友之恸，令他禁不住当众抽泣。斯卡利亚一向被认为是最高法院“反革命势力”的中流砥柱，而伦奎斯特则是其领导者。[1] 老友的离去，令 69 岁的斯卡利亚看起来失落而孤单。

桑德拉·戴·奥康纳也在哭泣。在最高法院历史上，奥康纳与伦奎斯特的友谊可谓独一无二。从她在斯坦福大学餐厅见到这位端盘子的英俊法学院青年开始，他俩的友情已跨越半个多世纪时光。（她随后成为伦奎斯特的同班同学，并在两年后同期毕业，毕业致辞时，她正好在伦奎斯特之后发言。）他们都曾在凤凰城居住，其间，两个家庭经常互邀对方到自家后院烧烤，或是一起外出度假，直到伦奎斯特 1969 年搬至华盛顿。

伦奎斯特于 1972 年进入最高法院，9 年后，罗纳德·里根任命奥康纳为最高法院第一位女性大法官。以两人多年的交情，似乎意味着奥康纳从此将成为伦奎斯特的最佳拍档，但现实并非如此。事实上，

---

1 这里的“反革命”（Counterrevolutionary），与我们通常认定的含义不同。厄尔·沃伦担任首席大法官期间，在推动民权事业方面作出了一系列有影响力的判决，被称为一场“司法革命”。伯格与伦奎斯特时期，最高法院内部出现了一股试图全面推翻沃伦时代的判例，实现司法判决向保守派立场回归的力量，被称为“反革命势力”。

奥康纳在法律意识形态之争上给伦奎斯特带来的失望与挫伤，远多于其他任何一位大法官。从某种意义上讲，是奥康纳，而不是首席大法官掌控着最高法院。但是，她的悲恸是真诚的，或许她也在为自己掬 6
一把伤心之泪。她 75 岁了，一头金色短发已全部变白。尽管比布雷耶更热爱最高法院的工作，但她即将从这里离开。两个月前，为专心照顾阿尔茨海默病日益严重的丈夫，她已宣布辞去大法官职务。巨大的失落感包裹着奥康纳，许多美好事物正离她远去——一位亲爱的老友、弥足珍贵的大法官席位，还有她最不愿失去的：挚爱伴侣的健康。

除了忧伤，奥康纳也很恼怒。乔治·W. 布什在任期内的种种表现，在她看来，简直是傲慢无礼、无法无天、不择手段。奥康纳曾是位共和党政治家，也是最高法院内唯一一位出任过民选官员的人。眼睁睁看着小布什把自己的政党，乃至自己的国家拖向令人深恶痛绝的境地，奥康纳痛心疾首，却无能为力。5 年前，正是她投下的决定性一票，将布什送进白宫，如今，正好又是她腾出一个席位，给布什一个任命大法官的机会，这令她更加沮丧。

站在台阶顶端的是约翰·保罗·斯蒂文斯，与往常一样，他与同事们远远地保持着距离。这位由杰拉德·R. 福特总统任命的唯一一位大法官，仍是 1975 年被提名时的模样，厚厚的眼镜片，花白的头发，以及恒久不变的领结。他已 85 岁高龄。初入最高法院时，他扮演着中间温和派的角色，当最高法院整体右倾时，他又偏向左翼。当然，绝大多数时间里，他都依照自己对宪法的独特理解行事。尽管斯蒂文斯向来特立独行，也很难被人真正了解，但同事们都对他心存敬意。

44 级台阶一路走来，扶灵者们都已略显疲态，唯一的例外是约翰·罗伯茨。仪式之前一天，经布什总统任命，约翰·罗伯茨刚刚成为继伦奎斯特之后的新一任首席大法官。他刚满 50 岁，没有遭受过太多焦虑与磨难的煎熬。此刻，尽管负重而行，但他步履坚实，每一步都小心翼翼，尤其是在那些未来的同僚们面前。

台阶上的仪式，预示着最高法院自旧而新的蜕变。

最高法院的组成在相当长时期内都是固定的，这就意味着，任
7 何的人员调整，都可能产生巨大影响，而伦奎斯特与奥康纳的同时离去，预示着更为剧烈的变化，代际更替、意识纷争、个人兴衰，皆是如此。近年来，尽管最高法院日趋顽固，共和党人逐步占据绝对多数，但保守派仍不断遭受挫折。1991 年以来，大法官组成始终维持在 7～8 人由共和党总统任命，1～2 人由民主党总统任命的状态。尽管共和党的核心日渐右倾，最高法院却没有亦步亦趋，甚至呈现出偏离之势。保守派可以选出总统，可他们却无法改造最高法院。

有三位大法官算得上反革命势力的死敌。苏特是其中一位，他受偶像约翰·马歇尔·哈伦二世[1]与勒尼德·汉德[2]等司法适度主义

---

1 约翰·马歇尔·哈伦二世（John Marshall Harlan Ⅱ），来自纽约州，1955 年被德怀特·艾森豪威尔总统任命为最高法院大法官，1971 年离任。哈伦二世从事律师职业时，被称为“律师中的律师”（lawyer’s lawyer），退休以后，则被赞为“法官中的法官”（judge’s judge）。哈伦二世在最高法院任职 16 年间，撰写了 613 份意见书，比同时代其他任何法官都要多，其中有 296 份是异议意见书，被称为“伟大的异议者”。有趣的是，哈伦大法官同时也是 1877—1911 年期间在最高法院任职的约翰·马歇尔·哈伦大法官的孙子。关于哈伦二世的生平，可参见［美］廷斯莱·亚布洛：《约翰·马歇尔·哈伦：沃伦法院伟大的异议者》，徐爱国等译，法律出版社 2004 年版。

2 勒尼德·汉德（Learned Hand），先后担任过纽约州南部地区联邦地区法院法官（1909—1924）及联邦第二巡回上诉法院法官（1924—1961）。他学识渊博，睿智机敏，在推动侵权法、专利法、海事法与反垄断法的发展方面作出了卓越贡献。汉德与马歇尔、霍姆斯、卡多佐一起，被并称为美国历史上最伟大的四名法官，四人中只有他一人没有出任过联邦最高法院大法官。

者影响颇深，总是让保守派的努力付诸东流。第二位则是肯尼迪。与历史上许多旅行家一样，肯尼迪不断在旅行中进行自我完善与调整，他的国际主义思想也使他在面对许多法律争议时，保持着更为自由、开放的思维。三人中最重要的人物，当然是奥康纳，正是她改变了最高法院的判决走向，并通过这些判决影响了整个国家。

在历史上，很少有奥康纳这样的大法官[1]，能通过不断投下关键性一票，控制并主导整个最高法院——在许多重大法律争议前，她的态度都游移不定，从堕胎到种族平权措施[2]，从行政分支的战时权力到总统大选，所有问题皆是如此。尽管卡斯·吉尔伯特试图用大理石台阶显示大法官们已远离国会政治侵扰，但是，伦奎斯特法院——这个审理过布什诉戈尔案[3]的法院——恰恰位于美国政治生活的中心。

近年来，最高法院维护了堕胎权，但在具体实施上增加了诸

---

1 大法官（Associate Justice），在联邦最高法院与各州最高法院，首席大法官以外的大法官都被称为大法官，这里不宜根据字面含义将之翻译为“联席大法官”或“助理大法官”。

2 种族平权措施（affirmative action），也译作“肯定性行动”或“种族纠偏行动”，系美国一种带有补偿性质的社会政策。根据肯尼迪总统 1961 年签署的总统第 10925 号行政命令及随后出台的一系列法案，凡是以前在美国社会因种族和性别原因遭受歧视的群体（如黑人、印第安人、拉美裔人等），在同等条件下有资格优先享受政府政策的福利。这些社会福利包括就业、入学、获得政府合同、享受政府补贴、争取奖学金等。

3 布什诉戈尔案（*Bush v. Gore*），2000 年美国总统大选时，由于佛罗里达州的计票工作出现问题，共和党候选人布什与民主党候选人戈尔发生选票争议，导致美国总统之位“难产”，官司打到联邦最高法院后，多数大法官支持了布什一方，使布什得以顺利进入白宫。但是，由于最高法院由共和党人任命的大法官占据多数，且以保守派居多，许多人认为这一判决完全是政治操作和党派偏见的产物，而非司法裁判的公正结果，最高法院也因此饱受诟病。本书第二部用 3 章篇幅专门讲述了该案的前因后果及大法官们的决策过程。

多限制；大法官们容许在高等教育领域采取种族平权措施，但仅限于特定情形；他们批准了大量死刑案件，同时又在死刑适用上附加了不少限定条件。通过一系列案件的审理，大法官们容忍了公众场合中越来越多的宗教表达，对同性恋权利也表现出审慎支持的态度。

作为伦奎斯特法院的遗产，上述判决之所以得以产生，很大程度源于奥康纳大法官，这正好表现了司法实践与政治理念的细微差异。她仿佛拥有一只神奇的耳朵，能够倾听美国公众的心声，并将判决结果控制在绝大多数人盼望，或至少能够接受的范围之内。从来没有人像奥康纳那样，对中间主义与司法适度主义这些冷冰冰的
8 原则有着那么大的热情。也从没有一位大法官能像她那样，在影响一代人的法律发展上烙下如此深的个人印记。但是，正如卡斯·吉尔伯特为最高法院设计的这座宏伟建筑仅仅只是形式象征一样，奥康纳留下的遗产虽丰富多样，却脆弱不堪，那些经她努力以5∶4票数达成的判决，随时可能被新的判例修正，乃至最终被颠覆。

这一进程已被自由派阻挡了20多年，现在，终于开始了。

# 第一部

# 第 1 章　联邦党人的思想战

20 世纪中期以来，在相当长一段时间内，人们并不清楚司法保 11
守主义为何物。但是，几乎是突如其来，在罗纳德·里根总统执政期间，右翼法官与律师们突然开始为之奔走呼吁，设置议程。他们的目标反映并强化了共和党保守派势力的政治诉求。[1]

---

1 保守主义（Conservatism）是一个比较复杂的概念，在不同语境下，或者不同的历史阶段，有不同的含义，总体而言，它是一种强调既有价值或现状的政治哲学。保守主义一般是相对激进而言的，而不是相对进步而言，它并不反对进步，只是反对激进的进步，宁愿采取比较稳妥的方式，而保守派（Conservative）则是对秉持保守主义立场者的通称。

美国政治两百年来基本是民主党与共和党的两党政治。两个政党之间，虽然共同拥有一些基本的意识形态和价值观念，但也存在着许多分歧，尤其在面向变革方面，民主党是相对支持变革的政党，又称为左翼；共和党相对反对变革，又称为右翼。进入 20 世纪后，民主党渐渐被贴上自由派的标签，共和党则被贴上保守派的标签，近些年甚至有向极端保守主义发展的趋势。从政治观点上看，自由派赞成堕胎、同性恋（包括同性婚姻）、种族平权措施、安乐死、移民政策，要求扩大联邦政府权力，反对死刑、公民个人持枪、宗教进入公共领域。保守派则坚决反对堕胎、同性恋、安乐死，支持死刑、公民个人持枪，要求限制联邦政府权力、对富人减税、限制移民进入美国，积极推动宗教进入学校、政府等公共领域。不过，两派观点也并非绝对对立，保守派也存在中间偏左的立场，自由派也有中间偏右的观点。尽管本书作者是一名自由派，对保守派颇多贬损之词，但自由、保守二词本身并不存在（转下页）

厄尔·沃伦于1953—1969年任联邦最高法院首席大法官，正是他对美国的法律施加了恒久而又重大的影响。在被德怀特·D. 艾森豪威尔总统任命为首席大法官之前，他曾任加利福尼亚州州长，毕生心愿就是与仍受某些州支持的种族歧视措施斗争到底。[1] 从1954年的布朗诉教育委员会案（*Brown v. Board of Education*）判决宣布公立教育机构的黑白隔离违宪开始，大法官们齐心协力，用一系列判决（其中不少是全院一致意见形成的判决），与官方隔离势力进行了超过12年的抗争。出任首席大法官期间，沃伦在民权案件方面的记录，为他赢得巨大的道义优势。沃伦及其同僚，尤其是他最亲密的朋友兼战友小威廉·J. 布伦南大法官，在多个领域将法律推向更趋自由派的方向。可以说，在言论自由、犯罪嫌疑人权利，以及隐私权的形成等方面，沃伦法院[2] 改造了美国法律。

不可否认，沃伦也遭遇了重重阻力。但是，沃伦法院的许多

---

（接上页）褒贬之义。关于保守主义及其发展，较详尽、客观的介绍可参见刘军宁：《保守主义》，天津人民出版社2007年版。[英]约翰·米克尔思韦特、[英]阿德里安·伍尔德里奇：《右派国家：美国为什么独一无二》，王传兴译，中信出版社2014年版。[美]拉塞尔·柯克：《保守主义思想，从伯克到艾略特》，张大军译，江苏凤凰文艺出版社2019年版。

1 1953年，德怀特·艾森豪威尔总统提名沃伦出任最高法院首席大法官时，曾认为他是一个可靠的保守派，但令艾森豪威尔大跌眼镜的是，沃伦最后竟成了自由派的领军人物，以至于艾森豪威尔事后认为，提名沃伦乃是他“一生中所犯的最愚蠢的错误”。

2 沃伦法院（Warren Court），是一种约定俗成的简称，意为“沃伦担任首席大法官时期的联邦最高法院”。如现在的最高法院就被称为“罗伯茨法院”。关于沃伦法院及其历史贡献，详细介绍可参见[美]莫顿·J. 霍威茨：《沃伦法院对正义的追求》，信春鹰、张志铭译，中国政法大学出版社2003年版。[美]小卢卡斯·A. 鲍威：《沃伦法院与美国政治》，欧树军译，中国政法大学出版社2005年版。

判决很快以不同方式渗入美国法律的恒久架构之中。《纽约时报》诉沙利文案（*New York Times Co. v. Sullivan*）维护了报纸发表争议性言论的权利，[1] 米兰达诉亚利桑那州案（*Miranda v. Arizona*）树立了审讯犯罪嫌疑人的新规则，格里斯沃尔德诉康涅狄格州案（*Griswold v. Connecticut*）[2] 则将已婚夫妇的自由节育权纳入隐私权 12
范畴——所有这些判例，连同沃伦法院在种族问题上的诸多宣示，已成为不容置疑的先例。

理查德·M. 尼克松之所以赢得总统大位，很大一部分原因在于他承诺将削弱最高法院中的自由派势力。随后3年，他幸运地获得了4次提名大法官的机会，对司法系统的调整终于开始了。经尼克松提名，沃伦·E. 伯格成为沃伦的继任者，然而，在伯格法院，最高法院在某些领域反而比以前表现得更为自由。最高法院允许动用校车实现“黑白同乘”；[3] 在扩大言论自由领域，甚至超过了沙利文案

---

1 关于本案详情，参见［美］安东尼·刘易斯：《批评官员的尺度：〈纽约时报〉诉警察局长沙利文案》，何帆译，北京大学出版社2011年版。

2 格里斯沃尔德诉康涅狄格州案，1879年，康涅狄格州通过了一部禁止避孕的法律，将使用、协助使用或鼓励使用“任何避孕药物、医疗产品或器械”的行为视为犯罪。1965年，为挑战该法，康涅狄格州家庭计划委员会主任格里斯沃尔德与耶鲁大学医学院教授巴克斯顿医生在纽黑文合伙开了一家专门控制生育的诊所。不久，他们被逮捕，地方法院判他们有罪，并处罚金100美元。两人一路上诉至联邦最高法院。最高法院在判决书中首次使用了“隐私权”概念，并裁定，自由节育权是公民“隐私权”不可分割的组成部分，是否节育和怀孕完全是公民个人的私事，只要未损害社会的公共利益，政府根本无权干涉。因此，康涅狄格州禁止避孕（计划生育）的法律因违宪而无效。

3 1971年，美国最高法院支持了下级法院一项判决，在斯万诉夏洛特–梅克伦伯格县教育委员会案（*Swann v. Charlotte-Mecklenburg County Board of Education*）中判决，鉴于农村地区黑人与白人居住区相隔太远，可以采用校车制度，把白人学生用校车送往黑人居住区，把黑人学生用校车送往白人居住区，强行将黑白学生混合，以实现黑白学生合校的目的。

确定的范围；强令尼克松交出水门事件录音带；甚至还在一段时期内停止了全美的死刑执行。[1]罗伊诉韦德案这一涉及堕胎权案件的判决结果，说明最高法院仍偏向自由派，该案判决意见书以 7∶2 票通过，尼克松任命的 4 位大法官中，有 3 位（伯格、刘易斯·F. 鲍威尔和哈里·A. 布莱克门）站在多数意见一方。只有伦奎斯特与约翰·F. 肯尼迪任命的拜伦·R. 怀特持异议意见。

整个 1950 年代至 1970 年代，即使像怀特与波特·斯图尔特这样的保守派，观点也与他们的自由派同事差别不大。[2]保守派不愿看到的只是，仅仅因为警察没有进行事前告诫，犯罪嫌疑人就被宣告无罪；他们更愿意限制对过去种族歧视政策采取的补救措施；倾向于让民选官员负责整个政府的组织和运转。可以说，自由派已在许多重大法律议题上获得了压倒性胜利，其意义甚至超越最高法院判决本身。沃伦法院改变了整个法律文化，这一点在各大学的法学院体现得尤为明显。

---

1 1972 年，联邦最高法院在弗曼诉佐治亚州案中宣布死刑的执行过于武断，而且显然有失公平，全国的死刑执行因此中断了一段时间。该案案情是，26 岁的黑人威廉姆·亨利·弗曼闯入一栋私人住宅行窃，被房主发现，他逃跑时被绊了一跤跌倒后导致携带的枪支走火，击中了房主。他被警察逮捕时，身上还带着那把枪。弗曼被指控犯有杀人罪，并被判处死刑，他一路上诉到联邦最高法院。1972 年 6 月 29 日，联邦最高法院以 5∶4 票裁定，对弗曼的判刑因构成“残酷而不寻常的惩罚”而违宪。法院同时宣布，佐治亚州的死刑法给予陪审团过多酌情处理权，因此可能导致量刑的武断和不合理。联邦最高法院的这一判决实际上废除了当时各州死刑方面的法律，全美有几百名死囚犯因此获得减刑和缓刑，这一判决还迫使各州和国会开始重新思考有关法律，并纷纷开始修改死刑方面的法律。

2 拜伦·R. 怀特（Byron R. White），来自美国科罗拉多州，1962 年被肯尼迪总统任命为最高法院大法官，1993 年离任。波特·斯图尔特（Potter Stewart），来自美国俄亥俄州，1958 年被艾森豪威尔总统任命为最高法院大法官，1981 年离任。

罗纳德·里根在1980年大选中击败吉米·卡特后，耶鲁法学院顿时陷入悲恸气氛中。[1]那一天，斯蒂芬·卡拉布雷西[2]的侵权法教授干脆取消授课，与大家讨论起国内时局。整个教室的气氛显得困惑而低迷。最后，教授请90名一年级学生以举手方式表态，看看到底有多少人会投票给卡特，又有多少人会投票给里根。结果表明，只有卡拉布雷西与另一名学生投票支持共和党。

这一非正式的投票过程，正好揭示了当时各大法学院的普遍状
态。整个法律职业群体已在这些年发生了很大变化，法学教授们绝 13
大多数是自由派。沃伦法院与伯格法院的左倾判决，渐渐成为高校正统学说，法院在种族平权措施与堕胎权上的司法观点，也逐步被法学院师生普遍接受。

但是，既然国内政治已经整体右倾，法学院自然无法幸免，卡拉布雷西等一小群学生试图加固这一右倾趋势。卡拉布雷西的朋友李·利伯曼和戴维·麦金托什刚刚从耶鲁学院毕业，赴芝加哥大学法学院继续深造。卡拉布雷西决定同这两人组建一个社团，作为在法律思想界讨论与鼓吹保守主义的阵地。他们原本备下几个社团名称，并打算借此炫耀学识，两个备用名分别是路德维希·冯·米塞斯协会（The Ludwig von Mises Society）和亚历山大·比克尔协会（The Alexander Bickel Society）。但他们最终还是选择了一个更具古典意味的名称——联邦主义者协会（Federalist Society），以效

1 1980年的大选中，里根是共和党候选人，卡特是民主党候选人。

2 斯蒂芬·卡拉布雷西（Steven Calabresi），美国联邦主义者协会创始人之一，西北大学法学院教授，所编著的文集已被译介至国内，如［美］斯蒂芬·卡拉布雷西编：《美国宪法的原旨主义：廿五年的争论》，李松锋译，当代中国出版社2014年版。

仿那些为批准 1787 年宪法而奔走呼吁的爱国先贤。[1] 卡拉布雷西在耶鲁法学院的导师是罗伯特·博克教授。李·利伯曼和戴维·麦金托什在芝加哥创立了联邦主义者协会分部，并聘请了首位学术顾问，一位名叫安东宁·斯卡利亚的教授。

尽管共和党在国内政治选举中占据优势，但保守派法学社团的发展却未能保持同步。这一时期，自由主义仍是各大法学院的主流意识形态，而且代表着一股根基牢靠的智识力量。1960 年代，耶鲁大学与其他院校的自由派学者纷纷在各类法学评论上撰写文章，为沃伦法院的判决提供理论支持。但到了 1980 年代，随着卡特行政分支的失利，许多传统民主党人纷纷离开法律实务部门，投身于批判法学研究（Critical Legal Studies）运动。批判法学研究受意大利马克思主义者安东尼奥·葛兰西、法国后现代结构语言学家雅克·德里达等思想家的著作影响较大，认为法律并非一套由核心规则构建的体系，更不可能创立一个更加公平公正的社会。更有甚者，干脆认为法律就是强者压迫弱者的工具。无论这套理论有何优点，批判法学研究始终以其卓尔不群、离经叛道的观点游离于主流法学理论之外，其理论上的极端怀疑主义与观点上的过激主义，使立法者与法官都对它敬而远之。此时，法学院的主流领域终于向正蓬勃发展的保守主义敞开了大门。

---

1 联邦主义者（Federalist），不是具体的政党，而是指美国建国之初，那些积极争取宪法通过的宪法拥护者们。当时，詹姆斯·麦迪逊、亚历山大·汉密尔顿、约翰·杰伊等人以古罗马执政官普布利乌斯（Publius）的名字为笔名，在《纽约独立新闻报》上开辟《联邦主义者》专栏，不断发表文章，为宪法获得批准制造声势，这些文章后来统一汇编成集，并被命名为《联邦论》（*The Federalist Papers*）。较权威的译本为尹宣译：《联邦论：美国宪法述评》，译林出版社 2016 年版。

联邦主义者协会反映并推动了保守主义运动的发展。该协会于 1982 年举行了第一次全国会议，并于次年在超过 12 个法学院设立了分会。[1] 意识到该协会在知识界的潜在影响后，约翰 · M. 奥林基金会（John M. Olin Foundation）与斯凯夫基金会（Scaife Foundation）等保守派团体纷纷出资，赞助他们在华盛顿设立全职办公室。里根行政分支也开始以司法提名的形式，着手招募联邦主义者协会成员为其服务。[2] 其中最著名的两个人选是博克和斯卡利亚。（博克和斯卡利亚都于 1982 年进入哥伦比亚特区巡回上诉法院工作。卡拉布雷西则成为西北大学法学院教授。） 14

1980 年代早期，初创时期的年轻联邦主义者协会成员并非只想重申保守派先辈们的战略。那些曾与沃伦法院内的极端自由派激烈斗争过的先行者，更愿把他们的斗争称为“司法克制主义”[3] 与“司法

---

1 关于联邦主义者协会的发展，可参见 Jonathan Riehl, *Inside the Federalist Society: How Conservatives are Remaking*, Rowman & Littlefield Publishers, 2008。在这本书里，作者结合亲身经历，记叙了联邦主义者协会创立、发展与扩张的全过程，及其对种族平权措施、堕胎、国际法等一系列法律议题的重要影响。

2 这里的司法提名，主要是指任命联邦主义者协会成员出任联邦地区法院及上诉法院乃至最高法院法官。此外，从里根时期开始，共和党统治下的行政分支在招募法学院毕业生时，往往以意识形态而非实际表现作为判断申请人任职资格的标准，这一做法在小布什上台后达到极致。根据 2008 年公布的一项报告，美国司法部在 2002—2006 年选拔新员工的测试中，用政治标准进行审核，许多职位申请人因为被认为有自由派倾向，或者被认为是潜在的民主党支持者而被刷下。在 2006 年录用新人时，个人资料中流露出自由派倾向的申请者被拒绝的机会，几乎是有保守派倾向申请者的 3 倍。另外，报告还显示，美国各大名牌法学院的毕业生，如果有人是自由派倾向的美国宪法协会（American Constitution Society）会员，就会被司法部的“荣誉员工计划”淘汰。相反，如果申请者与右翼的联邦主义者协会有关，则有可能被迅速录用。

3 司法克制主义（Judicial Restraint），有时也被称为司法适度主义或司法自我约束主义，它主张司法机构应严格遵循先例，并严格尊重立法分支与行政分支的立法与政策，法院不是制定政策的机构，公共问题应当由民选官员而不是法官来决定，（转下页）

能动主义"[1]的对抗。斯图尔特与约翰·马歇尔·哈伦二世等保守派大法官，一直是沃伦法院判决的异议者，他们的核心理念是：大法官们应顺应民意，竭力抵制颠覆成文法或否决行政分支政策的诱惑。但是，保守派新生代们的目标更为大胆。事实上，他们并不信奉司法克制主义，而是推崇属于自己的一套司法能动主义。他们深信，宪法在许多重大问题上都被误读了，必须通过最高法院来纠正。

罗纳德·里根当选总统后，成为保守主义思想在华盛顿至关重要的新支持者。里根在竞选期间，承诺将通过减少财政预算削弱联邦政府权力。许多联邦主义者协会成员也在寻求实现上述目标的法律路径。1905 年，最高法院曾在洛克纳诉纽约州案[2]的判决中宣布，为

---

（接上页）只有在发生明显违宪的情况下，法院才能宣告行政部门的行为无效。司法克制主义之所以认为法院不应当过于积极或激进，主要基于如下三个原因：第一，法院并非民选机构，不对公众负责；第二，法院在与其他政府分支对抗的过程中，并不具备特别优势；第三，法院不适合对广泛而复杂的社会问题作出判决。最高法院历史上最积极倡导司法克制主义的大法官有菲利克斯·法兰克福特与约翰·马歇尔·哈伦二世。

1 司法能动主义（Judicial Activism），持此论者认为，法院应积极发挥实质性或政策导向性作用，不应该过于遵从现有法律原则或民选官员的判断，只要法院认为确有必要，就可以推翻先例，制定超前于立法、行政分支的政策，并宣告某项立法或政府行为因违宪而无效。司法能动主义一直被保守派批评为"法官立法"。司法能动主义最早的例子显然是约翰·马歇尔大法官在马伯里诉麦迪逊案判决中确立的司法审查权，后期则以沃伦法院在贝克诉卡尔案（确立"一人一票"原则）、布朗诉教育委员会案（判定公立学校种族隔离违宪）、米兰达诉亚利桑那州案（要求警方羁押当事人前必须告知其权利）等案件中的一系列判决为代表。需强调的是，尽管保守派一直反对司法能动主义，但他们有时也会动用司法能动主义推翻国会关于扩张联邦权力的立法，以及自由派确立的司法先例，这显然是个有趣的悖论。

2 洛克纳诉纽约州案，纽约州议会 1789 年制定了一项法律，规定面包店老板不得让工人每天工作超过 10 小时。当地一位名叫约瑟夫·洛克纳的面包店老板第二次违反该规定时，被纽约州法官处以 50 美元的罚款。洛克纳不服，向联邦最高法院请求救济。1905 年 4 月 17 日，最高法院判决认为，纽约州没有理由通过对工作时间的（转下页）

面包作坊工人限定最高工时的法律违宪，因为它侵犯了保护“自由”与“财产”的宪法第十四修正案下的契约自由。到了1940年代，被罗斯福任命到最高法院的大法官们全面批判了“洛克纳案时代”，以至于之后数十年间，居然没有一个人再去考虑对联邦政府权力范围施以宪法限制。而在里根时代，一些保守派人士忽然开始 15
质疑联邦政府干涉各州事务的行为，并宣称这类行为大部分都是违宪的。（1982年，联邦主义者协会邀请芝加哥大学法学院教授理查德·爱泼斯坦在耶鲁发表了赞成洛克纳诉纽约州案判决的演讲，以支持上述行动。）当里根总统提出国会**不应该**通过这类规定时，联邦主义者协会迈的步子却更大，他们提出，根据宪法，国会根本就**无权**那么做。

埃德温·米斯三世在里根的第二个任期内曾任联邦司法部长[1]。他提出了“原旨主义法学”（jurisprudence of original intention），为正在兴起的针对沃伦与伯格时代的保守主义批判提供了纲领。在他看来，宪法上的一字一句都代表着宪法起草者们的所思所想。就像

---

（接上页）限制，干涉面包业业主人身自由及契约自由。小奥利弗·温德尔·霍姆斯大法官对本案判决持异议意见，他认为：每个人的自由或其所欲行使的权利，应该以不妨碍别人的自由和权利为限。

1 司法部长（Attorney General），也译作总检察长，但司法部长是更为通俗的译法。在美国，司法部长是联邦的首席法律官员，也是行政分支中最有权力的职位之一。司法部长由总统任命，一般是总统最为信赖的政治助手，负责在所有法律事务中代表美国。司法部长同时负责管理联邦检察官的起诉工作，联邦调查局与药品管制局也受其管辖。在民权、移民事务和国内安全等领域，司法部长也有很大的裁量权。值得一提的是，司法部长在选任联邦法官方面起着关键作用，他亲自负责为总统挑选适当的最高法院提名人，司法部另有一位助理部长专门负责确定联邦下级法院法官的提名人选。正是基于两任司法部长，威廉·弗伦奇·史密斯与埃德温·米斯的努力，里根才得以在两届任期内于联邦各级法院大量安插保守派人士，从思想上重塑了最高法院之外的联邦司法体系。

"原旨主义者"（originalist）的代表人物罗伯特·博克提出的，"制宪者对自由的追求应当是宪法文本分析的唯一合法前提"。按照博克的概括，宪法字句的含义根本无法跨越时代。这在现代宪法理论中无疑是一种前所未有的提法。即便在沃伦法院之前，多数大法官也认为对宪法可以进行多元解读，不必拘泥于制宪者意图。作为原旨主义者们的最大论敌，威廉·布伦南大法官在1985年回应道："宪法的伟大之处，并不在于那些依附于逝去世界的静态含义，而是能够解决当下问题与满足当下需求的伟大原则所具备的普适性。"[1]

关于宪法原意的争论，主要集中在堕胎合法化问题上。毋庸置疑，制宪先贤并未从字面上禁止各州限制妇女们的生育选择权。对博克和斯卡利亚而言，无论最高法院是否保护女性选择权，都没什么好争论的，因为如果制宪者认为宪法不保护女性的堕胎权，那么最高法院根本就不应承认该权利。在罗伊案的判决中，哈里·布莱克门大法官也承认，单从宪法的字面含义，无法推导出判决结论。"宪法并未明确提及隐私权"，布莱克门写道，但是，长期以来，法

---

1 1985年7月，司法部长埃德温·米斯三世在美国律师协会发表演讲，宣布里根政府的宪法解释原则是忠实于宪法的原旨解释，并对沃伦法院与伯格法院多年来偏离宪法原意的司法能动主义进行了批判，认为最高法院以适应时代变迁的名义，滥用了司法审查权。10月，威廉·布伦南大法官在乔治城大学举行的"文本与教导"研讨会上，不指名道姓地反击了米斯的指责，批评了原旨解释的种种缺点，捍卫了最高法院数十年来保卫民权的成果。1988年，米斯当政的司法部法律政策办公室专门出版了一本给联邦行政分支参与宪法诉讼的官员参考的手册：《宪法诉讼指南》。该手册指出，联邦行政分支解释宪法的一般原则应当是原旨解释，手册还对最高法院涉及堕胎权、宪法第一修正案和第五修正案的一些判例进行了批判。关于宪法原旨解释理论及相关争论情况，可参见赵晓力：《美国宪法的原旨解释》，载《思想与社会（第四辑）：宪法与公民》，上海人民出版社2004年版。[美]杰克·M.巴尔金：《活的原旨主义》，刘连泰等译，厦门大学出版社2015年版。

院“业已承认，根据宪法，确实存在个人隐私权，或是对某些隐私领域的保障”。布莱克门在宪法解释上已跃过罗伊案判决，他代表最 16 高法院阐明：“隐私权……的范围之广，足以将妇女是否拥有终止怀孕的决定权包括在内。”这一结论，恰恰是华盛顿的新一代保守派最想通过最高法院推翻的。[1]

小萨缪尔·A. 阿利托也是那些年轻法律人中的一员。他在1981年里根就职后不久成为司法部雇员，此时他已经从法学院毕业6年。4年后，法律界的保守派将一个非常棘手的两难问题摆在他面前：到底哪种方式更有利于说服最高法院推翻罗伊案判决，是毕其功于一役，还是通过努力渐进推进？

1982年，宾夕法尼亚州加强了对堕胎的限制，禁止怀孕妇女在未经风险告知的情况下自行堕胎。第三巡回上诉法院宣布上述规定违宪——因为它侵犯了隐私权，并违反了罗伊案判决确立的规则。[2]

---

1 关于布莱克门大法官的生平及罗伊案裁判经过，参见［美］琳达·格林豪斯：《大法官是这样炼成的：哈里·布莱克门的最高法院之旅》，何帆译，中国法制出版社2011年版。

2 美国上诉法院（United States Court of Appeals），前身为美国巡回上诉法院（United States Circuit Court of Appeals）。始设于1891年，是为减轻联邦最高法院审理全国来自联邦初审法院的上诉案件的压力而设立。现在，全美国共划分为13个司法巡回区，其中50个州分属于第一至第十一司法巡回区，哥伦比亚特区单设一巡回区，另设有一联邦巡回区（Federal Circuit），每一巡回区设一上诉法院。它只有上诉管辖权，受理对本巡回区联邦地区法院判决不服的上诉案件、对联邦系统专门法院判决不服的上诉案件，以及对某些具有部分司法权的行政机构的裁决不服的上诉案件。尽管有些案件会经这里上诉至最高法院，但对大多数案件而言，这里既是一个上诉审级，又是最终审级。上诉法院法官是经参议院批准后由总统任命的，并且终身任职，每一巡回区根据案件量的不同，配备4～23名常任法官。通常案件审理由三名法官组成的合议庭进行，但也可由全院法官进行满席听审（*en banc*），单个法官只能就程序事项进行裁决。

此时，阿利托已在首席政府律师[1]麾下工作，后者是总统在最高法院的首席法律代理人。他的任务是运筹帷幄，研究如何更好地攻击第三巡回上诉法院的判决，并建议最高法院支持宾夕法尼亚州的限制堕胎法令。那时，尽管面临里根行政分支的反对，多数大法官仍重申了对罗伊案判决的支持。摆在阿利托面前的问题，是如何撼动大法官们坚如磐石的不妥协态度。1985 年 5 月 30 日，阿利托在交给上司的一份备忘录中写道："根本没人相信最高法院会推翻罗伊案判决。但最高法院（对宾夕法尼亚州案件）的审查结论可能会释放出一个积极信号。"他继续写道："通过处理这些案件，最高法院最近明显表露出收缩迹象。如何把握这一机会，更好地促进推翻罗伊案判决这一最终目标，同时尽力削弱其影响呢？"阿利托接着提出了主动攻击罗伊案的一系列策略。他写道："我们必须清楚表明，我们不赞同罗伊案的判决，并积极表达我方的反对立场，更进一步的做法是，呼吁推翻这一判例。"在他看来，司法部应当大力支持宾夕法尼亚州的法令，这才符合其自身反对罗伊案及其他堕胎判决的一贯立场。

17 首席政府律师采纳了阿利托的部分建议，但是，在这起名为索恩伯勒诉美国妇产科学学会案（*Thornburgh v. American College of Obstetricians and Gynecologists*）的案件中，里根行政分支又遭失败。

---

1 首席政府律师（Solicitor General），多数学者将 Solicitor General 翻译为"司法部副部长"，从地位上看，首席政府律师确实相当于美国司法部第三把手，地位仅次于司法部长与司法部常务副部长（Deputy Attorney General），但从职能上看，首席政府律师与通常意义上的司法部副部长有很大差别。该职位由总统提名，经参议院审议同意后方被任命，主要职责是在涉及美国国家利益的案件中，代表联邦行政分支出庭，并参加言词辩论（尤其是在联邦最高法院），决定联邦行政分支对哪些案件应提出上诉，监督最高法院办理涉及联邦行政分支的事项等，如果按照字面含义，将其翻译为"行政分支首席律师"更为确切，考虑到表达的顺畅性，本书将之统一翻译为"首席政府律师"。由于经常在最高法院出庭，首席政府律师又被称为"第十位大法官"。

法院推翻了宾夕法尼亚州的法令，布莱克门在其撰写的判决书中，语气轻蔑而又咄咄逼人地宣告："美国还没有自由到这个地步，打着保护母亲健康权益与潜在生命的幌子，胁迫妇女继续妊娠。"同时，他又针对那些正在司法部当政的保守派激进分子写道："指引最高法院作出 1973 年那起判决的宪法原则，要求我们必须承认妇女有自主决定是否终止妊娠的宪法权利。"为加强说服力，布莱克门援引了厄尔·沃伦在布朗诉教育委员会案判决中的一段话："绝不能仅仅因为一部分人不赞成，就否定宪法原则的有效性。"不过，对布莱克门来说，罗伊案面临的是"多数人的抵制"，与早期废除种族歧视的判决相比，罗伊案判决在道德上并不占有太多优势。

1973 年的罗伊案判决，赢得了包括 7 位大法官在内的绝大多数支持，到了 1986 年，索恩伯勒案判决却只获得 5 位大法官支持。对里根行政分支来说，这样的投票结果既是惨痛教训，也是重要提示。保守派这下清楚了，根本无须再争来争去，只需要更换几位大法官，就能够达到目的。[1]

里根对司法部搅起的法理之争根本没有兴趣。他虽然以总统身份公开宣布反对堕胎合法化，但那些对反堕胎事务过分热情的摇旗呐喊者，同样不受他待见。他的第一个任期刚刚开始，就出乎意料地收

1 最高法院一共有 9 位大法官，裁决一个案件的法定人数是 6 位成员，达到这一法定人数并不难。不过，由于空缺、生病或可能因利益冲突而回避等情形，案件有时在少于 9 位大法官的情况下作出裁决。最高法院的裁决由简单多数投票通过。如果只有 8 位或 6 位大法官投票，出现平票时，下级法院的判决可予以维持。由于大法官要么属于保守派，要么属于自由派，其司法立场十分明显，投票结果一般可以预测，但起决定作用的多数是那些投票立场犹疑不定的中间温和派大法官，如早期的鲍威尔，后来的奥康纳，以及 2018 年才宣布退休的肯尼迪。

到波特·斯图尔特大法官的辞呈，而他的第一反应，却是政治上的权衡，而非意识形态上的考量。在他看来，当务之急，是兑现自己竞选时的承诺，把第一位女性大法官送进最高法院，至于她在某些争议性话题上的具体立场，则是次要的。通过在共和党党籍女性法官中进行小范围筛选，里根终于在 1981 年确定桑德拉·戴·奥康纳为大法官人选。但是，奥康纳在堕胎问题上暧昧不清的态度，却令共和党中的福音派力量对她心存敌意。里根竞选中的关键人物，道德多数派组织（Moral Majority）负责人杰里·福尔威尔就曾提出，“虔诚的基督徒”
18 必须阻止对奥康纳的提名。但在这一问题上，福尔威尔及其同事显然无法操纵共和党，更别说控制总统了，里根根本就没理会他的抱怨。果然，奥康纳在处理她面对的首起堕胎案件——索恩伯勒案时，小心翼翼而又态度审慎，她投票支持对堕胎权加以限制，却并没有直接表态要推翻罗伊案判决。

里根成功连任，令行政分支的保守派中坚势力声势大振、胆气更壮，在确定法官人选问题上，他们也加快了步伐。这一进程，很大程度上得益于威廉·弗伦奇·史密斯的大力推动，他在里根第一任期内担任司法部长，该职务后来由米斯接任，后者把改组最高法院当作上任后的第一要务。很快，米斯的机会来了。1986 年，在索恩伯勒案之后，伯格决定辞去首席大法官职务。至于下一任首席大法官人选，人们都清楚谁会是里根的首选。14 年的最高法院生涯，已经使威廉·伦奎斯特从一个孤独的异议者，成长为逐步在最高法院占据优势的保守派势力领袖。他才 61 岁，与同僚相处融洽，显然是接替伯格首席大法官之位的不二人选。问题在于，谁来填补伦奎斯特留下的空缺呢？

米斯只考虑了两个可能人选：斯卡利亚和博克，两人都在哥伦比亚特区巡回上诉法院静候召唤。[1]他们都算得上真正的保守派，绝非“骑墙派”，这是联邦主义者协会的年轻法律人对哈伦、斯图尔特及其他保守派中间人士的称呼。博克是宪法原旨主义的创始人，他四处讲演，对最高法院近20年来的“里程碑式”判决几乎都持批判态度，其首要攻击目标当然是罗伊案判决。斯卡利亚比博克年轻9岁，如果不从知识背景上区分，两人在意识形态领域的立场倒是异常相似。就里根个人而言，他更被斯卡利亚的粗犷风格打动，并乐于看到斯卡利亚成为第一个进入最高法院的意大利裔美国人。民主党当时在参议院只占少数席位，他们打算放斯卡利亚过关，然后集中精力，阻止伦奎斯特成为首席大法官。因此，斯卡利亚的提名被参议院一致通过，而伦奎斯特则以65∶33票过关。与此同时，里根向博克许诺，大法官席位再度空缺时，将由他来接任。

不到一年，1987年6月26日，刘易斯·鲍威尔宣布辞职，里根迅速提名博克补缺。[2]但是，此时形势已经大变，参议院已由民主党占据多数。受1986年底爆发的伊朗门事件[3]影响，里根的声望急剧下滑。此时，已没有伦奎斯特的提名问题来转移矛盾，所有人都盯着新任大法官人选。况且，这次空下的席位并非来自伯格那样的 19
老牌保守主义者、最可靠的保守票，它原来的主人可是鲍威尔。这

1 哥伦比亚特区巡回上诉法院是联邦13个巡回上诉法院中的一个，属于单列的巡回法院，该院一大半案件来自针对联邦行政机构的上诉案件。

2 1987年7月1日，里根宣布了对博克的提名，他在声明中说：“博克法官被广泛认为是司法节制最突出、智识上最强有力的倡导者，他和我都认为，法官的个人偏好和价值不应该参与到他们对宪法的解释中来。司法节制的指导原则认为，立法是立法机关的事，法院的职能是解释法律。”

3 伊朗门事件（Iran-Contra affair），即美国向伊朗秘密出售武器一事被揭露后，导致里根行政分支出现严重政治危机的事件。

位大法官任职期间的投票立场一直摇摆不定，在索恩伯勒案及其他几起堕胎权案件中，他一直是多数方起决定作用的第五票。而博克性情焦躁、不修边幅，又没什么种族性或宗教性的政治力量基础。一句话，对民主党来说，他简直是送上门的靶子。

无论如何，关于博克的提名之争说明，尽管米斯之流在推动新保守主义的政治议程方面成效显著，但他们对国内形势却明显估计不足，也无法说服大众接受他们的立场。事实上，沃伦法院的诸多先例——尽管遭到博克旷日持久的攻击——早已深入人心，并且被参议院所接受。在 1987 年，“米兰达警告”（Miranda warnings）已成为美国文化中根深蒂固的一部分，至少“你有权保持沉默”这段话正在无数警匪电视剧中无休止地循环重复着；尽管宪法里找不到**隐私**字样，博克也一直在批判隐私权这一概念——并且支持康涅狄格州禁止堕胎服务——但是，这类声音在现代社会已显得格格不入，而且非常极端。[1]

如今，种族平等（不包括种族平权措施）已成为绝大多数美国人坚定不移的信条，博克却总想着回归到民权时代的错误对立面。1963 年，他就在《新共和》（*New Republic*）杂志上发表了一篇臭名昭著的文章，对《民权法案》[2] 极尽辱骂之能事。针对白人理发师必须接待黑人顾客的要求，博克说“这简直是一条丑陋到极点的规定”。可以说，

---

1 里根发表声明 54 分钟后，参议院司法委员会成员、参议员爱德华·肯尼迪发表了反对博克提名的全国电视讲话，他说：“罗伯特·博克的美国是这样一片土地，妇女被迫去穷街陋巷偷偷堕胎，黑人要在被隔离的角落吃午饭，流氓警察会在半夜突然闯进公民家中搜查，学校里不能教授进化论，作家和艺术家要受政府突发奇想的审查，联邦法院的大门将对千百万公民关闭，对他们来说，司法机关是个人权利的唯一保护者，而个人权利则是我们民主制度的核心。”

2《民权法案》（Civil Rights Act），美国国会在 1866 年南北战争结束时通过的一项法律，授予包括黑人奴隶在内的所有出生于美国者以公民资格。

相对于他在隐私和堕胎问题上的极端立场，博克在种族问题上的记录彻底断送了他的提名之路。最主要的反对者，是参议院的南方中间派民主党人，如亚拉巴马州的豪威尔·赫夫林，他们倒是欣赏博克在社会文化方面的保守主义立场。但是，这群参议员之所以当选，几乎全靠黑人支持——他们可是一丁点儿种族主义言论都无法接受的。因此，博克以 42∶58 票与大法官职位失之交臂。

对博克的攻击激怒了里根，他号称自己将提名一个足以让参议员们“反对至最后一人”的人选来代替博克。于是，米斯之流倾尽全力，硬塞了一个更为保守，也更为年轻的人选向参议院提名，他就是刚刚被里根任命为哥伦比亚特区巡回上诉法院法官的道格拉斯·H. 金斯伯格。戏剧性的是，没过几天，金斯伯格就被查出在哈佛法学院任教授期间吸食大麻，对他的提名自然付诸东流。

这时，霍华德·贝克出场了。伊朗门事件曝光后，这位前参议 20
员被调来担任白宫幕僚长（Chief of Staff to the President），以稳定军心。[1] 贝克对米斯在司法部搞的那套意识形态创新完全没有兴趣。

1 白宫除了总统、副总统等之外，工作人员包括 Staffs 和 Households。Staff 一般译作“幕僚”，这样也符合中国的传统意义。白宫幕僚可分为四个等级：总统助理（Assistant to the President）级、总统常务助理（Deputy Assistant to the President）级、总统特别助理（Special Assistant to the President）级和其他幕僚。白宫的中高级幕僚往往都要带总统的助理衔，以表明他们的等级。幕僚负责人一般被称为白宫幕僚长，通常为内阁成员，国内也有人将其译作白宫办公厅主任，但实际上根本没有白宫办公厅这一机构。如 2005 年在特工门事件中扬名的利比，正式官职为总统助理兼副总统幕僚长（Assistant to the President and Chief of Staff to the Vice President）。总统法律顾问（Counsel to the President）、总统顾问（Counselor to the President）和总统高级顾问（Senior Advisor to the President）属于总统助理级，一般不带助理衔。相关背景知识参见甄鹏：《美国官职翻译》，《英语知识》2007 年第 4 期。对总统幕僚感兴趣的读者，可参看美国电视连续剧《白宫群英》（*West Wing*），该剧相当生动地反映了美国政界与白宫内部的政治生态，以及白宫幕僚们的工作状况。

他是一个老牌的保守主义者，笃信司法克制主义，对该选什么类型的大法官有自己的一套想法。鉴于白宫已在一连串惨败下陷入窘境，贝克决定提名一个十拿九稳可以通过的人选——这个人当然得是保守派，但未必深得米斯他们认同。他最后选定了第九巡回上诉法院法官安东尼·M. 肯尼迪，此人思想深邃，热情洋溢，很快就毫无争议地被参议院确认。

乔治·H. W. 布什是新旧共和党之间的一位过渡性人物。他的父亲曾是康涅狄格州参议员，可以说他几乎生来就是一名乡村俱乐部型共和党人。1988 年，他当选为美国第 41 任总统，当时，共和党已逐渐被福音派力量及保守派中坚力量所把持。在里根时代，像杰里·福尔威尔、帕特·罗伯逊，以及随后的詹姆斯·C. 多布森等，都乐于为白宫效力。在布什第一个总统任期内，这群人更趋活跃。他们所关心的多数重要争议——堕胎问题自然首当其冲——都有赖于最高法院的判决决定。因此，他们更需要把自己人送上大法官位置。

无论在最高法院的人事安排，还是其他问题上，布什都必须小心谋划，以满足极端保守主义者们的要求。为了获取他们的支持，布什必须得表态赞同新保守主义教义，包括明确反对罗伊案判决，虽然他内心根本没把这当回事。正因如此，布伦南在 1990 年 6 月宣布辞职时，布什首先感到的不是机会来临，而是麻烦来了。当时，他正全力抢占苏联解体后留下的权力真空，根本无暇为最高法院大法官提名事宜与民主党参议员们纠缠不清——更何况他本来也不在乎这些事情。事实上，布什本人就是典型的美国式贵族，围在他身边的也多是这类人，如白宫法律顾问 C. 博伊登·格雷及司法部长理查德·索恩伯勒（时任宾夕法尼亚州州长的他也是1986年那起堕胎案的被告）。

面对自己第一次提名最高法院大法官的机会，布什挑选了一个背景、性格都与自己十分相似的人——戴维·苏特。这位被提名者大部分职业生涯都在新罕布什尔州度过，在此期间，他在公共问题 21 上的立场并不为人所知。（瑟古德·马歇尔[1]大法官，在最高法院最后那段跌宕岁月里，仍坚称自己对许多新闻“闻所未闻”。）白宫幕僚长约翰·苏努努曾向总统承诺，这次提名将是一记“本垒打”，但苏特在听证会上表现出的中间温和派立场，却预示着另一种倾向。鉴于布什刻意回避了正面对抗，民主党对这一人选未加反对，苏特很快以90∶9高票通过确认。

其实，在苏特令苏努努的预期落空之前，保守派已经表示过强烈不满，顺带对布什的下一次提名提出了要求。苏努努只得再次承诺，下一次，总统将提名一个足够保守的人物，此人将“是一个势不可挡、坚忍不拔、身经百战、出身草根的战士”。第二年，这个人出现了，他就是克拉伦斯·托马斯。

距离布伦南辞职几乎整整一年后，马歇尔于1991年6月27日宣布辞职。这一次，保守派坚决要求布什安插一名自己人。自从布伦南离开后，马歇尔就成为最高法院最后一名高调的自由派。现在，1986年索恩伯勒案时期的多数派只剩下布莱克门和斯蒂文斯两人，马歇尔留下的席位对政敌们来说自然弥足珍贵。此前，另外3位大法官的继任者也是由公开反对罗伊案判决的共和党总统任命的。可

1 瑟古德·马歇尔（Thurgood Marshall），美国第一位黑人大法官，来自纽约州，1967年被林登·约翰逊总统任命为最高法院大法官，1991年离任。

以说，罗伊案判决此时已岌岌可危。

但是，托马斯的确认听证会几乎成为他与前任助理安妮塔·希尔相互诽谤的一出闹剧，控诉与反驳贯穿其中。闹剧冲淡了托马斯上台的意义。尽管在面对参议员质询时，他一直保持缄默，但人们很容易推断出这位 43 岁的大法官的政治立场，该立场简直与联邦主义者协会的议程如出一辙：大法官们必须依制宪者原意释宪；国会不得发布干预行政分支事务的法律；司法自由派立场的王冠——从米兰达案到罗伊案判决——必须被推翻。

无论是成功范围之广，还是获取成效之快，保守派这次可谓成果斐然。仅仅用了 10 年时间，保守派就从知识界的边缘地位中脱颖而出，在最高法院成功攫取多数席位。1991 年 10 月 15 日，托马斯
22 以 52∶48 票通过确认，意味着共和党总统已经任命了 9 位大法官中的 8 人——拜伦·怀特成为最高法院内唯一一名民主党人，事实上，他本人近年也日趋保守，相比其他保守派同僚，他反而更不赞同罗伊案判决。随着伦奎斯特、奥康纳、斯卡利亚、肯尼迪、苏特与托马斯轮番出场，逐个填补空缺，还有什么能够阻挡保守派的前进步伐呢？

# 第 2 章　善恶之争

选举意味着行政、立法分支的调整，但司法分支，尤其是最 23
高法院，并不因选举更替而受影响。每年 10 月的第一个星期一，依序从红色幕帘后走出，入席各就各位的大法官们，基本还是去年那些面孔，翌年 10 月也未必有所改变。[1] 最高法院的特质，更大程度上在于恒久连续，而非不断改变。但是，某些特定时刻，新秩序的开启难免会令最高法院走向分裂。1991 年秋天，就是这么一个时刻。

转变迹象不仅来自意识形态，也包括现实本身。最高法院历史上，很少有过这么一个 4 位退休大法官同时在世的时期。沃伦 · E.

---

1 从 1803 年起，最高法院每年只有一个开庭期，最初的开庭期是从每年 2 月第一个星期一开始，从 1917 年起，改为每年 10 月的第一个星期一，持续至第二年 6 月最后一天方告结束，然后开始为时 3 个月的夏季休庭期。最高法院的正式审判在一个可容纳 300 人左右的大法庭进行。大法官们的席位位于大法庭正前方。开庭时，首席大法官从裁判席后面的红色幕帘步入法庭并落座，8 位大法官跟随其后，按资历从高到低顺序入场。座位按资历排序，首席大法官坐在中央，资深大法官坐在首席大法官右侧，下一位大法官在首席大法官左侧，其余按资历递减顺序依次分别在右侧和左侧落座。

伯格、刘易斯·F. 鲍威尔、小威廉·J. 布伦南和瑟古德·马歇尔仍不时造访最高法院，他们都是活的化石，既体现着最高法院悠久的历史，也体现着法院对往昔的绵绵眷恋。

前任首席大法官伯格于 1986 年离开法院。他最大的能耐就是善于激怒自己的同僚，即使退休之后也不例外。离开最高法院后，他担任美国宪法两百周年庆典委员会主席，与对司法实践的兴趣相比，或许他更喜欢聚光灯下的生活。（不过，1987 年的这次庆典被普遍忽视了，即使在法律界内部也如此。）更糟糕的是，伯格对官僚帝国式建筑的迷恋，导致他将位于联合车站附近一处荒凉地段的联邦司法中心[1]，弄成了一座超大型建筑。本来，作为一项传统，最高法院会在院内为每位退休大法官保留一个房间。而伯格却在司法地位本来就含混不清的联邦司法中心，直接为退休大法官备好了新房
24 间。伯格事先根本就没有征求过其他大法官的意见，看看人家对搬出卡斯·吉尔伯特设计的那座宏伟建筑有无兴趣。事实上，根本没人愿意搬出来。

鲍威尔是位典型的弗吉尼亚绅士，这位中间派大法官决定了许多重大判决的结果，至今仍深受爱戴，极具社会影响力。1986 年，也就是他退休前一年，鲍威尔在鲍尔斯诉哈德威克案（*Bowers v. Hardwick*）中投下决定性一票，支持佐治亚州将男同性恋者基于相

---

1 联邦司法中心（Federal Judicial Center），联邦法院的研发机构。联邦司法中心由美国国会于 1967 年设立，它不直接参与联邦法院的管理，而是负责收集并分发关于司法运作的资料或信息。联邦司法中心的主要功能是作为一个“思想库”，由最高法院首席大法官选任的一位主任负责。联邦司法中心设有一个资讯委员会，由首席大法官主持。联邦司法中心配有专门的研究人员，但也与其他学术机构或政府机构签订协议，不定期发布课题、组织研究，提出改进联邦法院管理的各种建议。除了作为“思想库”，联邦司法中心还承担一定的培训职能，组织了许多法官培训项目。

互同意发生的性行为规定为犯罪。拜伦·R.怀特撰写的法院判决书对男同性恋性行为应受宪法保护的观点表现出近乎粗暴的轻蔑态度。[1]但是，到了1990年，鲍威尔在某次讲演中向法学院听众坦陈，在该案中，自己加入判决多数方的行为“或许是错误的”。鲍威尔吐露的心声，再次引发了人们围绕鲍尔斯案展开广泛争论。或许，这也意味着他的爱徒奥康纳大法官，在作出类似选择时，内心也曾有过同样的困惑。[2]

---

1 联邦最高法院的工作基本上通过判决书呈现。庭审结束后，大法官们会开会讨论，并初步投票，如果首席大法官在多数方（≥5票），就由他亲自或指定一位大法官起草法院判决书；如果他在少数方（≤4票），就由多数方中最资深的大法官亲自或指定一位大法官起草法院判决书。判决书起草完毕后，会首先在大法官们之间传阅，由他们评论或修改。如果判决书说理充分、论证有力，会促使一些原本投反对票的大法官改变立场，因此，为了争取尽可能多的大法官加入，一份判决书经常会被修改十几次。全体法官一致同意形成或多数大法官同意形成的判决书，统一称为法院判决书（opinion of the Court），如果该判决书并非全体大法官一致同意，也可称为多数方意见书（majority opinion）。法院判决书与多数方意见书都可以形成先例，对以后的案件具有约束力。多数方的大法官同意判决书结论，但可能不同意论证的理由与逻辑，或者想就具体论据发表个人观点时，可以撰写协同意见书（concurring opinion）。少数意见方的大法官，可以撰写自己的异议意见书（dissenting opinion），异议意见书由于不具备约束力，大法官在书写时可以有更大的发挥空间。如果最高法院虽然做了裁决，但裁决的理由无法形成一个统一的多数意见，就会形成“各说各话”的多元意见书（plurality opinion）。

2 奥康纳是美国历史上第一位女大法官，刚到最高法院时，包括伦奎斯特在内的其他大法官都对她颇为冷淡，一副公事公办的态度，只有号称“南方绅士”的鲍威尔大法官对她一直笑脸相迎，不仅言传身教，帮助她熟悉最高法院的审判程序，还把自己最得力的女秘书给她使用。就连奥康纳一家在华盛顿购房置地，安家落户，也得益于鲍威尔的诸多帮助，两人从此成为忘年的莫逆之交。在司法理念上，鲍威尔对奥康纳也有潜移默化的影响，说二人有师徒名分一点也不为过。相关回忆，可参见[美]桑德拉·戴·奥康纳著：《法律的尊严：美国最高法院一位大法官的思考》，信春鹰、葛明珍译，法律出版社2006年版。

伯格与鲍威尔重返最高法院时，很少引起公众注意，布伦南每次回来却总能招来大堆人围观。虽然最高法院不限任期，但并不是每位大法官都能在这里工作 30 年以上。那些早已被人们遗忘的大法官们，如詹姆斯 · M. 韦恩（在最高法院工作 32 年）、萨缪尔 · 纳尔逊（在最高法院工作 27 年），以及罗伯特 · 格里尔（在最高法院工作 24 年）的遭遇，极好地阐明了一个道理：资历丰厚者一样可能默默无闻。不过，布伦南在最高法院 34 年的任期，却极尽辉煌之能事。他主笔的贝克诉卡尔案（*Baker v. Carr*）判决书最终确立了“一人一票”原则；[1]《纽约时报》诉沙利文案判决书拓展了宪法第一修正案对媒体舆论的保护；艾森斯塔特诉贝尔德案（*Eisenstadt v. Baird*）的判决书使得罗伊案的结果成为必然。除判决书外，布伦南在其他方面的表现也无与伦比，他在最高法院扮演着投票操控者的角色，之所以如此，首先在于他是首席大法官厄尔 · 沃伦最亲密的朋友，其次在于他是最高法院那些表面摇摆不定，实际上却心仪自由派的大法官们中的领军人物。

布伦南的影响力并未因退休而终结，当然，这并不仅仅因为他那已化为最高法院先例的数百份司法判决。布伦南与继任者戴维 · 苏特大法官有着深厚的交情。“我把脑袋探进他房内，他抬头看到我，说：‘进来吧，伙计。’当我打算离开时，他又开始叫我伙计了。”1997 年，苏特在布伦南的葬礼上说道：“他很少单手与我握手，总是双手紧攥，直视着我，反复唤我的名字。如果太长

1 关于该案详情，参见［美］道格拉斯 · 史密斯：《民主之门：最高法院如何将“一人一票”制带到美国》，胡晓进、李丹译，上海社会科学院出版社 2017 年版。

时间没见，他还会给我一个熊抱，让我知道他有多么惦记我……他有时会告诉我一些明显不太靠谱的意见，因为觉得我可能乐意 25
倾听。他还会向我传授一些通俗浅显的道理，接着，他会告诉我这些道理可能并不普通，或许还非常重要，不一会儿，他又会告诉我，这些道理不只是重要那么简单，它们其实承载着伟大的审判艺术。我认真听他诉说，并逐渐认为，他或许是对的。”布伦南与苏特相处的那 7 年，对这位年轻大法官的职业生涯产生了难以磨灭的影响。

退休之后，瑟古德·马歇尔大法官就很少出现在公众视野里。他是自沃伦以来，唯一一位还没有成为大法官，就已在美国历史上占据一席之地者。在 1940 年代至 1950 年代期间，作为全国有色人种协进会（National Association for the Advancement of Colored People）反种族隔离法律保障与教育基金会的创立者，他在包括 1954 年布朗诉教育委员会案在内的多起标志性民权案件中获胜。1967 年，林登·约翰逊总统将他送入最高法院。但是，马歇尔在大法官任期内过得并不如意。困扰他的主要是他日渐衰弱的身体。在最高法院最后那段时光里，他一直在与疾病抗争，为了能撑到可以任命自己继任者的民主党总统上台，他嘱咐自己的法官助理：“就算我死了，也要把我扶起来！”

出人意料的是，马歇尔最终于 1991 年宣布辞职，此时距他 83 岁生日尚有一周。“我老了，是该离开了。”在次日的记者招待会上，他这么解释道。说这些话时，马歇尔坐在轮椅上，显得黯然神伤。有记者问他，是否认为乔治·H. W. 布什总统一定会任命一位少数族裔大法官接替他。“我不认为一定得这么做，”他答道，“更不希望这成为某种借口。”一名记者紧追着问道：“什么借口？”马歇尔的回答仿佛是直接说给那位继任者听的。“那么做就大错特错了，”他说，“如果选一个错误的黑人来代替我……我老爸曾对我说过……黑蛇白蛇没啥区别，因为它们都咬人。”

最高法院内有项不成文的规矩，在任大法官必须与新任大法官的确认听证程序保持距离，被提名者在被参议院确认通过之前，不得与最高法院有任何联系，在任大法官也不得对这位可能成为自己新同事的人有任何评价，哪怕是私下讨论亦不允许。这项规矩的产生，很大程度上肇始于克拉伦斯·托马斯 1991 年 9 月 10 日开始的那次确认听证会。

26 从来没有一位被提名者，像托马斯那样引起诸多争议。一年前，当他被提名担任哥伦比亚特区巡回上诉法院法官时，许多人都认为这是在为马歇尔准备接班人，从那时起，托马斯就备受关注。其实，摆在布什与共和党面前的两难处境十分明显。若马歇尔离开，他们不能让最高法院又成为一个全部由白人成员组成的机构；同时，他们又必须选择一个铁杆保守派。候选人名单上，最符合条件的就是克拉伦斯·托马斯。

1991 年 6 月 1 日，乔治·H. W. 布什总统在位于缅因州肯尼邦克波特的自家庄园举行的记者招待会上，宣布自己将提名托马斯为新任大法官人选。这一选择从一开始就显得愚不可及。“他的黑人及少数族裔身份与本次提名无关，”布什说，“提名托马斯的原因在于，他是目前最合适的大法官人选。”这一评价明显是自欺欺人。托马斯才做过一年法官，之前没有任何迹象显示他能够胜任大法官职位。比如，他没在联邦上诉法院打过一起官司，更别提在最高法院了。他没有写过一本书，也没发表过什么文章，甚至连份像样的法律意见书[1]都没写过。更糟糕的是，布什的这次任命，注定会给托马斯的听证会乃至自己未来的任期引来无数争议。因为无论是当时的共和党，还是布什与托马斯，都反对给少数族裔任何优惠政策——但是，布什之所以选择托马斯，最主要的原因就是他的黑人身份。这恰恰是问题的矛盾所在。

尽管如此，听证会的前半部分还算顺风顺水，毕竟托马斯身上也有不少令人钦佩之处。在听证会上，托马斯以自己的个人经历作为开场。他来自佐治亚州的皮普因特小镇，家境贫寒，自幼没有父亲，母亲给人做女仆养活全家，两周只能赚到 20 美元。由于不堪贫困，母亲把托马斯两兄弟送给他们的外祖父抚养。“想象一下，两个小男孩，全部家当就塞在两个杂物袋里。”他说。经过刻苦攻读，他先后从圣十字学院（Holy Cross College）与耶鲁法学院毕业，随后开始其公职生涯，并在里根行政分支的联邦机构内官运亨通，步步高升。

当托马斯开始回答参议员质询时，麻烦终于接踵而至。4 年前，
罗伯特·博克的提名之所以流产，就是因为他广为人知的极端保守主 27
义立场与司法理念。因此，作为常规策略，被提名人一般会尽量避免就争议性法律议题发表意见。但是，托马斯把这种策略用过了头。他在面对提问时神情呆滞，言之无物，给公众的印象是，此君根本全无法律立场可言，而非讳莫如深。最愚蠢的是，他在回应参议员帕特里克·莱希的提问时，居然声称自己从未与人讨论过罗伊案。

尽管如此，托马斯仍未遭遇任何有组织的反对，看上去似乎可以

1 法律意见书（legal brief），一种提交给法院的书面文件。它支持一方当事人在法律问题上的主张。法律意见书包括对事实的陈述，可适用的法律，以及其他相关材料中引申出来的论点。尽管法院也接受“法院之友”提交的法律意见书，但法律意见书主要是由当事人提交的。

顺利通过听证会。9月27日，星期五，参议院司法委员会[1]对托马斯的投票出现了7∶7票的分歧，不过，即便是这么一个模棱两可的结果，也最多意味着参议员们的票数会有较大起伏，但托马斯未必会输。

但是，到了下一个星期六，也就是1991年10月5日，一个名叫安妮塔·希尔的女人突然主动向媒体爆料，这一行为使托马斯的听证会在接下来的时间内沦为一场低俗闹剧。希尔曾是托马斯手下的一名年轻法律职员，先后在教育部与公平就业促进委员会为其工作。在此期间，希尔曾向好友倾诉，她的老板经常有些异乎寻常的色情言论，即使当着她的面也毫不掩饰。夏季来临，托马斯的听证会即将开始时，希尔曾与好友们商量着是否要将这位被提名者的恶劣行径公之于众。尽管希尔与她的好友都是保守派，但她的名字还是传到司法委员会内的民主党人与几名记者耳中。事件被公开后，司法委员会只好决定让她在听证会上陈述自己的遭遇。

10月11日，星期五，经过7个小时的漫长听证，希尔的证词在美国瞬间变得街知巷闻。[2]她说，托马斯总对自己的硕大阳物与口交技巧津津乐道，还总爱谈及色情影星朗·东·西尔弗主演的色情

1 参议院司法委员会（Senate Judiciary Committee），参议院司法委员会是参议院的一个常设机构，对以下事项拥有管辖权：宪法的修订、联邦法院的运作、公民自由权、移民事务和美国法典的修订。参议院司法委员会的主要职责，就是审查包括最高法院大法官在内的所有联邦法院法官候选人。总统提名新的大法官人选之前，联邦调查局与美国律师协会都会对候选人进行调查与评估，提名公布后，参议院司法委员会会审查上述调查与评估结论，并组织召开听证会，对被提名者与相关证人进行质询。听证会结束后，参议院司法委员会一般会有如下三种处理方式：1. 认为提名可以接受，建议参议院全体会议予以批准；2. 无限拖延批准程序，以期取得进一步的讯息或证据；3. 组织公开评议，并且不提任何建议，只是将提名转交参议院全体会议决定。

2 听证会之后，美式英语还产生了一个新的俚语：be (or get) Thomased，意思就是被某人性骚扰。

电影。这还不过是些“插曲”，托马斯曾瞅着办公室的苏打水罐问：“谁把阴毛放到我的可乐里了？”那天晚上，当希尔结束她那马拉松式的作证，一场同样著名的对质随之开始。托马斯返回听证会议室，否认了希尔的全部指控，并拒绝回答包括他与希尔关系之内的一切涉及私生活的问题。

恰逢周末，全美国的观众都通过电视直播关注着这次听证会。
共和党参议员攻击希尔是“色情狂”，并声称她作伪证，证词内容都
取材自小说《驱魔人》( *The Exorcist* )。双方都有目击证人支持，听 28
证会持续至凌晨 2：03 仍未结束。10 月 14 日，星期一，此时距离
参议院投票表决大法官人选已经只剩下 48 小时了。

在最高法院，法官助理们也都关注着这次听证会，他们通过放在法院二楼办公室的几台电视关注着事件的发展。整个法院都忽略了第一街另一侧正发生的事。首席大法官伦奎斯特的妻子，南·伦奎斯特，去日无多。

1986 年成为首席大法官时，伦奎斯特只有一项显著优势。他不是沃伦·伯格那样的人。

出任首席大法官 17 年间，伯格几乎疏远了所有同事。其中，最出人意料的，是他与哈里·布莱克门之间深厚友情的破裂。在此之前，最高法院还从未曾有过关系如此密切的搭档。他俩在明尼苏达州圣保罗市上幼儿园时就已相识，在玩耍中一起成长。1933 年，布莱克门还做过伯格的伴郎。伯格曾在艾森豪威尔时期的司法部高层任职，通过精心运作，他与布莱克门先后成为联邦上诉法院法官。伯格于 1969 年成为首席大法官，一年后，尼克松对克莱门特·海恩斯沃恩与 G. 哈罗德·卡斯维尔的大法官提名先后受挫后，伯格成

功说服他提名布莱克门进入最高法院。在刚刚进入最高法院的那段时间里，伯格与布莱克门以“明尼苏达双胞胎”的名号著称。

后来，两人的关系迅速变质。之所以如此，部分原因在于他们在意识形态上的差异，布莱克门迅速向布伦南和马歇尔靠近，逐渐偏向左翼。更主要的原因是，伯格对最高法院的管理模式激怒了布莱克门与其他同僚。首席大法官的主要职责之一是主持开庭期内每个星期五举行的大法官会议。[1]这些会议不对外公开，多在首席大法官的会议室内进行，9 位大法官审议已经经过言词辩论[2]的案件，并逐一投票表决。当首席大法官在多数方时，一般由他指定一人撰写该案判决书；当首席大法官在持异议的少数方时，多数方那边则由资历最深的大法官负责指定判决书撰写人。

问题在于，伯格似乎缺乏驾驭这类会议的能力。他主持的讨论，

---

1 在开庭期，最高法院每个星期三下午与星期五全天都要举行大法官会议。在星期三的内部会议中，他们讨论星期一刚刚辩论过的案件。在星期五的会议上，他们讨论星期二和星期三辩论过的案件，以及任何其他需要考虑的事情。最重要的“其他事情”当然是调卷令申请的批准。在星期五的内部会议之前，每个大法官都会收到将要讨论的案件列表。会议一般于上午 9：30 或 10 点开始，持续至下午 5：30 或 6 点。大法官们进入会议室时会相互握手，然后在一张长方形办公桌前就座。首席大法官主持会议并第一个发表意见，其他大法官依资历由高到低顺序发言。大法官会议要求严格保守秘密，只允许大法官在场，资历最浅的大法官被安排坐在门边，负责向站在外面等候的法官助理传递信息或要求，又被称为“守门人”，汤姆・克拉克大法官曾为此自嘲说：“有 5 年的时间，我是世界上薪酬最高的守门人。”

2 言词辩论（oral argument），言词辩论通常从每个开庭期的第一个星期一开始，每隔两个星期的星期一、二、三进行，开庭从上午 10 点进行至 12 点，下午从 1 点进行至 3 点。因为该程序不属于初审，所以无须组成陪审团，也不传唤证人，而是由双方律师在大法官面前辩论。通常做法是给每方律师 30 分钟陈述时间，法庭认为必要时，可以加时。正常情况下，最高法院可能一天审理 2～4 起案件。律师在进行言词辩论时，经常会被大法官们的提问打断。大法官们与双方律师都非常重视言词辩论环节，因为这是整个审理过程中唯一允许个人交换意见的阶段。

永远是云山雾罩，不着边际，无果而终。大法官们甚至觉得，伯格之所以在投票时犹豫不决，就是为了操纵判决，即便自己未处多数 29
方时，也想获取指定他人撰写判决书的权力。（当时资历最老的大法官威廉·O. 道格拉斯就认为，伯格就是凭着这个招数，成功地指定布莱克门撰写了罗伊案的法院判决书。）1958 年由艾森豪威尔任命的波特·斯图尔特大法官，对伯格的种种霸道行径十分失望，决定剑走偏锋，用一种前所未有的方式予以回击。斯图尔特非常热情地回应了鲍勃·伍德沃德的采访要求，伍德沃德这时正因对水门事件的报道而名声大噪。斯图尔特向伍德沃德暗示，如果后者有兴趣对伯格法院进行深入调查，他将予以配合。对斯图尔特的采访，成为《最高法院弟兄们》（*The Brethren: Inside the Supreme Court*）一书的基础素材，这本由鲍勃·伍德沃德、斯科特·阿姆斯特朗合著的书于 1979 年出版。该书充满了鲜为人知的生动细节，把伯格描绘成一个华而不实、极端利己、装腔作势的庸人。[1]（斯图尔特本人于 1981 年宣布辞职，此时他才 66 岁，还算得上年富力强，辞职是为了虚席以待，迎接奥康纳的到来。）

伦奎斯特从未向外界表示过对伯格的不满，但并不意味着他内心不这么想。在伯格时代，判决书要么迟迟未出，要么无果而终，使得许多案件“久拖不决”，又或延迟到来年再审。一次，刘易斯·鲍威尔生了病，伦奎斯特去信慰问，并在信中抱怨了伯格的所作所为。鲍威尔进入最高法院时已 64 岁，被许多大法官视为和蔼兄长。向他倾吐心声之后，伦奎斯特才如释重负，否则，他只能用其

1 该书中文版有多个版本，较新版本为［美］鲍勃·伍德沃德、斯科特·阿姆斯特朗：《隐秘的江湖：美国最高法院要案审理内幕》，于鹏译，中国法制出版社 2018 年版。

他粗暴无礼或心血来潮的方式表达愤懑了。

“（伯格）有时明明说完正题，却仍然关不住话匣子，在那里喋喋不休，大家都觉得他像一个正使用阻挠议事法的南方参议员。有时我甚至盼望着首席大法官和比尔·布伦南[1]事先能把他们的判决写出来，通过书面文件表达他们的意思。”伦奎斯特写道，“比尔是个认真细致的人，可发起言来，就像一个人在你耳边大声朗读冗长无趣的食谱。哈里·布莱克门总能从每个案子中找出两三个‘困扰’他的险恶之处，尽管它们与问题实质毫无瓜葛。约翰·斯蒂文斯对每个案子都反应强烈，却每次都找不到解决问题的途径。您可以想象，我理想的会议模式应该是这样的，即深思熟虑，意见中肯，一针见血！”

1986年，当伦奎斯特成为首席大法官时，伯格已经为最高法院的会议形式提供了一个反面样本。伦奎斯特决定以身作则，改变这
30 一模式。从那以后，每次大法官会议，都由他先概述案情，并就判决结果发表意见，随后大法官们以资历为序，依次陈述意见。（此前的传统是由大法官们以资历为序发表意见，再按相反顺序投票表决。伦奎斯特认为这样纯粹是浪费时间，遂将两道程序合二为一。）

其他大法官均赞同这一尝试。他们认为这样一来，个人评述更为简短，案件处理流程更加简明扼要。人人都有一次发言机会，也无须耗上两次时间。会议流程的精简，大大减轻了最高法院的工作负担，且提高了工作效率。

案件分配机制也有相应调整。过去，首席大法官都热衷于利用分案权，将重要案件的判决书分配给亲信撰写（或者，干脆分配给自己写），但伦奎斯特打算使这一模式更为公正。在完成前一个案子

---

1 即威廉·布伦南，比尔（Bill）是威廉（William）的昵称。

前，任何人都不得分配新案。会议发言时，手上只有一个案子的大法官优先于手头有两个案子者。当自己处于少数方时，伦奎斯特从不干扰案件分配。无论是自由派大法官，还是保守派大法官，都非常欢迎这一调整。

伯格时代的一大特征，在于最高法院裁决的案件逐年增多。案件数量在增加，但远赶不上大法官们受理案件的速度。到 1980 年代中期，他们每年审理的案件已达到 150 起——这一数量是 1950 年代的两倍。与冗长无序的会议一样，持续增多的案件同样会带来混乱气氛。每年开庭期的最后几天，一切都显得杂乱无章，伯格根本没有办法令 5 位大法官在多数意见上达成统一。意见有分歧的大法官们无法解决争议，下级法院更加无所适从。哪怕是履行基本职能，最高法院都已难堪其任。

大多数情况下，大法官们完全可以把握工作进程；他们只需决定是否发出调卷令，[1] 就能控制每年受理案件的数量。（通常，受理一起案件需要 4 位大法官的一致意见。）正如我们所看到的，怀特与布伦南在调卷程序中的意见总是卓尔不群。怀特认为，凡是两个巡回上诉法院存在分歧的案件，最高法院都应受理；其他大法官却认为最高法院只应受理意义重大，且存在意见分歧的巡回上诉法院案件。

1 美国最高法院同时具有初审管辖权与上诉管辖权，但其受理的初审案件很少，以各州之间的诉讼居多。上诉案件到达最高法院基本有两种方式：一是由州的最高法院或联邦行政分支提出上诉；二是由当事人申请调卷令（Writ of Certiorari）。调卷令是上诉法院签发给下级法院，要求下级法院将某一案件的案卷移交给其审查的一种特别令状。最高法院将调卷令用作其选择复审案件的工具。每年都有大量调卷令申请被提交到最高法院，大法官们通过批准申请来控制最高法院受理案件的数量，一般来说，在大法官会议上，只要有 4 位大法官同意调卷，即可签发调卷令。最高法院如果拒绝签发调卷令，就意味着维持了下级法院的判决。

布伦南认为，最高法院一旦拒绝调卷申请，就相当于承认了原审判
31 决，因此他认为只要自己不认同下级法院审判结果，就必须调卷审理。怀特与布伦南的看法，加上其他大法官的迥异意见，使得调卷程序缺乏标准，更无从管理。

伯格辞职后，所有大法官都认为应当减少案件数量。但是，如果他们都不愿调整自己千奇百怪的调卷标准，那么如何做到这一点呢？伦奎斯特以一种不引人注目的方式解决了上述问题。一般来说，最高法院必须审理强制性上诉案件。这类案件的产生，多数源于联邦法律在这一方面的规定含糊不清，当事各方只能寄希望于最高法院的审理。此类案件的审理时间多半旷日持久，把最高法院的大量时间都耗费在细枝末节上。为此，伦奎斯特决定游说国会，请他们直接修改相关法律。这项任务完成的关键，是让那帮国会议员们彻底了解伦奎斯特的意图。伦奎斯特用两年时间完成了这一任务。1988 年，国会通过了一项法律，赋予最高法院对案件受理的完全控制权。此事过后，即使从私人角度，每位大法官也对首席大法官心存感激。

伦奎斯特的性格也改善了最高法院的气氛。伯格是典型的英式人物，热衷于收集古董与好酒。（布伦南进入最高法院时，伯格曾送他一顶大礼帽作为礼物。）伯格的虚荣之处，体现在他专门为自己位于审判席正中的席位上增加了一个软垫，使他本人看起来比其他同僚更高一些。至少在出任首席大法官之初，伦奎斯特仍极为谦逊，很少自以为是。每天午餐时，他都要喝杯啤酒，抽根雪茄。（后来，他尝试过戒烟，并短时间获得成功，最终还是选择了偶尔抽上一口。）担任首席大法官后，伦奎斯特剃去鬓角，取下了自己为追逐 1970 年代时尚而戴上的宽领结，但仍保留着午饭后散步的习惯。

尼克松的白宫法律顾问约翰·迪安，至今仍记得自己第一次向

总统引见伦奎斯特时的情形，这位时任助理司法部长“穿一件粉红色衬衫，搭配一个迷幻色彩领结，踩着一双‘暇步士’鞋”。根据白宫当时的记录，伦奎斯特离开后，尼克松问迪安：“他是犹太人吗?这家伙看起来……那身该死的装束，简直像个乡巴佬。”成为首席大法官后，作为信奉路德教派的瑞典后裔，伦奎斯特终于摘下了那个糟糕的领结，不过仍保留着那双“暇步士”。

伦奎斯特身材高大，体质却不甚健壮。他曾在一次园艺活动中受伤，后背因此一直受慢性病困扰，伤痛使他经常在最高法院的言词辩 32
论过程中退到坐席后面，以站姿听审。1980 年代早期，他曾因背伤住院，治疗后却导致新的问题产生。由于大量服用止痛药，他变得口齿不清，这给他在庭审时的发问带来了莫大困扰。在晋升为首席大法官之前，联邦调查局的调查已经表明，伦奎斯特所患疾病远比公众知晓的要严重。他服用镇静药成瘾至少已有 4 年，1981 年住院时曾停止服药，却出现了幻听症状。有一次，他曾对护士说：“屋子外面很吵，许多人说要杀了总统。”不过，1986 年成为首席大法官时，他的身体状况渐渐趋于稳定，部分原因在于他开始打网球了。尽管他有权配备 4 名法官助理，他却只雇了 3 名，正好每周陪他一起玩双打。

服完“二战”兵役后，伦奎斯特与娜塔莉·康奈尔，也就是南结婚。伦奎斯特在威斯康星州长大，在北非战场担任天气观察员的经历，使他习惯了沙漠炎热气候，这对新婚夫妇婚后居住在凤凰城。（首席大法官受其军事生涯影响，终其一生都对天气变化保持着浓厚兴趣，并常以此为赌注与人打赌。他最喜欢在下雪时与法官助理们打赌，看最高法院前的广场积雪会有多厚。）南与伦奎斯特情投意合，二人的婚姻幸福而持久。可是，伦奎斯特出任首席大法官之后不久，南就被诊断出患了癌症。他俩一直在与她的病痛做斗争，全院上下都对伦奎斯特持以同情的态度，这也显著改善了最高法院的气氛。1991 年 10 月 17 日，南去世了。[1]

两天之前，托马斯通过了参议院的确认。10 月 15 日那天的投票情形，远不能涵盖这件事的戏剧性。希尔的证词在媒体与民主党激进派间激起轩然大波，人们议论纷纷、吵闹不休。（托马斯租录像带的记录也引起公众的普遍兴趣。）有谣言称，还会有更多女性站出
33 来，提供证明托马斯不雅行径的证据。事实上，即使通过确认，托马斯仍有可能当不上大法官——在正式宣誓前，他还可能被众议院弹劾或被参议院定罪。在希尔站出来之前，白宫和伦奎斯特曾计划将托马斯在首席大法官面前的宣誓时间定在 11 月 1 日。

但是，参议院投票已过去整整 17 天——情势随时可能发生变化。托马斯的支持者认为，他必须马上宣誓就职。但就在这个当口，南·伦奎斯特于 10 月 17 日逝世，白宫必须小心翼翼地处理眼前的问题，即既顾全首席大法官的哀恸之情，又能顺利完成托马斯任命程序的最后环节。

行政分支打算用点策略解决上述问题，他们准备在白宫草坪举行一场非正式宣誓，时间定在 10 月 18 日，这天正好是个星期五。这个仪式当然没有法律效力，但能营造一种气氛，即确认程序已经结束，托马斯即将走马上任。数百名客人受到邀请，包括托马斯的许多家庭成员（其中有他疏远已久的父亲，两人在其提名前才恢复来往）和西尔维斯特·史泰龙、雷吉·杰克森等社会名流，各方来

1 关于伦奎斯特生平与著作，参见［美］赫尔曼·奥博迈耶：《最高法院的掌舵人：威廉·伦奎斯特首席大法官传》，余冲译，中国法制出版社 2012 年版。［美］威廉·伦奎斯特：《伦奎斯特谈最高法院》，于霄译，上海三联书店 2014 年版。

客济济一堂，一起向新任大法官致敬。

即便如此，托马斯仍不能算最高法院正式成员，调查记者们正虎视眈眈，试图刨出新料。白宫官员们认为情势危急，顾不上伦奎斯特尚在丧期，他们找到首席大法官，陈明利害，请他尽快主持托马斯的宣誓仪式。首席大法官同意了他们的请求，10 月 23 日，宣誓仪式在最高法院的一间会议室举行。50 年来，还没有哪位大法官的就职仪式如此隐秘。之所以仓促就职，官方解释是为了尽快把托马斯的秘书、法官助理列入最高法院的工资表——可谁都明白，这些雇员早就被列入哥伦比亚特区巡回法院的联邦工资表了。

仓促举行宣誓很快被证明是明智之举。就在那天，《华盛顿邮报》(*Washington Post*) 的三名记者“几乎同时冲进新闻中心，他们手头的材料足以证明托马斯的不雅行径，其色情程度比起公众已掌握的情况有过之而无不及”。他们手上有目击者的证言，还有音像店老板指证托马斯的证词。考虑到托马斯已经宣誓，《华盛顿邮报》决定放弃该选题，不再追踪报道这一事件。

在托马斯这起事件中，最高法院的表现可谓无懈可击。相反， 34
低俗的指控，托马斯的粗暴回应，各方肆意散布的报复性言论，使整件事看起来粗俗不堪。白宫为了达到政治目的，置伦奎斯特的哀恸于不顾，也让这一过程更加乏善可陈。

作为最高法院的核心人物，奥康纳有着一套划分世间百态——人物、建筑、争议、系争问题——的标准，它们一般被分为两类：有吸引力的 (attractive) 和乏味的 (unattractive)。“吸引力”这个词并不单指一个事物是否赏心悦目，还包括庄重、大方、可爱等一系列含义。对她，以及最高法院其他同僚来说，托马斯的听证会实在是乏味至极。

更糟的事情很快发生了。1991 年 11 月 11 日，《人物》（*People*）杂志用 7 版篇幅，刊登了对克拉伦斯·托马斯夫妇的专访，两人在文中历数他们因确认程序所受的煎熬。托马斯的夫人金尼·托马斯本人也算是一名政治人物，她之前是劳工部律师，后来在共和党国会领导层内任高级官员，并管理着数家保守派基金会。她说，自从希尔作出指控，“我嫁的那个克拉伦斯·托马斯就消失了，他前所未有地消沉，大约上午 12：45，他说：‘从你的查经小组里叫两个朋友过来吧，还有她们的丈夫，我想和他们一起祈祷。’克拉伦斯很清楚，即将到来的听证会不是场普通的政治争斗，而是灵魂深处的鏖战，是善恶之争。我们在与未知事物作战，需要有虔诚信仰者的帮助。我们需要上帝”。夫妻俩还提供了一组照片，或是两人脸贴脸、手牵手，站在长毛绒地毯上露齿而笑，或是一起偎依在沙发上捧读《圣经》。托马斯对记者说：“太残忍了，真是太残忍了。我都不知道这件事之后，我们该如何生活下去。至少我们拥有彼此。”

在这次访谈之前，大法官们其实很少对媒体发言，更别说在《人物》这类杂志上公开做灵魂剖析了。托马斯与杂志的这次合作显然失之妥当，因为就在一个月前，他还拒绝回答司法委员会任何关
35 于自己私生活的问题。《人物》这次专访强化了最高法院同僚对托马斯的看法：这是一个模棱两可、没有原则的人。

托马斯终于搬进属于自己的办公室，却未从新同僚那里听到只言片语。其实，这也是伦奎斯特法院的风格。大法官们彼此很少到对方办公室串门。在哥伦比亚特区巡回上诉法院及其他政府职位上，托马斯热衷于在大堂内闲庭信步，找人吹牛扯淡，又或午餐时临时凑个饭局，但在最高法院好像享受不到这个乐趣。他只能在开会时

遇到自己的新同事，大家彼此友好致意，但交往也仅限于此。对托马斯来说，静谧无声的办公室经常让他怀疑自己是不是失聪了。

最终，托马斯妥协了。他在办公室墙壁上的几个布置很好地说明了这一点。在休息室入口，他贴了张警告条，指出应对最高法院的事务保守秘密。在自己私人办公室门口，托马斯挂上了“请勿打扰”的指示牌。在哥伦比亚特区巡回上诉法院，他午间很喜欢绕着法院大楼散步，但自己现在臭名昭著，在大众面前混了个脸熟，再不方便四处游走了。他甚至不再驾驶自己心爱的那辆黑色“陆地巡洋舰”汽车上班。（车牌是 REZ IPSA，在拉丁语法律词汇中的意思是“不言自明”。）那车实在太打眼了，很容易被人认出来。“我喜欢与助理一同散步，要么走到老邮局附近，美美吃上一顿烤肉，或者到联合车站那里，吃点芝士薯条什么的。”托马斯告诉《诉情快递》（*Docket Sheet*）杂志，这是最高法院一份内部刊物，在《人物》杂志之后，托马斯只接受过它的访问。“我彻底失去了隐姓埋名的乐趣。”当然，从另一个角度来看，托马斯在最高法院的第一年就足不出户对他未尝不是一件好事，因为这样他就不会看到国会山人行道墙壁上的涂鸦了。上面写着：“安妮塔说得没错。”

与大多数大法官同僚不同，托马斯努力记住最高法院每位工作人员的姓名——从餐厅伙计、法官助理到普通法警。尽管他竭力表现自己的亲和力，但最高法院的员工仍然对他在听证会上的窘状印象深刻。几年后，托马斯仍记得最高法院一位执勤警官每天冲他打招呼时说的那句话：“别让他们剥夺你的欢乐。”而他本人是多么“受伤而挫败”。

进入最高法院几周后，托马斯终于有机会回击那些在听证会上折磨他的“他们”了。问题摆在面前：是否推翻罗伊案判决？

# 第 3 章　待决问题

36 最高法院主要审理两类案子。堕胎案是一类——其他全属另一类。

无论过去还是现在，堕胎问题都是最高法院的核心法律议题。它决定了大法官们的司法理念，也直接主导着提名与确认程序。对堕胎问题的不同态度，几乎成为划分民主党与共和党的重要标准。1992 年，这个议题与最高法院同时到了转折点。

罗伊案判决 19 年来，最高法院第一次出现这一局面：9 位大法官中，8 位由共和党总统任命。要知道，共和党一直通过官方途径，公开宣布要终止堕胎合法化进程。（约翰·F. 肯尼迪总统 1962 年任命的拜伦·怀特是唯一例外，尽管他由民主党总统任命，却在罗伊案中持异议意见，并在之后一系列类似案件中投票反对堕胎权。）如果真有一个推翻罗伊案的最佳时机，显然是 1992 年春天。

与其他政府分支不同，法院系统，即便是最高法院的大法官们，也不能因为某个议题比较重要，就主动采取行动。相关议题的案件必须经过下级法院审理，才有可能被送至大法官案头。当然，聪明的律师可以人为炮制这一流程。事实上，鉴于最高法院已在伯格时期日臻保守，一些自由派民权组织不惜以付款让原告息事宁人的方式，尽可能避免将一些争议性案件送到最高法院，以免大法官们制造出“恶劣”先例。但在某些颇具戏剧性的情况下，这类重大议题又正好能够迎合最高法院的兴趣。这一情形，正好发生在托马斯加入最高法院之后。

罗伊案之后，反堕胎的诸州各显神通，通过了各类限制性法律， 37
或明或暗地对抗最高法院判决。这些州伺机而动，随最高法院的立场演进做着相应调整。当最高法院变得更趋保守时，这些州就更加大胆，收紧了对堕胎的各种限制。由于预计到最高法院将在堕胎问题上更为右倾——并希望推动这一趋势——宾夕法尼亚州于 1989 年通过了一项法案。根据这一法案，任何堕胎妇女在联系相关诊所后，一定要经过 24 小时的“等待期”才可实施手术。在此期间，她必须听一场关于胎儿发育与堕胎替代性措施的讲座，并取得书面证明。未成年人若想堕胎，必须征得父母一方（或者一名法官）同意，已婚女性若想堕胎则必须通知其配偶。

1991 年 10 月 21 日——托马斯通过听证后的第六天，距离他宣誓还有两天——联邦第三巡回上诉法院的三法官合议庭一致裁定支持宾州的立法。在这起名为计划生育联盟宾夕法尼亚东南分部诉罗伯特·P. 凯西州长案（*Planned Parenthood of Southeastern Pennsylvania v. Gov. Robert P. Casey*）的案件中，合议庭多数意见只是反对法案中的部分内容，该条款要求已婚女性堕胎前必须通知其配偶。多数意见方指出：“绝大多数已婚女性会与丈夫商量，以决定是否堕胎。”但是，还是有一些已婚女性不会这么做。因为“在上述情形下，某些丈夫可能会有暴力行为，并以身体强制或威胁手段阻止其妻子前往诊所”。但是，合议庭的第三位法官不赞同前述多数意见，他不仅支持法案的其他部分，还赞同关于堕胎前必须通知其配偶的规定。

这第三位法官，就是小萨缪尔 · A. 阿利托。一年前，他刚刚被乔治 · H. W. 布什总统送入第三巡回上诉法院，这也是他第一次就重要问题发表意见。当时他才 41 岁，出任上诉法院法官之前，他曾担任联邦检察官与司法部官员，即使作为最高法院大法官候选人，其履历也绝对经得住严格审查。与处于同样情形的法官一样，阿利托很清楚，对堕胎问题的态度，将成为自己未来被评判的一项重要标准。由于深知该案关系重大，阿利托并没有像合议庭另外两位法官那样，对限制堕胎的法律表示任何异议。他全盘支持宾州出台的限制性法案——包括要求已婚妇女堕胎前必须通知其配偶的内容。

阿利托认为，通知其配偶不会影响到多少宾州女性。他指出，
38 该案中的证据材料表明，在堕胎女性中，70%～80% 的人都是未婚，95% 的已婚女性会将堕胎决定通知自己的配偶。“因此，显而易见，”阿利托写道，法案“连 5% 打算堕胎的已婚女性都影响不了，这个比例还可能更低”。既然影响面这么窄，那就没有必要“证明这是项‘不当负担’”。

至少在一个重要问题上，3 位第三巡回上诉法院法官意见是一致的。到了 1992 年，罗伊案判决只是名义上代表最高法院在堕胎权问题上的立场而已，第三巡回上诉法院在判决时，压根儿就没考虑哈里 · 布莱克门那里程碑式的伟大判决。对这些法官来说，最高法院的大法官们立场不一属于常态，最重要的是揣测其中一位大法官——桑德拉 · 戴 · 奥康纳——对本案的立场。就堕胎权案件而言，或者说从 1990 年代开始，最高法院与其说是伦奎斯特法院，不如说已经是奥康纳法院了。

1952 年，奥康纳以优异成绩从斯坦福法学院毕业，却没有一家律师事务所肯录用她。[ 洛杉矶的大型律师事务所吉布森、邓恩 &

克拉彻律师事务所（Gibson，Dunn & Crutcher）只愿聘请她做法务秘书。][1] 奥康纳是位热爱生活的女性，对这么点儿挫折丝毫不以为意，专注于与丈夫约翰共筑爱巢。约翰晚她一年从斯坦福法学院毕业，随后在德国服兵役。婚后，他俩在凤凰城定居。[2]

接下来的几年时光，奥康纳以自己喜欢的节奏规划着人生。六年时间里，她先后生下三个男孩。她最初在一家小型法律事务所工作，之后担任了州助理司法总长。她同时还是当地医院与基督教救世军[3] 的志愿工作人员。她与约翰都是出色的法律人，两人喜欢在他们位于天堂谷（Paradise Valley）的小屋空地上，举行可供数十人参加的烧烤野餐会（伦奎斯特夫妇也经常参加）。据她的传记作者琼·比斯丘皮克描述，一次，奥康纳为庆贺后院池塘上小桥的落

---

1 当时的美国法律行业仍然普遍歧视女性，人们认为法律工作是专属于男人的事业，排斥女性加入。有意思的是，这家律师事务所的资深合伙人威廉·史密斯后来官运亨通，于 1981 年当上了联邦司法部长。同年，里根提名奥康纳出任最高法院大法官。正是这位史密斯代表总统向奥康纳当面宣读了提名委任状，他不但对新任女大法官的能力与品格称颂有加，而且执礼甚恭。这家律师事务所百年大庆时，还专门邀请奥康纳这位当年被拒之门外的“女秘书”参加，奥康纳不计前嫌，欣然前往。

2 奥康纳是斯坦福法学院 1952 届毕业生，丈夫约翰是 1953 届毕业生。奥康纳毕业后，在加利福尼亚州圣·马托县找到一份助理检察官的工作，薪水微薄。约翰毕业时，突然收到服兵役的命令（当时美国是抽签式义务兵役制），军训后赴驻德美军部队任军法官。奥康纳辞去工作，去德国与丈夫团聚，并在法兰克福军需物资中心从事民事法律工作。1957 年，约翰与奥康纳回到亚利桑那州，约翰在一家大律师事务所工作，奥康纳先是与朋友合办了家小律师事务所，后来一口气生了三个孩子，干脆在家当了八年家庭主妇，直到最小的儿子上了托儿所后才重返政坛。

3 救世军（The Salvation Army），一个于 1865 年成立，以军队形式作为其架构和行政方针，并以基督教作为基本信仰的国际性宗教及慈善公益组织，以街头布道和慈善活动、社会服务著称。它有一个称呼，即“以爱心代替枪炮的军队”。其创办人希望能够把基督教传给穷困的人，并通过了解穷人们物质及心灵的需要来给予他们帮助。其国际总部位于英国伦敦，在全世界有几千个分部，分布在大约 70 多个国家，有成员 200 多万人，其中以美国人居多。

成，专门召开了一次主题庆祝餐会。餐会上，男人们都戴着黑色大礼帽，穿着白色大短裤与运动鞋，女人们都穿白色长衣，戴木髓制的太阳帽。餐会供应烤小牛肉、烤土豆和英式松饼，现场还有风笛伴奏。[1]

39 即便到了最高法院，奥康纳仍要求法官助理们追随乃至复制这样的人生模式。婚姻、孩子、事业、健身、文化、政治、志愿者服务——她这么做，自己的手下也该如此。她要求女性助理必须去最高法院体育馆参加她组织的每周三次的训练班。（后来，她还将莎莎舞作为训练科目之一。）计划结婚的男性助理被要求改善体型。（有人把冰淇淋藏在抽屉里，以免被她看到。）被日常烦冗工作弄得昏昏欲睡的助理们，经常被她拉去国家美术馆看私人藏品特展。每年樱桃上市时节，她都会带着助理们一起去潮汐谷举行野餐会，风雨无阻。对奥康纳来说，对待假期要像对待工作一样追求完美，尽心尽力。万圣节期间，她要求助理们根据当年的新闻热点给装饰用的南瓜命名。“9·11”之后，大家用的是“本·拉登南瓜”。第二年，改叫“马莎·斯图尔特[2]南瓜”，还给南瓜套上了囚服。

1969 年是奥康纳在凤凰城政治生涯的重要年份。那一年，当地的州参议员正好离任，赴华盛顿至尼克松行政分支就职。尽管之前她只担任过 4 年助理司法总长——在当时，女性政治家尚属罕见——但她还是说服了州长杰克·威廉姆斯，任命她填补了这一席

1 这本书即［美］琼·比斯丘皮克：《大法官奥康纳传：改变美国联邦最高法院》，方鹏、吕亚萍译，上海三联书店 2011 年版。

2 马莎·斯图尔特（Martha Stewart），美国白手起家的商界女强人，被称为“家政女王”，2004 年因妨碍司法、共谋和作伪证等罪名被判入狱 5 个月。

位。[1]履任后，奥康纳很快开始了她的立法事业。拟定议程、寻找盟友、筹商妥协，直到最后推动议案通过，一切工作都有条不紊。看得出，她行事果断、善于交际的个性非常适合这项工作。巴里·戈德华特[2]成为亚利桑那州共和党主席时，奥康纳的好机会也随之来临——1964年，她曾支持他竞选总统——此时，她在政治领域的主要工作仍未触及意识形态。她推动的第一项议案，是废止1913年出台的一部禁止妇女每天工作超过8小时的法案。在奥康纳看来，这个法案体现了家长式作风，并不是真心维护妇女权益。

对堕胎问题，奥康纳同样采取实用主义的路线，正如她未来将
在最高法院展现的，在处理相关问题时，奥康纳显示出高超的政治应
对技巧。她担任州参议员期间，正值修改堕胎立法运动闹得如火如
荼，亚利桑那州自然也不免卷入其中。按照亚利桑那州法律，除非孕
妇生命受到威胁，堕胎是被禁止的。1970年，一项带有自由派色彩
的议案被提交到奥康纳所在的委员会。根据当地媒体1970年4月29
日的一项报道，针对这项在亚利桑那州地区停止将堕胎行为作为犯罪
的提案，奥康纳在委员会内投了赞成票。不过，这项提案虽然在委员 40
会内通过，却从未提交全体参议员投票表决。奥康纳赞成堕胎行为非
罪化，但并不反对限制堕胎行为，在她的积极推动下，当地开始起草
一项规定只有执业医师才能实施堕胎手术的法律。此后不久，奥康纳

1 在美国，除内布拉斯加州采取一院制的立法机关外，其余各州都采用两院制，上院一般称作参议院，下院称作众议院、下议院或州议会等。在大多数州，参议员任期4年，众议员任期2年。

2 巴里·戈德华特（Barry Goldwater），1953—1965年和1969—1987年两度任亚利桑那州参议员，并且是1964年共和党提名的总统候选人。戈德华特被视为1960年代蓬勃复苏的保守主义运动主要精神领袖，也被誉为“保守派先生”。

成为州参议院多数党领袖。此时，罗伊案判决已经公布，前述法案的起草也失去了意义，无论各州立法如何规定，堕胎合法化仿佛已成定局。至少在亚利桑那州，堕胎权已经成为一项受美国宪法保护的基本权利，堕胎议题很快从该州政治议程中消失了。

1981 年，当里根考虑将奥康纳送入最高法院时，她对堕胎权的态度立刻成为审查焦点。前去调查奥康纳的，是司法部一位名叫肯尼斯·斯塔尔的年轻法务助理。奥康纳告诉他，自己从未支持过堕胎自由化措施。斯塔尔相信了她，没有人想着要去查阅凤凰城当地的报纸，审查一下奥康纳既往的表决记录。（近些年，对大法官候选人的审查变得严格多了。）这一疏忽使得里根团队相信，奥康纳“从个人立场上”是反对堕胎的，但在界定堕胎权的法律地位方面，她的态度含糊不清。其实，奥康纳在立法者岗位上，很少过多关注堕胎问题。面对关于这一话题的各种极端立场，她一直尽量保持中立态度——这一态度，也被她带入了最高法院。

当凯西案的律师们将注意力从第三巡回上诉法院转向最高法院，原告律师已经明白，要想打赢这个官司，不仅要拼法律，还得拼政治。在第三巡回上诉法院打这场官司的律师，是来自美国公民自由联盟[1]的凯瑟琳·科尔伯特。她深知奥康纳的中间立场，认为当前正

1 美国公民自由联盟（American Civil Liberties Union，ACLU），1920 年由罗杰·鲍德温、海伦·凯勒、法兰克福特（后来成为最高法院大法官）等人发起并创立的非官方组织。该组织以维护宪法权利为宗旨，致力于使宪法保障的言论、集会、结社、宗教等公民个人自由权利，以及平等权、隐私权、正当程序保障等民权得到真正实现。ACLU 自成立以来，一直积极介入共产党人、罗马天主教徒、同性恋者、少数族裔的权利保障事务，经常以提起司法诉讼的形式检验立法或案件的合宪性，通过司法判例推动民权事业发展。ACLU 也是堕胎合法化的坚定拥护者与推动者。

是挑战最高法院乃至美国选民的大好时机，并据此设计出最高法院历史上最为大胆的诉讼策略。

当第三巡回上诉法院作出凯西案判决时，科尔伯特及其同事都认为，罗伊案的防护效应已被大大削弱，与其如此，不如一劳永逸， 41
自己推翻这个先例。科尔伯特希望能够在 1992 年大选前推翻罗伊案判决，促使最高法院就凯西案作出判决，使之成为一项新的先例。毫无疑问，这也将对最高法院未来的人事任命产生巨大影响。

科尔伯特必须迅速行动。1991 年 10 月 21 日，联邦第三巡回上诉法院的三法官合议庭作出判决后，按照相关规定，公民自由联盟本应向该院提出申请，要求重新进行满席听审。[1] 但这会耗去数月时间。作为替代方案，按照最高法院规则，他们也可以在 90 天内，也就是赶在 1992 年 1 月中旬之前，向最高法院申请调卷令。行动必须越快越好，否则的话，即使调卷令申请在 1992 年春天被批准，案件只能在 1992 年秋天（也就是下一个开庭期）开庭，判决最快也得到 1993 年才能作出，这就太迟了。科尔伯特认为，必须在 1992 年大选之前决定罗伊案的命运，也就是说，案子至少得在 1991—1992 年的开庭期末有个结果——那时正好是 1992 年 6 月。

截至 11 月 7 日，科尔伯特用了三周时间准备调卷令申请。根据最高法院规则，向最高法院提交申请的当事人，在案情概述部分

---

1 联邦巡回上诉法院的判决作出后，诉讼人一般有以下几种选择：请求合议庭重新考虑判决结果；请求进行满席听审；提出调卷令申请，请求联邦最高法院重新审理。这里的满席听审是指由法院所有法官出庭审理的诉讼。在美国上诉法院的案件审理中，满席听审通常用于具有极大争议或涉及公共利益的案件，以及本院中一个或多个合议庭在主要法律观点上存在分歧的案件。满席听审的诉讼还不到联邦上诉法院案件总数的 1%。

必须注明“待决问题”（Questions Presented）。列举这些问题时，必须十分注重写作技巧，因为只有这样才有可能吸引至少 4 位大法官决定受理这个案子。可是，科尔伯特在书写这部分内容时，并未把读者群局限于最高法院的大法官们，而是拓宽了受众范围。她选择了一种最具煽动性的方式提出问题，问题只有一个：“罗伊案判决将妇女选择堕胎的权利作为受美国宪法保护的基本权利，最高法院是否已经推翻了它？”1992 年总统大选在即，上述问题当然不能再用法律标准考量，罗伊案的未来已经摆在最高法院面前。

科尔伯特打算强迫最高法院在大选前作出裁决，这一昭然若揭的意图，得罪了首席大法官伦奎斯特。他可不喜欢最高法院成为政治争论的棋子，更不愿由诉讼人来设定最高法院的时间表。最高法院的自由派大法官们一致认为，伦奎斯特肯定会反击的。果然，他利用首席大法官的职权，将凯西案从大法官们每周例会要讨论的调卷令申请列表上拿掉了。这个案子被“重排”，短期内无法再被提上议事日程，谁都看得出，首席大法官明显打算用拖延战术将这个案子一直拖下去。在最高法院任职期间，哈里·布莱克门几乎都在为捍卫自己在罗伊案中的意见而斗争，看到伦奎斯特把凯西案压下去，他与自己的法官助理都非常愤怒。助理们在给他的一份不寻常
42 的联合备忘录中写道：“我们强烈地感到，这个案子必须在春季审理……如果您深信现在最高法院已经凑齐足够票数推翻罗伊案判决，那就让他们在大选前动手吧，然后由全体女性就他们的暴行投票表决。”

但是，如何做到这一点呢？布莱克门与其他主张堕胎自由的大法官们该如何让凯西案进入最高法院的审理日程？约翰·保罗·斯蒂文斯找到了办法。斯蒂文斯热衷于独自撰写异议意见书，从不

畏惧权威，在院内有着很大影响力。他对最高法院的规则烂熟于心——勇于挑战自己同僚们日益膨胀的内心自负——这些都赋予了他无与伦比的优势。为了打破凯西案僵局，斯蒂文斯威胁说，他将针对伦奎斯特从调卷令申请列表上拿掉凯西案的行为撰写一份异议意见书。（布莱克门紧接着表态说，他将加入这份意见书。）本来，重排调卷令申请列表是公众完全不熟悉的一道内部程序。还从来没有一位大法官专门因重排列表撰写过异议意见书。不过，这也正是问题的关键。斯蒂文斯很清楚，一旦意见书公布，公众就会发现伦奎斯特为了总统大选而刻意拖延堕胎案件的审判。伦奎斯特向来珍爱自己与最高法院的声誉，当然不会容忍这样的事情发生，他终于让步，同意将凯西案列入审理日程。1992 年 1 月 21 日，最高法院宣布将于 4 月 22 日审理凯西案——这是本开庭期言词辩论期的最后一天，也是促成该案在大选日（Election Day）前判决的最后一次机会。

在大法官们讨论是否受理凯西案的会议上，戴维·苏特指出，仍有一些问题必须解决。平时，最高法院经常直接采纳上诉方提出的“待决问题”，但苏特很不喜欢科尔伯特提交的那个极富煽动性的问题。在给同僚们的一份备忘录里，苏特写道：“我认为那个问题应当重新措辞。”苏特不愿看到凯西案导致这样的结果：不是维持罗伊案判决，就是推翻它。他认为，本案应当着力审查宾州相关法案，没有必要把罗伊案牵扯进来。在备忘录里，苏特建议：“有一个问题必须加入，并被予以特别关注：在我们评估堕胎权是不是一项宪法权利时，遵循先例原则究竟有多重要？”遵循先例，意味着“遵照执行已决之事项”。但是，苏特的同僚们最终并未采纳他的建议，他们打算逐项列举宾州相关法案的条文，审查它们是否合宪。事实会 43

证明，苏特提出的问题将在本案中起到至关重要的作用。

履任之前，还没有哪位大法官的立场像苏特那样扑朔迷离。他于1990年10月8日宣誓就职，最高法院该年度的开庭期此时刚满一周，不过，苏特好像并未打算在第一年就投入工作。到1991年春天，几个月过去了，他仍未出具任何判决。尽管他在此开庭期的最后一个月提交了6份判决书，但总体来看，表现不算太佳。不过，至少在第一个开庭期内，提名苏特的共和党人有理由感到庆幸，因为从他的投票记录来看，他的观点仍趋于保守。这一年里，他在几个大案子中都附和了伦奎斯特与斯卡利亚的意见，包括一起与堕胎有关的案子。在拉斯特诉沙利文案（*Rust v. Sullivan*）里，他在5∶4票的判决中投下了决定性的一票，该判决确立了所谓堕胎言论限制规则，禁止受联邦资金资助的医生在患者面前有任何涉及堕胎问题的言论。

在最高法院内，苏特的特立独行比其司法立场更引人注目。他已经52岁，一直从事律师职业，许多生活习惯更像上个世纪的绅士。白天，他喜欢打开所有门窗，不开灯，在房间内转动椅子，边晒太阳边阅读法律意见书。日复一日，连午餐习惯都是一样：一个完整的苹果，连心带核一起吃掉，外加一杯酸奶。苏特很喜欢喝可口可乐，却从未听说过无糖可乐，这可是另外几位大法官钟爱的饮料。苏特只用钢笔写字。不过，这位新任大法官最广为人知的轶事，发生在他与好友新罕布什尔州参议员沃伦·拉德曼之间。拉德曼曾送他一台电视机，可苏特居然从没给那玩意儿通过电。苏特的第一个开庭期即将结束时，他看起来对这份新工作有点儿力不从心了。在接受最高法院内部刊物《诉情快递》的采访时，苏特曾说："我哪儿是在工作，只不过是在尽力避免被一大堆事务淹没罢了。""有人曾把在这里工作比作在风口浪尖行进，这话可一点儿不假。”

第一个开庭期在1991年6月结束时，苏特立刻离开华盛顿，
重返他在新罕布什尔州的农场小屋，他在那里随爷爷奶奶长大。（与 44
传言相反，他不是跟母亲住在一起的，他母亲去了外地。）之前纷繁芜杂的工作，使他很难有时间静心思考自己将要承担的重任。当布莱克门邀他同去科罗拉多州的阿斯彭市过暑假时，苏特回信婉拒了他，他写道：“我想一个人好好待一阵子，想想如何处理下一个开庭期的诸项事务……我还得多读读、多想想，考虑一下最高法院未来将面对的问题。”他接着说，“确实有必要好好地……反躬自省，一年中确实需要这么一段时间来享受孤独。”

凯西案发生那年，正是苏特的第二个开庭期开始之际，此刻，他对自己应秉持的司法理念已胸有成竹。事实也将证明，华盛顿的行政分支的确低估了他。在20世纪的绝大部分时期，无论政治左翼还是右翼，他们在最高法院内的代言者都泾渭分明。在许多案件中，威廉·布伦南与其同盟者以宪法为工具，致力于建设一个更为自由与平等的社会；相反，伦奎斯特与斯卡利亚一方则认为，最高法院应遵从政治多数与立法者的意志，对宪法的解释应尽量贴近制宪者原意。然而，美国司法界还存在着第三种传统，他们不为公众熟知，也看不出他们究竟代表民主党，还是代表共和党。戴维·苏特就属于这第三种传统。

在1990年的确认听证会上，许多人都认为苏特是个保守派。那时，苏特被普遍认为是“神秘莫测”的候选人，尽管他曾担任新罕布什尔州司法总长及州最高法院大法官，但从未在包括堕胎在内的争议性议题上表达过立场。鼓吹堕胎自由的民间组织普遍认为，苏特担任大法官后，一定会成为共和党的跟屁虫。因此，在苏特的听

证会上，全国妇女组织联合会（National Organization for Women）散发的传单上写着：“阻止苏特，否则女性末日即将来临。”

听证会上，苏特并没有对重大法律争议表现出明显倾向，两党人士都不太清楚他的司法立场。但是，从苏特的发言可以看出，他对宪法理论有着深入思考，所秉持的司法理念与约翰·马歇尔·哈
45 伦二世非常接近，哈伦 1955—1971 年期间在最高法院任职。哈伦二世的同名祖父也曾于 1877—1911 年服务于最高法院，他本人并非激进的自由派大法官，甚至在沃伦法院的多起标志性案件中持异议意见。然而，即使以现在的标准来衡量，哈伦也算不上保守派。他深信法律应当维护社会稳定，先例最好在司法体系中扮演有限而又可预期的角色。最重要的是，他信奉遵循先例原则。与哈伦一样，苏特对普通法，以及可追溯至中世纪的法官与法院的累积智慧有着执着信仰。

同样与哈伦相似的是，苏特坚信宪法表达了一种自由理念——自由来自对政府权力的限制，而非单纯通过立法限制个人自由，人民的权利并不拘泥于宪法条文上的字句。相反，那些质疑并挑战隐私权等宪法未列举权利的保守派，认为宪法既然是书面文件，就必须立足于条文来解释与限定权利。

在 1961 年的一份著名异议意见书中，哈伦指出：“正当程序条款所保障的自由，不能仅从宪法字面含义探寻。‘自由’不是孤立的存在，不仅仅是宪法条文上一一列举的要素，诸如获取财产，言论、出版、宗教自由，等等。它是一个有机连续的统一体，推而广之，自由不能强迫施加，也不能盲目压制。”哈伦关于未列举权利的观点，成为未来最高法院承认隐私权的判决至关重要的智识基础，其后的堕胎权也是如此。

1992 年，苏特面临的问题，在于对堕胎选择权的限制是不是宪法禁止的一种“强迫施加”。苏特选择的应对方式，是从普通法与先例中寻求答案。他指出，本案的关键问题在于：“在我们评估堕胎权是不是一项宪法权利时，遵循先例原则究竟有多重要？”对苏特来说，对这一问题的解答不仅是为解决凯西案，也是对自己司法立场的界定与表达。

即使在伦奎斯特出任首席大法官之初，最高法院的言词辩论环 46
节也与伯格时代差不多。整个 1980 年代，审判席上一片寂静。布伦南、马歇尔和布莱克门几乎从不开口发问，伯格、怀特与鲍威尔话也不多。1986 年，斯卡利亚进入最高法院后，情况有了变化。他生性好斗，从不掩饰派性立场，总能让法庭气氛白热化。即使是最晦涩无趣的案子，庭审也能让他搅和得非常热闹。奥康纳一般会在庭审前预做准备，与法官助理拟好问题，而且总是第一个向律师发问。伦奎斯特与肯尼迪也很喜欢发言。所有这些，使得 1992 年 4 月 22 日那次庭审变得十分特别。

“下面审理第 91–744 号案件，计划生育联盟宾夕法尼亚东南分部诉罗伯特 · P. 凯西州长案，”伦奎斯特说话时，还是人们熟悉的慢节奏，长元音的中西部口音，“科尔伯特小姐？”

“首席大法官阁下，所有尊敬的大法官们。今天案件的核心问题是，我们的宪法是否赋予政府强制妇女在违背自己意愿情况下终止妊娠的权力？”科尔伯特开始发言，“自从最高法院作出罗伊案判决后，整整一代美国女性受到了保护，在她们心目中，宪法为她们的生育选择权提供了最高级别的保障。”

一般来说，律师当庭陈述时，大法官偶尔会插话发问。但此刻，审判席上一片寂静，科尔伯特只好继续陈述：“这一里程碑式的判决，必要且合理地延续了最高法院一个世纪以来的司法理念，不仅保障了人们的身体完整权与自控权，而且赋予上百万女性充分、平等地参与社会生活的机会。罗伊案判决与宪法的伟大之处，在于其对基本权利的充分维护。政府不能剥夺人们的基本权利，更不能使这种生育选择权只能由部分女性享有。”

审判席上还是没有声音。听众们开始窃窃私语，学识如此渊博的群体，又是这么大的案子，怎么就没人发问呢？什么原因令他们如此沉默？[1]

3 分钟过去了，到第 4 分钟，始终没有任何大法官发问，科尔伯特不打算退却。她的策略很简单：要么大获全胜，要么一无所获，要么完全推翻宾州法案，要么干脆推翻罗伊案判决。“我国的历史与
47 传统一直尊重个人的自主权，任何人都有权根据道德与良心信仰作出是否生育的选择。”科尔伯特说道，“我们的宪法一直承认公民在婚姻、家庭、育儿乃至避孕方面的私人自主权，终止妊娠及其实施与上述权利没有任何区别。”8 分钟后，奥康纳终于用她悦耳的东部口音发言了，语气像一位幼儿园老师。

“科尔伯特小姐，你现在谈论的，在于是否适用遵循先例原则，维持罗伊案判决，”奥康纳说道，“然而，我们之所以批准你的调卷令申请，在于你提出了一些特别的问题。你是否打算在下面的陈述中提出这些问题呢？”

1 最高法院的言词辩论过程允许公众旁听，由于座位有限，先到场者可先就座。言词辩论开庭前，法院前的广场上会排成两支队伍，一支是想要旁听整个言词辩论过程的队伍，另一支是“三分钟队伍”，主要面向那些只想到现场观摩几分钟的访客。

科尔伯特用了一番话回应，却没有列出问题。此刻，她可不愿让步，使限制堕胎与维持罗伊案判决这一更大的问题截然分开。肯尼迪也问道："你不是有许多具体条款要质疑吗？请你提出来。"但是，科尔伯特继续扛着不问。对她来说，对凯西案的判决就是对罗伊案的判决。

在那周的大法官会议上，形势处于胶着状态。7 位大法官——伦奎斯特、怀特、奥康纳、斯卡利亚、肯尼迪、苏特与托马斯——对宾州限制堕胎法案的大部分内容都持赞成态度，只有斯蒂文斯和布伦南打算推翻它。但是，即使在多数方内部也存在分歧。伦奎斯特、怀特与斯卡利亚准备推翻罗伊案，托马斯也预备加入他们。但是，要想彻底推翻罗伊案，必须凑够 5 票才行。可是，无论奥康纳、肯尼迪，还是苏特，都不打算走那么远。因此，在会议最后，伦奎斯特把撰写凯西案判决书的任务分配给了自己，他打算在判决书中鼓励各州在出台限制堕胎法案问题上放开手脚。事实上，这相当于变相推翻了罗伊案判决。

于是，苏特决定下周伊始去拜访奥康纳。

# 第 4 章　三驾马车

48 外界一般很难想象，最高法院大法官们其实很少有私下会面的机会。伦奎斯特时代，9 位大法官经常集体亮相。言词辩论期间，也即绝大多数星期一与星期三，大法官们都会在审判席上碰头，相互握手，并共进午餐。[1] 星期五经常会有案件讨论会。散会后，大法官习惯用备忘录沟通交流，这些备忘录多由他们各自的法官助理起草。（进入互联网时代后，备忘录也开始电子化，但一般保留书面副本。大法官中，只有托马斯、布雷耶和斯蒂文斯能够自如用电子邮件交流。）

但是，在非正式场合下，大法官们交往并不多，最多偶尔打几个电话，连到对方办公室转转的情形都很少。大法官们私下三五成群聊天的情形，每年最多一两次。从这一点上看，苏特穿过大厅去拜访奥康纳的行为，更显深意。有意思的是，苏特找的是奥康纳，

---

1 1880 年代，在梅尔维尔·富勒首席大法官倡议下，最高法院明确了相互握手的传统。每当大法官出庭或开会，都要与另外 8 位大法官握手。富勒设立这一仪式性程序，是为了提醒大法官们，尽管他们看法可能不一，但拥有一个共同的目标。不过，由于大法官们开会时经常吵得不可开交，也有大法官曾开玩笑说，这种握手礼仪就像拳击手比赛开打前的握手，握完手就得开始准备战斗了。

而非别人。事实上，类似情况下，不仅是苏特，别的大法官都会去找奥康纳。在伦奎斯特法院，要想成为多数方，必须赢得奥康纳的支持。因此，几乎所有同僚都会不定期造访她。

这是苏特在最高法院的第二年，他并不打算破坏保守派革命的核心理念。其实，保守派们当年推动对苏特的任命，就是为了让他推翻罗伊案判决，而这一次，苏特却打算挽救它。

他告诉奥康纳，自己对首席大法官处理凯西案的方式并不满意。 49
难道就不能找到这么一种途径，既能保住罗伊案判决的精髓，又能维持宾州法案大部分内容？苏特说，奥康纳过去撰写的意见书早就指明了这一路径。

奥康纳对堕胎权的立场源自她对罗伊案判决的看法。1973 年，布莱克门在法院判决书中写道：作为“基本”权利的隐私权“范围之广，足以把妇女对于是否终止妊娠的决定权包括在内”，但堕胎权不是绝对的。当一州认为存在“急迫的州利益”，有必要限制堕胎选择权时，最高法院应认可该项限制。那么，什么时候才算关涉本州利益，必须对堕胎施加限制呢？布莱克门认为应以怀孕头 3 个月为期。他指出，在怀孕最初 3 个月，胎儿尚未成形，堕胎对孕妇一般不会造成伤害。在此期间，堕胎的决定和施行“必须取决于孕妇主治医生的医学诊断”。（罗伊案判决书中的许多内容都是从医学专业角度进行的分析，而非一味偏重于女权。因为布莱克门以前做过明尼苏达州梅奥医院的总法律顾问，熟悉各类医学知识。）

但是，一旦妊娠继续进行，布莱克门写道，承载各州利益的法律保护的侧重点就移转至胎儿利益，而非女性权利。在头 3 个月之后，各州可以对堕胎实施限制，但仅能“以与母体健康合理相关的方式”。最后，“在胎儿能够自然存活的阶段”，各州可以限制乃至禁止堕胎，“为了保护母亲的生命或健康而必须进行的堕胎除外”。从本质上看，罗伊案判决引入了一种弹性标准，前期更为注重妇女的堕胎权，之后依据胎儿发育状况，逐步对该权利施加限制。尽管如此，布莱克门仍然强调，在妊娠的任何阶段，对堕胎的任何限制措施，都必须保障妇女的生命与健康权益。在虽不著名但非常重要的多伊诉博尔顿案（*Doe v. Bolton*）中，布莱克门曾详细阐述了上述观点，该案针对的是佐治亚州一项堕胎法令，最高法院在罗伊案宣判当日也对此案作出裁决。在该案判决书中，布莱克门重申了医生的堕胎手术选择权，他指出，医生在决定实施堕胎手术时，“必须综合
50 各种因素——身体、情感、心理、家庭因素以及女性年龄——一切必须围绕孕妇权益进行”。换言之，当女性健康受到威胁，无论处于妊娠哪一阶段，医生都必须选择实施堕胎手术。

履任之初，奥康纳对堕胎问题就持独立立场。1983 年，最高法院的多数方意见书推翻了俄亥俄州阿克伦市一项法令，这是奥康纳出任大法官后接触的第一起堕胎案件。[1] 该法案的目的也是限制

---

1 该案即阿克伦市诉阿克伦生育健康中心案（*Akron v. Akron Center Reproductive Health*）。1978 年，俄亥俄州阿克伦市议会通过一项堕胎法，对堕胎作出 5 个方面的限制。要求属于孕期第二、第三阶段的所有堕胎手术都必须在医院进行；15 周岁以下少女堕胎需要家长同意；医生要告知胚胎的发育与生命特征（即堕胎者的知情同意）；手术前 24 小时等待期；以人道和卫生的方式处理胚胎；等等。在法令生效前一个月，美国公民自由联盟就代表阿克伦市的妇女生育诊所质疑它的合宪性，认为它在缺乏“充分而迫切的理由”的情况下，侵犯了妇女堕胎权益。起初，联邦地区法院和上诉法院推翻了此法令绝大多数条款。市政府不服，上诉至联邦最高法院。最高法院最终形成的多数方意见书由鲍威尔撰写，他在意见书中重申罗伊案判决，认为在根植于宪法自由权的隐私权概念中，包含有孕妇终止妊娠的权利，最高法院有权限制各州的规制措施。鲍威尔还指出，由于技术上的进步和医学知识的普及，即使是在怀孕的第二阶段，也不必强行要求到医院实施堕胎手术。据此，鲍威尔宣布推翻阿克伦市所有限制堕胎的条款。

堕胎，它要求妇女孕期3个月之后的任何手术都必须在医院进行，堕胎手术之前必须经过24小时等待期。在该案中，奥康纳提出了异议意见，她支持前述法案，并对布莱克门在罗伊案判决中的部分论证逻辑提出质疑。奥康纳认为，随着医疗技术的改善，以3个月为期划分孕期的方法已显得不合时宜。越来越多的孕婴在妊娠初期就有可能在体外存活，而即便在妊娠晚期实施堕胎，妇女的安全保障也大大提高了。她写道："罗伊案据以成立的整体思路，显然正朝碰撞航向行驶。"接下来的几句话成为她大法官生涯中最著名的判词之一："既然堕胎的医疗风险正逐步降低，一州立法的立足点也应从母体健康转向新生儿本身。既然现代医疗科技的发展为胎儿的宫外存活提供了更有力的保障，那么婴儿自然存活的时间就应从受孕那刻起算。"

奥康纳提出一种全新的法律思路，以取代罗伊案判决中的裁判思路。她指出，各州有权立法限制堕胎，但不得对堕胎女性造成"不当负担"。奥康纳并未确切阐释"不当负担"是何含义，但她指出，根据这一标准，应当支持阿克伦市限制堕胎的立法。其实，说到医学知识，布莱克门要比奥康纳更有前瞻性。奥康纳的错误在于她把婴儿自然存活的时间无限延伸了。事实上，在罗伊案判决中，布莱克门已经写道："自然存活通常在第7个月（28周），但也可能更早些，甚至在第24周。"即使进入21世纪，也就是罗伊案判决30多年之后，胎儿在孕育的第23周或第24周就能脱离母体存活仍是罕见的情况。（正常的妊娠期应该为38～40周。）

一旦介入争议性话题，奥康纳向来优先考虑政治层面的解决， 51
而非借助最高法院。之前担任州立法者的经历，使她遇事倾向于支持行政机关的决定。奥康纳曾引用过大法官小奥利弗·温德尔·霍姆斯 1904 年的一段判词，她写道：“在界定什么是州施加的‘不当负担’时，在我们处理一系列敏感议题时，我们必须对这样一句话铭记在心：‘民主解决争端的最佳场所是议会。’”

在最高法院的第一个十年里，奥康纳批判过罗伊案判决，却从未打算推翻它。1989 年，最高法院在维持密苏里州一项禁止在公立医院堕胎的法案时，已接近于推翻罗伊案判决。在这起名为韦伯斯特诉生育健康服务中心案（*Webster v. Reproductive Health Services*）的案件中，伦奎斯特、怀特、斯卡利亚与肯尼迪都打算终结罗伊案。可是，奥康纳却阻止了这一进程，她写道：“当一州堕胎法案的合宪性问题转化为罗伊案本身的合宪性问题时，我们还有充足的时间来重新认真检视罗伊案。”

这也正是苏特拜访奥康纳时，她对堕胎问题所持的立场。她反对布莱克门在罗伊案中的判决思路，赞同各州议会立法限制堕胎，并谨慎地吸纳公众意愿。但是，“充足的时间”已经过去，她必须对罗伊案表态。

尽管在凯西案的讨论会上，伦奎斯特已将多数方意见书撰写任务分配给自己，苏特仍未打算就此作罢。苏特不愿看到最高法院被直接卷入政治旋涡。尽管有些天真，但苏特仍然深信，确实存在一个与政治纷争绝缘的“法律”之岛。距离罗伊案判决已差不多 20 年，此时，最高法院已容许各州规制与限制堕胎，而且很少有人再去质疑堕胎禁令的合宪性。很显然，无论是从伦奎斯特在大法官会议上所持立场，还是从其正在撰写的判决书，都可以看出，他将发布允许完全禁止堕胎的判决。

奥康纳赞同苏特的意见。与苏特相比，她的司法立场没那么神

秘，但她敏锐的政治直觉却令二人殊途同归。在她看来，全国多数 52
人已认可并接受了罗伊案判决。

除此以外，一些东西确实引起奥康纳的反感。宾州法案的一些条款居然要求已婚女性告知自己丈夫后才可堕胎，这一点着实令奥康纳惊骇不已。上诉法院已经推翻这部分条款，但伦奎斯特却支持下级法院的异议意见。正是这项由萨缪尔·阿利托法官撰写的意见书大大激怒了奥康纳。她认为，该条款把父权主义与男性至上主义都发挥到了极致。要知道，奥康纳向来对女性歧视问题十分敏感（为避免种族偏见嫌疑，她经常用“非洲裔美国人”称呼黑人），她绝对不能容忍最高法院支持这样的法律。

因此，奥康纳与苏特在支持罗伊案判决的“实质内容”方面达成了共识，他们打算推翻宾州法案中的“通知配偶条款”。问题是，他们目前只有 4 票在手——他俩，外加布莱克门与斯蒂文斯，若想完全推翻宾州法案，还需要关键一票。他们知道，只有从一个地方可能弄到这关键性的第 5 票——托尼·肯尼迪的办公室。[1]

在对待最高法院大法官身份这一问题上，苏特与肯尼迪的态度截然不同。苏特为人低调，不喜争辩，讨厌关注度高的案子。肯尼迪却乐于让自己的判决见诸报端，热衷于充当公众人物。为了让自己的判词能被《纽约时报》援引，肯尼迪经常在电脑键盘前字斟句酌。

要是让苏特定位法官的角色，他或许会把法官界定为法治传统的沉默守护者，而肯尼迪更倾向于做一个浪漫主义的法治改良者。

---

1 托尼（Tony）是安东宁（Anthony）、安东尼（Antony）的昵称。

他热衷于讨论法律“诗性”，以及那些足以令法学院学生获益终身的伟大“教学案例”。1975 年，杰拉德·福特总统任命肯尼迪为上诉法院法官时，肯尼迪才 39 岁，是美国最年轻的上诉法院法官。可以说，肯尼迪的职业生涯大部分是在法官岗位上度过。在联邦第九巡回上诉法院的 12 年间，甚至在他成为最高法院大法官后，肯尼迪仍
53 时常在家乡萨克拉门托的麦克乔治法学院执教。在他看来，法律并不仅仅是判例汇总，而是一套能供下一代法律人解答疑惑、理解揣摩的机制。

肯尼迪也是名天主教徒，每星期六都去做弥撒，并以双手前握的古老方式祈祷。他对堕胎同样持抵制态度。在进入最高法院前，他曾将罗伊案称为“当代的德雷德·斯科特案”[1]，1857 年的斯科特案判决可谓声名狼藉，导致南北战争的爆发。但是，肯尼迪也很清楚，法官不能像天主教徒那样思考问题。他曾写道：“最艰难的事莫过于作出那些我们内心并不喜欢的判决。”尽管他反对堕胎，但他从未质疑过宪法究竟是否应当维护这一权利。

肯尼迪是性情中人，其个性糅合了多种要素：既热情四射又雄心勃勃，既天真浪漫又郑重其事，既尊重法律又孤芳自赏。他最终接受了苏特的提议。肯尼迪深知这一决定的重大意义，因为维持罗

---

1 全称为德雷德·斯科特诉桑福德案（*Dred Scott v. Sanford*）。这是美国最高法院 1857 年审理的一起涉及奴隶地位的著名案件。最高法院在该案中判称，被贩卖到美国的非洲奴隶后裔，不论其是否已解放成为自由人，均不能算作美国公民，不能享有美国公民的权利，也不受美国宪法保护，除非政府授予其权利或特权。亚伯拉罕·林肯总统曾多次抨击该判决，他曾说：“房屋分成两半就会倒塌。我相信，在半是奴隶半是自由民的国家里，政府也长久不了。”1868 年，美国国会通过了宪法第十四修正案，该修正案规定，奴隶享有完全的公民权并受到宪法保护。宪法第十四修正案相当于直接推翻了斯科特案判决，并将其钉在历史的耻辱柱上。

伊案同时意味着大法官们珍视最高法院既往判例的权威性。

苏特成功说服肯尼迪加入自己和奥康纳一方。其实，这3个人之中，要数肯尼迪的立场变化最具戏剧色彩。3年前，他曾在韦伯斯特案中投票赞同伦奎斯特推翻罗伊案的意见。更具戏剧性的是，之前在凯西案的讨论会上，肯尼迪也曾表态支持伦奎斯特。不过，在最高法院内部，只要法院判决书还未公布，没有哪次表态算得上最终意见。即便如此，会后转变立场的情况仍不多见，尤其是像凯西案这样的案子。无论如何，这年5月初，苏特、奥康纳、肯尼迪终于在凯西案问题上秘密达成了共识，关于即将发表一份联合意见书的计划，他们每人只告诉了自己的一名法官助理。

首席大法官对这些暗箱操作浑然不觉，仍醉心于起草他想象中
的“多数方意见书”。5月27日，伦奎斯特拟出初稿，并将打印件
分送各位大法官，此时距离言词辩论已过去近一个月。首席大法官
认为，最高法院应支持宾州法案的全部内容。他写道：“在罗伊案 54
中，在认定妇女堕胎权为‘基本权利’的问题上，最高法院犯了错
误。”如果首席大法官的意见赢得多数大法官支持，各州即可随心所
欲地限制或禁止堕胎行为。因此，布莱克门在伦奎斯特起草的意见
书初稿第一页空白处写道：“哇！真够极端的！”

对首席大法官的意见初稿，“三驾马车”（troika）[1] 的看法与布莱克门差不多。伦奎斯特清除罗伊案的方式，使他彻底丧失了将苏特、奥康纳和肯尼迪拉回多数方的机会。在三人秘密商定的分工方案里，肯尼迪答应负责开场部分，宣布他们将支持罗伊案判决。苏特将撰

1 这里指苏特、奥康纳与肯尼迪这个私下达成共识的“小团体”。

写下一部分，阐述遵循先例原则的重要性，奥康纳负责最后部分，解释为什么要推翻宾州法案中的“通知配偶条款”。5月29日，伦奎斯特传阅意见书初稿两天后，[1] 肯尼迪写了张便条给布莱克门：

> 亲爱的哈里：
>
> 如果您有几分钟空闲，我想尽快见您。告诉您关于凯西案的一些新进展，我能说的是，这绝对是个好消息。
>
> 如果今天不方便，明天也可以。届时电话我即可。
>
> 您的托尼

次日见面时，布莱克门倾听了肯尼迪的犹疑与苦恼，毕竟后者即将扮演一个堕胎权赞成派的角色。其实，因为自己主笔的罗伊案判决，布莱克门收到的死亡威胁比任何大法官都多，他安慰肯尼迪说，有时候，一些来信倒是能带来意外惊喜。布莱克门向这位同僚展示了一封信，信是一位修女写的，她在信中感谢布莱克门支持堕胎，一名妇女因此得以被从绝望边缘拯救。肯尼迪走后，向来谨慎的布莱克门在一张粉色便笺上为自己写下这么几个字：“罗伊案得救

---

1 “传阅”是最高法院判决形成机制中的一道关键环节。主笔大法官完成撰写任务后，会将初稿提交全院大法官传阅。少数方大法官想发表异议意见书的，也可以将初稿提交传阅。“传阅”为大法官们改变投票立场、进一步分化或结盟提供了机会。某位大法官如果赞同初稿内容，就会给主笔者发函，并标注“请加上我”（Please join me）。“Join”在此是及物动词，意思是“算我一个”（Count me in）。有时，“join”也可以做名词使用。例如，有些大法官会表示：“如果您愿意做这些改动，可以得到我的加入。”还有大法官会拐弯抹角表示：“我期待您的进一步修改完善。”这么说，基本就意味着拒绝加入了。有时候，为了得到某位大法官的“加入”，主笔者会邀请他合作撰写部分内容，有些著名判例就是这类妥协与合作的产物。

了（*Roe* sound.）。”就像琳达·格林豪斯在她那本关于布莱克门的书中提到的：“选择这一微妙的旧词显得别有深意。对一个法律人来说，‘sound’传达的不仅有生存之意，而且意味着正当与合法。”罗 55
伊案判决——女性选择堕胎的权利——得救了。

6月3日，苏特、奥康纳和肯尼迪传阅了他们秘密协议的产物，一份61页的判决书初稿。伦奎斯特平静地接受了这一消息，而安东宁·斯卡利亚则不然。

对于罗伊案判决承载的立场与理念，无论过去还是现在，斯卡利亚都对之不屑一顾。他在大法官任内孜孜以求的目标，就是推翻该案。

1992年，斯卡利亚56岁。此时他已在最高法院工作6载，并以学识渊博、体力过人著称于世。最高法院的言词辩论阶段，从来少不了他的犀利提问与插科打诨，他撰写的判词铿锵有力、雄辩、悦读。可以说，斯卡利亚是最高法院个性最为鲜明之人，司法哲学最为明晰，最为棱角分明。唯一的缺憾是，他无法把自己的兴趣、激情与智识转换为大法官最应拥有的一样东西——影响力。

斯卡利亚刚进最高法院时，就因嫌奥康纳立场不够明确而与她疏远。在韦伯斯特案里，由于奥康纳拒绝推翻罗伊案，斯卡利亚干脆说她的意见“根本不值得认真对待”。不过，奥康纳生性豁达自信，对斯卡利亚的冷嘲热讽从来不以为意。“尼诺就这个德行。”[1]每次被斯卡利亚的讥讽激怒，她就以此自嘲。斯卡利亚与肯尼迪闹僵也很出人意料。他俩都出生于1936年，都是虔诚的天主教徒，同

1 斯卡利亚是意大利裔美国人，人们都习惯叫他尼诺。

期从哈佛法学院毕业，先后被任命为最高法院大法官。与斯卡利亚一样，肯尼迪也在弗吉尼亚郊区安家。有一段时间，斯卡利亚这位身材壮硕的纽约客与肯尼迪这个四肢修长的加州人还偶尔一起结伴慢跑。不过，肯尼迪这位政治上的中间派，很快就抵制起斯卡利亚的教条主义。

一段时间之后，斯卡利亚便很享受自己的孤立处境，并以此为荣。他奉行的司法理念根深蒂固、一目了然，根本没有讨价还价的
56 余地。“宪法原旨主义者从不做交易！”他说，“也绝不做骑墙派。我怎么想，就怎么写我的异议意见书。”

不过，除了托马斯，最高法院根本没人拥护斯卡利亚那套宪法原旨主义理念。而奥康纳、苏特和肯尼迪向来认为，对宪法的解释应结合公众意愿及《权利法案》（Bill of Rights）承载的价值，而非一味死抠文本，揣测制宪者本意。一言以蔽之，这些大法官信奉一部“活的宪法”（living Constitution），[1] 这也是斯卡利亚最不待见的一个概念。“一个秉持‘活的宪法’理念的法官，”斯卡利亚解释道，“就是那种三更半夜蹿回家的家伙，傻乐着对老婆说：‘我想宪法是啥样，宪法就是啥样！’”

斯卡利亚一直把罗伊案判决当作“活的宪法”的最恶劣体现，这一次，他又把矛头转向了肯尼迪在凯西案判决中撰写的那部分内容。肯尼迪的一大缺点，在于喜欢夸大其词，有时言之凿凿，却又空洞无物，这一缺点也体现在他撰写的凯西案判决书中。他在判决书开头就申明：“踌躇迟疑的司法理念将使自由无处容身。”其实，

1 关于“活的宪法”理论，较为通俗的介绍参见［美］戴维·斯特劳斯：《活的宪法》，毕洪海译，中国政法大学出版社 2012 年版。

这句话说白了，就是法律应当协调一致，而且可供人们预测，他却偏偏用上了“踌躇迟疑的司法理念”这样的晦涩表述。小奥利弗·温德尔·霍姆斯大法官和勒尼德·汉德法官等理论先驱早已指出，法官在任何时候都不应该对自己判决的正确性产生怀疑，更扯不上什么“踌躇迟疑”了。在斯卡利亚眼中，更糟糕的是肯尼迪对隐私权的辩护：“自由之核心，是个人对生存、生活意义、宇宙乃至人类生命奥秘的概念进行自我界定的权利。”事实上，即便是支持罗伊案判决的人，也对所谓“人类生命奥秘”之类的表述迷惑不解，更别说认定它受宪法保护了。这类措辞显然令斯卡利亚更加怒火中烧。在凯西案宣判前最后几天，最高法院内的斗争已趋于白热化，平日里的繁文缛节早就被丢到一边。斯卡利亚直接跑到肯尼迪家里，告诫他要注意摆正自己的位置。斯卡利亚的一名助理干脆在大厅走廊截住苏特，请他改变主意。不过，这些行为都没达到预期目的。

事实上，“三驾马车”在凯西案中的最终胜利，要归功于睿智机敏的幕后推手斯蒂文斯。从初稿来看，“三驾马车”的联合意见书稍欠章法，略显凌乱。6 月 18 日，斯蒂文斯致信三位作者：“你们曾表示愿意接纳一些建议，以使哈里和我能够尽可能加入你们的
意见。”斯蒂文斯打算就判决书的篇章架构提出新的修改意见，为 57
两位自由派大法官的加入做好铺垫。“在我看来，”斯蒂文斯继续写道，“对于一份将作为最高法院判决的文书——多数方大法官的意见书——25 页的篇幅就足够有力，太长了会让人觉得像是多元意见书，或者让人感觉在法院判决书与多元意见书之间摇摆不定。”肯尼迪接受了斯蒂文斯的提议，这份判决书的历史意义也因此得以凸显。

与以往一样，斯卡利亚少不了要来上一份或牢骚满腹或怒气冲冲的异议意见书，他将“以此回应某些令人无法容忍的法律观点，

它们显然脱离了基本人性”。围绕这一主题，他写道：“女性堕胎的权利究竟是不是一项受美国宪法保护的‘自由’？答案当然是否定的。促使我得出这一结论的，当然不是那尊贵的‘个人对生存、生活意义、宇宙乃至人类生命奥秘的概念进行自我界定的权利’。我之所以这么认为，理由与重婚行为不受宪法保护相同，都是基于如下两个简单事实：（1）宪法根本没有这方面的内容；（2）美国社会长久以来的传统允许合法地禁止这类行为。”（克拉伦斯·托马斯，几个月前还在听证会上公开说对罗伊案没什么想法，现在也加入了斯卡利亚“罗伊案判决必须被推翻”的立场。）

6月29日早上，本开庭期的最后一天，由于法院判决书将在当日公布，肯尼迪难免有点儿情绪激动。在正式宣判前，他已把《加州法律人》（*California Lawyer*）杂志的记者特瑞·卡特请到自己办公室。肯尼迪的房间可以俯瞰最高法院广场及大理石台阶，他站在窗边，看着楼下聚集在一起，等待凯西案判决的示威者们。“有时候，你根本不知道自己是不是正要跃过卢比孔河的恺撒，又或挥刀斩断缆绳的奎格舰长。”[1] 肯尼迪喃喃自语道，接着，他请记者离开。他需要在大法官们走进审判庭前好好“沉思”一下。

毫无疑问，凯西案的最终受益者是奥康纳。在十余年的任期里，奥康纳成功地重塑了罗伊案。而且，她在最高法院的决定性地位也

---

1 公元前49年，恺撒镇压高卢境内暴乱，返回罗马时，曾在卢比孔（Rubicon）河畔踌躇不前。根据罗马法律，他必须只身一人返回罗马，不得带一兵一卒，但这很可能让庞培等政敌有机可乘。最终，恺撒扔出一句“The die is cast！”（骰子已经掷下，就这样吧！），带兵渡过卢比孔河，将庞培赶出了罗马。后来“The die is cast”或“Cross the Rubicon”常用来形容“决心已下”、“义无反顾”或“破釜沉舟”。奎格舰长是美国作家赫尔曼·沃克名著《哗变》中的主人公，该小说1954年曾被改编为电影《凯恩舰叛变》。

无人可以替代。自由派大法官们——如布伦南、马歇尔、布莱克门 58
与斯蒂文斯——都想保留罗伊案判决确立的基本原则。保守派大法官们——如伦奎斯特、怀特、斯卡利亚和托马斯——都想将罗伊案判决置之死地而后快。即使是凯西案中的两位同盟者，肯尼迪和苏特，之所以和她站在一起，更大程度上也是为凑成多数意见，而非赞同她的观点。但是，问题重点也正在于此：她的观点就是法律。

在实践层面上，奥康纳的胜利意味着“三阶段论框架”已经出局，但她采纳了布莱克门以胎儿存活作为妊娠关键阶段的论断。“我们认为，必须以胎儿存活作为分界，在此之前，女性有权选择终止妊娠，”“三驾马车”的联合意见书写道，“正如我们在罗伊案判决中所指出的，存活是指胎儿有可能在子宫之外生存与生长。”接着，他们用以下几段话宣示了奥康纳观点的胜利：“我们认为，不当负担这一标准是协调州的利益与妇女受宪法保护的自由的合适工具。”奥康纳独立撰写的那部分内容也为堕胎这一当代最具争议的宪法话题提供了新的答案。“不当负担可以简洁地告诉我们，州的管制的目的是否在于在实际上限制因胎儿无法存活而进行的堕胎，或具有这样的效果。”实际上，新的标准意味着各州不得在怀孕之初禁止堕胎，这在过去可是极为普遍的。无独有偶，奥康纳解决堕胎问题的途径，最大限度上反映了公众在此问题上的普遍意愿。

联合意见书的最后一部分由奥康纳独立起草，尽管少有人关注，却最大限度地揭示了最高法院的未来走向。宾州法案规定：“已婚妇女未将堕胎决定告知其配偶前，任何人不得为其提供堕胎手术。”阿利托在第三巡回上诉法院提出的异议意见书中也完全赞同上述规定，奥康纳毫不留情地向该意见书发起攻击，语气更像一位女权研究领域的教授，而非一位戈德华特式的共和党人。她写道，“常识”告诉

我们，“在正常家庭中，夫妻之间当然会讨论包括是否抚育孩子之类的重要决定。但是，在这个国家里，也有上百万妇女是家庭暴力的
59 受害者。如果这些妇女怀孕并打算堕胎，最好的选择当然不是去告知她们的丈夫……如果我们无视这些女性的安危，变相阻止她们堕胎，这和允许联邦禁止一切堕胎行为没有区别”。

对奥康纳来说，本案之后，这类案件的关键将是妇女的自主与健康。她认为，阿利托的观点“在人们当下的婚姻意识及宪法权利本质面前，显得面目可憎。女性即使结婚，其自由一样不会因失去宪法保护而丧失”。此时此刻，最高法院已经变成了奥康纳法院，承载与反映着这位前亚利桑那州参议员的司法理念与政治智慧。

# 第 5 章　博大胸怀

1993 年 3 月第三周刚至，拜伦 · 怀特邀请罗 · 克莱因 19 日来 60
最高法院吃早餐，那天正好是星期五。表面上看，怀特的邀请没什么特别之处。克莱因曾在 1980 年代末给怀特做过两年助理，之后开始其法政生涯——先是成为民主党在参议院司法委员会的首席法律顾问，之后又出任新任总统的法律顾问。其实，克莱因的主要职责之一，就是负责克林顿的司法提名事务。

怀特喜欢和克莱因聊天，这位大法官仍以民主党人自居，幻想着自己正身处政治核心，尽管当时已经没几个人这么认为。很久以前，怀特算得上支持约翰 · F. 肯尼迪总统“新边疆政策”[1] 的活跃人物。1962 年被任命为最高法院大法官时，怀特并未受到参议院的详细审查，司法委员会主持的听证会随便问了他 8 个问题，只用 15

1 新边疆政策（New Frontier），约翰 · 肯尼迪 1960 年 7 月在洛杉矶接受民主党总统候选人提名演说中提出的政治口号，后被历史学家用来称呼其国内施政纲领。在接受提名演说中，肯尼迪说：“我们今天站在新边疆的边缘。这是 1960 年代的边疆，充满吉凶难卜的机会与危险的边疆，充满希望而又遍布威胁的边疆。”他要求美国人民必须准备作出牺牲来面对“一系列需要应付的挑战”。

分钟就结束了。在此之前，他从未当过法官，一直在科罗拉多州从事私人法律执业[1]。让他声名远播的，不是出任肯尼迪行政分支司法部副部长的短暂经历，而是他大学时作为一名美式橄榄球明星的赫赫战功。不过，怀特最广为人知的，还是连他自己都深恶痛绝的绰号："飞毛腿"。在被任命为大法官时，谁也弄不清怀特在宪法问题上的立场。

在最高法院的30年间，怀特逐渐变成彻底的保守派。他对沃伦法院的多数著名判决都持异议，如米兰达诉亚利桑那州案。即使在伯格与伦奎斯特时代，他也总喜欢唱反调。1973年，他在罗伊案
61 中提出异议意见，还在1986年的鲍尔斯诉哈德威克案中，围绕男同性恋权利问题撰写了一份措辞严厉、言语刻薄的法院判决书。多数情况下，怀特都投票支持政府一方，而非公民个人。（在种族及联邦权力范围问题上，由于这类议题与肯尼迪行政分支司法部的立场密切相关，他的观点更趋向自由派。）他常对克莱因与其他人说，是民主党变了，而不是他变了，他仍保留着约翰·肯尼迪精神的精髓，可惜没几个人相信他。

星期五还未到，克莱因已开始怀疑早餐邀请背后可能另有隐情。他询问了其他几位前法官助理，发现只有自己被邀请了。此时，克莱因还未将受邀情形告诉白宫内的任何人。

根本就没什么早餐。1993年3月19日上午9点，怀特的秘书

---

1 私人法律执业（private law practice），律师既不受雇于政府机构，又不服务于私人实业或社团而从事律师业活动的情形。私人执业的律师可以开设一家事务所，或者成为拥有50名以上律师的事务所中的一员，或者在介于两者之间的那种中等规模的事务所工作。在美国，70%的律师从事私人法律执业，另外30%的律师一部分是政府律师，还有一部分是公司法律顾问。

直接将克莱因引到他办公室，大法官已在窗边的大书桌前就座。一如既往，年近 75 岁的怀特还是那么冷冰冰的，根本没作任何寒暄。

隔着桌子，怀特将一个封好的信封递给克莱因。“我希望你把这个带给你的老板。”他说。

克莱因点点头。

“我这里还有一份副本，是专门给你的，你看看吧。”

这是一封辞职信。自民主党总统林登·约翰逊 1967 年提名瑟古德·马歇尔以来，民主党将首次拥有任命大法官的机会。

“为什么是现在？”克莱因问道。这次辞职，选取的时机与以往有些不同，作为一种传统，大法官们过去都在开庭期即将结束时辞职，也就是每年的 6 月末。怀特娓娓道出了辞职原因，但克莱因仍然摸不着头脑。怀特说，最高法院已经受理了那一年所有的案件，正是离开的好时机。此外，“我做这份工作时间已经够长了”。他说，无论如何，自己还是一名民主党人，希望由民主党来任命自己的继任者。

克莱因离开前，问怀特打算什么时候向媒体公布这一消息。

“上午 10 点。”

克莱因吓了一跳。此时已是 9：15，他可不想让自己的白宫同僚们被这一新闻弄得措手不及。克莱因是从他在国会山的家里步行到最高法院来的，这会儿无车可开。该怎么赶回去？难道出去打
车？他从怀特的秘书办公室内分别打电话给白宫法律顾问伯尼·努 62
斯鲍姆及其副手文斯·福斯特。两人一直联系不上。要知道，在路上可是没法儿打电话的，那时手机还没问世呢。克莱因急坏了，他开始拨任何一个能记起的白宫号码，终于通过同事里基·塞德曼将消息传递出去。接着，他跑到院前广场，在那里伸手拦了辆出租车。

上午 9 : 45，总统秘书贝蒂·柯里已在椭圆形办公室门口等候克莱因。几分钟后，气喘吁吁的克莱因把信交给了克林顿，克林顿已大体知道了书信内容。

“奇怪，”克林顿说，“他上次在这儿时，看起来还挺好啊。”一周前，怀特来过椭圆形办公室，参加司法部长珍妮特·雷诺的宣誓仪式。

“好吧，”克林顿把怀特的信递给克莱因，“我们明天讨论这个问题。”

如果说拜伦·怀特不是一个典型的民主党人，那么，比尔·克林顿也不是，尤其是在堕胎问题上。

1992 年，一名激情四射的得克萨斯州政客在民主党大会上发表了这样的开场白：“我叫艾伦·理查德。我是选择权至上派，将投票支持堕胎自由。”这可谓民主党正统理论的核心思想。对堕胎的不同态度，算得上民主、共和两党立场的本质差别，一党支持选择权至上派，一党支持生命权至上派。[1] 事实上，宾夕法尼亚州州长、民主党人罗伯特·P. 凯西（也是凯西案被告人）正是因为反对堕胎，才失去在那次民主党大会上发言的机会。[2] 克林顿本人当然支持选择权至上派，不过，他在堕胎问题上的立场，充分反映了他的新民主党

---

1 在美国，选择权至上派（Pro-choice）支持堕胎，生命权至上派（Pro-life）反对堕胎，围绕堕胎问题，两大阵营壁垒分明，经常在伦理道德、宪政原则、医疗原理和宗教教义中各取所需，争论不休。

2 君子报仇，16 年不晚。因为克林顿在堕胎问题上与凯西闹别扭，联合戈尔一起不让他在 1992 年那次民主党大会上发言。2008 年后，民主党党内初选，在克林顿夫人希拉里占据明显优势的宾夕法尼亚州，凯西的儿子小凯西已担任联邦参议员，他公开宣布支持希拉里的竞争对手奥巴马，弄得希拉里非常被动。

人思想。[1]克林顿认为，如果在堕胎问题上的立场过于僵硬，会招致摇摆不定的中间派选民反感，必须想办法安抚他们。所以，克林顿在总统竞选期间，但凡谈及堕胎话题，都使用同样表述，说他认为堕胎应当“安全、合法，而且少量”。

竞选期间，克林顿就讨论过要把什么样的人送进最高法院，围
绕这一话题，他再次表现出娴熟的政治技巧：既剑走偏锋，又故弄 63
玄虚。表面上，他说自己不会为新任大法官设置太多条条框框，只要对方赞同堕胎即可，但事实上，围绕这一问题，克林顿有自己的一套想法，而且考虑得远比他的前任周详。

1993 年 3 月 20 日，星期六下午，总统打算公开阐明对新任大法官的要求。在白宫一个靠近书房的小餐厅内——这里后来因成为克林顿与莫尼卡・莱温斯基的偷情场所而臭名远扬——克林顿约见了副总统阿尔・戈尔与白宫法律顾问努斯鲍姆、福斯特、克莱因及布鲁斯・林赛，和他们一起讨论怀特的继任人选问题。有趣的是，就在两周前，克莱因刚刚和即将被任命为助理司法部长的杜克大学教授沃尔特・德林杰拟出一份可能成为最高法院大法官人选的 50 人名单。名单上包括上诉法院法官（其中多数人由吉米・卡特提名进入联邦法院系统）、法学教授、几名政治家及私人执业律师。但是，名单并未罗列太多信息，只列举了候选人姓名及目前所属部门，不过，这已经是克林顿行政分支当时掌握的最高法院候选人的全部信息。此时，克莱因正好把这份名单分发给大家。

克林顿扫了一眼名单。“看看，”他说，“最高法院目前正处于分裂状态，完全被共和党提名的人控制了。”（事实上，怀特是最高法

---

1 克林顿 1992 年竞选总统时，曾自称“新民主党人”，并提出了一系列中间派改革方案。

院内唯一由民主党任命的大法官。）“大法官只会朝正确方向投票可不够，”他继续说道，“我们需要些有影响力与号召力的人，能够说服别人加入他。沃伦不就是这样吗？我们得找个像他那样的人。”

克林顿认为，最高法院如果全部由那些只具备法官经历的人组成，将是极不健康的，在他看来，这些人对真实世界根本没有充分体验。克林顿把这类法官称作“脚注派”，认为他们只知死抠法律的细枝末节，很少顾及公众意愿。几个非法官人选的姓名从克林顿眼前掠过，其中一个迅速引起他的浓厚兴趣——马利奥·科莫，时任纽约州州长。

克林顿与科莫关系不错。克林顿素来喜欢这位纽约客的行事方式。在自己第三个州长任期过半之际，科莫即将面临克林顿一次前所未有的任命。不过，克林顿第一次联系科莫，欲和他讨论最高法院提名事宜时，这位州长居然挂了他电话。州长秘书告诉贝蒂·柯
64 里，马利奥正与州议会讨论预算问题，不希望受到打扰。

克林顿手下几位幕僚——尤其是曾为马利奥工作过的乔治·斯蒂芬诺帕罗斯与吉恩·斯伯林——都十分赞成将科莫送进最高法院。他们认为，只有这样的大胆举措才能达到改造最高法院的目的，并为克林顿的政绩增光添彩。3 月 30 日，当斯蒂芬诺帕罗斯打电话告诉州长这一消息时，科莫没有直接表态，只是半开玩笑地说：“很难相信你们会屈尊来找我这号人。”

如此往复几天后，克林顿在“空军一号”专机上接见了科莫。科莫表示，他倾向于接受任命，但还需考虑一段时间。接着，克林顿前去与叶利钦会晤，讨论一些未决事务。在克林顿时期的白宫，内部人员向媒体泄密的情形简直司空见惯，这次也不例外，媒体很快知道了克林顿会见马利奥的事。4 月 7 日，克林顿返回美国后，

斯蒂芬诺帕罗斯打电话给州长的儿子兼首席顾问安德鲁·科莫，对他摊牌道：“**我们需要一个确切答复。**”

安德鲁告诉斯蒂芬诺帕罗斯，他已与父亲商量了两三个小时，州长最后说：“你如果很想让我去，那我打电话给克林顿，告诉他我接受就是。”所有迹象显示，科莫愿意接受大法官提名，白宫决定在次日公布这一消息。克莱因也停止搜寻其他人选，着手准备相关仪式。但是，一个小时之后，科莫给克林顿传真了一封信，信上说，他肩负纽约州人民重托，这些远胜于自己为最高法院服务的热情。对科莫的提名只好就此作罢。

然而，尽管科莫退出角逐，克林顿仍沉浸在提名一位政治家出任大法官的想法中。他深信一个人的人际交往技巧与“博大胸怀”远比法律专业技能重要。因此，他打算依循上述想法，再确定一个人选。克林顿向来确信，解决社会问题的最佳场所是在立法机构，而不是靠司法诉讼，所以他并不想为提名的事在参议院那边耗上太多政治成本。此刻，克林顿正为经济议题与各方鏖战，他可不想为这点儿事分散国会的注意力。经济改革计划已提上议事日程，接下来是医疗改革计划，对他来说，这可比为大法官提名的事冒险要重 65
要得多。

克林顿考虑的下一个人选是乔治·米切尔，此君是参议院多数党领袖，之前系联邦地区法院法官。论政坛技巧，他与科莫不相上下，却没有州长大人那么多内心挣扎。他直接拒绝了克林顿，声称自己更喜欢参议院的工作岗位，甘愿在那里为克林顿所提出的法案的通过殚精竭虑。接下来是理查德·赖利，前南卡罗来纳州州长，克林顿行政分支的教育部长。他审慎地拒绝了提名。“我就是个普普通通的乡下律师，”赖利告诉总统，“这活儿我可干不来。”

“那么，布鲁斯·巴比特如何呢？”克林顿问道。与赖利一样，巴比特也曾是共和党势力范围内的民主党州长，目前在克林顿内阁担任内政部长。作为前亚利桑那州司法总长，巴比特可没法像赖利那样以无法胜任为托词。克林顿告诉他的幕僚们，就选巴比特吧，先进行背景调查。

当晚，文斯·福斯特与克莱因跑到巴比特在内政部的办公室，忙活了一整晚。这个宽敞的地方据说是华盛顿最好的办公室。他们认真审查了巴比特的纳税申报单，尤其是家政服务的付薪情况。（一周前，克林顿曾提名佐薇·贝尔德出任联邦司法部长，结果查出她曾雇用非法移民做保姆和司机，提名不得不以失败告终。由于担心“佐薇·贝尔德问题”再度出现，对公众人物的任前调查不得不涉及各个方面。）一整夜下来，没查出任何问题。白宫律师告诉巴比特，总统将于次日在玫瑰园宣布对他的提名。

然而，第二天上午，克林顿反悔了。首先，据保守派报纸《华盛顿时报》（*Washington Times*）报道，巴比特在拉斯维加斯赌场欠下的巨额赌债，是黑手党帮他偿付的。更重要的是，克林顿把提名的事告诉了司法委员会的共和党人奥林·哈奇，后者认为巴比特要想通过确认将十分艰难。巴比特在环保问题上的强硬立场得罪了不少西部共和党参议员，他们可能会报复——到时候，无论是巴比特的提名，还是克林顿为内政部选择的替代人选都将受阻。那段时
66 间，几位西部民主党人一直推荐新墨西哥州议员比尔·理查德森接手内政部，但副总统戈尔却嫌理查德森不够“绿”，认为他不胜任该职位。

于是，克林顿只好放弃了巴比特的提名，尽管此时选择速战速决比按兵不动更合适，因为阻碍提名巴比特的那些问题并非不

能克服。(《华盛顿时报》上的消息很快被证明是捏造的。)巴比特及其在内政部的继任者后来都顺利通过确认程序。整件事背后其实另有隐情。一直以来，克林顿对巴比特的态度可谓又爱又憎，因为这两个男人十分相像，都有一位才华横溢又野心勃勃的夫人。(克林顿已任命巴比特的妻子哈蒂·巴比特为美国驻美洲国家组织代表。)克林顿夫妇与巴比特夫妇之间也存在着微妙的相互竞争关系，事实是，克林顿想借此方式提醒一下巴比特，到底谁才是总统。

距怀特递交辞职信已有一个多月，克林顿仍未找到提名人选，甚至连个备选人都没有。克林顿终于决定妥协，4 名政治家既然都不合适，也许是时候考虑一下法官们了。毋庸置疑，克林顿当然有理想的法官人选。那就是阿肯色州联邦上诉法院法官理查德·阿诺德。阿诺德绝对称得上联邦司法系统中响当当的标志性人物——学者型法官，中间派路线，赢得其同僚跨越政治派别的一致尊敬——唯一麻烦的是他与阿肯色州的关系。克林顿已提拔不少阿肯色州人出任内阁高官，这次要再提名阿诺德，就会有任人唯亲之嫌，更何况阿诺德的夫人在克林顿任州长时，就曾担任他的文化事务主管。其实，即便同在小石城，克林顿夫妇与阿诺德夫妇也不属于同一社交圈，两家也算不上密友，但是，脏水一旦泼来，躲都躲不过。克林顿最终还是画掉了阿诺德的名字。

阿尔·戈尔提出，小吉尔伯特·S. 梅里特是不错人选，梅里特也是由卡特总统任命进入联邦上诉法院的，尽管没有阿诺德那么大名鼎鼎，但他在田纳西州时就是戈尔一家的好友。当时，克林顿正为提名拉尼·吉尼尔出任民权事务处主任的事闹得焦头烂额。在确认提名战中，有人声称她就投票权问题撰写过煽动性文章，反对者们还用“配额王后”的绰号嘲弄她。[1] 任命一位像梅里特这样的南方白人男性，或许可以令克林顿重获中间派议员们的信任。克林顿派
67 去调查的人反馈说，梅里特 1960 年代担任联邦检察官 [2] 时，可能存在一些问题。这些问题未必致命，却可能招致公众反感，梅里特最终也被认为是不合格人选。

此刻，克林顿手头掌握的各类人选的背景资料已越来越多，他不得不一一亲自研究。部分推荐信来自行政分支内部，一些来自在外围提供帮助的律师志愿者，还有一些来自国会议员或者诸如“提案之友”（Friends of Bill）之类的庞大组织。与此同时，吉尼尔的提名也闹得沸沸扬扬，在确认那些文章确实由她操刀后，克林顿不得不撤回了对她的提名。吉尼尔事件直接影响了克林顿及其幕僚对大法官人选的选择。这次，克林顿认为应当提名一位女性，至少可以弥补提名吉尼尔惨败后带来的政治损失。

克林顿从名单上选出一个名字：贾妮·肖尔斯。“她怎么样？”克林顿问。克莱因迅速把她列入调查表，每个潜在候选人的姓名都得先被放进这张表里。

---

1 拉尼·吉尼尔是宾夕法尼亚大学教授，长期以来一直是全国有色人种协进会法律保障基金会的律师，是克林顿读法学院时的同学。克林顿本想任命她出任民权事务处主任。但提名之后，保守派对其大肆攻击，说她是“配额王后”，并指责她倡导放弃“一人一票”的宪法原则，因为她支持累积投票制。根据累积投票制，立法机构有多少职位让人竞争，选民就有多少张选票，而且可以把这些选票全部投给某一位候选人。

2 联邦检察官（United States Attorney），又称美国检察官，主要职责是对违反联邦民事和刑事法律的行为进行指控。该职位由 1789 年《司法法》设立，由总统任命，经参议院批准，任期 4 年。每个联邦司法区设一名联邦检察官，有若干助理检察官协助其工作。除了对刑事案件提起公诉外，联邦检察官及其助手在联邦地区法院要维护美国的利益。联邦检察官在决定哪些案件应提起公诉，以及哪些民事案件应协商解决或提交法院处理时，有较大的自由裁量权。

肖尔斯是亚拉巴马州最高法院第一位女大法官，但在华盛顿法律界却鲜为人知，而且没有人——无论克林顿还是他的部下——知道她在宪法问题或其他事务上的立场。

提名人选变换得如此频繁，终于让白宫法律顾问伯尼·努斯鲍姆忍无可忍了，他直截了当地申明立场："你们不要提名贾妮·肖尔斯进最高法院，人们根本不认识她！这是极其愚蠢的行为。"克林顿笑而不语，提名肖尔斯的事就此作罢。（在白宫，无辜的肖尔斯几乎成为混乱程序的象征，好几年以后，一些幕僚听到这个名字时还忍俊不禁。）

从怀特辞职那天起，马萨诸塞州资深参议员特德·肯尼迪就打算推荐斯蒂芬·布雷耶。布雷耶曾是哈佛法学院教授，还担任过肯尼迪的幕僚，之后成为位于波士顿的联邦上诉法院首席法官。克林顿打心眼儿里尊敬肯尼迪（因为两人的关系不会因竞争关系而蒙上其他阴影，就像他和科莫、巴比特那样）。总统同样佩服肯尼迪的政治智慧，后者的睿智与经验随岁月变迁与日俱增。肯尼迪没有直接致电克林顿，而是通过奥林·哈奇传话：布雷耶才是合适人选。1970 年代末，布雷耶刚离开哈佛，进入司法委员会为肯尼迪工作时，哈奇就对布雷耶心存好感。克林顿被哈奇的电话说动了，他对 68
幕僚们说，让我们看看布雷耶怎么样。

于是，福斯特、克莱因和塞德曼一起飞往马萨诸塞州见布雷耶。不幸的是，就在几天前，布雷耶在剑桥附近骑自行车时摔伤了，此刻正在住院。（这次调查是半公开的，当地记者知道调查小组进入医院后，白宫工作人员不得不专门开了一个边门躲开他们。）不过，会面安排倒是进展顺利。布雷耶被告知，他将很快去华盛顿与克林顿谈话，接着，可能就是正式宣布提名了。

在那次意外中，布雷耶摔断了肋骨，肺也被刺破。医生不允许他乘飞机，这位法官只好乘高铁去华盛顿，并与福斯特在车站会合。两人直接去了椭圆形办公室。但是，布雷耶与克林顿的会面情况十分糟糕。平日里，布雷耶是个随和的人，甚至有点儿“话痨”，但这次因为伤痛缘故，连喘气都很困难。结果，克林顿对幕僚们说，布雷耶看上去“冷漠无情”。总统的核心标准，可是要找一个有着博大胸怀的人。布雷耶的行政法背景也使他看起来略显保守。“我没看到足够的人情味，”克林顿说，“我想要一个有灵魂的法官。”（没人告诉布雷耶这些，只让他等待电话通知。）

克林顿约见布雷耶当晚，国会成员的年度野餐会正好在白宫南草坪举行。晚上 11 点，克林顿召集幕僚开会，这次无论如何也得作决定了。克林顿行政分支早期许多决定都是以这种方式作出的。一群人（12 个幕僚）讨论了很长时间（90 分钟），就像大学里的自由讨论课。克林顿逐一询问，看有多少人赞同提名布雷耶，尽管意见并不一致，但多数人支持提名决定。“那明天把他叫过来，”克林顿最后说，“就这么办吧。我们明天宣布提名。”

次日一大早，福斯特和克莱因匆匆返回椭圆形办公室。福斯特查阅了布雷耶的家庭记录，如家政之类，资料一团混乱。其中既可能存在问题，也可能没什么问题。克林顿听完汇报，一下瘫坐在椅子上。看来又得另寻高明了。克林顿让幕僚去听听珍妮特·雷诺的建议。（按说，最高法院提名人选显然归司法部长考
69 虑，但克林顿不太了解雷诺。而且，在之前一连串提名受挫后，她也才刚刚履任。）

克林顿让克莱因到自己私人助理南希·赫恩赖希的桌前给雷诺打电话，问问她对目前的状况有什么建议。

雷诺听完电话，冒出的第一句话就是：“你们这些家伙为什么不去找露丝·巴德·金斯伯格？”

作为那一代人中最出色的律师与法官之一，金斯伯格很容易将自己湮没于人群之中。她矮小纤弱，身高不到 5 英尺，体重刚满 100 磅，看起来更像一只小鸟。她脸上总是带着羞涩，甚至羞怯的笑容，还架着一副大框眼镜。别人与金斯伯格谈话时，她多半时间都缄默不语，仰慕者（或法官助理职位申请人）只得通过喋喋不休来掩饰尴尬。1993 年时，金斯伯格已 60 岁，比绝大多数被提名者都年长，她的个性、立场也均已定型。

克林顿主政期间，金斯伯格已在自己位于水门的公寓里过着衣食无忧的生活，但她早年却是在布鲁克林的贫民区长大。露丝·巴德的姐姐在童年时就夭折了，17 岁时，癌症又夺去她母亲的生命，那时她即将高中毕业。在康奈尔大学读书期间，她遇到了未来的丈夫马丁，毕业后两人同赴哈佛法学院深造。当时一个班有 500 多名学生，女生却只有 9 个。他们的女儿在那里出生，之后不久，马丁被查出患了睾丸癌。在漫长而又艰难的治疗过程中，露丝既要照料丈夫和孩子，还得照常上课，为两人抄写笔记，替丈夫做作业，自己还要负责编辑《哈佛法律评论》。也许正是因为这些经历，多年之后，金斯伯格并不像其他法官那样，对法官助理关于工作负担太重的抱怨给予太多同情。

马丁和露丝后来在纽约定居。马丁从事税法工作，露丝成为法律教师，先是在拉特格斯大学执教，1972 年成为哥伦比亚大学第一位被终身聘用的女性教员。她加入美国公民自由联盟，并投身于妇女解放运动。金斯伯格从不激进行事，在诉讼中，她小心谨慎，擅 70

用柔性策略，并因此而闻名。她孜孜以求的目标，是终结社会上对女性的普遍歧视，但是，她必须借助巧妙策略，才能在一直由男性法官主导的审判席前打破僵局。

金斯伯格决定使用迂回战术，她用来提起诉讼的案件，都是关于法律依性别设限，并使男性利益受损的案件。在第一个案子里，女军官的丈夫被要求证明自己是“受扶养的”配偶才能获取收益。另一起案件中，俄克拉何马州法律允许 18～20 岁的女性购买淡啤酒，却禁止同龄男性购买。最高法院在上述两起案件中，都推翻了相关条款，并要求任何法律都不得仅根据性别差异设置门槛、分门别类。这些案件表面使男性获益，却变相终结了那些歧视女性的分类政策，在实践中，这类政策要比歧视男性的政策多得多。最终，金斯伯格在向最高法院提起的 6 起诉讼中赢得了 5 场胜利。1980 年，卡特总统任命她为哥伦比亚特区巡回上诉法院法官，这也是全美第二重要的法院。

考虑到这些背景，以及克林顿之前关于让大法官人员构成更趋多元化的承诺，人们很难理解为什么这会儿才想到金斯伯格。其实，克莱因与德林杰草拟的 50 人备选名单早就把金斯伯格列了进去，但她在上诉法院内的一些做法，却引起了行政分支内部分自由派人士的警觉。金斯伯格是名中间偏保守型法官，尤其在刑事审判领域，她经常与特区上诉法院的同事罗伯特·博克和安东宁·斯卡利亚站在同一立场。（斯卡利亚和金斯伯格在上诉法院内交情深厚，很大程度源于二人对歌剧的共同热爱。两家多年来一直共迎新年。）在一些学术文章中，金斯伯格甚至批评过罗伊案判决，这些让她的立场遭到更多质疑。

尽管如此，当克莱因告诉大家雷诺推荐了金斯伯格时，克林顿还是对她表现出浓厚兴趣。“帕特·莫伊尼汉几乎天天打电话给我，让我提名她。”克林顿说。莫伊尼汉是来自纽约州的民主党人，同时也是参议院金融委员会主席，对克林顿的医疗改革计划起着至关重要的作用。莫伊尼汉声称，他是被自己在纽约法律界的老朋友，马丁·金斯伯格（也就是金斯伯格的丈夫）说服的。（最高法院头两位女性大法官的丈夫都是成功的律师，为她俩的职业生涯提供了重要保障，而且在关键时刻扮演了幕后支持者角色，这显然不是巧合。）

克莱因提醒克林顿，要注意金斯伯格对罗伊案的立场。他说： 71
“她在这个问题上并未站在多数人那边。”吉尼尔的提名事件之后，克林顿发现，他的幕僚们根本就没有好好留意被提名者的学术文章，于是，他要求克莱因迅速找来金斯伯格发表过的关于罗伊案的论文或演讲稿。这次，他打算亲自审阅。读完上述材料，克林顿发现，金斯伯格仍然确信妇女选择堕胎的权利受宪法保护，但她并不认同罗伊案判决中的某些理论。她认为，立法禁止堕胎是一种性别歧视——违反了法律的平等保护原则——而不是像布莱克门主笔的判决书所言，是对隐私权的侵犯。对克林顿来说，这样的观点已经够不错了。他打电话给奥林·哈奇，说自己打算提名金斯伯格。哈奇也认为，鉴于金斯伯格在哥伦比亚特区巡回上诉法院的中间派记录，对她的提名将很容易在参议院通过。布雷耶被告知，他这次没机会了，可以回剑桥老家去了。

临近周末，福斯特、克莱因和一位名叫吉姆·汉密尔顿的私人执业律师，匆匆赶到金斯伯格在水门的公寓里。值得一提的是，作为一名税法律师，以及致力于为妻子进入最高法院铺垫道路的男人，马丁·金斯伯格把各类记录整理得井井有条、无懈可击。（相反，布雷耶的提名就是被混乱的财务记录断送的。）一如既往，露丝在水门与他们见面时，几乎没说什么话。可以想象，如果克林顿不喜欢布雷耶，估计他也很难对金斯伯格这种恬淡个性有什么好感。不过，克林顿还是打算星期天上午与她见面。但是，到了星期六晚上，提名看起来又将成为一场非此即彼的选择了。

安德鲁·科莫在那天打电话给乔治·斯蒂芬诺帕罗斯，询问一切是否已成定局。

安德鲁说，他父亲关于最高法院席位的考虑又有了新变化。州长原本以为克林顿要提名布雷耶，觉得总统没可能连续提名两位白人男性。现在科莫改变了想法，认为机会当前，还是勿失良机为妙。

斯蒂芬诺帕罗斯对此仍持怀疑态度。“你确定一旦总统打电话过去，你爸爸会接受吗？”他和安德鲁说，“我们可不想重蹈覆辙。在总统拿起电话之前，我们必须确定答案是 Yes，而非其他。”

72 “我再问问他，”安德鲁说，他让斯蒂芬诺帕罗斯先别挂线，“我刚才问过他了。答案是 Yes。”

斯蒂芬诺帕罗斯迅速给克林顿打电话，请求和他见面。对科莫的这记马后炮，克林顿哭笑不得。不过，这位反复无常的州长对总统仍有一定吸引力。当晚，在英国大使馆举办的酒会上，克林顿告诉斯蒂芬诺帕罗斯，他仍将在次日上午与金斯伯格见面，但科莫还是第一人选。临近深夜，安德鲁再次与斯蒂芬诺帕罗斯通了电话，两人商定，让科莫等待星期天晚上 6 点的电话。

克林顿与金斯伯格的会面在第二天上午进行。早些时候，努斯鲍姆正好看到埃德温·格里斯沃尔德的一篇文章，后者德高望重，曾任哈佛法学院院长与首席政府律师。他在文章中说，瑟古德·马歇尔一直为民权而斗争，而露丝·巴德·金斯伯格一直在为女权而斗争。这一提法引起克林顿的兴趣，也增加了他对金斯伯格的好感。会面时，金斯伯格提到她早逝的母亲，险些失去的丈夫，以及生命中遭遇的一系列挫折。这让克林顿看到——其实也是他的幕僚们所忽略的——金斯伯格的矜持外表下，其实是一个英雄的美国女性形象。或者说，是一位拥有博大胸怀的女性。

克林顿通知负责选择提名人的团队，下午 5 点开最后的拍板会。不过，正式开会时，总统迟到了半小时。他刚刚过来，斯蒂芬诺帕罗斯就被叫去接电话。电话来自马利奥·科莫，这位州长再次变卦了。“如果去最高法院，我将放弃许多机会，”他说，“我想我不得不选择放弃。”斯蒂芬诺帕罗斯返回椭圆形办公室，非常不好意思地告诉大家，自己又被误导了，这次科莫彻底退出了角逐。第二天下午，克林顿宣布他将提名露丝·巴德·金斯伯格——正如前述，这已经是第 7[1] 个人选了——出任最高法院第 107 位大法官。

宣布仪式在玫瑰园举行，时值 6 月，正是阳光灿烂的时节。露丝·金斯伯格在致辞中提到已故的母亲，“她是我见过的最勇敢也是最坚强的人，可惜很早就离开了我。我祈祷她所期盼的时代早日到来，在那个时代，妇女能够梦想成真，女儿会像儿子一样被父母疼爱”。克林顿站在金斯伯格背后，听到这些话后也忍不住潸然泪下。 73
但是，美国广播公司（ABC）的记者布瑞特·修姆却坏了气氛，她在仪式后不合时宜地问了克林顿一句：“提名决定的产生过程是不是非常曲折？”当然，这一提问显然是话里有话。

克林顿几乎咆哮着回应：“你们把任何实质性决定都看作政治

---

1 按上文，此处应是第 9 个人选，或为作者笔误。

过程，我早就放弃纠正你们这种错误观念的想法了。你怎么能在人家刚刚在我面前发完言后，就问我这样一个问题?”总统暴跳如雷的反应第二天迅速占据了大小报纸的头版头条，不过，对金斯伯格的提名却广受好评。正像哈奇预测的那样，提名未遇任何争议。7月，持续 3 天的听证会风平浪静，金斯伯格最终以 96∶3 票成功通过确认。

金斯伯格的提名过程简直是克林顿执政经历的缩影。过程混乱不堪，结果却令人满意——对于一位政治立场中间偏自由派的总统来说，选中这么一位受众人爱戴的大法官需要相当准确的判断力。事实上，相对于约翰逊之后几位总统，克林顿通过任命大法官，成功地推动最高法院向自己希望的方向发展。多年之后，克林顿并未掩饰自己在选择金斯伯格之前面临的困境。他在自己 957 页的回忆录里，用两页篇幅叙述了金斯伯格的提名经过——这也是他执政期间最重要的成果之一。

对马利奥·科莫来说，在未来几年中，他就自己为什么放弃 1993 年那次任命给出了不同解释。当时，他不愿自己的经济问题被搬上台面。更重要的是，科莫说，他认为民主党内只有自己能够保住纽约州州长职位。但是，事与愿违，他在 1994 年的竞选中输给了乔治·帕塔基。在主持一个电台脱口秀节目失败后，他回到纽约市，重操旧业，做起了执业律师。

# 第 6 章　流亡者归来?

1993 年 7 月 20 日，金斯伯格确认听证会第一天，文斯・福斯特自杀了。他是白宫副法律顾问[1]，与克林顿夫妇从小石城时期起就是好友，也是大法官人选选择程序中的关键人物，可他还是无法适应华盛顿恶劣的政治生态。面对媒体对他的公开批判，他心力交瘁，终于扛不住压力寻了短见。福斯特的突然去世，令白宫被一片愁云惨雾笼罩，因提名金斯伯格成功带来的喜悦很快被冲淡了。 74

克林顿执政第一年，好坏消息交替袭来，弄得他晕头转向。无论政治还是其他事务，一切都好像濒临危机边缘。8 月，国会勉强通过了克林顿的经济计划——众议院 218∶216 票，参议院 50∶50 票，最终还是由副总统戈尔打破平局，投下了关键性一票。[2] 9 月，

1 福斯特当时的职位是白宫副法律顾问兼总统助理，与白宫法律顾问努斯鲍姆属同一级别。克林顿时期，白宫法律顾问更换比较频繁，而副法律顾问兼总统助理位置比较固定，地位很高，也非常受重视。相关背景知识参见甄鹏：《美国官职翻译》，《英语知识》2007 年第 4 期。

2 副总统的主要职责是在在职总统辞职、被弹劾或者死亡时出任总统，另一重要宪法责任是兼任参议院议长，但他并不负责主持参议院会议，也不参加日常投票，只是在参议院投票出现平局的情况下，投下关键性一票。但是，当参议院对总统进行弹劾审判时，副总统没有投票权。

克林顿在白宫南草坪促成了以色列总理拉宾与巴勒斯坦解放组织主席阿拉法特的历史性握手。尽管乔治·米切尔以协助克林顿推动医疗改革计划为由婉拒了提名，但医疗改革工作不但没有进展，反而陷入泥潭。与此同时，克林顿夫妇 1979 年在阿肯色州白水地区的一笔房地产投资也闹得沸沸扬扬。1994 年 1 月，克林顿邀请一名独立法律顾问审查他自己的既往经济行为，看是否存在触犯刑律，有可能被起诉之处。后来，各式各样的调查居然贯穿了克林顿余下的 7 年任期，最终导致了对他的弹劾。

对克林顿来说，1994 年全年简直是一部慢镜头灾难片。各类纷
75 扰纷至沓来，先是希拉里·克林顿被揭发在一次商业贸易活动中获取暴利，接着是助理司法部长韦伯斯特·哈贝尔辞职，而对福斯特自杀事件的调查也一直在进行。2 月 11 日，一位名叫保拉·琼斯的前阿肯色州雇员，在一次保守派政治集会上召开记者招待会，宣称克林顿曾在小石城一家酒店的房间内强行向她求欢。医疗改革计划，克林顿任期内的中心议题，在国会屡次碰壁后，最终胎死腹中。

流年不利，4 月 6 日，哈里·布莱克门宣布辞职。与怀特上一年的突然卸职不同，布莱克门的这一决定并不出人意料。事实上，在凯西案的协同意见书中，布莱克门就已流露出去职之意。“我已经 83 岁了，”他在 1992 年 6 月写道，“不可能永远在最高法院待下去。”人们已经选出一名支持堕胎权的总统，金斯伯格也接替了怀特，布莱克门一手炮制的里程碑式案件——罗伊案，在未来相当长一段时间内都会非常安全。（金斯伯格进入最高法院后，凯西案中 5∶4 票的格局将变为 6∶3 票，支持堕胎派将占据多数。）1993 年 12 月的复活节周末，布莱克门就曾强烈暗示克林顿，他将在明年退休，现在，他也的确这么做了。

1994年，政治环境的转变也影响了大法官人选的挑选程序——包括最高法院本身。选择堕胎的宪法权利貌似安全，但保守主义运动却暗流涌动，一直没有放弃否定该权利的努力。虽然民主党仍控制着白宫与国会两院，却一直在与各方政敌的交锋中勉力支撑，而且明显已力不从心。总之，新的行政分支面临一系列潜在危机，转而反映出它亟待解决的政治问题。司法反革命潮流已酝酿很长时间。

1994年4月，距上次挑选大法官已有13个月时间，克林顿开始寻找布莱克门的继任者。这一次，克林顿还是想选一个政治家，他再次请乔治·米切尔承接这一席位。这位缅因州参议员已经宣布他不会参与11月的再选，对他来说，接受提名好像并不存在阻碍。但是米切尔告诉克林顿，他想以参议院多数党领袖的身份，为推动医疗改革计划做最后一次努力。他说，如果自己接受任命，这项法
案可就彻底完蛋了。最终，米切尔还是没有接受最高法院大法官职 76
位。经过一番痛苦抉择，布鲁斯·巴比特也决定退出角逐。

大法官搜寻工作又转回原地。但是，这次选择将没有去年那么多条条框框。克林顿已经考虑到所有可能的候选人。日益恶化的政治处境，使这次选择必须顾及多数人的意愿。而且，这次提名布莱克门的继任者，或许将是克林顿最后一次任命大法官。从最高法院目前状况来看，其他几名大法官在1994年时都还不算很老。再不赶紧安插一位民主党候选人，就将错失良机了。

肯尼迪参议员打算再次推荐斯蒂芬·布雷耶。与上次挑选过程中发生的其他事情一样，克林顿与布雷耶那次糟糕的会面情况也被传了出去。足智多谋的肯尼迪这次没有直接与克林顿联系，而是寄了盘录像带给总统，里面记录了布雷耶对一群来访的俄罗斯法官发

表的一番风趣演讲。这位马萨诸塞州参议员试图说明，瞧，布雷耶并不古板。布雷耶的运气确实不错，这时，白宫法律顾问刚刚由努斯鲍姆换成了劳埃德·卡尔特，卡尔特原是华盛顿的一家公司的法律顾问，与布雷耶是铁哥们儿。

不过，克林顿此刻心目中的最佳人选，是来自小石城的联邦上诉法院法官理查德·阿诺德。

阿诺德绝对属于精英中的精英。20 世纪早期，他的外祖父莫里斯·谢泼德就曾在得克萨斯州参议员位置上干了近 30 年，女儿嫁入世代以法律为业的阿诺德家族。理查德生于 1936 年，自幼接受古典教育，先后在菲利普斯·埃克塞特学院和耶鲁大学学习拉丁文与希腊文，并以全班第一的成绩毕业。在一次与牛津大学和剑桥大学学生的辩论中，对方频频引用西塞罗的拉丁文原著，而他们每念出一段，阿诺德很快就能凭记忆以下一段回应，最终以此取胜。同时，阿诺德也是哈佛法学院 1960 级毕业生中致告别辞者，排在同学安东宁·斯卡利亚之前。他还曾在最高法院担任过布伦南大法官的法官助理。甚至在阿诺德开始从事法律业务之前，他的过人智慧与超凡魅力就已使他成为一位传奇人物。

阿诺德在阿肯色州居住，偶尔从事私人法律执业，间或为政府服务，先后为州长及参议员戴尔·邦帕斯工作过，并主笔起草了该
77 州的新宪法。1978 年，卡特总统提名他进入联邦地区法院，两年后，他成为联邦第八巡回上诉法院法官。出于对阿诺德家族辉煌传统的尊重，布什总统 1991 年提名理查德的弟弟莫里斯进入同一家法院。兄弟俩同时在一家联邦上诉法院共事，这在美国历史上还是第一次。

在法律界，提名阿诺德绝对是众望所归。理查德的政治立场偏向中间派，他最广为人知的一项判决，是在 1979 年禁止了阿肯色

州的一项立法，该法案规定高中女生打篮球只许打半场，而男生则可打全场。阿诺德行事公正，擅长论证，人们对他的尊敬也跨越任何意识形态与政治派别。布莱克门宣布离任之后，超过100名联邦法官联名致信克林顿，希望他能提名阿诺德出任最高法院大法官之职——这一举动简直是空前绝后。阿诺德的法学院同学斯卡利亚也专门致电问他：“需要我帮你摇旗呐喊，夸耀你有多么厉害吗？”克林顿也十分钦佩，甚至仰慕阿诺德。他俩偶尔一起去打高尔夫球，与其他方面的表现一样，阿诺德在球技上也略胜一筹。

现在只有一个问题。阿诺德当时虽才58岁，但早在差不多20年前，医生就已诊断出他患了癌症。如果这位法官将不久于人世，克林顿肯定不会提名他出任大法官。

斯蒂芬·昂因是一名华盛顿律师，也是阿诺德耶鲁时期的好友，他深知健康问题将是影响阿诺德提名的首要因素。在他看来，解决问题的最好办法就是直面问题。昂因的两位前任合伙人，爱德华·贝内特·威廉姆斯与拉里·卢基诺所患淋巴瘤都曾由李·纳德勒治愈，纳德勒是哈佛医学院达娜-法布尔癌症研究中心的教授，也是可以治疗阿诺德所患疾病领域的世界头号权威人物。在他证明前参议员保罗·聪格斯所患癌症仍存在生命危险后，保罗·聪格斯退出了1992年总统竞选。（后于1997年病故。）鉴于阿诺德与聪格斯患有同样的病，昂因认为，只要纳德勒能够提供一个积极的预期诊断，克林顿肯定会提名阿诺德进入最高法院。

通过白宫幕僚长麦克·麦克拉蒂（他也是阿诺德的“粉丝”）， 78
昂因安排克林顿亲自打电话给纳德勒，请他诊断阿诺德的病情。谁知道，生性好斗、自以为是的纳德勒居然一口拒绝了克林顿的请求。

“总统先生，您可以吩咐我做您想要做的任何事，”纳德勒说，“但是，如果某人请我去看他的医疗记录，那就是他的事了。我只能转告他，看人家愿不愿意跟您分享。”

总统被这位医生的胆识逗乐了，他说，自己相信阿诺德会同意这么做，并保证所有记录很快会被送到纳德勒那里。两人通话期间，阿诺德也致电纳德勒，他说：“做您认为对的事情，医生。实话实说。”

几天后，阿诺德的医疗记录被送到纳德勒位于波士顿城外的家中。单看资料的厚度，就足以显示阿诺德病情的严重程度——大概有上千页之多，叠放起来有10英寸高。18年前，也就是1976年，阿诺德法官被诊断出患有非霍奇金淋巴瘤。他迅速开始治疗，而且没出现什么不良反应。但是，阿诺德的病情发展并未依循常理。1991年，在他结肠处发现一个淋巴瘤。1993年，他开始用放射疗法清除静脉窦瘤。也是在那一年，为清除血液与骨髓里的恶性细胞，阿诺德接受了化疗。

矛盾在于，阿诺德身体各项机能仍很正常，但病情并未减轻。许多人在这种情况下，仍能够活上许多年。但是，纳德勒发现，肿瘤正在发生生物学病变，这就更难对付了。至少，阿诺德余生都将在艰难的化疗中度过。5月13日，星期五上午，纳德勒致电正在明尼阿波利斯市审理上诉案的阿诺德，告诉他自己的结论。“李，你没有选择，”阿诺德说，“你只能说不。”

那天下午1点，纳德勒联系了正在椭圆形办公室的克林顿。两人交谈的气氛很微妙，纳德勒听出克林顿正在吃午饭。

“您在吃什么，总统先生？”

“巨无霸汉堡和薯条。”克林顿说。

“作为一名肿瘤专家，我认为您吃这些东西可并不明智。”

纳德勒说，他无法证明阿诺德的病情“不会影响”其履行最高法院大法官的职责。癌细胞已遍布阿诺德全身，他最需要的是持续、 79
精心的治疗。

“你的意见还有回转余地吗？”克林顿问。纳德勒回答说，没有。

下午 3：45，克林顿请幕僚让自己独处一会儿，认真思考一下到底该怎么做。半小时后，他联系上了正在孟菲斯机场转机，准备返回小石城家中的阿诺德。当克林顿告诉阿诺德，自己将放弃对他的任命时，总统流泪了。

阿诺德非但没有怨恨纳德勒，还成了纳德勒的病人。一边进行癌症治疗，一边继续献身于司法事业，直到连化疗也失去作用。2004 年 9 月 23 日，阿诺德去世，享年 68 岁。包括斯蒂芬·布雷耶在内的 8 位最高法院大法官发表声明，痛悼阿诺德的离去，从未有一名下级法院法官获此殊荣。

5 月 13 日下午 6：15，克林顿在电视上宣布了对布雷耶的提名。这样的宣布程序非常罕见，因为白宫急着在晚间新闻中宣布这一消息，等不及布雷耶从波士顿赶来，所以只有总统一个人孤零零地站在玫瑰园里。这次挑选只花了 37 天，而不像金斯伯格那次，用掉了马拉松式的 87 天，不过，这次挑选同样是以克林顿的失望而告终的。他谈到布雷耶时，只是例行公事，他的面容难掩因了解阿诺德病情的严重性而袭来的哀伤之情。当然，不管是布雷耶还是金斯伯格，对他们的提名都是重大的成功。克林顿又挑选了一位获得一致好评的大法官，并精确地体现了自己的价值观。

星期一，布雷耶终于出现在白宫，对上次糟糕的会面情形，他用一句俏皮话小小地调侃了一下。“我庆幸这次没有从单车上掉下来。”他说。虽然他已经55岁了，面对不少法律人梦寐以求的大法官提名机会，布雷耶还是流露出一种孩子般的快乐。克林顿至今还记得，尽管布雷耶在上次提名过程中几乎被公然羞辱，但他仍然出席了金斯伯格的宣誓仪式。

一切都是个性使然。这么多年以来，布雷耶一直是最高法院大
80 法官中心态最阳光的人。积极乐观是他个性中最核心的要素。他拥有与阿诺德一样耀眼的简历：斯坦福大学，牛津大学马歇尔奖学金，哈佛法学院，大法官阿瑟·J. 古德伯格的法官助理，年纪轻轻即成为哈佛法学院终身教授——不过，对他一生影响最大的，却是一个并不显赫的机构。

布雷耶的出生地与出生时间都很特别：1950年代的旧金山。成名之后，布雷耶唯一经常在演讲中提到的母校是洛威尔高中。“也许对你来说不算什么，但对我来说，它意味着很多很多。”他经常这么对大惑不解的听众说。洛威尔是这座城市最好的公立中学，入学门槛很高，移民子女中最为出类拔萃者皆会聚该校。每年夏天，布雷耶都去谢拉县的一家市属露营地做服务生（初级服务生），消防员、警察、医生和律师经常在那里举办家庭聚会。旧金山很少有地方能像那里那样让人感受到那么和睦、团结的气氛。布雷耶的父亲为旧金山的教育系统担任了40年法律顾问。母亲是位家庭主妇，但经常志愿为民主党和女性选民联盟（League of Women Voters）服务。

斯蒂芬·布雷耶最重要的一段教育经历开始于1970年代中期，那一时期，他从哈佛大学来到华盛顿，担任参议院司法委员会的法律顾问，当时的委员会主席就是爱德华·肯尼迪。在这里，布雷耶

最终成为首席法律顾问，他成功说服肯尼迪转变形象，变得更趋温和，并解除对航空业、货车运输业以及天然气业的贸易管制。那也是该委员会少有的气氛融洽、富有成效的时期。这些都使布雷耶赢得了不同政治派别参议员们的尊敬。

1980 年，当吉米·卡特总统提名布雷耶进入第一巡回上诉法院时，这一因素便变得尤为重要。此时，罗纳德·里根已经赢得大选，共和党主席斯特罗姆·瑟蒙德当然不愿“跛脚鸭”[1] 总统找人填补上诉法院的席位。但肯尼迪还是说服了奥林·哈奇，请他放布雷耶一马。哈奇称布雷耶是“我们大家庭中的一员”，并以他在委员会的工作表现说服了那位可敬的主席。布雷耶是卡特去职前通过确认的最 81
后一名法官。正是基于对布雷耶的好感，1994 年 6 月 29 日，参议院以 87∶9 票批准了对他的提名。

布雷耶进入最高法院后，从不掩饰自己对政府的亲近态度。他深信政府的存在就是为了服务大众和解决问题，在很大程度上，它也是那么做的。此外，布雷耶格外尊敬与信任国会，认为它们是人民的代表，也是为人民利益而工作。许多大法官听完一两次总统的国情咨文发布后，就懒得再去参加，但布雷耶却认为参加本身就意味着与政府其他分支团结一致，因此他从不缺席——即便现场只有他一位大法官。[2]

---

1 跛脚鸭（Lame Duck），政治术语，指任期将满但不可能再连任的官员，尤指第二任任期即将结束的总统，由于权力即将易手，对“跛脚鸭”总统，手下官员或其他政治势力可能会不太买账。

2 一般来说，美国总统在国会发布国情咨文时，除两院议员外，最高法院大法官也到场参加，为表示司法中立，经常需要面无表情，即使起立鼓掌也是如此，许多大法官都难以忍受这种尴尬场面，找各种借口躲避出席。

换句话说，当斯蒂芬·布雷耶开始他的第一个完整开庭期时，他的步调其实与他的国家、他的国会，乃至他的新同僚们并不一致。事实上，国会此刻正酝酿着一场巨大的转变。1994 年 11 月 8 日，民主党同时从参议院和众议院的多数席位上落马。同一天，最高法院也正开庭审理一起威胁到布雷耶所有信仰的案件——美国诉洛佩兹案（*United States v. Lopez*）。

联邦主义者协会成员一直希望借助最高法院判决，从宪法基础上削弱联邦政府的权力。[1] 就在这帮人望眼欲穿，期望找到一起合适案件的时候，小阿方索·洛佩兹的遭遇终于将一切推上台面。

1992 年 3 月 10 日，一个名叫洛佩兹的 12 年级生携一支装有 5 颗子弹的 0.38 口径手枪来到位于圣安东尼奥的埃迪森高中。校方接获匿名举报后，迅速将洛佩兹拦下，武器被搜出后，他很快被逮捕，根据得克萨斯州法律，他将因在校园内持有武器而被起诉。但是，到了第二天，州内的起诉被撤销，取而代之的是联邦检察部门的起诉，指控他违反了 1990 年《校区禁枪法》，该法案禁止在校内或学校附近
82 持枪。[2] 如果洛佩兹被判缓刑，估计他就会随这个案子一起静悄悄消

1 事实上，在美国宪政史上，联邦和州权力的分配是一个永恒的话题，如何对待这一权力划分也成为保守和开明的重要分野。一般的趋势是：保守派主张小政府，减少对各州事务的干预。即社会能够做的，政府就不要去干预；地方政府能够做的，联邦政府就不要去干预。因此，在联邦主义案件中，保守派法官往往偏向州权一边。自由派虽然不能说主张大政府，但至少是强调继承罗斯福的新政传统，维护新政以来联邦政府的开明政策。

2 1989 年 1 月，在加利福尼亚州斯托克顿市一所小学的校园栏杆外，一名流浪汉持一把 AK-47 冲锋枪，向正在游戏的儿童开枪，5 名儿童被打死，29 人受伤。为此，国会于 1990 年颁布《校区禁枪法》（Gun-Free School Zones Act），将在校区内持枪定为联邦罪。

失在人们的视野中了。但不知出于什么缘故，法官偏偏判了他 6 个月监禁，这使洛佩兹加入海军陆战队的计划落空，他只好请公设辩护人代为上诉。案件事实虽然简单，但事实证明，法律可没那么简单。

洛佩兹的案子进入法院时，联邦主义者协会倡导的理念正逐步发展成形。协会成员已发展至 4 万人，年度预算超过 300 万美元。他们的活动也因道格拉斯·H. 金斯伯格法官的参与而名声大振。在向参议院提名罗伯特·博克失利后，里根提名了时任哥伦比亚特区巡回上诉法院法官的金斯伯格，那年他才 41 岁。但是，自从媒体揭露他在任法学教授期间吸食大麻后，提名迅速告吹，金斯伯格只好回到上诉法院，继续做一名铁杆保守派法官。后来，金斯伯格在卡托研究所（Cato Institute）出版的《规制》（*Regulation*）杂志上发表了一篇文章，在文章中，他以敬仰的口吻提及 1937 年之前的宪法，那时最高法院推翻了任何试图对经济施加影响的规章，判决的主要依据即是宪法的“贸易条款”。[1] 而现在呢，金斯伯格将这一条

1 所谓“贸易条款”（Commerce Clause），是指美国宪法第 1 条第 8 款第 3 项。该条款授权国会排他性地管理对外贸易、州际贸易和同印第安部落的贸易，相当数量的联邦法律和条例是根据这一条款制定的。相反，各州为防止联邦政府权力过多渗透，多倾向于对这一条款中“贸易”的范围进行严格解释，与“贸易”无关者，国会不得立法干涉。

1930 年代，美国经济陷入大萧条，为拯救全国经济（包括各州经济），罗斯福行政分支推出“新政”，国会也通过了《全国工业复兴法》等一系列法律，然而，经济保守派与联邦最高法院大法官们却集体反对“新政”，在谢克特诉美国案（*Schechter v. United States*）等案件中否决了包括《复苏法案》在内的许多联邦新法。1937 年，罗斯福一怒之下，决定启动“法院改组计划”（Court-packing Plan），通过增加大法官人数改组联邦最高法院，部分大法官只好妥协，转变了抵制立场。随后几年，由于联邦最高法院不再干涉，罗斯福新政得以顺利推行，出台了许多具有社会保障性质的法律。“贸易条款”从此不再对国会立法构成障碍，1964 年国会立法禁止旅馆和餐馆的私人经营者实行种族歧视时，理由就是：他们是为进行州际贸易的旅行者提供住宿和食品，种族歧视将影响州际贸易。所以金斯伯格才会撰文说“贸易条款”相当于被流放了。

款比作“被流放的宪法条文”。“关于这些古老流放者的记忆，”他写道，“反对无限政府的立场皆被放逐，只有少数学者为恢复原状而不断努力，也许在他们的有生之年，也无法看到这一宪法条款的再次回归。”

简而言之，所谓被流放的宪法条文运动意味着对现代福利国家的直接挑战，洛佩兹案将成为最高法院面临的第一次重要考验。

一如既往，奥康纳第一个对首席政府律师德鲁·S. 戴斯三世发问，后者负责为《校区禁枪法》的合宪性辩护。

“仅仅拿着一些东西进入或靠近校园，跟‘贸易’有什么关系？有关系吗？”[1]

“我想在这个问题上确实有关系。”戴斯回答道。

83 “我认为没什么关系，”奥康纳直截了当地回复，“我倒觉得，这些算不上州际事务。”

两人这番对答，预示着行政分支一方凶多吉少，情势果然开始急转直下。奥康纳、肯尼迪、伦奎斯特和斯卡利亚都想弄清楚，国会凭什么立法限制公民在学校或其他场所附近持枪。

上述提问的潜台词显而易见。大法官们明显流露出对国会的不恭敬，在他们眼中，国会就是一个只会装腔作势、不大值得尊敬的地方。

“您能告诉我吗，戴斯先生，”斯卡利亚坏笑着说，“过去 20 年

1 因为宪法“贸易条款”认为国会只在对外国、州际和与印第安部落从事贸易活动时才有权以立法形式进行管制，所以本案的关键点之一就在于校园持枪是否与“贸易”有关，与“贸易”无关则与联邦无关，国会出台法律进行管制就有越权违宪之嫌，这也是奥康纳的提问所隐含的意图。

间，国会深思熟虑作出的决定，有哪项是奏效的？”

戴斯还没来得及回答，听众已开始哄堂大笑。

接着，戴斯声称国会有“合理根据”认为校园暴力与贸易存在关联。

在回应中，苏特讽刺道：“本杰明·富兰克林说过，‘做一个有理性的动物可真好，总能找到理由做自己想做的任何事’。”听众席上又是一阵哄笑。

在历史上的绝大多数时期，最高法院都与国会关系密切。许多大法官之前都做过参议员。但伦奎斯特法院却与国会没什么瓜葛。伦奎斯特和斯卡利亚仅在行政分支工作过，奥康纳与苏特只有过州政府的工作经历，肯尼迪、斯蒂文斯和金斯伯格过去或是私人执业律师，或是在法学院执教。托马斯在洛佩兹案开庭时，仍然一言不发看热闹，他给密苏里州参议员约翰·丹佛斯当过幕僚，但在确认听证会上经受的羞辱，令他对国会深恶痛绝。而布雷耶，可能是唯一一个与国会有“血缘关系”的大法官了。

布雷耶毕竟是最高法院的新人，还无法掂量自己在言词辩论阶段的分量。但是，他对戴斯与自己同事们的表现都很失望，只好把气出在代表洛佩兹的公设辩护人身上。

“枪通过州际贸易流动，类似地，书本、课桌、教师，都是如此，”布雷耶说道，“如果孩子随时有可能在校园里被枪支射杀，这样的地方当然没人愿意去，事实上，如果联邦政府不干预此事，整 84
个国家的经济早就千疮百孔、彻底耗尽了。”布雷耶还提到 1942 年的一起案件，最高法院在那起案件中判定，自种小麦与州际贸易有密切关联，必须受宪法“贸易条款”规制。“如果连自种小麦都能影响州际贸易，那么这类案件的性质当然和经济相关，我确信校园枪支一定会影响到贸易。”布雷耶要做的，就是把半个世纪以来都不存在任何争议的宪法判决一一列举出来。

但是，布雷耶的提法并未说服多数大法官。1995 年 4 月 26 日，最高法院以 5∶4 票作出判决，宣布国会制定的《校区禁枪法》违反了宪法“贸易条款”。在伦奎斯特撰写的判决书（奥康纳、斯卡利亚、肯尼迪和托马斯加入）中，最高法院自 1935 年以来首次宣布国会制定的法律因超越宪法“贸易条款”赋予的权限而无效。判决书中的许多说法，都与众议院新任议长纽特·金里奇的观点遥相呼应。[1] 伦奎斯特在判决书中引用了詹姆斯·麦迪逊在《联邦论》第 45 篇中的一段话：“新宪法授予联邦政府的权力很少而且有明确的规定。各州政府所保留的权力很多但没有明确的规定。”“大政府”的范围正式受到了来自第一街两翼的夹击。[2]

该判决促使布雷耶发布了大法官生涯中第一份言词激烈的异议意见书。[3] “我认为，这项被认定无效的法律完全符合最高法院半世纪以来对国会贸易权力范围的界定。”他写道。他说，法院多数方意

---

1 众议院议长（Speaker），众议院议长由众议院多数党党团会议在新国会召开前夕从本党议员中提名，经众议院选举产生。他与参议院主席的地位有很大不同，是众议院的领袖，享有如下权力：议员发言同意权；任命特别委员会和协商委员会的成员；把议案交委员会审议；对特殊的程序问题和应否审议某项议案的动议作出裁决；在议院表决时，如赞成票和反对票相等，投决定性的一票。

2 最高法院位于华盛顿哥伦比亚特区东北区第一街 1 号，国会大厦就在街对面，“第一街两翼”显然是指“大政府”思想受到了国会与最高法院的夹击。

3 布雷耶在异议意见书中首先重申了自己庭审时的发言内容，他写道：“国会能够合理地认为‘校区暴力犯罪’对‘教育质量’的影响严重地（或大量地）关系到州际或对外贸易［进而属于联邦条例限制范围］吗？对这个问题的回答必定是肯定的。……全国各地学校普遍发生暴力严重干扰那些学校的教育质量。……国会显然可以视枪支与学习互不相容。……国会可以因此而确定一个重要的教育问题：教师无法教，学生无法学，并得出结论，学校附近存在枪支严重地扩大和加深了这个问题。”

见书将严重威胁到其他许多成文法的效力。“在国会已经通过的法律中，许多一般法律（在美国法典中有超过 100 节）与部分刑事法律（至少 25 节），使用了‘影响贸易’这样的字眼去界定它们的范围，”布雷耶继续写道，“最高法院的判决将影响该法律领域的法律确定性，除非本案得到合理处理。”联邦主义者协会及其盟友当年撒下的种子，终于结出果实了。这一结果当然是他们乐见的。

与其他大法官一样，布雷耶知道威廉·布伦南曾向法官助理提出过的一个著名问题。在最高法院，什么法律最重要？助理们面面相觑。言论自由？……平等保护？……三权分立？……大法官摆摆手，说道：“5 票！5 票法则！有了 5 票，你就可以在这个地方为所 85
欲为！”布雷耶曾在自由派全盛时期做过最高法院的法官助理，他提到布伦南说这句话的时代时，说：“他那时说这些话当然很轻松。他**动辄**就能弄到 7 票。”但是，现在的斯蒂芬·布雷耶大法官所服务的是一个截然不同的最高法院了。在洛佩兹案之后的那个夏天，一位朋友称赞了他在该案中撰写的异议意见书。布雷耶苦笑着伸出 4 根手指：“4 票，”他说，“才 4 票啊。”

# 第 7 章　福音派反击战

86　1990 年代，在最高法院内高举保守主义旗帜，积极发动反攻的，并不止联邦主义者协会一家社团。法学教授和法学院学生固然可以提出新理论，撰写学术文章或报纸社论，但任何运动都需要尖刀班——需要有律师把案子送进最高法院，并在庭上据理力争。其实，法律界的情形与政界差不了多少，最能征善战，也最为狂热的政治力量，正是保守派的盟军：基督教福音派。

福音派向来是美国最苦大仇深的一帮人，在最高法院的斗志也最为昂扬。当保守派学者成功改写宪法“贸易条款”的适用范围时，福音派的活动空间却被最高法院一系列判决不断压缩。在堕胎门诊、学校董事会、高中橄榄球赛场，福音派力量都遭遇挫折。福音派社会活动家们认识到：一直以来，最高法院正不断剥夺他们的利益。几代大法官都或多或少地致力于推动宪法向世俗化方向演变。

宗教一旦进入公共领域，我们就会发现，宪法起草者当年的思路存在潜在矛盾。宪法第一修正案指出：“国会不得制定关于下列事项的法律：确立国教或禁止信教自由。”但是，建国一个多世纪以来，各级法院一直对宗教活动进入公共领域持容忍态度——学校里可以进行祈祷或者诵读《圣经》，可以经常向上帝祷告，“十诫”内容也可以被刻在政府建筑物上（或印在货币上）。那时，这种类型的 87
“信教自由”并没有被视为“确立国教”。事实上，政府也需要公民们这种虔诚之心与爱国精神。

直到 1930 年代末，全国的公立学校仍坚持在开学典礼上，让学生们对国旗致敬并宣誓效忠。许多耶和华见证人[1]信徒反对这一做法，认为它违反了“除我以外，你不可有别的神”这一训诫。当时，“二战”临近，爱国主义热情普遍高涨，见证人信徒的提议当然无法得到积极回应。他们的孩子被迫离开学校，住处也经常被抗议者包围，只好向最高法院寻求保护。但是，在 1940 年的迈纳斯维尼校区诉戈比蒂斯案（*Minersville School District v. Gobitis*）中，他们输了官司。最高法院多数方意见书认定，学校有权要求学生参加以“保证对民主传统理念的有效忠诚”为目的的各种仪式。[2]

---

1 耶和华见证人（Jehovah’s Witnesses，简称“见证人”“耶证”），1870 年代末，由查尔斯·泰兹·罗素在美国发起的基督教非传统教派。现时已发展至遍布全球，信徒人数超过 600 万人。早期以《圣经》研究者为名，直至 1931 年，耶和华见证人依据《旧约·以赛亚书》43：10：“耶和华说：‘你们是我的见证人，是我所拣选的仆人’”，为自己的团体命名。他们坚信《圣经》是上帝的话语，且认为信仰应该完全以《圣经》为依据，并寻求其指引，其最高机构为美国纽约布鲁克林总部的中央长老团。

2 在该案中，最高法院以 8∶1 票作出判决。法兰克福特大法官撰写了多数方意见书，他强调，法院的重要责任之一就是必须在“自由和权威的冲突中寻求协调。但是，当所涉及的自由是宗教的自由，而权威又是保卫国家民众的权威时，司法的良心就面临着严峻的考验”。但是，在这一考验中，当个人的宗教信仰与政治社会的利益相抵触时，当事人并不能推卸其政治责任。而向国旗致敬就是这样一种不能推卸的政治责任。对此，斯通大法官表示异议，他写道：“本案所表示的，已经不仅仅是压制言论自由，压制宗教信仰自由，这一做法理应为宪法第一修正案所禁止，也违反了第十四修正案。大可不必强迫孩子们承认他们所不相信的东西，诱导他们自动表示忠诚是一回事，强制他们这样做又是另一回事。”他进一步阐述说，宪法“对公众自由的保证，实际上就是对人们心智和心灵自由的保证，对合理地表达这种心智心灵的自由及机会的保证”。

判决作出几个月后，最高法院乃至整个国家，都目睹了社会上忠诚沦丧，宗教迫害肆虐的情形。[1]法西斯主义在欧洲导致的灾难性后果，也提醒包括所有大法官在内的美国人民，言论自由与信仰上帝有多么重要。就这样，纳粹统治作为反面样本，反而影响了美国宪政的发展。变化来得非常快。仅仅在戈比蒂斯案判决3年后，1943年，耶和华见证人再次就相似案件向最高法院提起上诉时，他们胜诉了，本案也是最高法院历史上推翻前例最快的一次。

罗伯特·H. 杰克逊大法官在这起名为西弗吉尼亚州教育委员会诉巴内特案（*West Virginia Board of Education v. Barnette*）的案件中撰写的多数方意见书，被称为最高法院历史上最富文采的华章之一，判决确立的若干原则，后来也被奉为美国精神的一部分。“如果积极主动参加爱国仪式的行为，被外力强迫、照本宣科或刻意逢迎所取代，相信爱国主义绝对无法弘扬。”他写道，接下来，他写下那句最为著名的判词：“如果在我们宪法的星空上有一颗不变的星星，那就是，无论是在政治、民族、宗教，还是其他舆论问题上，任何官员，不论其职位高低，都无权决定什么是正确的，也无权用言词或行动来强迫公民表达他们的信仰。如果有什么情形允许这一例外，那么，我们现在决不允许它们发生！”

然而，这次判决后，最高法院并没有停止对公共场所宗教活动

---

1 判决作出后，美国各地都发生了迫害耶和华见证人的事件，他们因不愿意向国旗敬礼而受到暴民的袭击与驱逐，活动场所被焚毁，并被视为“纳粹代理人”，政府为保护他们，有时不得不把一些信徒关进监狱。然而，在纳粹德国，所有宗教团体中，只有耶和华见证人拒绝听从希特勒政权的种种要求：如坚决不做希特勒式的敬礼，也拒绝宣誓效忠国家和国家元首，其儿女也不加入希特勒青年团，更不参与任何军事活动。在德国，纳粹统治期间共有6 262名信徒被捕，2 074名信徒被关入集中营，大约1 200名信徒丧生，其中270人是因良知缘故拒绝服兵役而被处决。

的不断施压。下一起标志性案件发生在 1962 年，最高法院禁止在公立学校祈祷，并规定儿童有权拒绝参加祈祷。在恩格尔诉瓦伊塔尔案（*Engle v. Vitale*）中，胡果·布莱克大法官所持理由，与杰克逊在禁止强制向国旗致敬一案中的立场相通。“审查一项政府行为或法律是否违反‘禁止确立国教条款’，并不仰赖政府是否直接强迫人民信仰某种宗教或教派，只要政府以其权势、威望和财力支持了某一宗教或教派，就对其他宗教组织形成了间接强制力，并使它们在宗教事务中处于劣势地位。从这一意义上讲，政府的这一行为违反了政府应在宗教事务中保持中立的宪法原则和‘禁止确立国教条款’。”他写道。一年后，大法官们又禁止了公立学校规定诵读《圣经》的行为。 88

这些判决很快激起轩然大波。课前祈祷与诵读《圣经》的传统在公立教育机构内已延续数代，法院终止这类宗教仪式后，接着便出现了 1960 年代末混乱的状况。尽管成因存在争议，但相当多的基督徒认为，正是因为将宗教剥离教育领域，才导致这类放荡与失序行为发生。这一时期，通过比利·格雷厄姆牧师的间接努力，以及帕特·罗伯逊牧师的直接推动，宗教问题逐渐被列入保守派政治议程。在 1980 年总统大选中，杰里·福尔威尔牧师组建了一个名为道德多数派的组织，致力于对抗民主党总统与自由派参议员。比尔·克林顿当选总统后，福音派运动成为保守派反对力量的核心。他们的政治日程上有两大支柱：一个是反对堕胎合法化，另一个就是在公共领域实现宗教回归，尤其是恢复学校的祈祷活动。

1990 年代中期，凯西案之后，最高法院对堕胎的态度已趋于定型，再想把反堕胎议程推上前台已不大可能。但是宗教问题仍属开放领域。奇怪的是，尽管福音派力量在政坛摇旗呐喊，在法律界却仍缺乏领军人物。美国各类社会运动的常用策略，就是在最高法院安插代言人，如瑟古德·马歇尔或者露丝·巴德·金斯伯格，[1]此刻，福音派也正想寻找这样的人。说来也怪，他们的救星，居然是个来自布鲁克林的犹太小子，杰伊·塞库洛。

塞库洛的母亲与露丝·巴德·金斯伯格同期进入高中，但杰伊
89 与这位新任大法官在各方面都截然不同。他于 1956 年 6 月 10 日出生在一个温和的犹太人家庭，犹如这个国家许多移民家庭的发展模式——从城市到市郊再到阳光地带（Sun Belt），他的发展轨迹，也是从布鲁克林、长岛到亚特兰大。在学校时，塞库洛表现平平，但主要原因是他天性慵懒，而非智力因素，他原计划读个两年制大专就去找工作。但在攻读大专期间，又重燃了继续深造的愿望。由于懒得另寻他处，塞库洛选了一个就近的学校，亚特兰大浸会学院。塞库洛很怕父母指责自己的选择，但他的父亲却鼓励他说："大胆去吧。去接受好的教育。"

塞库洛有位外号"耶稣奇想"的朋友，怂恿他去读《以赛亚书》，他便跑去参加了一个查经班。塞库洛知道，犹太人都相信弥赛亚终将到来——但从没有出现过。阅读关于弥赛亚的文章后，他更加确信弥赛亚就是耶稣救世主。塞库洛仍以犹太人自居，却相信耶稣是救世主。这时，塞库洛了解到有一个叫作犹太人归主协会（Jews for Jesus）的组织，他们与自己有共同的信仰。1976 年 2 月，塞库洛在一家犹太人归主协会的教会宣布，他将终身为耶稣基督服务。

1 瑟古德·马歇尔是黑人民权运动的代言人，露丝·巴德·金斯伯格则是女权运动的代言人。

当然，除了信教，他也得讨生活。在佐治亚州默瑟大学法学院读完法律后，塞库洛先是在国内税务署工作，接着与朋友合开了一家律师事务所。该所主要提供合法避税服务，在他俩精心打理下，生意日渐兴旺。正如塞库洛以后在演讲中所提到的，当客户第一次付给他 2.5 万美元或更多时，他才 26 岁。“我的家庭和事业都蒸蒸日上，”他说，“在开始法律执业后，第二年，我又开始经营一家资产总值为 2 000 万美元的房地产开发公司。”塞库洛故意漏掉接下来发生的事。他的生意很快遇到挫折。律所不得不宣布破产。他人生的新篇章亟待掀开。

幸运的是，就在一年前，塞库洛刚刚当选为全国犹太人归主协会的首席法律顾问，该组织正好有一个案子被送入最高法院。塞库 90
洛决定亲自上阵，抖擞精神，向美国宪法发起挑战。

犹太人归主协会坚信，它的成员应参与传福音事务，找到更多皈依者。他们采取的最著名（也是最臭名昭著）的形式，就是在机场之类的公共场所散发传单、传播教义、诱人改宗。许多旅客不堪其扰，纷纷投诉，为此，洛杉矶国际机场理事会出台规定，禁止任何“第一修正案激进分子”在机场活动。1984 年 7 月 6 日，根据上述规定，机场警方驱逐了正在那里发表宗教演说的犹太人归主协会福音事务主管，艾伦·霍华德·斯奈德。在塞库洛介入这一事件之前，他在加州的同事正打算针对机场这项规定提起诉讼。

这起案件涉及的原始理论问题非常简单。诱人改宗是犹太人归主协会信徒的一种宗教活动。用一条概括性规定禁止他们的活动，违反了宪法第一修正案关于“信教自由”的规定。这也是这类诉讼被频频提起的原因。宗教表达向来是靠“信教自由条款”保障的。

但是，塞库洛并不打算利用这一看似最佳的宪法武器。的确，涉及宗教自由的官司多数要靠宪法“信教自由条款”来打，但这一次，他却打算另辟蹊径。因为宪法第一修正案在“信教自由条款”之后，申明国会不得立法“剥夺言论自由”。（在“二战”后的一系列判决中，最高法院均宣称第一修正案的约束范围不仅包括国会，还涵盖了各州和地方。）塞库洛认为，驱逐犹太人归主协会信徒的行为是一个言论自由官司，与宗教无涉。机场的所作所为是对言论自由的干涉——无论演讲内容是宗教性的还是政治性的，都建立在言论自由基础之上。塞库洛之所以做此考虑，主要原因在于：最高法院更乐于对争议性言论提供广泛保护，而不是惹是生非的宗教活动。塞库洛搜集了大量案例，都是最高法院为各类令人不悦的表达提供保护的判决，如散布色情资料、挥动罢工标语等。在一起著名案件中，一名示威者居然穿着印有“我操征兵制度”（Fuck the Draft）
91 的夹克站在洛杉矶市政厅门口。塞库洛很纳闷，连这样的行为都被允许，那凭什么不许我们文明地分发一些小册子？

大法官们也是这么想的。关于 1987 年 3 月 3 日的那次言词辩论，塞库洛后来在演说中是这么回忆的：“我走进法庭，想着耶稣将如何在圣殿里掀翻兑钱商的桌子。耶稣本人也是位社会活动家，从来坚持那些他认为正确的事物。我从这个榜样身上汲取了无穷力量。”不过，在大法官们面前，塞库洛只字不提宗教问题。他说，这个案子仅关乎言论自由。塞库洛清楚地估计到，自己的对手必定会为禁止在机场分发宗教性小册子预备无数条理由，自己必须避其锋芒，直攻要点。他果然成功了。瑟古德·马歇尔大法官，那时正病着，性情古怪，通常在法庭上一言不发，此刻突然大声质问：“我可以问你一个问题吗？这些人做错了什么？”

“他们什么也没做错。”对方律师说。

“那么，你们凭什么禁止人家做没错的事？”

马歇尔问到了点子上。对机场方面来说，这个案子只是对那些不受欢迎团体的审查——宪法第一修正案中的“言论自由条款”也没说不能禁止它们。最高法院在这起名为洛杉矶机场理事会委员诉犹太人归主协会案（*Board of Airport Commissioners of the City of Los Angeles v. Jews for Jesus, Inc.*）的案件中达成了一致意见，奥康纳撰写的法院判决书宣布机场条例因违反宪法第一修正案而无效。

塞库洛迅速开始为福音派运动扩大战果。当时，奥哈马市西城高中的一群学生要求成立一个基督徒俱乐部，便于每天课后共读《圣经》，并一起祈祷。当地教育委员会拒绝了他们的申请，声称一旦允许在公立学校成立基督教学生社团，就有违反宪法第一修正案中的“禁止确立国教条款”之嫌。于是，塞库洛将此案诉至最高法院。

与上次一样，塞库洛还是绝口不提宪法第一修正案项下的宗教争议。对他来说，这个案子仍属学生的言论自由范畴。如果是其他青年团体使用学校设施，而不是这些信仰基督的孩子们呢？这一次，塞库洛再次大获全胜，法院判决书仍由奥康纳撰写，只有斯蒂文斯一人提出异议。更重要的是，奥康纳为塞库洛他们进一步拓宽公立学校的宗教活动领域划出了更广阔的空间。在西城社区学校教育委 92
员会诉默根案（*Board of Education of Westside Community Schools v. Mergens*）的法院判决书中，奥康纳写道：“必须澄清这个至关重要的区别，政府认可某一宗教的言论是‘禁止确立国教条款’所禁止的，而个人认同某一宗教的言论，是受‘言论自由与信教自由条款’保护的。我们认为，这群中学生已经足够成熟，他们会发现学校之所以不认同或支持他们的言论，恰恰是因为学校把前述区别混为一谈。”最高法院声称，公立学校的学生们乐于主动开展宗教活动，这并非源自教师或官员的鼓动，福音派学生及其家长也不愿接受这样的鼓动。

塞库洛 1990 年在默根案中的胜利吸引了帕特·罗伯逊的注意。罗伯逊是一名参议员之子，曾在耶鲁法学院学习，他积极投身于政治、金融、宗教事业，精力旺盛。1960 年，罗伯逊建立了基督教广播网，但很快发现每月至少需要 7 000 美元才能维持这一网络的运转，他通过电话联系了 700 多个人，结果每人答应每月捐助 10 美元。后来，他把自己主持的节目称作《700 人俱乐部》。这一建立在弗吉尼亚州的广播网络，为罗伯逊构建起一个庞大帝国，到 1980 年代，他旗下的产业已经包括广播业、房地产业、电报业，甚至有一所拥有 1 000 多名学生的大学：摄政大学。（后来，他以 19 亿美元的价格将部分广播产业卖给了美国广播公司。）1988 年，罗伯逊还曾参加过共和党党内那场著名的总统提名人竞选。不过，他一直缺一个能在司法系统内为他冲锋陷阵的可靠人物。

1990 年，罗伯逊邀请塞库洛加入他的团队，协助他组建一个专门对抗美国公民自由联盟的保守派组织。与美国公民自由联盟一样，该组织的活动范围并不局限于单一政治议题——如堕胎或者学校祈祷——而是涵盖整个政治领域。甚至连新组织的名字都与美国公民自由联盟针锋相对，叫作美国法律与正义中心（American Center
93 for Law and Justice，ACLJ）。现在，塞库洛背靠罗伯逊这棵有钱有势的大树，再不是过去那个靠热情和兴趣冲杀的游兵散勇了，他蠢蠢欲动，试图扭转最高法院在宗教事务上的议程。现在，他需要案子，以供最高法院作出对他有利的判决。

塞库洛的任务可不容易，至少一开始是这样。首先，他看起来就不像干这个的。浓重的纽约口音，时髦的外套、华丽的领带、轧花的衬衣，让他看上去更像是第七大道上的服装商，而不是一个福音派活动家。在某次听证会上，他代表的是“救援组织”反对堕胎的抗议者，医院工作人员还以为这个语速很快的律师是自己一方的。他说，“搞错了”。

但是，福音派的发展确实非常迅速，它不断挑战政府规章，涌入美国法律与正义中心的案件也越来越多。其中，最为集中的问题是，如何把基督教福音派思想再次送入教育系统。有组织的祈祷虽被取消，但基督教学生组织已被允许成立。那么，学生以外的福音派组织能否在课余使用学校财产呢?

这也是塞库洛接受罗伯逊资助后打的第一起重要官司。纽约州的法律允许各类社会团体基于“社会、民生、休闲聚会”等目的，使用那些“非专有所有且面向一般公众开放”的学校财产。拉姆斯礼拜堂（Lamb’s Chapel）是位于长岛的一家福音派教堂，他们要求借用莫里奇斯中心校区一处场地，播放6部记录福音派核心人物詹姆斯·多布森演讲的电影。多布森在科罗拉多州春天城建立了爱家协会，并使之成为传播（极端保守主义）政治、宗教议程的庞大组织。上述演讲倡导“回归传统，提早灌输基督教家庭价值，才能抵制媒体的破坏性影响”。根据爱家协会对其中一次名为“家庭受到攻击”的演讲的描述，“当代社会中的家庭已经陷入一场‘价值内战’。多布森博士要求家长们关注政府干预、堕胎、色情文学产生的影响，并积极投身相关事务”。（后附的免责声明还提到：“注意：本电影包含对色情文艺业的

94 详尽描述，不建议年轻观众观看。”）校区拒绝了这一要求，因为这一行为“看起来与宗教事务有关”，违反了宪法“禁止确立国教条款”。塞库洛很快又把这个案子送进了最高法院。

在最高法院，塞库洛一开始就兜售起他那套“言论自由”立场。“首席大法官和诸位大法官阁下，”他说道，“这个案件关系到对拉姆斯礼拜堂言论自由的侵犯，他们只是想借用学校场地播放一些电影，并讨论当前一些家庭议题。从内容到观点都与宗教没什么关系，也无须经过合宪审查。”在他看来，就像在洛杉矶机场分发传单的犹太人归主协会信徒和奥马哈市信基督教的学生，拉姆斯礼拜堂的福音派信徒也是政府压制政策的受害者，而不是宗教先遣人员。

“你依据的是宪法哪个条款？”奥康纳问道。

“第一修正案，通过第十四修正案亦对各州适用，言论自由。”

“第一修正案哪一部分？”

“言论自由条款。”

根据宪法，宗教并无特权，塞库洛坚持这一点，但人们也不能因信仰宗教而受处罚。“被告的论点，照我理解他们可以接受各种意见，这其中有无神论，有不可知论，有共产主义，可就是没有宗教。”塞库洛对大法官们说，“最高法院不应当认同这种歧视性的观点。”最后，拉姆斯礼拜堂诉莫里奇斯中心校区案（*Lamb's Chapel v. Center Moriches Union Free School District*）的判决再次以大法官们的一致意见宣告了塞库洛的胜利。1995 年，根据同样的理论，最高法院裁定弗吉尼亚大学不得在向其他学生出版物提供资助的同时，拒绝资助一份名为《醒来：弗吉尼亚大学基督徒的视角》（*Wide Awake: A Christian Perspective at the University of Virginia*）的刊物。肯尼迪撰写的法院判决书称：“对大学来说，借助规章制度，反对自己学生的某些观点，无疑是在压制大学与学院内的言论自由和有创造性的研究，它们可是我们国家智识生活的源头活水。”

1990 年代中期，塞库洛的第一个目的达到了。根据衡量最高法院诉讼的标准，塞库洛已改变了一个法律规则。在他的努力下，学
校、机场以及其他对个人或团体公开的场所，再也不会将进行宗教 95
演说的演说者排除在外。这当然是一个非常重要的胜利，但离福音派的努力目标还远着呢。当时，共和党已经控制了参众两院（以及许多州议会），有人甚至呼吁政府对宗教事务提供资助。众议院议长金里奇就指出，教会在诸如就业培训、投资办学、监狱事务等各类政府服务上所起的作用，远比一些传统官僚机构大。他们希望联邦政府不仅允许它们开展活动，而且通过资助予以鼓励。问题在于，政教之间这种渐行渐近的趋势，最高法院会同意吗？

“莱蒙检验规则”（*Lemon* test）曾是伦奎斯特时代最具争议的议题之一。该规则是首席大法官伯格在他 1971 年为莱蒙诉库尔兹曼案（*Lemon v. Kurtzman*）撰写的判决书中提出的。根据该规则，任何涉及政府与宗教关系的法律，必须符合下述标准方算合乎宪法规定，即法律必须：（1）具有世俗的立法目的；（2）既不促进也不限制宗教；（3）不得助长政府过分卷入宗教。多年以来，最高法院不知提出过多少条这样的检验规则，可惜都是宣示意义大于实用价值。“莱蒙检验规则”亦是如此。在涉及政教关系的案件里，伦奎斯特法院或许会考虑适用它。但一旦进入其他法律领域，如堕胎，那就是以奥康纳的投票为标准。如果她认为这个法律合宪，它就合宪；反之，就是违宪。

对斯卡利亚来说，“莱蒙检验规则”浓缩了现代宪法中所有令他反感的理念，不过，他最反感的还是奥康纳的司法理念。“‘莱蒙检验规则’就像深夜场恐怖片中的食尸鬼，反复从墓穴里弹出来，再

反复被杀死和埋葬。这些年来，莱蒙案判决不断侵扰‘禁止确立国教条款’，也令莫里奇斯中心校区的孩子们与校园律师心生恐惧。”他在拉姆斯礼拜堂诉莫里奇斯中心校区案的协同意见书中写道。斯卡利亚认为，莱蒙案判决事实上赋予了法官无限的自由裁量权，他们认为怎么样算公平，就会怎么判。斯卡利亚的看法正好与之相反，他认为，法官应当依据制宪者本意，适用明确的规则，而宗教与公共生活彼此纠缠的漫长历史，已为人们理解宪法原意提供了最丰富的资源。校园内的祈祷、政府建筑内的宗教陈设、官方举办的宗教
96 庆典——既然这些在宪法制定时已经存在，就意味着制宪先贤也允许它们延续至今。斯卡利亚相信，制宪者制定“禁止确立国教条款”的意图，在于防止全国皆信一教，或者政府支持一教，打压其他宗教，如果政府对所有宗教一视同仁，自然也就无可厚非。因此，斯卡利亚认为宪法不但允许，而且鼓励政府卷入宗教事务。

斯卡利亚至少有一点说对了。尽管已经有 6 位大法官批评过“莱蒙检验规则”，但它之所以仍在最高法院长盛不衰，很大程度上仰仗奥康纳的支持。在教会–国家关系问题上，奥康纳的投票也经常摇摆不定，估计连她本人也说不清楚自己在这方面到底属于自由派还是保守派。对奥康纳来说，中间温和派路线曾是她的司法理念。她在最高法院内散步时，经常去数那些漂亮的金属灯柱。“看这些灯柱的底部，”她曾说，“下面都由海龟图案环绕，它们托起整个灯柱。这就像我们最高法院。缓慢又顽固，但从不轻易偏向任何一方。”奥康纳笃信，稳定如一即是美德，她自己也正像一只海龟，背负着最高法院的司法立场，缓步向前。

临近克林顿第一届任期之末，一起案件让斯卡利亚与奥康纳在教会–国家关系问题上的分歧暴露无遗。与往常一样，简单事实又导

致最高法院得出了复杂结论。1993 年秋天，俄亥俄州一些市民组织打算在州议会附近一处 10 英亩的广场上办一个假日展览会，当地政府允许人们在广场上放一棵大圣诞树，也答应当地犹太人教会在那里摆设烛台，却拒绝了当地三 K 党组织在广场上竖起一个拉丁十字架的请求。政府认为，如果在公共场所放上这么一个十字架，就意味着“确立”宗教，违反了宪法第一修正案。俄亥俄州三 K 党头目文森特·派因特为争取竖立十字架的权利，将当地政府告上法庭。

1995 年，最高法院以 7∶2 票宣布三 K 党有权在议会广场上竖起十字架。围绕该案，最高法院内部居然产生了 6 个含糊不清的不同意见，它们或是不赞同个别人的意见，或是不赞同部分群体的意见。斯卡利亚和奥康纳都支持三 K 党的合法地位，但推理过程却截 97
然不同。（斯蒂文斯和金斯伯格持异议意见，他们认为允许三 K 党竖起十字架就是违反了“禁止确立国教条款”。）

在斯卡利亚看来，问题非常明确。宗教言论与其他任何言论一样，都应受宪法第一修正案的同等保护。“根据先例，私人宗教言论并非脱离第一修正案的孤儿，也没有被隔离于私人表达之外，它应当受到‘言论自由条款’的充分保护。”他写道，“事实上，在英美历史上，政府对言论自由的压制很大程度上**正是**针对宗教言论的，如果言论自由不包括宗教言论自由，就像哈姆雷特没有了王子头衔。”的确，政府不得自行悬挂宗教标识，但是，既然政府允许民主党人和共和党人在公共广场发表言论，就应当允许基督徒、犹太人甚至三 K 党徒在那里设置任何宗教标识。对斯卡利亚而言，“禁止确立国教条款”“针对的是**政府**言行。它从来不是针对**私人**的宗教言论，最高法院也永远不能做此解读”。

奥康纳完全不同意他的意见。她认为，私人宗教陈设一样可能违反“禁止确立国教条款”，如果它“会令通情达理、见多识广的人们产生合理怀疑……以为该州支持该宗教或某一特定教义”。在哥伦布市，人们当然不会认为州政府会支持并认同三K党的十字架，所以该组织有权竖起它。奥康纳以弹性标准解决问题的办法，与莱蒙案提出的标准颇为类似。问题在于，这一标准估计连大法官们自己都无法清楚界定，更别说那些“通情达理、见多识广的人们”了。斯卡利亚用他惯有的刻薄语言（尤其在涉及奥康纳时）宣称，奥康纳的意见是“无凭无据”的“奇谈怪论”，还会“招致混乱”。还好，这次两位大法官总算在判决结果上达成了一致。

在1995年，奥康纳完全可以对斯卡利亚的长篇大论不屑一顾。14年的最高法院生涯，已经让她对自己的判断力极为自信。如果她的意见在下级法院未能得到很好施行，她会认为，观点正确比观点一致更重要。“我们是一个普通法法院，没有前路可供依循。”她会说，“当然，我们在前进的过程中‘制定’法律。”奥康纳乐于看到
98 那些与十字架、烛台以及与之相关的一切案件都在最高法院的待审案件目录上，等着她来一指定乾坤。

接下来，塞库洛等人努力的方向，将是争取使一些政府职能被移交给私人或宗教组织去处理。在谋划下一步的诉讼策略时，他们脑海中浮现的首要问题仍然是：“奥康纳会怎么做？”

# 第 8 章　格格不入

很少有律师会在出席最高法院庭审前，花时间考虑“克拉伦 99
斯会怎么做？”。奥康纳早已奠定她在最高法院判决过程中的核心地位，托马斯却一直扮演着一个可有可无的角色。他经常以局外人自居，不在乎自己的意见究竟是促成了多数意见，还是纯属多余。他就是这么一种大法官，既不会被同事所影响，也不可能影响到同事。

在言词辩论阶段，托马斯向来很少发言。他是唯一一位经历过野蛮的确认大战煎熬的大法官，也是大法官中唯一一位非裔美国人。他比大多数同僚都要小上 10 多岁，交际圈也格外与众不同，经常参加全国汽车比赛协会（National Association of Stock Car Auto Racing，NASCAR）组织的汽车野餐会（那里没几个人认识他）和右翼活跃分子组织的沙龙（他在那里很受尊敬）。他是最和善、最温和的大法官，却也是最易怒的人物。他看不上自怨自艾的人，却又顾影自怜。没有一位大法官跟他有丝毫相像之处，无论是在哲学上、法理上，还是为人处世上。

托马斯已在最高法院度过 10 年时光，大法官中，数他的司法立场最一目了然。他是伦奎斯特法院迄今为止最保守的成员，或许也是“四大黑暗骑士”以来最保守的大法官，这是富兰克林·罗斯福时代的绰号，相关四位大法官也在新政期间陆续退休。[1] 如果托马斯的意见都成为多数意见，那可不仅仅是创造先例那么简单——罗伊案判决将被推翻，宗教陈设可以随意进入公共领域，死刑判决将全部被核准——整个国家都将为之改变。他在“贸易条款”案件洛
100 佩兹案中所持的观点，简直有改天换地的倾向。在该案中，托马斯加入了伦奎斯特撰写的多数方意见书，该意见书推翻了国会制定的《校区禁枪法》。托马斯在协同意见书中声称，最高法院的判决还应当走得更远。

“个人认为，我们的判例法已偏离宪法‘贸易条款’的原意。”在开始对“贸易”一词的含义展开长篇大论的分析前，托马斯写道。他认为，“制造业和农业”都不再是18世纪时的含义。因此，托马斯提出，任何与制造业和农业有关的联邦法律都是违宪的。美国两百年来的发展变化都未尊重立宪者原意。“即使贸易与其他事务的界限忽略了所谓‘经济现实’，而且这样看起来反复无常或率性而为，但是，我们必须坚持宪法原则，不得让国会权力过多介入州际事务。”几十年来，还没有大法官发布过他这样的言论——他提出的方案将令联邦政府大部分工作陷入瘫痪——但托

1 “四大黑暗骑士”（Four Horsemen）指四位极端保守的大法官：乔治·萨瑟兰、皮尔斯·巴特勒、威利斯·范德文特和麦克罗诺兹，四位大法官态度一致，常常私下会晤，相互协调，预言罗斯福新政会毁灭美国的资本主义和民主，坚决反对新政的“自由化倾向”，被自由派讥讽为总是预言灾难的“四大黑暗骑士”。

四大黑暗骑士典出《新约·启示录》，指人类四大祸害：战争、饥馑、瘟疫、死亡。四大黑暗骑士依次出现时，将为天下带来大灾难，而且一个比一个更具毁灭性。

马斯才不在乎这个。正如他说的，“尽管我更愿回到对宪法原意的理解，但我不得不承认，现在来检视过去60年来的立法工作已为时太晚”。

托马斯一直在孤军奋战，致力于挽救被1937年最高法院司法革命放逐的宪法条文。尽管很少有大法官支持他，但至少在自己的办公室内，托马斯还是拥有无上权威。在所有大法官中，托马斯雇用法官助理的标准最为严格，整个筛选过程都充斥着意识形态内容。他授权自己的前法官助理们组成一个小组，专门负责对应征者的观点进行审查。其他大法官只要求法官助理赞同自己的立场，托马斯却附加了一系列意识形态检验。应征的法官助理必须连过三关，接受三轮交叉盘问。第一轮面试由法学教授杰克·戈德史密斯进行，接下来一轮由法学教授余约翰与华盛顿律师、托马斯的第一任助理克里斯托弗·兰多进行。（戈德史密斯和余后来都为乔治·W. 布什总统工作。）最后，现任助理组成的小组将与每位应征者座谈，让他们回答各类问题，内容涉及堕胎、联邦主义、贸易条款、死刑、搜查和扣押等各 101
个方面，以确认这些未来的助理们会赞同托马斯（包括他们自己）的极端观点。经过这样的层层面试，为求保险，应征者们还被要求与托马斯会面，后者会与他们简单交谈，聊聊其家庭情况和兴趣爱好。对此，托马斯解释道：“我可不想雇用一个和我意见截然相反的助理。这看起来就像训练一头猪，既浪费了时间，又激怒了猪。”在托马斯雇用的前40名法官助理中，只有一个是黑人。

托马斯的极端立场并不局限于“贸易条款”问题。整个1990年代，伦奎斯特、肯尼迪和奥康纳都想重新界定州权，先后在几起案件中宣布联邦法律侵害了州权，这些发展趋势有时也被称为“联邦主义革命”，当然，现在看来有些矫枉过正。总体来看，最高法院在联邦与各州之间关系上进行的调整，仍显得适度而节制。比如，最高法院限制国会立法权限，要求其不得禁止公民起诉本州政府官员；同时，他们又解释联邦法律，申明公民无权起诉各州政府。这些判决当然很重要，但很难称得上革命，其所限制的联邦权力，也与绝大多数人民的生活无关。

托马斯一直加入这类州权案件的多数方意见书，但经常发表协同意见书，认为最高法院应当增大削弱联邦权力的力度。比如，他认为国会无权将贿赂州政府官员或地方政府官员的行为列为联邦罪行，尽管这类案件几十年来一直由联邦检察官负责起诉。1997 年，最高法院推翻了联邦控制枪支的法律之一，《布雷迪法案》（Brady Bill）的部分内容，取消了要求各州与地方执法官员对购买手枪者进行背景核查的规定。托马斯虽然在斯卡利亚撰写的多数方意见书上签了字，但还是在自己的协同意见书中提出了更进一步的建议，认为应当宣布所有控枪法案统统违宪。他写道：“历史证据和学术研究都表明，宪法第二修正案中列明的‘持有和携带武器的权利’是一项基本人权。”对宪法原意的解读，偶尔也会令托马斯转向自由主义立场，比如，他经常对言论自由的范围给予更宽泛的界定——在这一领域，他倾向于加入最高法院中间温和派的意见——但他的保守派司法理念却是始终
102 如一。为了让法官助理们更好地体会那种孤军奋战的感觉，托马斯要求新任法官助理必须观看 1949 年拍摄的那部改编自安·兰德作品的电影《源泉》（*The Fountainhead*），那部电影某种程度上是向个人主义致敬，反映了一位建筑师坚持自我，不断抗争的

经历。[1]

伦奎斯特很少把重要案件的多数方意见书交给托马斯撰写，因为他的极端立场根本无法说服其他同僚加入，这样自然没法形成多数意见。1999 年，在一起涉及“禁止确立国教条款”的案件中，伦奎斯特指定托马斯负责撰写多数方意见书，结果他连 4 票都没凑齐。因此，托马斯撰写的意见书开头常常是尴尬的“宣布最高法院的判决”，而非惯常的“发布最高法院的意见”。奥康纳在单独意见书中称，自己之所以拒绝加入托马斯的意见书，是因为他试图“让政府对宗教教化提供帮助”。

事实上，托马斯基本没有撰写过什么重要的法院判决书。分给他撰写的多数是些琐碎议题，而且大法官们早已达成一致意见，在最高法院内部，这类案子被称作“垃圾案”。不过，当被问及个

1 安·兰德（1905—1982），俄裔美国作家、哲学家。青年时代从苏联流亡美国，以其小说和哲学闻名于世。小说《源泉》1943 年出版后立即成为畅销书，并为她赢得了巨大的声誉，该书至今仍以每年超过 10 万册的数量重印。1957 年，《阿特拉斯耸耸肩》出版，成为美国历史上仅次于《圣经》的超级畅销书，被誉为对美国影响最大的 10 本书之一，累计销量超过 8 000 万册。安·兰德推崇理性，认为人的最高美德便是理性；她不顾传统舆论的偏见，力倡个人主义，认为不能使个人利益得到最大伸张的社会，就不是理想社会。她的客观主义哲学从 1950 年代起风靡美国校园，影响了几代美国人，她本人也成为美国青年崇拜的偶像。安·兰德一生著述百余种，根据她的生平拍摄的纪录片和故事片曾获奥斯卡奖。

《源泉》的主人公洛克是一个诚实而坚强的建筑师，他志在启蒙社会，却在大学毕业前夕被学校开除，他的设计风格被社会视为异端，一度沦落到去采石厂当小工。他深爱的女人也处处和他作对，并与他的夙敌结了婚。最后，他答应无偿为政府设计经济适用房，但其设计图纸被政府主管部门任意修改，万般无奈之下，他用炸药包把建到一半的楼炸为瓦砾。在法庭上，他也同样孤军奋战，为自己作为天才的原创行为自辩：“创造是各己私事，是天赋权利，维护创造也是同等天赋个人的权利。”那个时候著作权、知识产权等概念还未曾为人们所认同，结果洛克被认定为“狂人”，并因此被无罪释放。

人最得意的一份意见书时，托马斯提到1996年的一起案件。在那个案子中，最高法院一致推翻了下级法院对一名因操纵列车挂钩受伤的铁路工人进行赔偿的裁定。托马斯曾在一次演讲中说：“那个赔偿很不合理。这个案子跟多数人都没有什么关系。但我写的判决书很有趣，在里面回顾了火车的发展历史。”（事实上，正如记者托尼·莫罗最初报道的那样，最高法院的判决很不合理。托马斯的意见使得在两列机车挂钩之间遭遇事故的铁路工人很难获取赔偿。判决作出许多年后，那起案件中的原告威廉·海尔斯仍然卧床不起。）

托马斯与同僚们的最大不同，或许在于他完全不顾及遵循先例原则，更不尊重过去的法律。只要他觉得这个判决错了，就打算予以推翻，从不在乎它作为判例在教科书上待了多久。他曾写道：“当宪法原则与那些在文本、历史和结构上都偏离宪法原意的
103 不合理判例发生冲突时，我将毫不犹豫地打破僵局，维护宪法原意。”在最高法院大法官中，无论是左翼的布伦南，还是右翼的斯卡利亚，都倾向于尊重本院先例，除了托马斯，还从没有人如此胆大妄为，居然要抛弃延续两百多年的遵循先例原则。2005年，在斯卡利亚出席纽约市的一次犹太人集会时，有人请他比较一下他与托马斯的司法理念，“我是一个宪法原旨主义者，”他说，“但我没疯”。

虽然托马斯在意识形态上被孤立，投票时也不被重视，在法庭上更是一言不发，但仍然有许多人喜欢他。

大法官、法官助理、法警、餐厅伙计、门卫——都能被托马斯性格中表露出的温和宽厚所感染。他的爽朗笑声经常打破法

院走廊上的宁静。与其他同僚不同，托马斯能记住每年新来的法官助理姓名，即使是政敌的助理也不例外。他经常请这些年轻的法律人到办公室聊天，一聊就是两三个小时。有一次，托马斯对斯蒂文斯的一名法官助理很有好感，对方是位女同性恋，伴侣是一名职业滑雪运动员。托马斯很喜欢她俩，还把那位滑雪运动员的照片放在自己办公桌上。还有一次，他的一位前法官助理的妻子生命垂危，托马斯夫妇在医院陪了好几个晚上，陪伴他们熬过难关。

托马斯不仅对法官助理如此，对他人也很友善。他会在模拟法庭与法学院学生聊天，在球场或赛车场与普通民众交朋友，并邀请他们来最高法院参观。他们每次过来，都会与托马斯一直聊到晚上。如果电视里正在播放橄榄球比赛（特别是托马斯钟爱的达拉斯牛仔队的比赛），他会分发雪茄，邀人与他一起观赏。到最高法院工作后，托马斯经常与法官助理们在法院顶层的体育场打篮球，那里是著名的“美国最高院”（highest court in the land）。[1] 但这位大法官第一年就不小心弄伤了膝盖，从此就很少再打篮球了。

尽管托马斯在法庭上很少向律师发问，但他并非一直保持沉默。他坐在布雷耶右边，两人经常窃窃私语，互开玩笑，还时不时发出一阵阵笑声。有时声音太过嘈杂，以至于坐在托马斯另一侧的肯尼
迪不得不把身子前倾，以排除干扰，听清别人辩论时在说些什么。 104
布雷耶和托马斯还经常互相传小纸条，彼此戏谑调侃。“州权高于一

1 英文中篮球场的“场”与法院是同一个单词 court，类似于汉语中的拼音，该篮球“场”因在最高法院楼顶，所以被称为美国最高的“场”，形式同于“美国最高院”，汉译可能无法准确体现其中意味，特此注明。

切？”[1] 在一次庭审时，布雷耶写道，而托马斯则顺手回应：“这是你们对罪犯的态度吧，哈！”这可不是装出来的交情，而是同僚情谊的最好写照。[2]

这一时期，托马斯的生活中又多了一项乐趣。1990 年代中期，他与前妻所生的儿子贾马尔去弗吉尼亚军事学院读书。（因为这个原因，托马斯曾在 1996 年一起案件中申请回避，该案的多数方意见书后来由金斯伯格撰写，要求弗吉尼亚军事学院不得拒绝接纳女生。）[3] 第二年，托马斯 6 岁的侄孙小马克·马丁搬来与他同住。马克的父亲因买卖可卡因而锒铛入狱，他母亲实在无法独立抚养四个孩子。托马斯也是在这个年纪被他外祖父收养，并因此得以从恶劣的生活环境中解脱的。在年届五十之际，重拾为人之父的体验，为托马斯的生活重新注入许多乐趣。

托马斯的交通方式也因此改变。长期以来，这位大法官都痴迷于“陆地巡洋舰”这类大型车辆，经常开着它从家里出发，驱车 24 英里去最高法院上班。小马克到来后，托马斯订购了一辆普雷沃斯特大房车，里面装备了轻型家具、卫星电视和随车携带的简易厨房——他把这辆车称为“轮胎上的公寓”。托马斯很喜欢这个交通

---

1 über alles 系德文“高于一切”的意思，“二战”时德国国歌即是《德意志高于一切》（*Deutschland über alles*），布雷耶故意用德文表达，是为了调侃联邦主义者一味强调州权。

2 早年的伦奎斯特比托马斯和布雷耶还要活跃，在伯格时代，每次开庭，伦奎斯特的助理会不时给他递些小纸条，上面多是些棋盘游戏式的问题，伦奎斯特答完后，就把纸条传给旁边的布莱克门大法官，让他一试身手。

3 1996 年，最高法院在这起案件中裁定，弗吉尼亚军事学院必须向女性开放，并要求弗吉尼亚州不得保留按性别区分的，实施不同教学纲目、资源和校友网络的教育机构。几个月后，弗吉尼亚军事学院决定服从最高法院判决，接纳女性学员，并按照男性标准要求她们，譬如，女孩子也必须剃光头。

工具，不仅把它当作“公共汽车”，还把它的照片搁在案头，与布克·T. 华盛顿[1]、弗雷德里克·道格拉斯[2]和温斯顿·丘吉尔的照片放在一起。一到假期，甚至在许多周末，托马斯都会带着太太和小马克出游，或是参加野餐露营，或是观看全国汽车比赛协会的赛事。

他们待在全国汽车比赛协会赛事附近的营地或停车场那里。托马斯通常会利用沃尔玛允许房车在其停车场过夜的政策（这在房车圈子里很有名）。在这些地方，托马斯很容易跟其他房车车主打成一片，有人能认出他，多数人不认得他。2004 年，托马斯获得了房车行业协会颁发的“美国精神”奖。“房车车主的身份帮助我把工作做得很好，”他在演讲中说，“我生活的世界远离尘嚣。成年后的大部分时间都是在华盛顿度过的。房车让我走出去，看到真实的美国。 105
在房车营地，你向每个人挥手致意，他们都会还之以礼。”

尽管托马斯在工作中与人为善，但他仍对自己在确认听证会上的遭遇耿耿于怀。几年来，他桌上一直放着那次 52∶48 票表决的投票者名单。但是，他抱怨的对象可不仅仅是那些投反对票的参议员们。“25 年前，当我离开佐治亚州时，那些不当举止或粗野行为都

1 布克·T. 华盛顿（Booker T. Washington，1856—1915），美国政治家、教育家和作家，是 1890—1915 年之间美国黑人历史上的重要人物之一。华盛顿出生于弗吉尼亚州富兰克林县，父亲是白人奴隶主，母亲是黑奴。

华盛顿在黑人政治中地位极为重要。1895 年，华盛顿发表了著名的亚特兰大演说，这使他闻名全国，受到政界和公众的关注，成为美国黑人的代言人。他和白人合作，帮助筹款创建数百个社区学校和高等教育机构，以提高美国南方黑人的教育水平。除了在教育领域贡献卓著之外，他还大力促进美国各种族之间的整体友谊和工作关系，其自传《超越奴役》（*Up From Slavery*）于 1901 年出版，至今仍广为流传。

2 弗雷德里克·道格拉斯（Frederick Douglass，1818—1895），美国废奴事业的先驱，著名的编辑、演说家、作家、议员、改革家。

是一些顽固盲从者所为，”1993 年，他在梅肯市[1]的一次演讲中说，“具有讽刺性的是，时至今日，这些凭一己之见攻击他人的人们已经改头换面，遍布在大学校园、新闻媒体、好莱坞以及那些所谓‘文化精英’之中。谁是他们攻击的目标？是那些敢于质疑当前社会与文化方面的种种骗局者，是那些坚持固有价值并拒绝盲从者，是敢于对新近的意识形态狂热说不者。”这既是托马斯演讲的主题，也是他未来十年秉承的理念——对抗那些曾经反对过他的“精英们”。朋友或同事或许会说托马斯当年的愤怒早已平息，但那看起来是不可能的。2007 年，他在接受《商业周刊》（*Business Week*）采访时声称，新闻媒体“普遍靠不住，因为对于我该怎么想或该怎么做，他们早有成见”。

托马斯从不直接点出敌人的名字——“自作聪明的评论员和自称无所不知的家伙”，他有次这样描述说——谁都看得出他在说谁。排在名单前面的，当然是那些曾经在确认听证会上投票反对过他的参议员。在他眼中，绝大多数媒体也是所谓“精英”中的一部分，他的朋友曾援引他的话说，他生命中最快乐的一天，就是取消订阅《华盛顿邮报》那天。同时，托马斯也很讨厌自己的母校耶鲁法学院，有段时间，他办公室的壁炉架上还放着一张写有“耶鲁真恶心”的汽车保险杠标语条。在他心目中，耶鲁的家长式作风过于严重，而且在确认听证会这一关键时刻抛弃了他（耶鲁校方支持了同为耶鲁毕业生的安妮塔·希尔）。1998 年，他接受一份现在已停刊的保守派杂志《进展》（*Headway*）的访问时说：“从耶鲁法学院毕业时，我连份工作都找不到。这就是它所能给我的。我想我得把

1 梅肯市（Macon），美国佐治亚州中部城市。

学位还给它，而且我也这么做了。”6年后，在圣母玛利亚法学院（Ave Maria School of Law）的开学典礼上，托马斯在接受该校荣誉学位后，语带讽刺地说：“与母校决裂后，我确实需要一个法学院学 106
位。”托马斯经常参加天主教与福音派背景的小型法学院的模拟法庭和开学典礼，但他从未回过耶鲁。在前面的演讲中，他形容自己的原则就是“远离常春藤盟校[1]”。

托马斯之所以拒绝在开庭时提问，或许源于他内心积怨犹存。1980年代，这样的缄默不语很难引起人们注意，因为这一时期的几位大法官——布伦南、马歇尔、布莱克门——都很少发问。但是，到了1990年代，另外8位大法官在法庭上都很活跃，这就显出托马斯格外与众不同。经常有人问托马斯为何如此沉默，他给出的答案五花八门。有时他会说，他只会在其他大法官漏掉自己感兴趣的问题时提问。有时他又会说，倾听比论说获益更多。在私底下，他有时会抱怨同僚们插话太多，卖弄学识。2000年，托马斯向一个学生团体解释自己保持沉默的原因时说，自己年轻时一直说的是古勒语（Gullah），这是佐治亚州海岸的一种方言，因此自己“养成了倾听的习惯”。最后一种解释很是特别。托马斯幼年在佐治亚州生活时，可能说过一阵古勒语，但他从6岁起就开始与他说英语的外祖父居住在萨瓦纳，那里可没人讲什么古勒语，而且他上的是要求十

1 常春藤盟校（Ivy League），美国东北部一批在学术和社会上享有盛名的高等学校的统称，包括哈佛大学（建于1636年）、耶鲁大学（建于1701年）、宾夕法尼亚大学（建于1740年）、普林斯顿大学（建于1746年）、哥伦比亚大学（建于1754年）、布朗大学（建于1764年）、达特茅斯学院（建于1769年）和康奈尔大学（建于1853年）。这8所大学都是公认的一流大学，它们历史悠久、治学严谨，教授水平高，学生素质好，所以常春藤大学时常被作为顶尖名校的代名词。

分严格的教区学校，只有说英语才可能获得好成绩。

托马斯保持缄默的原因之一，也可能是他不想再引起媒体关注——媒体总是对他观点或立场的变化品头论足。他曾对朋友开玩笑说，自由派媒体经常把大法官的左倾倾向称为“进化”或者“发展”。“我从没进化过。”他说。

在公开场合，托马斯对自己如何改变人生这一话题从来不厌其烦。1996 年，他曾在自由大学（Liberty University）的开学典礼上发表过一次演讲，这所大学是由杰里·福尔威尔牧师建立的。托马斯向来喜欢在这种场合来上一番自我描述。他回忆了 25 年前从圣十字学院毕业时的情形。那时自己比较激进，一心想献身于黑人权利事业，怀抱着试图改变世界的、不够成熟的梦想。“我以为自己了解
107 全部答案，”他说，“一切看起来都很明白。我那时刚结束学业。我常常想放弃一切，回家。当时的情绪，交织了困惑、愤怒、失望和焦虑，希望或许正在某处闪烁，但它好好藏着，我根本看不见。我经常过得稀里糊涂，和外祖父也疏远了，年轻时关于成为一个天主教牧师的梦想也无影无踪。这是我灵魂中的暗夜。”[1]（他有时候会以

---

1 2007 年，托马斯出版的自传名称即是《我外祖父的孩子》（*My Grandfather's Son*），可见他与抚养他成人的外祖父感情之深。他在书中说，自己作为一名黑人男孩，自打出生起便受到了双重歧视：他住在种族隔离的南部，而且是说克利奥尔方言、被其他黑人鄙为乡下佬的古勒人居民区。他凭自己的天资和勤奋读书，在教会修女的严厉和鼓励下，于劣境之中自我打拼成材。他原打算做一名牧师，所以中学读了教会学校，但中途却退了学。原因是一名同学为马丁·路德·金遇害而欣喜若狂的情形深深地刺伤了他。

“假如当初教会对结束种族歧视的决心像今天对结束堕胎一样坚定的话，”他写道，“我的生活也许就会走上另一条路。”他退出神学院时，外祖父把他撵出家门，但他们后来还是和解了。参见 Clarence Thomas, *My Grandfather's Son: A Memoir.* New York: Harper Perennial, 2007。

温和的口吻回忆说，那些日子里他所秉持的非洲中心世界观启发了他给儿子起的名字。“我们叫他贾马尔，从这你就能看出那时我的所思所想。”）

与往常一样，一开始回顾自己人生的伤痛，托马斯自然会把话题扯到那次确认听证会：“是上帝的仁慈和他有力的肩膀帮助我和妻子度过了那次令人不快的听证会。终于，我们找到了忍受煎熬、超越苦痛的办法，那就是依靠上帝，我们是一体的，是密不可分的整体，感谢你们为我们祈祷。”

托马斯和其他大法官出席公共场合的频率差不多，但他对听众范围的选择要仔细得多。他必须确保听众们会有共鸣，这样才能保证自己受到更多的欢迎。有一次，他打算讨论一个最具煽动性的争议话题——种族问题。

托马斯在这一议题上的立场十分明确。与斯卡利亚和伦奎斯特一样，他赞成一部“色盲的宪法”（Color-blind Constitution），也就是说，宪法应当禁止给予任何种族特别优惠。他认为，任何类型的种族平权措施，包括对黑人的特殊优惠都必须被禁止，因为它们违反了宪法的平等保护条款。托马斯觉得自己继承了布克·T. 华盛顿的民权思想，并对此引以为豪，后者致力于激发黑人的个人创造力，培养其自力更生的能力，而非一味推动政府扶持他们。接着，托马斯谈起种族歧视问题，他幼年在南方时对此已是屡见不鲜，他本人在那时也是种族歧视的受害者。托马斯十分忌讳别人说自己唯斯卡利亚马首是瞻。这一传言其实非常荒谬，因为两位大法官不仅投票记录不同，而且托马斯比斯卡利亚更为右倾。托马斯把这一谣传归因于种族歧视，而非政治偏见。在路易斯维尔发表演讲时，他说：

108 “因为我是黑人，就有人说斯卡利亚大法官帮我把活儿全干了。我当然知道自己该怎么干活，也很少与他碰面。看来，他肯定是在我大脑里安装了芯片，然后告诉我该怎么做的。”

与其说托马斯反对种族平权措施，不如说他反对给予穷人任何帮助，特别是对黑人。他认为，传统的民权运动给人们造成这么一种印象，黑人总是受害者，而白人总是统治者。事实上，经济而非种族因素，才是贫困问题的关键所在。当他在新闻里看到努力奋斗的黑人青年才俊，经常会邀请他们见面，并予以鼓励。他的朋友托尼·维尔特斯是一位非裔美国人，同时也是一名医药企业家，在纽约大学法学院设立了一个跨越种族界限的奖学金，奖励那些“在其家族中第一个获得研究生学位的杰出法律博士”。托马斯非常喜欢这个项目，并要求校方将每年的最终人选推荐到最高法院工作。

托马斯私下也曾承认，他人生的每一步跨越都得益于种族平权措施——获得圣十字学院与耶鲁大学的入学机会，在里根行政分支负责人权事务，取得最高法院大法官职位。但他还是认为，这类帮助最终只会产生负面影响，对人生发展是弊大于利。（他经常劝导年轻的黑人律师们，要集中精力钻研税法或者财产法这样的法律，远离少数族裔民权这类专门领域。）托马斯认为，种族融合说不上对黑人好还是坏；他喜欢种族隔离时代在小城萨瓦纳度过的童年，那时的生活圈子里都是黑人，而后来的融合对黑人也并没什么好处。

事实上，托马斯坚信政府各种帮助黑人的措施最终都将适得其反。他最喜欢举的例子，是说许多黑人农民之所以离开南加利福尼亚，就是为了利用政府的环境政策，用最好的价钱把土地卖出去。他最喜欢引用他的偶像弗雷德里克·道格拉斯说过的话：“美国人民总是急着想知道该为我们做些什么……对此，我从一开始就只有一个答案。不用对我们做什么！……如果一个黑人不能凭自己的双腿站起来，那就让他趴下吧！”

一次，也仅有这一次，托马斯尝试着对一群未经选择的听众发表了演说。1998 年，他接受邀请，去全国律师协会[1]的年会发表演 109
说，这也是全美最大的黑人法律人组织。在他出席前一个月，该协会相当一部分成员联合写信给他，请他拒绝邀请，但他最终决定无论如何都要赶过去。[2]当他站在台上，面对台下两千多名法官和律师时，酒店舞厅的气氛十分紧张，台下许多人都强烈反对托马斯在民权事务上的立场。要知道，这次会议可是在孟菲斯举行，30 年前，小马丁·路德·金[3]博士正是在此地被刺杀，这也使得现场平添了几

---

1 全国律师协会（National Bar Association），有 4 000 多名成员，多数为黑人法官和律师。其宗旨主要在于促进司法改革，增进成员之间的关系，激发他们学习法律的兴趣。

2 没有一名美国黑人像托马斯这样遭到黑人同胞的普遍厌弃，以至于他出去演讲时，“欢迎”他的标语牌上会写道：“托马斯大叔是个叛徒！”黑人民权运动领袖人物阿尔·夏普顿牧师也曾在托马斯家附近举标语牌抗议。《乌木》（*Ebony*）杂志故意把他从“150 位最有影响力的美国黑人”名单中去掉。一名著名饶舌表演者也唱道：“白人不是恶魔，我向你保证，你要找恶魔就去看看克拉伦斯·托马斯。”

3 小马丁·路德·金（Martin Luther King, Jr.，1929—1968），美国著名民权运动领袖。1954 年，马丁·路德·金成为亚拉巴马州蒙哥马利的德克斯特大街浸信会教堂的一名牧师。

1955 年 12 月 1 日，黑人妇女罗沙·帕克斯在公共汽车上拒绝给白人让座位，因而被当地警员逮捕。马丁·路德·金立即组织了一场罢车运动（即蒙哥马利罢车运动），从此成为民权运动的领袖人物。1963 年，金组织了争取黑人工作机会和自由权的华盛顿游行。1964 年，金被授予诺贝尔和平奖。1968 年 4 月 4 日，他在孟菲斯一家旅馆的阳台上被刺杀。

1986 年 1 月，罗纳德·里根总统签署法令，规定每年 1 月份的第三个星期一为美国的马丁·路德·金纪念日，以纪念这位伟人，并将之定为法定假日。迄今为止，美国只有三个以个人纪念日为法定假日的例子，用以纪念亚伯拉罕·林肯、乔治·华盛顿和马丁·路德·金。

分凝重气氛。

托马斯以对小马丁·路德·金之死的回忆作为开场，他描述当时的情形，感觉“整个世界都要疯了”。自那以后，人们虽然继承了金的理念，但“种族隔离状态仍然长期存在……某些人还是根据种族差别看待我们，我们的想法和意见也被划分为三六九等，衡量我们价值的标准并不在于我们取得多少成绩，而仅仅是我们的肤色本身”。换句话说，一个人好像只要是个黑人，就应当持有民权运动的理念。“我把这些仍然看作对我们权利的否定——这和否认我们的人性没什么不同。”

托马斯继续描述了自己还是一名法学院学生时的失望之情，浑身充满了“怨气、愤慨和暴怒”。也是在那时，他突然发现“个人的途径优于集体的途径，它更容易被人接受，得到支持，也不那么危险，这一途径也与美国精神相一致”。作为一名黑人，他秉持这样的理念：“我知道我是什么样的人，不需要要什么阴谋诡计来证明自己，更不需要任何人来告诉我该是什么样。那些有心理问题的人尤其会忘本或者无法认同自己的身份。”

托马斯最后郑重总结道：“今天我到这里来，并没有带着怨气，也不打算激怒任何人，尽管我的出现本身就已触怒了某些人。在这里，我不想就自己的观点进行辩护，我只是想告诉大家，我有独立思考的权利，不要因为我是黑人就觉得我只是一名智识上的奴隶。我必须申明，我是一个人，自由思考、做我乐意做的事；我还是一名法官，一名永远不会盲从他人的法官。”

托马斯的演讲得到了礼貌性的回应，但是，他说的话与其政敌讨论的内容根本不是一回事。与其说他在反唇相讥，不如说他找了个稻草人在攻击。根本就没有人说托马斯无权发表他的观点；也

没有人说过黑人必须用一个声音说话；更没有人声称种族平权措施 110
所提供的支持是强加于人的。托马斯的批评，和他本人一样，都是“致力于找出一个持久的解决方案”。这才是托马斯观点的主旨所在，而不是他有没有权利这么说。无论如何，这次演讲是他第一次，也是唯一一次与自己意识形态上的对手们对话。

1994年5月28日，克拉伦斯与金尼·托马斯夫妇曾受邀参加拉什·林博的婚礼，拉什·林博是著名电台主持人，这是他的第三段婚姻。新娘玛尔塔·菲茨杰拉德是位健身教练，与新郎是在网上相识的。（这对夫妇不久后就离婚了。）华盛顿的保守派智库与游说组织，都喜欢请托马斯去演讲。确认听证会后，他的第一次荧屏亮相，就是在全国授权电视台上，后者隶属于自由国会基金会（Free Congress Foundation），由托马斯的老朋友，新右翼（New Right）组织的创办人保罗·韦里奇操控。托马斯经常造访韦里奇的办公室，1993年，他还曾在新右翼成立15周年庆典上发表演说。此外，托马斯也在另一个著名保守派组织，传统基金会（Heritage Foundation）那里发表过演讲，同时，他还在美国企业研究所（AEI）的弗朗西斯·博耶讲坛上发过言，后者在华盛顿被视为“保守派的舞会”。

在这里，许多有权有势的人物集聚一堂。托马斯则借一场名为“美国生活中的勇气问题”的讲演一吐心声，并以此文作为自己法官生涯的写照。“依本人愚见，”他说，“那些执着于弄清事务原委者、那些勇敢挑战既有知识传统者都可能遭遇不友好对待。尽管如此，他们仍应无所畏惧。这是必须的。为了维护自由，他们必须保持这样的勇气。”接着，托马斯又说，“一个人若想受到大家欢迎，总是

站在多数人对立面当然会于事无补。一个人要是一直蹚浑水，痛苦对他当然没有任何价值。一个人如果只想混日子，那他什么都不用
111 去做。在我的办公室，曾贴着一张形容此类人的小标语：‘躲避批评，什么也不说，什么也不做，什么也不当。’”在这样的场合，托马斯只会强调他在最高法院如何孤军奋战，才不会说自己总是跟在多数意见后面随大流。

作为保守派树立的英雄人物，托马斯当然会得到回报，既有精神上的，也有物质上的。在成为大法官前，托马斯经济上并不宽裕，直到进入最高法院，他才还清读书时的贷款。但是，托马斯却靠民间英雄的身份（而非其大法官地位）迅速脱贫致富，速度几乎超过了任何一位大法官。他靠自传从出版公司拿到了 150 万美元的预付金。[1]这家出版公司的老板鲁珀特·默多克是保守派事业的主要支持者。伦奎斯特和布雷耶也出过书，但从没拿到过这么多稿费。[2]为了吸引潜在读者，托马斯告诉编辑，著名电台主持人拉什·林博将在节目中朗读他的回忆录。由于害怕被主持人恶意盘问，托马斯不愿出席电视台的早间新闻访谈节目，但同意到时候接受相对友好的福克斯新闻台（Fox News）的访问。（合同公开 3 年多之后，在已收到 50 万美元的情况下，托马斯仍未交稿。）

托马斯在其职位上获取了更多的直接经济收益。根据大法官们必须提交的财产申报记录，托马斯在 6 年时间内先后接受了价值 42 200

1 这本书即是托马斯后来由哈珀·柯林斯公司出版的自传《我外祖父的孩子》。美国有关法官道德操守的联邦法律规定，法官一年之内在本职工作之外赚取的收入不得超过 2.3 万美元，但出书赚取的稿费不在此限。

2 伦奎斯特、布雷耶出书获得的预付稿酬一般都不超过 10 万美元。奥康纳 2001 年由兰登书屋出版的回忆录曾位列《纽约时报》畅销书榜单，但预付稿酬也不过 8.3 万美元。

美元的礼物，这一数字大约是其他大法官的 7 倍，他们收到的礼物不过是些水晶小雕像和徽章而已。（多数大法官会收到来自世界各地的邀请，费用由邀请方全包，大法官们会借这个机会在各个大学发表演讲，并与各国法官交流。唯一的例外是苏特，他的表格中的礼物栏和受邀旅行栏，年复一年都是同一个答案：无。）托马斯收到的礼物，绝大多数来自保守派人士，这些人都很佩服托马斯在法院的表现。比如，来自得克萨斯州的商人哈伦·克罗，就曾将弗雷德里克·道格拉斯生前拥有的一部《圣经》送给了托马斯，这本《圣经》现在价值 1.9 万美元。（克罗还给托马斯家乡的图书馆捐了 17.5 万美元，用于建造新的克拉伦斯·托马斯分馆。）还有一名企业家赠给托马斯 5 000 美元，作为他侄孙未来的教育费用。内布拉斯加州一名商人送给托马斯一批价值 1 200 美元的轮胎。根据联邦法律，只要与最高法院在审案件无关，并如实申报，大法官可以接受公民个人任何数额的馈赠。

托马斯之所以与保守派政商两界关系密切，主要得益于妻子 112
维吉尼亚的努力。他俩 1987 年结婚时，维吉尼亚就已是美国商会（U. S. Chamber of Commerce）的著名说客，1990 年代，她成为理查德·阿米的高级助理，后者是位好斗的得克萨斯共和党人，曾担任众议院多数党领袖。在 1996 年的选战中，正是她给众议院的资深共和党人送去了他们迫切需要，而且“十万火急”的备忘录，里面记载的都是足以诋毁克林顿总统声誉的信息。具体来说，她收集了所有能够表明克林顿“浪费、欺诈和滥用权力”、“受华盛顿工会领袖影响”或“不诚实的事例”的信息。之后不久，她就被任命为传统基金会的部门负责人。

无论在最高法院，还是在华盛顿，托马斯的地位都显得独一无二，最能反映出这一地位的例子，是 1999 年 12 月举行的一次非同寻常的活动。年关将至，多数大法官会在这一时期出席各个大学或律师协会的颁奖晚宴，而托马斯参加的那次活动，却是其他大法官打死也不会去的。

“今晚，我们齐聚一堂，一同回顾我们自由主义的媒体队伍中若干杰出人物的卓越工作。”M. 斯坦顿·埃文斯在传媒研究中心（Media Research Center）的年度晚宴上致辞，这是一家以保守派“看门狗”自居的组织。晚宴在华盛顿的国王酒店举行，主办者打算搞一场模拟颁奖典礼，“奖励”那些明显存在偏见的报道。几个保守派权威人士组成的小组负责“提名”，客人则扮演“接受”各种以幽默形式命名的奖项的角色，如“最佳记者莱温斯基之总统膝盖垫奖”。整个晚会的基调就是娱乐与调侃。“这可算不上右翼的大阴谋，”《华尔街日报》的社论作者约翰·福德说，“大家也就是关着门自己找乐子罢了。”

罗纳德·里根总统的儿子迈克尔·里根和奥利弗·诺斯揭晓了下一个奖项，前者是电视脱口秀节目主持人，后者是右翼电台节目主持人。这一奖项也掀起了晚会的高潮。该奖名称是“最厌恶保守主义者的媒体之我是——一个——有同情心的——自由派——但是——我——希望——你——去——死奖”，获奖者是一个叫朱莉安娜·马尔维斯的专栏作家，此人在接受有线电视访谈时这么说托马斯：“我希望他老婆天天喂他鸡蛋和黄油，让他和其他黑人一样早死。”

113 托马斯整晚都在哈哈大笑，以至于司仪埃文斯专门对他说：“托马斯大法官，您真是个很好的听众啊。”当托马斯走近麦克风，准备“接受”颁给马尔维斯的这一奖项时，全场对他报以持续性的热烈掌声。

“谢谢大家，”大法官大笑着说，“一般来说，我们都很忙。这周还属于开庭期，明天上午 9：30 我们还得审案，多少个类似今天这样的晚上，我都在工作中度过。但我们认识到，今天的场合是如此重要，是时候把个人责任、宪法、最高法院的工作、我的小侄孙、去参加……统统放在一边，……我非常乐意代表苏珊娜·马尔维斯接受这个奖项。”托马斯在这里把苏珊娜与朱莉安娜搞混了，前者是美国有线电视新闻网（CNN）的记者，与她的远房堂妹朱莉安娜一样都是非裔美国人。

一如既往，托马斯三句话不离确认听证会。“我边听你们颁奖，边想着要是尼娜·托滕伯格也来分享它们该多好。”他说。托滕伯格是全国公共广播电台（National Public Radio）的法律记者，在把安妮塔·希尔的故事传播给大众的过程中扮演了重要角色。“我好容易才拔出她插在我后背上的一把把匕首，现在我很乐于看到它物归原主。”

托马斯说这番话，当然还有言外之意，并非说说那么简单。事实上，他在最高法院的工作，本身就是对敌人的最好反击，而他也打算在那里待更长时间。托马斯接下来的发言激起全场更为热烈的掌声，他声称，包括马尔维斯在内的任何盼他早点死掉的人，必须具备足够的耐心。“医生已经确认，我的血压挺好，胆固醇也很正常，身体结实着呢！”托马斯微笑着说。

# 第 9 章　向左走，向右走

114　莱温斯基丑闻事件在最高法院的发展进程，简直是其国内走势的缩影。总统的所作所为被曝光后，整个社会普遍感到震惊与愤怒。最高法院对克林顿也采取了强硬立场。但是，当总统的政敌揪住这点不放，险些酿成宪法危机后，公众态度又逐步回转，及至第一次弹劾程序启动时，多数民众逐渐对克林顿报以同情。最高法院亦是如此。当克林顿在任期末民望大增、备受好评时，最高法院迅速转变了对他的态度。之所以如此，很大程度上是因为最高法院多数大法官近些年开始热衷于迎合主流民意。还有一个原因在于，鉴于首席大法官伦奎斯特的立场变化，最高法院已在 1990 年代后期逐渐左倾。

1998 年，首席大法官已经 73 岁高龄，莱温斯基事件爆发后，他根本无暇顾及此事。自从很久前在花园受伤后，他的背伤就再未痊愈，以前走路还只是一瘸一拐，现在已不得不拖着脚缓步而行。而且，伦奎斯特的脑力也大不如前，甚至比身体状况还要糟糕。他已在大法官位置上度过了四分之一多个世纪的时光，并有十多年担任首席大法官。多数情况下，伦奎斯特都知道每个人会怎么投票。

而他也从不打算改变任何人的想法——无论是开会讨论还是撰写判决书。这些年来，他更多是在扮演一个管理者角色，努力让案件更富有效率地运转，而不是在最后关头一锤定音。从他每天的工作安排来看，伦奎斯特已大量减少了基础工作：每天，他会召集法官助理开一个晨会，讨论案件进展；之后与行政助理开会，解决一些涉及联邦司法系统的问题；在自己桌前用午餐，然后做些案头工作； 115
下午 4 点，乘车回家。

每个月还有一次扑克牌局。牌局常年不变，但因为莱温斯基丑闻事件，牌桌上的玩家变了。

1972 年，鲍勃·贝内特与比尔·伦奎斯特在麦克林游泳与网球俱乐部相识时，他俩的孩子都还很小。那时，尼克松刚刚任命伦奎斯特出任最高法院大法官，贝内特也离开联邦检察官办公室不久，开始从事私人法律执业，并在日后成为全国最著名的律师之一。由于两人志趣相投、相谈甚欢，贝内特邀请伦奎斯特参加他组织的月度牌局。在之后 33 年时间里，伦奎斯特几乎从未缺席过这些牌局。

尽管偶尔有人加入有人离去，但牌局的核心成员多年来一直没变。除了贝内特和伦奎斯特，成员还包括：乔治城大学宪法学教授沃特尔·伯恩斯、华盛顿国家歌剧院负责人马丁·范斯坦和华盛顿商人汤姆·怀特黑德，后来安东宁·斯卡利亚也来了。其他偶尔来玩的，包括鲍勃的兄弟比尔·贝内特，一位前制药业大亨及保守派活动家，以及当地联邦法官戴维·森特尔、托马斯·霍根和罗伊斯·兰贝思。扑克规则一般由发牌者决定，通常为高—低七张桩牌、五张抽，或者斯卡利亚最爱玩的得州扑克。每手打完之后，牌都被“交给左派”——大家经常用这句话调侃，因为贝内特是桌上唯一一位民主党人。人人都知道这个牌局的存在，但参加人员却一直很低调。自打华盛顿律师伦纳德·加门特跟记者提到过这个牌局后，他就不再被邀请了。

牌局通常在成员家里进行，伦奎斯特偶尔会把大家带到他在弗吉尼亚州阿灵顿市郊的乡间别墅。牌局进程如仪式般精确。人们大概在早上 7：00 到 7：45 之间陆续到达，吃完主人提供的三明治，然后从 8：00 玩到 11：00，中间很少闲聊。（罗伯特·博克加入过一阵子，因为大家除了扑克牌外什么都不愿谈，他嫌太闷，很快就退出了。）许多年来，成员之间都直呼其名，只是在伦奎斯特 1986 年成为首席大法官后，大家开始改叫他“首席”（Chief）。打牌过
116 程中，一旦起了争议，大家也让他来解决。这种牌局一般也带点“彩头”，赌注虽然不大，但也不至于几块钱那么少，一般来说，一晚上下来，大家输赢都在 100 美元左右。（伦奎斯特被提名为首席大法官后，贝内特曾指派自己事务所的律师专门研究，看看他们常玩的这类牌局在哥伦比亚特区、弗吉尼亚州和马里兰州是否构成一般意义上的赌博，研究结果显示不存在什么问题。这对伦奎斯特也算好消息，因为他在最高法院院内，也经常就大学生篮球联赛、联盟杯橄榄球赛和肯塔基德比赛马会的比赛结果打赌下注。）

1994 年 5 月，保拉·琼斯对克林顿的不当行为提出指控已有 3 个月了，总统聘请贝内特做这起性骚扰案中的辩护律师。一般来说，牌友们玩牌时，向来回避与最高法院有关的话题，但贝内特认为事关重大，有必要与大法官们保持距离——于是他决定在代理总统打官司期间退出牌局。斯卡利亚曾劝他留下，但贝内特始终觉得“小心驶得万年船”，在这个事情上慎之又慎绝对没坏处。他是对的，1997 年 1 月 13 日，他果然站在 9 位大法官面前，代表克林顿出席

克林顿诉琼斯案（*Clinton v. Jones*）的言词辩论。

琼斯案伊始，大法官们就决定“围攻”克林顿。其实，多数大法官早就看不惯克林顿，正打算找个机会收拾他，这下机会果然来了。克林顿第一次当选时，曾有助理告诉伦奎斯特，新总统打算提名自己的夫人担任司法部长，首席大法官冷冷地回了句：“据说卡利古拉还任命过他的马当罗马执政官呢。”[1] 奥康纳则打心眼里反感琼斯指控的那些事实，对她来说，克林顿的所作所为全部符合她对“乏味”的界定。斯蒂文斯和苏特都觉得这个事情不太体面，宁愿去处理别的类型案件。至于托马斯和斯卡利亚，这两人一直就对克林顿及其政策有敌意。而克林顿提名的金斯伯格和布雷耶，这会儿也不得不小心翼翼，免得让人以为他们和任命者站在同一阵营。

尽管琼斯案引起轩然大波，但案件事实却比最高法院之前受理的任何案件都更像一出“狗血剧”。事件大致情况是这样的，琼斯宣称，1991 年 5 月 8 日，时任州长的克林顿在小石城怡东酒店参加一个会议，她那天坐在签到桌前，正好被克林顿看到。他让一名州警
把她叫到自己在酒店的房间内。按照琼斯的说法，克林顿一进屋就 117
对她说：“你身材真好。”接着脱下裤子，让她“亲它”。琼斯大惊失色，急忙逃之夭夭。（关于这一点，克林顿一直辩称自己根本就不记

---

1 卡利古拉（Caligula），罗马帝国第三任皇帝，真名是盖乌斯·恺撒·奥古斯都·日耳曼尼库斯（Gaius Caesar Augustus Germanicus），后世史学家常称其为“卡利古拉”。卡利古拉是他童年时的外号，意为“小军靴”。卡利古拉被认为是罗马帝国早期典型的暴君。他建立恐怖统治，神化王权，行事荒唐。由于他好大喜功，大肆兴建公共建筑，不断举行各式大型宴会，帝国的财政状况急剧恶化。后来他企图以增加各项苛捐杂税来减缓财务危机，引起所有阶层的怨恨。公元 41 年，卡利古拉遇刺身亡。

得遇到过这个年轻女人，更否认有过任何不当行为。）琼斯对克林顿提出性骚扰指控，声称自己由于拒绝克林顿，在阿肯色州工业发展委员会遭到上司的打击报复。

摆在大法官们面前的法律争议非常清楚。贝内特提出，克林顿肩负总统大任，必须处理各类繁重工作，因此，他在离任之前不应接受审判，包括接受调查和出庭作证。他告诉大法官们："美国总统不应卷入诉讼，无论是审理还是调查。除非有紧迫的必要性，不能让总统放弃宪法职责。"

言词辩论过程中，大法官们纷纷针对贝内特的观点发言。伦奎斯特认为，这个案件根本与克林顿的"总统行政权力"无关。金斯伯格持同样观点，觉得"和他的职位没什么关系"。苏特说，至少那些不影响他行使总统职责的调查应当进行。

斯蒂文斯问："你觉得这个案子会持续多长时间？"

"很难说，"贝内特答道，这确实超出了他的预见能力，"我只能告诉大家，在这个案子上，总统已经耗费了大量时间。本案毕竟属于私人事务，不应该牵扯总统太多精力。"

斯卡利亚一直赞同扩张行政分支的权力，但这次他可不会这么说。他声称，总统这次绝对逃不过去，他确实很忙，因为"我们经常看到他骑马、劈柴、钓做鱼条用的鱼……"。

听众们哄堂大笑。

"……打打高尔夫什么的。为什么我们不抛开前面的问题，把重点放在这一点：如果法院告诉总统要是不想输掉这个官司，就必须到这儿来，而他此时若有勇气说，'我忙得要死'——所以在他任期内我们再也看不到他打高尔夫了——果真如此，我们就能……就能解决这个问题了。"

对克林顿来说，没有比在这个时候开庭更糟的事了。经过与共和党候选人鲍勃·多尔一场漫长的交锋，克林顿终于牢牢地赢得连任，但并不是大获全胜。在选战的最后关头，有关克林顿筹款中的 118
丑闻传言已让他无福消受选举后本应有的美好时光。1997 年 1 月，琼斯案就像是大法官们的囊中之物，随时可以拿出来煞煞克林顿的威风。但是，这个案子根本不可能危及克林顿的执政地位，也不会酿成什么宪法危机。就克林顿本人而言，他确实妖魔化了伦奎斯特在琼斯案中扮演的角色，并因此怀恨在心。琼斯案开庭 7 天后，克林顿的第二次总统就职典礼如期举行。事后，克林顿对朋友说，首席大法官在和他握手时说：“好运！——你会需要它的。”总统认为，这是在绕着弯威胁他。

绕着弯威胁人绝非伦奎斯特的行事风格，但最高法院那时候确实已决定判克林顿败诉。与往常一样，在伦奎斯特法院，从一个案子在言词辩论阶段的情势，人们就能大致猜出判决结果。1997 年 5 月 27 日，最高法院一致判定，克林顿不得将诉讼推迟到任期之后。斯蒂文斯撰写的法院判决书反映了“无人可凌驾于法律之上”的崇高法律原则，但也暴露出当代法律与政治的“太傻太天真”。斯蒂文斯试图消除克林顿关于琼斯案可能会占用其太多精力的疑虑。斯蒂文斯错误地预言道：“看起来我们不大可能占用克林顿太多时间。”

8 个月后，1998 年 1 月 17 日，根据最高法院的判决，克林顿不得不宣誓作证，在贝内特距离白宫几个街区的办公室内回答琼斯的律师提出的问题。尽管最高法院一向了解该院判决对真实世界的影响，但是，在那个拥有有线电视新闻的年代，年届八十的斯蒂文斯却仍过着与世隔绝的生活，他根本没有预计到，琼斯案的判决就像一块吸引克林顿政敌的磁铁，而这一结果，正是其他大法官乐于见到的。当然，让事情变得更糟的还包括克林顿本人，他在作证时谎称，自己不记得是否曾和莫尼卡·莱温斯基在白宫单独相处过。

119 琼斯案的判决结果最终将成为美国历史上的标志性事件。当克林顿在 1998 年 1 月忙于应付琼斯的律师的提问时，独立检察官肯尼斯·斯塔尔正将调查范围从白水房地产交易案，扩大到克林顿在琼斯案中可能存在的不当行为。8 月 17 日，作为斯塔尔调查内容的一部分，克林顿被迫在大陪审团前作证。4 个月后，1998 年 12 月 19 日，克林顿因作伪证和妨碍司法而被众议院全体会议弹劾。

众议院的投票意味着，一个多世纪以来，参议院将首度对总统进行弹劾审判，依照美国宪法，审判将由首席大法官主持。[1] 事实上，伦奎斯特也是全美国承担此项工作的最合适人选。围绕相关历史与法律问题，伦奎斯特曾利用夏季闭庭期的空闲时间写出一系列略显枯燥，却值得一读的著作，其中就包括 1992 年出版的《大审判：对萨缪尔·蔡斯大法官和安德鲁·约翰逊总统的历史性弹劾》（*Grand Inquests: The Historic Impeachments of Justice Samuel Chase and President Andrew Johnson*）。

密西西比州共和党人特伦特·劳特当时担任参议院多数党领袖，

---

1 美国宪法授权参众两院因“叛乱、贿赂或其他轻重罪行”而弹劾联邦官员。若在任总统受弹劾，最高法院首席大法官须主持审判。在弹劾审判过程中，参议员须坐镇监视与监证。有罪判决须在场议员三分之二多数通过。经判决确定有罪的政府官员自动解职，参议院可进一步禁止被告将来再任公职。被定罪的人，仍可依法受起诉、审判、判决和惩罚。

他决定尽量效仿1868年对约翰逊总统的那次弹劾，精心设计对克林顿的弹劾审判。[1]伦奎斯特也是个固守传统的人，热衷于复兴那些古老仪式，对特伦特·劳特的做法自然乐见其成。不过，在上述传统中，唯有一项苦了这些参议员老爷们，因为根据弹劾审判惯例，近百名参议员必须在参议院大厅内静观整个过程，而在平日里，参议员们一般投个票、发个言后就迅速消失得无影无踪了。

弹劾程序启动后，伦奎斯特基本不用做什么。参议院并未传唤证人作证，所谓“审判”也不过是众议院的“操控者”们发表陈述，司法委员会部分成员扮演检控人角色，外加克林顿的辩护律师到场辩护。与其他冷静的政治观察家一样，伦奎斯特深知，参议院无论如何也不可能凑足超过三分之二的票数，把克林顿从总统位置上赶下台，因此，最聪明的做法就是保持低调，静观弹劾程序缓缓向早已注定的结果发展。这场沉闷乏味的弹劾审判持续了整整五周。

在整个弹劾审判过程中，伦奎斯特仅做了一次实质意义上的裁定。在开场陈述时，有人将在场的参议员称为“陪审员们”。这下民

1 美国历史上第一位被启动总统弹劾程序的是第20届（第17任）总统安德鲁·约翰逊（1865—1869年在任）。约翰逊任国会参议员期间，美国爆发南北战争。1860年底以后，南卡罗来纳等南方几个州相继脱离联邦，成立“南部同盟”。在南方议员纷纷退出联邦国会的时候，约翰逊却坚决留在国会，并在参议院中强烈谴责南部脱离联邦。他因此于1864年被林肯提名为副总统，1865年林肯遇刺后任总统。就任总统后，他倾向南方，主张允许南部各州只附带有限改革条件就可重新加入联邦，给予获得自由的奴隶以极少的公民权利，并赦免参加叛乱的种植园主。在1866年的国会选举中，激进派共和党人以压倒性优势大获全胜，使共和党看到弹劾约翰逊的一线希望。1868年2月25日，众议院以126∶47票通过“违反官吏任职法和阴谋策划反革命武装叛乱”等11项弹劾条款，向参议院提出要求弹劾约翰逊。同年3月，参议院对约翰逊弹劾案进行缺席审理，投票表决结果是35∶19票（美国当时有27个州），因一票之差，最终没有达到定罪所需的2/3票数，约翰逊被宣告无罪。

主党人可不依了，他们认为，宪法要求全体参议员以一种更加开阔，120 也更具政治高度的视野来评估弹劾总统的必要性，而不是像刑事审判中的陪审员那样简单、严格地判断是非。终于，来自艾奥瓦州的参议员汤姆·哈金坐不住了，他从座位上站起来，说道："首席大法官先生，我反对他们提到出席弹劾美国总统的审判程序的参议员时，连续使用'陪审员'这一称谓。"

伦奎斯特以其惯有的冷静语气说，他已经注意到哈金指出的问题。"采纳艾奥瓦州参议员的异议意见，"他说，"所以，请发言人不要再把参议员称作陪审员。"

哈金非常高兴。他低声对坐在身边的纽约州参议员丹尼尔·帕特里克·莫伊尼汉说："我刚刚打赢了我的第一场最高法院官司！"

这次弹劾审判也把最高法院搅得群情激奋，由于旁听席位有限，这些席位迅速变得极其抢手。伦奎斯特对跑来讨要席位的人说，整个审判过程令人烦躁不堪，不听也罢。但是，谁也无法否认 1999 年 2 月 12 日这一天的历史意义，弹劾审判程序将在当日结束。伦奎斯特发言时，人们还是第一次从他的话语中捕捉到一丝不安："被告威廉·杰弗逊·克林顿[1]，有罪还是无罪？"

结果果然不出意料。支持第一项弹劾的有 45 票，支持第二项弹劾的为 50 票，都没有达到成功弹劾所必需的 67 票。[来自宾夕法尼亚州的独立共和党人阿伦·斯佩克特一直犹豫不决，最终来了

1 克林顿的本名叫威廉·杰弗逊·布莱斯三世，他的父亲小威廉·杰弗逊·布莱斯是一名销售员，在克林顿出生前三个月于一场交通意外中丧生。他的母亲维吉尼亚·戴尔·卡西迪在 1950 年又与罗杰·克林顿结婚。克林顿就是由母亲和这位继父抚养的，他在 15 岁那年正式将姓氏改为"克林顿"。

个古老的苏格兰式裁决:“罪证不足”（Not proven）[1]，这一票自然也就作废了。]

当着神情肃穆的参议员们，首席大法官郑重宣布克林顿无罪。[2] 对于自己在克林顿弹劾审判程序中的表现，伦奎斯特后来用他最喜欢的轻歌剧，吉尔伯特与苏利文[3]的《贵族与仙女》中的一句台词来概括：“其实我什么也没做，这一点我做得非常好。”[4]

《贵族与仙女》也影响了伦奎斯特的审美。早在弹劾审判之前几年，伦奎斯特就对首席大法官的法袍进行过一次颇受争议的改良，他在原本素黑色的衣袖上加了 4 条金色细带。很显然，这是 121

---

1 Not proven，意为“未经证实”或“罪证不足”。在苏格兰的刑事诉讼中，陪审团或法官可以对被告人作出有罪、罪刑未经证实和无罪三种裁决。其中，罪行未经证实的裁决在法律后果上等同于无罪裁决，应将被告人释放，且不能再对其审讯。但是，受这种裁决的被告人未被定罪，仅是由于案件尚有少许疑点或证据在技术上不充分，如缺少佐证等，对被告人来说还存在着很大的有罪嫌疑。因此，宣告他无罪是不公正的。“未经证实”的裁决对防止作出不正当的无罪裁决是有积极意义的。

2 庭审结束后，参议院两党领袖代表参议院联合向伦奎斯特表示敬意，并赠给他一个“黄金法槌”。1998 年 11 月 13 日，琼斯案双方当事人达成庭外和解协议。克林顿同意支付琼斯 85 万美元；作为交换，琼斯则不再坚持要求克林顿承认错误，并向她道歉。

3 吉尔伯特与苏利文（Gilbert and Sullivan），指维多利亚时代幽默剧作家威廉·S. 吉尔伯特与英国作曲家阿瑟·苏利文。在 1871—1896 年长达 25 年的合作中，他们共同创作了 14 部喜剧，其中最著名的为《比纳佛》（*H. M. S. Pinafore*）、《班战斯的海盗》（*The Pirates of Penzance*）和《天皇》（*The Mikado*）。吉尔伯特与苏利文的歌剧获得了全球性的成功，如今在使用英语的国家依旧经常演出。他们的合作创造了内容和形式的革新，直接影响了整个 20 世纪音乐剧的发展，还影响了政治演讲、文学、电影和电视。

4《贵族与仙女》（*Iolanthe*），是吉尔伯特与苏利文合作的喜剧歌剧。剧中关键角色之一是一名英国大法官，他与一名当事人堕入爱河。

受歌剧中那位大法官服饰的启发。[1] 自从来到最高法院，伦奎斯特就不再穿当年被尼克松厌恶的那套行头，也很少显示自己对衣着的兴趣。“我们觉得这简直是在开玩笑。”奥康纳这样评论他的新法袍。不过，尽管法袍上的金带显得有点古怪，其他大法官们也只能听之任之。其实，首席大法官多半喜欢显示自己与一般大法官的不同。偶尔地，如果哪个倒霉律师错把伦奎斯特叫成了“伦奎斯特大法官”——他可能马上会怒气冲冲地纠正道：“是首席大法官阁下！”

从这一点上看，伦奎斯特在改造最高法院的硬件设施方面确实投入了大量精力——比如，对日益老旧的法院建筑加以翻新——却没有把工作重心放在重塑法院判决方面。此外，他还同样热衷于最高法院的日常行政事务。琼斯案审理期间的某个星期天，华盛顿遭遇了一场暴风雪袭击，街上的积雪有 21 英寸厚，联邦政府不得不在第二天宣布放假一天。伦奎斯特却认为，最高法院的工作绝不应向天气妥协，他决定让星期一的庭审照常进行，并安排工作人员开着越野车去每位大法官家里接人。

这无异于是对各位大法官的性格进行的“罗尔沙赫式测验”。著名律师卡特·菲利普斯也要参加星期一上午的开庭，正好他与斯卡利亚都住在弗吉尼亚郊区，便请求搭个便车。斯卡利亚同意了，并称肯尼迪也将同行。由于道路不通，斯卡利亚不得不在齐腰深的积雪中走了半英里才坐上车。尽管斯卡利亚戴着俄式皮帽，但大衣内却只套了一件短袖衬衫，被冻得脸色发青，气喘吁吁。

1 伦奎斯特去世后，约翰·罗伯茨出任首席大法官，他做的第一件事就是恢复首席大法官过去的法袍式样。

“真是神经病，”他说，“首席大法官到底怎么想的？我们可在这儿冒着生命危险呢！”

尽管如此，大法官们还是很尊重伦奎斯特（甚至有点怕他），没人愿意迟到。由于担心时间不够，斯卡利亚对司机说：“根据我被赋予的权力，我授权你闯红灯！”

“尼诺，”肯尼迪提醒说，“我们可没权力闯红灯啊。”他俩在 9∶30 赶到，此时距离开庭还有半小时。“我甚至还有时间读读你的法律意见书呢，菲利普斯。”斯卡利亚哑着嗓子说。

另一辆车被派去接布雷耶和金斯伯格，他俩住得比较近——布雷耶在乔治城，金斯伯格在水门大厦。金斯伯格的穿着打扮还是一 122
如既往的优雅风格，她居然仍穿着直筒裙，蹬着高跟鞋，与外面的天寒地冻显得格格不入。考虑到她这身行头实在无法在雪中行走，曾在法官助理办公室工作过的司机只好横抱着这位纤弱的大法官，小心翼翼地把她送进车内。（后来，金斯伯格还为这家伙写了封法学院推荐信。）他们去接布雷耶时，心急火燎的布雷耶已经直接驱车到达最高法院地下车库了。

苏特，这位自信满满的新英格兰人自幼在冰天雪地的环境中长大。他谢绝一切帮助，声称将亲自驾驶自己的车去上班——结果，他的车很快陷进路边的雪堤里，最后还是靠最高法院法警才把他救出来。苏特不幸成为唯一一位迟到的大法官。

伦奎斯特完全没考虑天气状况，言词辩论也按计划进行。（这个案子正好是前面提到的那起铁路工人受伤案，最高法院以一致意见判决菲利普斯胜诉，托马斯撰写了他最引以为荣的判决书。）

对首席大法官来说，变化最大的是他的意见书。1970 年代初入最高法院时，他撰写的意见书以拖沓冗长、不得要领而著称，其中充斥着各类保守派哲学理念，而且多数为异议意见书。出任首席大法官后，其意见书篇幅也随之缩减。之所以如此，部分原因在于屁股决定脑袋——毕竟他从原来的局外人变成了最高法院的制度核心。当然，年岁渐高、力不从心也是原因之一。首席大法官用生产流水线的方式管理办公室，法官助理被要求在 10 天之内起草好意见书初稿。如果工作量太大，首席大法官会亲自操刀。伦奎斯特删减文稿的风格也十分野蛮，经常大笔一挥，法官助理们的心血就付诸东流，末了他还轻蔑地解释一句：“要有逻辑。”

简而言之，1999 年秋，最高法院到了另一个转折点。伦奎斯特的年纪已开始影响到他的工作效率。金里奇率领共和党在 1994 年夺回众议院多数席位，又在 1998 年的总统弹劾风波中铩羽而归。克林顿比过去任何时候都更受民众爱戴与欢迎，美国处于空前的繁荣期，显然没兴趣大踏步“向右转”。

1999 年 10 月，“伦奎斯特革命”终于到了瓶颈期，尽管这里的“革命”并没有什么了不得的。在许多至关重要的议题上——州权、
123 政教关系、刑法和堕胎——伦奎斯特不但没有取得进展，反而输了所有关键性官司。即便是在面对一起自己还是亚利桑那州一名年轻共和党人时就最为看重的案件之一时，他也选择了让步。

伦奎斯特喜欢唱歌，最高法院每年的圣诞晚会上，都由他亲自领唱圣诞颂歌。（大约每年都会有一些法官助理言词恳切地致信首席大法官，抱怨晚会气氛貌似排斥非基督徒的参加，伦奎斯特一般都会以邀请这些年轻人参加晚会的形式作为回应，但他坚持不愿采用“假日晚会”之类的称谓。）初入最高法院时，伦奎斯特偶尔还会在这些场合写些歌词。杰弗里·罗森曾写道，他（伦奎斯特）曾经

写过一首歌。在歌词中，他调侃了自己最讨厌的最高法院判决，米兰达诉亚利桑那州案。歌词套用了歌曲《荣耀天军》的旋律，内容是："理论王国来的自由派，布满我们高贵的最高法院 / 他们对骗术总是明察秋毫 / 却对警察的不端行为视而不见。"接着，合唱团成员会跪下，齐声唱道："救救米兰达案，救救米兰达案，把他从尼克松的'四大金刚'手上救出来。"尼克松在任期间，一共提名了 4 位大法官，分别是沃伦·伯格、哈里·布莱克门、刘易斯·鲍威尔和伦奎斯特本人。

米兰达案承载了伦奎斯特对 1960 年代沃伦法院自由激进主义的所有厌恶之情。[1] 在由厄尔·沃伦亲自撰写的法院判决书中，最高法院裁定，任何犯罪嫌疑人在被捕前，都必须被告知其应有的权利。很难想象，制宪先贤和建国 175 年以来的诸位大法官们会觉得这类告知有什么必要。但是，沃伦和他的同僚之所以创造出这一规则，正是针对当时刑事司法体制中的各种弊端。伦奎斯特早已多次重申，他认为那些告知完全没有必要，相反，它们意味着法院给打击严重

1 1963 年，米兰达因涉嫌对一名 18 岁的凤凰城女性居民实施抢劫、绑架和强奸而被当地警察逮捕。他在警察局接受了两个小时的讯问，并在一份自白书上签字，在随后进行的非常简短的审判中，法庭根据米兰达的供词判其有罪。随后，美国公民自由联盟接受了米兰达的委托进行了上诉，声称米兰达的供述是伪造的和受到胁迫的，其在被讯问前不知晓其有不被强迫自证其罪的特权，而且警察也未进行告知。1966 年，沃伦法院以 5∶4 票裁定，米兰达在接受讯问以前有权知道自己的宪法第五修正案权利，警察有义务告知嫌疑人，告知权利之后才能讯问，并将该案发回重审。随后，法院对米兰达的案子进行了重新开庭，重新选择了陪审员，重新递交了证据，而米兰达之前的"证言"将不作为证据使用。后来，米兰达的女友作为证人，并提供了对其不利的证词以及其他证据。米兰达再次被判有罪，并入狱 11 年。

1972 年，米兰达获假释出狱。1976 年，米兰达在一次酒吧斗殴事件中被刺身亡。警察逮捕了一名嫌疑犯。在向嫌疑犯宣布了"米兰达警告"后，嫌疑犯选择保持沉默，警察无法得到其他更有力的证据。没有人为此被起诉。

刑事犯罪设置了障碍。1999 年，最高法院批准了一起涉及米兰达案判决效力的案件的调卷令申请，这意味着，伦奎斯特终于有机会对米兰达案痛下杀手了。

这起案件的真正问题在于，即便米兰达案判决从一开始就是错
124 的，最高法院难道可以轻易推翻这个已深入人心的先例吗？在言词辩论阶段，布雷耶正是抓住这一点，对米兰达案作出这样的描述："全世界估计有 20 亿人听过这些话。在他被提问之前，他会被告知，他有权保持沉默，他所说的每一句话都将作为呈堂证供，在律师赶到之前，他可以什么也不说，如果请不起律师，可以为他指定一个。在已经过去的 30 年中，这些话成为美国司法文明的重要标志，难道不是这样吗？"

这起案件也让人们真正见识到最高法院内不同的"保守"类型——伦奎斯特式的，或者斯卡利亚与托马斯式的。令许多关注他的人大跌眼镜的是，伦奎斯特不但在 7∶2 票的判决中加入了支持米兰达案的多数方，并亲自撰写了多数方意见书。在这起名为迪克森诉美国案（*Dickerson v. United States*）的案件判决书中，伦奎斯特撰写的意见书虽然略带一些不情愿，还带着一点点令人望而生畏的"逻辑"，但思路非常清晰："米兰达案判决已经融入警方日常工作，并成为我们国家文化的一部分，"首席大法官写道，"无论我们是否认同米兰达案判决的推理过程及其最终确立的规则，我们都必须考虑这一点，那就是，遵循先例原则绝不允许我们推翻该案。"托马斯加入了斯卡利亚的异议意见书，后者继续用自己特有的带着浓浓火药味的语言——论证了一个保守主义的最高法院应如何挣脱先例，去对待诸如米兰达案（以及罗伊案）这样的标志性案件。

一如既往，斯卡利亚少不了要来上一番冷嘲热讽，哪怕针对的是自己的首席大法官老友。斯卡利亚在异议意见书中说道，一直以来，伦奎斯特都“旗帜鲜明地反对米兰达案判决的核心前提”。斯卡利亚接着总结道：“今天的判决把米兰达案从一个‘越权司法’的里程碑，变成了‘傲慢司法’的胡夫金字塔（或者说它是狮身人面像斯芬克斯要更形象些）。”很显然，在这个问题上，斯卡利亚并不想与同僚们争出个高下，他想要的只是表现出自己与众不同。

# 第 10 章　保守主义节节败退的一年

125 比尔·克林顿任期的最后几年，最高法院内的保守主义革命终于分崩离析。联邦主义者协会及其盟友一直为之努力的诸多领域——堕胎、联邦主义、政教关系、死刑，以及其他问题——中间温和派逐渐占据了最高法院的主导地位。

这时的国会，已由共和党占据多数席位，限制联邦政府权力不再是其兴趣所在，因为现在已由他们说了算。在政教关系领域，右翼也逐渐放慢脚步。杰伊·塞库洛的事业正沿着华盛顿政坛的传统轨迹运行：他到了首都，打算好好干，并争取一直干好。

另一方面，塞库洛成功创立了右翼的美国公民自由联盟（ACLU）。与 ACLU 一样，塞库洛的美国法律与正义中心已经建立起一个金融王国，该王国的资金完全由忠实支持者们通过直接邮寄（或电子邮件）方式捐献。但是，ACLU 与 ACLJ 之间最大的不同，在于塞库洛完全把后者当成自己的私产。

塞库洛每年可以拿到 60 万美元薪水，这还只是他从 ACLJ 及其关联组织中抽取的很少一部分财富。事实上，他正把这个非营利社团转变成自己的家族产业。ACLJ 一年大概可以募集 1 400 万美元，其中大部分会被他转移到一个名为 CASE 的机构中，该机构的董事会由塞库洛本人、他的妻子帕姆、儿子乔丹组成。塞库洛的哥哥盖瑞是上述两家机构的首席财务官。盖瑞、帕姆和乔丹都是领薪 126
的，而塞库洛的另一个儿子罗根，则负责一家基督教电视台的深夜喜剧节目，该电视台也是由 CASE 资助的。根据记者托尼·莫罗对上述机构金融状况的调查，塞库洛一直在用社团组织的钱支付全职司机的工资、私人飞机的租金（有一架飞机是从他兄弟妻子的公司租来的），还买了几处房产——一切都是为了杰伊一家的利益。

塞库洛王国的中心，是距离最高法院不到一个街区的一处房产。ACLJ 花费 500 万美元买下这座建筑，装修也极尽奢华之能事，一层会议室悬挂着以华盛顿天际线为背景的手绘壁画（光这幅壁画就花掉了 4 万美元）。ACLJ 同时花了 150 万美元买下旁边一处通道，供塞库洛一家的私人直升机停放。此外，他们一家还在弗吉尼亚海滩拥有一处价值 85 万美元的房产，以及北加利福尼亚的一处“休养所”。1990 年代末，华盛顿特区便利的居住条件使塞库洛成为最高法院的常客，他在那里参与庭审，或者只是顺便转转，与那些最高法院的“跑口记者”搭讪。

与过去一样，塞库洛继续坚持将案子送入最高法院，但在 1999—2000 年的开庭期，一起官司让他意识到自己的“言论自由战术”的局限性。这个案子起因于得克萨斯州人生活的重心之一——高中橄榄球比赛。

圣达菲（Santa Fe）是得州南部一个小镇（不要把它和新墨西哥州那座城市弄混了），当地中学董事会认真研究了最高法院的既往判例，决定重新调整星期五晚间橄榄球比赛中的祈祷时间。经过深入讨论，董事会决定，让经同龄人选举出来的学生在每场比赛前进行“不归属任何宗教派别、不劝人皈依宗教”的祈祷。然而，一名天主教学生与一名摩门教学生还是提起了诉讼，要求学校停止这一违反宪法“禁止确立国教条款”的措施。

塞库洛这次代表的是学校董事会。“圣达菲独立中学学区采取了中立政策，允许学生自主、自发地在橄榄球比赛前表达言论。”他说。该政策“允许学生个人决定本人欲传递的信息内容。信息当然也包括学生自行选择的祈祷……圣达菲的政策为学生创造了一个表达的场所。无论其表达的内容是宗教性的还是世俗性的，都说明了该政策的中立性质”。

127 然而，这一次，大法官们已经看穿了塞库洛的伎俩。案件证据表明，校方制定这个政策就是为了放任学生在比赛前祈祷，而不是表达什么“言论”。“这可不是一个中立性质的言论政策。”苏特对塞库洛说，“它不仅是项宗教事务，而且涉及宗教崇拜。可以说，这就是一个宗教行为。”

“但是，如果学生自己愿意祈祷，”塞库洛答道，“那就是受宪法第一修正案保护的言论，因此这项政策……”

“作为个人言论，”苏特回击道，“问题在于，这种言论是否无形中对那些不愿州权力介入宗教事务的人造成负面影响。”

斯卡利亚本打算维护学校董事会的政策，但是，他那夸夸其谈的个性反而妨碍了其初衷的实现。他本打算搅搅浑水，质疑两名提起诉讼的学生没有用真实姓名的情形，其实，这也是该案名叫圣达菲独立中学学区诉多伊案（*Santa Fe Independent School District v. Doe*）的原因。[1]“我可以问一个问题吗？这是我对本案感到好奇的地

1 在美国，凡是涉及未成年人，需借助化名保护其隐私的案件，常用多伊作为化名。

方。我甚至都不知道原告是谁，”斯卡利亚说，“人们有权匿名在联邦法院起诉吗？是不是任何人不想被人知道自己提起诉讼，或者出于害羞之类的原因，就能匿名起诉了？”

原因当然不是因为害羞，而是出于恐惧。挑战这些政策的两名学生曾被人推搡、威胁，考虑到他们有可能经受的危险，地区法官专门把他俩的真名从起诉书上拿掉。很显然，人们可以看出——州的确在动用权力促使人们遵从宗教，并排斥异见者。

根据斯蒂文斯撰写的法院判决书，最高法院以 6∶3 票推翻了圣达菲要求学生自主祈祷的政策规定，伦奎斯特、斯卡利亚和托马斯持异议意见。斯蒂文斯在法院判决书中，重点驳斥了塞库洛关于学生祈祷系“个人言论”的说法。“这些祈祷经过政府政策的授权，在政府财产内进行，而且发生在受政府支持的公立学校之内，”他写道，“这项政策的目的就是鼓励人们选择宗教信息，学生们也准确了解到制定该政策的初衷。”他继续写道，很难说那些被祈祷行为冒犯的学生可以选择逃避比赛。学区不应当“以能在学校橄榄球比赛中与同学待在一起为代价，强行要求学生参加宗教仪式”。 128

塞库洛当然很失望，其实，圣达菲案的失利，加上他早期在最高法院的一系列胜绩，很好地说明了最高法院应有的运转方式。法院多数意见方针对政府财产内举行的宗教仪式，作出了一个既合情合理，又易于被人理解和接受的判决，即政府必须允许真诚信仰者进行个人宗教活动，同时行政官员又不得发起或批准类似仪式。在圣达菲案之后，最高法院逐步停止受理此类案件，因为下级法院已经充分领会该判决的精神，并普遍将之适用于各类大小案件中。最高法院在这一议题上采取的折中之计并未做到让所有人满意，但也并未冒犯到所有人——这成为伦奎斯特法院 9 位大法官在这一时期最为经典的表达方式。最高法院不仅属于那些虔诚信仰者——斯卡利亚、托马斯，乃至伦奎斯特本人——更大程度上也属于那些秉持中间派温和路线的多数大法官，他们已成为最高法院的多数方。

上文所说的中间温和派，显然是指奥康纳。而日渐向这一方向靠拢的，则是斯蒂芬·布雷耶。

与其他大法官一样，布雷耶用了几年时间，才完全适应最高法院，但在克林顿任期最后几年，他已完全做回自己。某种程度上看，布雷耶不完全像一个政治掮客，他与周边环境仍显得格格不入。他的一名法官助理从来没在中午之前上过班，另一名助理因为背部有疾，不得不经常平躺。对此，布雷耶从未提出非议，哪怕是明显的提示，他的办公室也就一直那么运转着。法官助理中也有传言说他把大量与最高法院工作有关的谈话放在饭店或其他公共场所。事实上，布雷耶始终寄情于工作，经常忽略日常生活。

不过，布雷耶追随前上司特德·肯尼迪在参议院推动立法时，曾用心观察过后者的策略和作为。肯尼迪在人际关系上向来长袖善舞，有时甚至会与政敌联合。同样，布雷耶与同僚们相处时也是——彬彬有礼、谦虚谨慎，但立场明确——尽量使大家了解自己的行事方式。这种处世方法在最高法院并非前无古人——其实这正是布伦南成为传奇人物的关键所在——但是，伦奎斯特法院可没有
129 这样的角色。苏特和托马斯都是自我封闭的，斯蒂文斯和金斯伯格也有这个习惯。肯尼迪偶尔咄咄逼人，时常神秘兮兮，是个不善交际的人。斯卡利亚向来对自己从不游说的表现颇为自得。除了从言词辩论到开会再到撰写判决书等烦冗程序的循环往复，伦奎斯特对什么事都漠不关心。

有一次，首席大法官在一份意见书草稿上，又看到斯卡利亚对奥康纳大放厥词，他马上给斯卡利亚打电话。“尼诺，你又要激怒奥康纳了，”伦奎斯特说，“别再这么干！”而对奥康纳来说，她宁愿邀请当事人到自己办公室小坐，也绝不会为了拉票而屈尊求人。但是，布雷耶会这么做。

大法官们彼此隔绝、互不往来，要想展示自己的想法，唯有通过言词辩论，因为只有那时候他们才会彼此倾听或交谈。布雷耶总是在开庭之前精心准备自己要问的问题，之所以如此，当然不是因为他对问题答案有什么特别兴趣，而是为了变相说服自己的同僚。与之前担任法学教授时一样，布雷耶喜欢提出假设性问题。在许多情况下，这些问题都极度冗长，且极尽复杂之能事，而布雷耶要强调的重点反被淹没其中，不见踪影。但在另外一些场合，布雷耶却善于提炼要点，提问也一针见血。这么说或许夸张了点，但离真实情况绝不会相差太远，比如他在 1999 年 11 月的一次提问，就几乎令“联邦主义革命”终结。

1990 年代早期，有几个州通过出售机动车辆管理局数据库中的驾驶员信息，赚取了几百万美元，销售对象包括直销公司、保险公司和其他盈利性机构。后来，许多市民不堪其扰，开始投诉这类行为，国会也因此在 1994 年出台了《驾驶员隐私保护法》(Driver’s Privacy Protection Act)，禁止各州在未经驾驶员同意的情况下出售他们的个人信息。南卡罗来纳州认为联邦法律侵犯了州权，并为此提起诉讼，要求停止执行前述法律。

该州主张看起来正好迎合了伦奎斯特法院贯彻联邦主义的想法。在本案中，国会干涉的正好是各州政府的自身事务，即对汽车驾驶证的管理职能。在 1997 年，最高法院已经推翻了《布雷迪法案》

中涉及枪支控制的部分内容，声称联邦政府无权强制各州对购枪者进行背景调查。斯卡利亚在该案判决书中写道：“联邦政府不得发布
130 指令让各州解决特定问题或要求各州公职人员……遵从或执行联邦规章。”这项关于驾驶执照的立法不也是如此吗？——发布给各州指令并要求其解决特定问题。

布雷耶认为，涉及数额巨大、错综复杂的州内经济事务的规章，必须接受联邦政府指导，国会也有权通过这样的法律。但是他也很犹豫，不知道该如何把这一点阐述清楚。

代表南卡罗来纳州出庭的是该州司法总长查尔斯·康登，他同时也是这起名为雷诺诉康登案（*Reno v. Condon*）的案件中的原告。最高法院内有个规律，包括州司法总长在内的民选官员最好不要参加言词辩论。尤其在伦奎斯特时代，一旦法庭发出的气势汹汹的提问涉及法律问题，非专业人士往往陷入英雄无用武之地的惨境。一般来说，政客根本不具备言词辩论所需要的基本素质：对最高法院各种先例了然于胸，娴熟驾驭各类复杂概念，简明扼要地回答疑难问题。（约翰·阿什克罗夫特担任密苏里州司法总长期间，曾在最高法院有过一次惨痛的出庭经历；自此，他很明智地遵从了那条潜规则，不再以司法总长身份去最高法院打官司。）当然，很少有州司法总长愿意丢掉自尊，放弃亲自出庭辩论的机会。查尔斯·康登也是如此。

“本案与隐私权保护无关，”康登胸有成竹地说，“本案的争议在于，是不是国会发布一个联邦法案，全国的几千名州官员就得集体为联邦服务了。《驾驶员隐私保护法》的规定繁复、累赘，还是用来限制联邦政府自己好了。”

当康登提到“我们成了联邦政府的傀儡”时，布雷耶决定给他

设个套儿，以达到请君入瓮的效果。

“是不是联邦对一州政府的每项禁令都会导致这个结果？”布雷耶问道，“我的意思是，假如你在某个州属公园内卖热狗，但你还是得遵守食品与药品法的规定，对不对？我想说的是，那些法律也很复杂，你可能不得不解释你卖的热狗是什么种类，你摆的摊位属什么类型，还有——你支付员工的工资是否符合最低工资标准，又或者——不符合，对不对？我的意思是，除了前面那些，你不得不做许多事。换句话说，你能不能放着所有联邦条例不管，告诉联邦政府他们没权力管你？”

这个问题完全把康登逼到了笼子里。他当然不能说州可以在自 131
己的公园内卖劣质热狗。他也不能说州可以支付低于最低工资标准的工资。康登该如何回答呢？

“布雷耶大法官，您又问了个好问题，但这与本案无关。我们又不是在这儿卖热狗。”康登的回答非常愚蠢，听众席上传出了笑声。但布雷耶可不打算就此罢休。

“好吧，那我问你另外一个例子，”布雷耶紧追不舍，“国会通过了《互联网税收自由法》（Internet Tax Freedom Act），它要求各州在一段时间内不得对网络交易征税。我想，按照你的理论，这个法律也是无效的。它只对联邦政府或政府机构有效，对不对？”

这个问题更加巧妙，布雷耶故意选择了一部受保守派推崇的联邦法律。这一禁止各州对网络交易征税的高压手段可不是自由派联邦政府的风格。但是，这事实上也是联邦对州权领域的介入。康登只好低声回答说：“那样可能会引起争议。”

通过提问，布雷耶成功证明，要想把各州从联邦条例的规制范围内划分出来有多么愚蠢。不仅不该这么做，事实上也无法做到这一点。这个案子再次出现一面倒的情况。最高法院 8∶1 票支持了联邦法律。不过，右翼核心人物伦奎斯特指派自己撰写该案的法院判决书，而斯卡利亚也与人们预期的一样，成为本案唯一的持异议意见者。

当然，首席大法官并未放弃他的联邦主义思想。在同一个开庭期内，伦奎斯特成功促使联邦《防止对妇女施暴法》( Violence Against Women Act ) 的部分内容被宣布无效。存在争议的条款规定，遭受性暴力的女性可以在联邦法院对施暴者提起诉讼。这类条款完全是国会刻意制造的政治噱头，伦奎斯特及其盟友对之颇不以为然。这类暴力事件的受害者绝大多数都在州法院起诉，所以，联邦法律只不过象征性规定了一下，实践中，该条款也从没被援引过。最高法院最终以违反“贸易条款”为由，以 5∶4 票的判决推翻了上述规定。但是，该判决对真实世界根本没有任何意义，它针对的根本就是不可能发生的案子。在 12 年的首席大法官生涯中，伦奎斯特在限制联邦权力方面最终还是以失败而告终。

132 这一年，伦奎斯特确实流年不利，在一起事实明显对其有利的堕胎案中，他在推动自身立场方面也未能取得任何进展。

最高法院自 1992 年凯西案后已很少再审理堕胎案件。奥康纳、肯尼迪和苏特撰写的凯西案判决书只解决了部分主要争议，并未从根本上解决问题。妊娠期前 3 个月的堕胎不再会被禁止；涉及父母同意内容的法律亦被许可实施；“通知配偶条款”——那可是奥康纳最深恶痛绝的内容——被推翻。尽管并不同步，但民意还是逐渐认同了最高法院的判决。对这一现状，克林顿总统自然乐见其成。既然堕胎法不再被随意违反，大法官们，尤其是奥康纳自然也不会再想着去修改它。

凯西案之后很长一段时间内，反堕胎运动也陷入僵局，迫切需要重新拾起一个议题，使之恢复活力并重返政治与法律舞台。一天，一位匿名检举者将一份医学报告交到全国生命权利委员会（National Right to Life Committee）的超级说客道格拉斯·约翰逊手中。这份短短 8 页纸的报告是为一个支持堕胎的组织，全国堕胎联合会（National Abortion Federation）准备的。它清楚解释了在怀孕 20 周后终止妊娠的操作方式。作者是来自辛辛那提市的马丁·哈斯克尔医生，他声称已经开发出一项技术，通过扩张妇女子宫颈将胎儿移动到臀位生产的位置。然后，再用外科手术刀剪破其脑骨，将其内部清空后即可缩小头部尺寸，从而顺利将其从孕妇体内移出。哈斯克尔将这种方式称为“扩张抽取法”，或 D&X。（在此之前的堕胎手术必须把胎儿完全撕裂方能移出。）约翰逊注意到，这份报告已被广泛散发到反堕胎运动组织成员手中，报告中的行为被描述为“局部生产”（partial birth）堕胎，因为堕胎时胎儿已处于存活状态。

报告中的恐怖细节在反堕胎组织内外都引起强烈震撼。反对堕胎者把上述行为视作杀婴之举，认为这是不可宽恕的野蛮行径。在共和党已占据主导地位的州议会及国会，生命权至上派的政客纷纷呼吁，要求马上立法禁止该行为。支持堕胎者并未一味为前述行为辩解，他们指出，报告上刊载的堕胎方式极为罕见，美国每年超过100 万个的堕胎手术中，使用这一方式的还不到 1%。即使是以该方 133
式进行的堕胎手术，大多也是因为孕妇存在严重并发症或胎儿本身有严重缺陷。这类堕胎方式引发的联想，背后当然免不了有政治力量的推动。在 1990 年代，共和党主导的国会已先后通过两项禁止“局部生产”堕胎的法案，但每次均被克林顿否决，理由是相关法案缺乏保护孕妇健康的例外性规定。[1]但是，在各州范围内，堕胎反对者却取得了一连串的胜利。10年来，一个又一个州通过了禁止这类行为的法律。尽管大法官们已不愿再让这类议题令最高法院陷入分裂，但只要上述法律仍然存在，该面对的迟早要面对。

2000年4月25日，案子终于来了，这天正是始于1999年10月的言词辩论开庭期的倒数第二天。内布拉斯加州司法总长丹·斯坦伯格走进法庭时，气氛略有些紧张，他是来为该州刚刚被第八巡回上诉法院在斯坦伯格诉卡哈特案（*Stenberg v. Carhart*）中宣布违宪的法律辩护的。[2]“今天的争议点在于，州是否可以在保证安全的

---

1 总统可否决（veto）国会通过的议案，但国会有推翻（override）总统的否决权，这两项权力都由宪法赋予。美国宪法第一条第七款规定，法案经国会参众两院通过后应送交总统，总统应于10日内（星期日不计在内）就法案作出决定。总统可以签署法案使其生效或将其退回国会，这就是否决。

按宪法规定，总统应将法案退回最先提出法案的议院，该院可以就法案进行复议和重新表决，如果三分之二多数同意，再将其送另一院，另一院以同样程序表决后，如果也有三分之二多数同意，则总统的否决被推翻，法案无须总统同意即可生效。如果总统在收到法案后10日内既未签署亦未将其退回国会，则分为两种情况：如果国会仍在会期中，则视为总统已同意该法案，法案生效；若国会此时已休会，则法案无效，这称为“搁置否决”或直译为“袋子否决”（pocket veto）。

2 本案是由内布拉斯加州执行堕胎手术的卡哈特医生所提起，他主张该州法关于禁止堕胎的规定违反宪法。内布拉斯加州法律禁止“局部生产”堕胎，除非这是挽救母体生命的必要方式。它禁止任何形式的堕胎采取“在进行刮除手术之前，部分地从子宫抽吸胎儿实体部分进入阴道内”的方式，或者说，内州法律认为，它们所禁止的“局部生产”堕胎，是医生在杀死孩童前先进行接生行为，也就是故意接生未到出生日但已具有生命的小孩，目的是为了进行后续的杀婴行为。违反该法令者将成为重罪罪犯，医生也会被吊销执照。

卡哈特医生则希望采取此方式（D&X）进行堕胎，他相信这是比较安全的手术方式，而且对妇女的风险也比较小；它会降低遗留有害的婴儿组织于母体内的风险，并减少了使用手术器具的数量。卡哈特医生因此提起诉讼，主张内州法律的规定违反联邦宪法。

情况下，禁止一种近似于杀婴，而且很少被使用的堕胎方式，与此同时，妇女完全可以采取其他替代方式实施堕胎。”他说。

在言词辩论阶段，斯卡利亚的问题向来最多。但是，斯坦伯格案的争议点令他进入前所未有的聒噪状态。他的发言几乎贯穿了整个庭审过程，局面变得有些尴尬。“斯坦伯格总长，”他问道，“我注意到，你把这种不顾胎儿存活与否的堕胎等同于杀婴行为，但是，我觉得这类方式的堕胎看上去更像杀死子宫外的孩子，而不是在某一阶段将胎儿弄死在子宫之内。正是因为这类堕胎行为，人们才把堕胎看作变相杀死胎儿或宫外婴儿的方式。这正是议会所担心的，对吗？”（是的，斯坦伯格回答说。）而对提起诉讼的那位内布拉斯加州产科医生的律师，斯卡利亚几乎像在自言自语，他说：“罗伊案与凯西案都没有被写入宪法。它们并没有提到所有应被充分考虑的适当利益。害怕整个社会对杀婴行为麻木不仁，这种担忧难道不是一州的适当利益吗？在包括古希腊在内的许多拥有高度文明的社会里，谁会允许杀婴行为的存在？谁会说父母之权也包括杀死一个他们不想要的小孩儿的权 134
利，尤其是还未成形的孩子？因此，为了防止我们的社会堕落到麻木不仁的地步，许多州出台了相关法律。我并不认为这只是一项医疗事务，我认为，这是出于恐惧，害怕看到一个人类的生命在子宫外被肢解。”

法庭内所有人都在猜测奥康纳会倾向于为哪方说话。最后，她终于打破了沉默：“斯坦伯格先生，我想问你一个问题。我发现，州法中并没有例外规定，即关于妇女健康问题的例外，是这样吗？”斯坦伯格答道：“是这样的，法官大人，因为没有规定的必要。”

上述提问显示出奥康纳在堕胎案件中优先考虑的问题。她赞成限制并规制堕胎，但绝不能以牺牲女性的健康为代价。她并不介意立法告诫女性远离堕胎，但认为最终选择必须由女性自己作出。

斯坦伯格案的争议点并不简单。即使兼顾到分阶段标准，这类堕胎方式一样被内布拉斯加州法律所禁止，而相关禁令对女性健康的影响，也成为言词辩论中的重点议题。4 月 28 日，星期五，大法官会议讨论的结果仍然模棱两可。4 位大法官——伦奎斯特、斯卡利亚、肯尼迪和托马斯——支持州法。另外 4 位——斯蒂文斯、苏特、金斯伯格和布雷耶——则打算以违反罗伊案与凯西案判决确立的原则为由推翻州法。奥康纳认为，如果州法事实上危害到女性健康，她将投票推翻它。

在尚不稳定的多数意见方群体中，斯蒂文斯是资历最老的大法官。按照过去的传统，斯蒂文斯在这类情况下多半会把撰写意见书的工作指派给奥康纳，毕竟后者是多数一方立场最摇摆不定的成员。但是，这一次，斯蒂文斯却把此项工作分配给布雷耶。因为奥康纳对于站在多数意见方并非完全情愿，她有可能像许多大法官那样，在撰写意见书的同时，意识到自己“并不愿这么写”——换句话说，就是竭尽全力论证相关法律违宪，却把自己推向相反结论。此时，布雷耶与奥康纳已成为好友，他也具备说服资历较高的同僚与自己合作的政治能力。而且，布雷耶拥有专业的技术知识，足以运用复杂的医学证据推翻相关法案。本开庭期即将过去，布雷耶决定为自己在最高法院 6 年来最重要的一次判决倾尽全力。

135 “斯蒂夫，”一位朋友曾告诉布雷耶，“你思考起问题来就像雄鹰，但写起东西来就跟火鸡一样。”勤勉、平实的风格，使布雷耶十分胜任斯坦伯格案判决书的撰写工作。事实上，他并不打算参考罗伊案与凯西案的判决，也不打算援引隐私权概念，布雷耶写道：“我不准备重申那些法律原则，当然，我会把它们适用于本案情形之内。”为此，他把重点放在奥康纳在言词辩论中的提问方面。他试图证明，内布拉斯加州法律剥夺了女性为本人健康选择最合适医疗机会的权利。布雷耶继续以他特有的拗口长句写道：“州未能证明在未规定健康例外的情况下禁止（这类堕胎）是否会危害到女性健康，相关证据已表明许多著名医疗权威赞同在某些情况下采用这类方法，因为（它）可能是最安全的。”

那段时间里，布雷耶每天都会和法官助理们观察奥康纳的办公室，估算她是否会站在自己这边。布雷耶深知，奥康纳随时可能退出多数意见方，最多给出一个协同意见书，这也使她在本案中比自己更具操控能力。正是基于这个原因，布雷耶说服斯蒂文斯和金斯伯格在奥康纳正式加入多数意见方之前，不要传阅他们的协同意见书。他担心这两人的自由派观点太过激进，反而会令奥康纳倒戈相向。布雷耶和奥康纳都是务实之人，深信事实胜于雄辩，在这类复杂案件中，他们宁愿相信诸如全美医学联合会（American Medical Association）之类的权威机构，而该机构正好对内布拉斯加州法律也持反对立场。距离本开庭期结束还有几天时，奥康纳的助理致电他在布雷耶办公室中的搭档：“我有一个好消息要告诉你。”不一会儿，一份来自奥康纳的备忘录被送到布雷耶手中，上面写着：“我加入你们的意见书。”

与多数方意见书一样，异议意见书的指派工作也未循常理。一般来说，少数方的异议意见书往往由资历较深的大法官亲自撰写。不过，在斯坦伯格案中，伦奎斯特非常欣赏托马斯的主要论点，所以他决定打破常例，委托托马斯撰写异议意见书。当然，这么重要的案件，若非因为是异议意见书，否则是轮不到托马斯来写的。为了督促图书馆检索支持己方立场的医学期刊，托马斯的助理几乎与布雷耶的助理打起来。托马斯即将完工之际，肯尼迪却在预先全未发出警告的情况下发布了一篇激情洋溢的个人异议意见书。肯尼迪
136 觉得自己背叛了奥康纳和苏特，那可是他在凯西案中的“三驾马车”搭档。但是，他觉得这个案件与限制堕胎权无关，在他眼中，最高法院在堕胎议题上走得太远了。他写道，内布拉斯加州“禁止的是一个被正直、文明的人们深深厌恶的行为，它被等同于许多严重危害人们生命的犯罪，与此同时，州也必须保护妇女的自主生育选择权，这项权利已经被凯西案判决重申”。

肯尼迪的异议意见书也在最高法院惹出一场风波。布雷耶认为，肯尼迪的分析要比托马斯的更为详细，也更加细致缜密，他宁愿肯尼迪的意见成为最后提出的“异议意见书”。不过，这样的话托马斯肯定不同意，伦奎斯特可是指定他来撰写“异议意见书”的。该选谁的文稿作为异议意见书？肯尼迪与托马斯谁都不愿让步。布雷耶也不知道该怎么办。于是，三位大法官——肯尼迪、托马斯和布雷耶——一起去找伦奎斯特，请他来打破僵局。他们都很尊重首席大法官，希望由他来确定哪个文稿更合适。问题在于，伦奎斯特也不可能想出一个“所罗门王式”的解决方法。[1] 与此同时，斯卡利亚也撰写了自己的异议意见书，其内容之嬉笑怒骂与歇斯底里程度，简

1 所罗门王（Solomonic），古以色列王国的国王，生于约公元前 1000 年，约公元前 971 年—前 931 年在位。《圣经》中，所罗门王被描绘为聪慧贤明的君主，善于裁断疑难案件。《旧约 · 列王纪》写道：二妓争儿，所罗门命令左右取剑，曰：“剖儿为两，各得一半。”一妓乞求不要杀儿，自己愿意舍让，一妓则说杀就杀了，不再争执；所罗门据此判断是非。这里用“所罗门王式的方法”来指代解决两难问题的有效方法。

直是又创新高，意见书开头写道：“我很乐观地相信，有朝一日，斯坦伯格诉卡哈特案也会被写入咱们最高法院的司法历史，和是松案与德雷德·斯科特案摆在一个位置上。”（是松案判决授权军方在“二战”期间将日裔美国公民全部强制迁移至西岸，斯科特案判决干脆不承认黑人自由民是美国公民。）

保守主义在 1999—2000 年度溃败的最大表现，是奥康纳在斯坦伯格案中背离了自己一直秉承的基本原则，不再一味迁就主流民意。事实上，对“局部生产”堕胎的支持并未获得公众广泛认同。已经有 31 个州禁止这种堕胎方式，内布拉斯加州不过是其中之一。在斯坦伯格案中，奥康纳选择了尊重专业知识，她对家长式作风的质疑，加上布雷耶灵活的游说技巧，使她成功迈出了自己司法生涯中前所未有的一步。

当然，最高法院也不可能摇身一变，成为自由派的沃伦法院转世。大法官们抵住了保守派的法律进攻——在政教关系、联邦主义和堕胎等一系列问题上——但这并不意味着他们已转向自由派。他们更愿维持现状，认为这才是国家所需，但这也给了保守派继续闹腾的机会。即使最高法院大法官中有 7 名由共和党提名，而且过去 137
13 年里已经有 11 名大法官来自共和党总统的任命，但大法官们仍未呈现出急速右倾趋势，这使得共和党人不得不为更新换代再另谋人选。正如那一年的判决所显示的，最高法院已开始走中间温和派路线。

从联邦主义者协会内的法学院学生与法学教授，到诸如杰伊·塞库洛和詹姆斯·多布森这样的福音派斗士，普遍感到愤怒与沮丧。保守派或许偶尔可以打赢一两场官司，但他们无法在更多事务上操控最高法院。只有一个办法可以改组最高法院——把自己人送进白宫。攫取总统大位，成为控制最高法院的唯一途径。

对最高法院来说，新的开庭期已从2000年10月开始，一切看似风平浪静。有争议的案件早已被司法系统层层消化。对大法官来说，空荡荡的待审案件目录与去年各类案件粉墨登场的情形形成了鲜明对比。秋天来临时，新一批法官助理陆续到任，苏特在欢迎会上笑着预言说："这将是十分乏味的一年。"

# 第二部

# 第 11 章　危机边缘

随机概率——导致一个关键州[1]出现了出乎意料的接近票数，也 141
把解决 2000 年总统大选争议的历史机遇送到最高法院面前。然而，值此非常时刻，大法官们的迥异个性却导致法院声誉跌入历史低谷。2000 年大选之后，紧随而来的选票争议持续了 36 天，其中，最高法院直接介入的时间有 21 天。在此期间，大法官们展示出他们性格中最糟糕的一面——爱慕虚荣、过度自信、缺乏耐心、傲慢自负，还掺杂了单一的政治党派偏见。短短三周，过去备受尊崇的司法权威被大幅削弱。大法官们几乎走一步错一步，将他们与最高法院都带入困窘之境。

大法官从不愿意被视为政治人物，但是，除了斯蒂文斯和苏特，所有人都对政治舞台饶有兴味。其实这样也很正常。要想赢得大法官提名，少不了得对政治事务有深入洞察，毕竟，无论哪派总统上

1 关键州（Decisive States），又称“摇摆州”（Swing States）或“战场州”（Battlegroud States），在美国总统大选中，是指共和、民主两党势力不相上下的地区。这些州大概有 19 个，较大的州包括宾夕法尼亚州、俄亥俄州、密歇根州、威斯康星州、密苏里州和佛罗里达州。

台，都与提名机会干系甚大。

这一点在桑德拉·奥康纳身上体现得尤为明显。她热爱政治，具体来说就是热爱共和党。伦奎斯特偶尔会根据选情打赌，奥康纳在写给他的便函中，从来把共和党一方称作“我方”。但是，2000年大选来临之际，现实中的共和党早已与奥康纳记忆中的那个党有着天壤之别。奥康纳初涉政坛是在亚利桑那州时期，其启蒙导师是巴里·戈德华特。1958年，奥康纳帮助他在参议院竞选中取得连
142 任。戈德华特一度成为共和党中极右立场的化身，甚至被人称为“保守派先生”，但在随后几年里，他又开始倾向自由派思想，并与基督教保守派势力发生观点冲突。戈德华特赞同“小政府，大州权”的理念，但从不倡导公共场所内的宗教祈祷及对公民堕胎权的限制。有其师必有其徒，奥康纳自然也与他持相似立场。（奥康纳至今还记得，道德多数派组织的杰里·福尔威尔曾要求“虔诚的基督徒们”警惕对奥康纳的大法官提名，对此，戈德华特参议员幽默地回应道：“我认为每个虔诚的基督徒都该去踢福尔威尔的屁股。”）

在当代的政治家中，奥康纳最欣赏时任得克萨斯州州长的乔治·W. 布什。她与他的父母是老朋友，还是前第一夫人的网球搭档。奥康纳当然了解老布什作为政治家的种种局限，但她认为他的儿子，这位2000年总统大选的共和党候选人具有平易近人的个性，提出的竞选口号也深合她意——“富有同情心的保守主义者”。通过观察小布什在1990年代末期迅速崛起的成功轨迹，奥康纳认为，他的中间派政见足以使他赢得竞选，并且避免共和党被极右势力操控。生活中，奥康纳并不认识乔治·W. 布什，但她认为这个人很有魅力，语言也颇具感染力。

受身份所限，桑德拉和丈夫约翰·奥康纳不能出席任何政治性

聚会，但他们仍会花许多时间在华盛顿活动。最广为人知的一个故事是，1985 年，奥康纳参加了一个正装派对，活动由华盛顿传媒俱乐部（Washington Press Club）举办。那天她正好与约翰·瑞金斯同桌，后者是华盛顿红人队的明星跑卫[1]。估计是因为喝多了，瑞金斯对奥康纳说：“努力啊，桑迪宝贝儿，放轻松。你绷得太紧了。”说完瑞金斯就醉倒在地板上。许多人都不知道奥康纳当时作何反应。几周后，她穿着一件 T 恤衫出现在健身训练班内，上面写着：“在最高法院放轻松。”几年后，当瑞金斯开始他短暂的演艺生涯时，奥康纳还派人送去一打玫瑰。

2000 年总统大选结果揭晓之夜，奥康纳夫妇正出席一个派对。他俩和李与茱丽叶·福尔杰夫妇关系非常密切，后两位一个是当地著名慈善家，一个是德高望重的华盛顿上流社会成员。派对主人是著名外交官沃特·斯托塞尔的遗孀玛丽·安·斯托塞尔。
斯托塞尔精心策划了这次派对，现场名流荟萃，在这个大选之夜 143
显得格外特别。

每个人都知道，这次大选的票数将十分接近。投票情况显示，副总统阿尔·戈尔与布什州长最终将在少数州决定胜负，尤其是佛罗里达州。11 月 7 日将是大选的决胜之夜，斯托塞尔在每个房间都放了台电视，70 多位客人无论在哪儿都能追踪到选举进程。奥康纳大法官当时在一个放着电视的地下室书房内等待选举结果。很快，主持人丹·拉瑟宣布，副总统（戈尔）赢得了密歇根州和伊利诺伊州。晚上 7：49，全国广播公司（NBC）宣布戈尔赢得了佛罗里达州，哥伦比亚广播公司（CBS）一分钟后也宣布了该消息，美国广

---

1 跑卫，是美式橄榄球中持球跑动进攻的球员。

播公司于 7：52 再次确认。

当听到戈尔在佛州取胜的消息时，奥康纳大法官看起来很受打击。“这太可怕了，”她说，“这下全完了。”接着便黯然离去。后来，当那些话被公之于众后，她曾就相关言论做过一个很难令人信服的解释。她说，自己之所以生气，不是因为戈尔明显胜出，而是电视台在西海岸的投票结束之前就仓促公开了大选结果。面对公众的质疑，丈夫约翰·奥康纳不得不出面解释，他试图向大家说明，你们误会奥康纳大法官了。

2000 年时，约翰和桑德拉·奥康纳都已 70 岁，他们的婚姻已持续 48 年，是令人艳羡的幸福组合。多年来，约翰率真的幽默总能逗乐略显古板的奥康纳。奥康纳大法官的传记作者琼·比斯丘皮克曾听说，约翰在竞选凤凰城扶轮社[1]分会主席时，在竞选资格一栏居然是这么填写的：“老婆漂亮，岳父有钱，深藏不露。”奥康纳进入最高法院后，约翰曾递给哈里·布莱克门大法官一张名片，上面列明了自己的个人强项：“驯养老虎、清除障碍、组织狂欢。”在凤凰城，约翰曾是一位非常出色的律师，但他毫不犹豫地放弃了自己的事业，随妻子一同迁至华盛顿。在那里，约翰曾先后效力于两家律师事务所，但他从未打算像在亚利桑那州时那样，组建一个自己的事务所，他宁愿牺牲事业，也不愿与妻子的工作发生利益冲突。就算约翰觉得自己生活在奥康纳的阴影下，也绝不愿流露出任何抱怨。

---

1 扶轮社（Rotary Club），国际扶轮下属的服务机构。国际扶轮（Rotary International）是由遍及世界的（在 200 多个国家和地区中有 3.2 万多个）扶轮社组成的国际组织。扶轮社的成员被称为“扶轮社友”（Rotarians）。该社团组织的宗旨是将各行各业领袖人物组织起来，提供人道主义服务，鼓励在各种职业中提升职业道德。

早在2000年总统大选之前，约翰的健康就已开始恶化。他在 144
某次回凤凰城期间突然晕倒，心脏甚至短暂停止跳动。他做了外科手术，装了一个电子起搏器。过去，约翰向来小心谨慎，很少谈及与最高法院有关的事务。但约翰对奥康纳在大选之夜懊恼的原因做了详细解读。他说，他们夫妻俩都有提前退休回凤凰城养老的想法，但奥康纳不想把自己的席位交给一位民主党总统。戈尔的胜利意味着至少未来四年内，他们还得待在华盛顿，尽管他俩早已迫不及待想要离开。约翰称，这就是奥康纳伤心失望的原因。其实，在半公开场合讨论夫妻俩的未来规划并非约翰平常的行事风格。奥康纳的失误在于说话太过直白，她的无心之言造成的影响并没有迅速消除。

佛罗里达州的计票结果再次出人意料，甚至超乎想象地接近。（在大选之夜，电视台先是宣布戈尔获胜，接着又宣称布什胜出，足以说明选票的接近程度。）11月8日，星期三，佛州最终计票结果显示布什以2 909 135票领先于戈尔的2 907 351票，两人选票只相差1 784张。根据佛州选举法，如果两位候选人的得票差距等于或小于选票总数的0.5%，各县选举委员会必须立即自动重新计票一次。这就意味着所有计票器必须被再次启动，而这大概需要用上一天时间。新的结果在11月9日下午公布，布什仅以327票的微弱多数领先——相当于佛州选票总数的0.000 000 56%。

大选之后几日发生的一系列事件，几乎使人们怀疑一切都是幻觉。两党都没有解决类似争议的经验。尽管人们熟稔各类政治事务，但没人知道到底是什么样的投票状况和计票方式才导致这样的结果。围绕重新计票产生的争议，也让人摸不着头脑，估计只有双方各自聘请的兼职专家才知道问题所在。（重新计票也不足以支持其中一人获胜。）事实上，没有人知道这场争议会持续多久，竞选双方都陷入了不眠不休、紧锣密鼓的紧张状态。

棕榈滩县很快成为争议焦点，这里是佛州最大的区域，也是民主党重镇。当地选举委员会主管特里萨·勒波尔为照顾该县中老年
145 选民，故意把选票字体从通常的 10 号字放大到 12 号，但如此一来，一页纸就印不下了，他们只好将十个候选人的姓名分列两页，打孔机在中间打孔，这就是著名的“蝴蝶选票”。在这种选票上，极端保守派改革党的独立候选人帕特里克·布坎南靠近第二个打孔点，戈尔靠近第三个。[1]（佛州与其他州一样，选票上的党派位置按最近几任州长所属党派排列。）结果，布坎南居然在棕榈滩县赢得 3 704 票，比他在其他县所得票数超出了 2 700 张。连布坎南自己都承认，许多票可能本来是投给戈尔的，结果错投给了他。那么，这些错误在大选日之后还能够补救吗？这一点并不清楚。同时，大批抗议者与媒体也开始在西棕榈滩的市政中心聚集。

为了抓住最后机会，戈尔阵营在选举结束两天后的 11 月 9 日采取了第一步行动。根据佛州法律，他们要求在该州 67 个县的其中 4 个进行人工重新计票——以人工方式逐票进行清点，避免再次出错。[2]之所以选择棕榈滩、布劳沃德（Broward）、沃卢夏（Volusia）

---

1 蝴蝶选票左边第一行是共和党总统候选人布什，第二行是民主党总统候选人戈尔；右边第一行是改革党总统候选人布坎南，但右边第一行比左边第一行低半行，正好位于布什和戈尔之间。打孔点在选票中间，即布什、戈尔所在左页与布坎南所在的右页之间，左边与右边同享一排选择孔。但选择打孔点第一个指向布什，第二个没有指向戈尔而是指向右边的布坎南，第三个才是戈尔，而一般人很容易认为第一个既然是布什，第二个肯定是戈尔，其实第二个孔是布坎南的。

2 很显然，戈尔希望在民主党人占优势的县速战速决，以免时间拖得过长，失去民意支持。

和迈阿密–戴德（Miami-Dade），是因为民主党在这 4 个县都占优势地位。蝴蝶选票导致的争议只出现在棕榈滩县，发生在其他各县的选票争议主要是大量所谓“漏选票”（undervotes）问题——也就是机器没有识别出是否选择了具体候选人的选票。[1] 戈尔阵营希望通过人工清点这些漏选票，确认选票上的实际选择对象。这时，每个县都产生了一个由三名地方官员组成的调查委员会，负责投票决定是否重新人工计票。总之，戈尔一开始并没有打算提起诉讼，而是准备依照佛州法律申请人工重新计票。

早在委员会决定是否人工计票前，布什阵营就已估算出，这场争论大概将持续一个月，他们必须不惜一切尽快夺取胜利。共和党方面认为，尽管最高法院近些年的所作所为一直令保守派失望，但是，如果想获取胜利，最终必须依靠最高法院。布什阵营的重要幕僚，老成持重的前国务卿詹姆斯·A. 贝克三世认为，这个官司绝对不好打，他邀请前密苏里州参议员，以正直公正闻名 146
全国的兼职牧师约翰·丹佛斯在本案中代表布什一方。但是，丹佛斯却援引“候选人不得兴讼”这一古老规则拒绝了他。贝克没有知难而退，他又找到了华盛顿律师西奥多·B. 奥尔森，后者欣然接受了委托。

为加快进度，11 月 11 日，星期六，奥尔森一早来到位于迈阿密的联邦地区法院，要求唐纳德·M. 米德尔布鲁克法官禁止重新计票。他的理由非常简单——戈尔“选择”在 4 个县重新计票违反了宪法第十四修正案的“平等保护条款”，因为如果只强调部分县的选

---

1 漏选票之所以产生，是因为选票打孔时，由于种种原因，造成穿孔不透，或纸片残存。

票统计，有可能造成州内选票统计事实上的不平等。[1]（当然，布什也可以申请在任何地区重新计票。）这次，法官可与律师一样勤快，星期一的言词辩论刚一结束，他很快就作出了裁定。

米德尔布鲁克法官驳回了布什阵营的意见，同意重新计票继续进行。“根据美国宪法，选择总统选举人的责任，主要依赖于佛罗里达州的人民、该州的选举官员，如有必要，还包括该州的法院，”他在判决书中写道，“佛罗里达州方面完全可以做到保持中立……我相信联邦地区法院一开始就介入本案是不合适的。”然而，联邦地区法院这项裁决根本无法挡住正磨刀霍霍的布什阵营，选举导致的连场诉讼大战，才刚刚拉开帷幕。

大法官与法官助理们同样关注佛州选情的进展，并对国家的下一步走向深感困惑。但是，最高法院内已经有一个人开始考虑接下来的步骤。他就是安东尼·肯尼迪。

在某种意义上，肯尼迪做的就是他的本职工作。大法官们内部早有分工，每位大法官负责督导几个联邦巡回上诉法院的司法事务。分配给肯尼迪的是第十一巡回上诉法院，所辖地区正好包括佛州。因此，他理所当然会关注那里的事件进程与发展走向。米德尔布鲁克法官的裁决作出的第二天，肯尼迪就把判决书抄本传阅至其他大法官办公室。备忘录封面上写着：“我会继续告诉大家最新进展。”

147 在这一值得注意的细节问题上，肯尼迪违反了最高法院的潜规则。大法官们每人都读报，全都知道佛州发生了什么事，没有人需

1 美国宪法第十四修正案第一款规定：……任何州，未经正当法律程序，均不得剥夺任何人的生命、自由或财产；亦不得对在其管辖下的任何人，拒绝给予法律的平等保护。

要托尼·肯尼迪告诉他们事件的最新进展。不过，大家都没感觉被冒犯，只是觉得肯尼迪的“热心肠”挺有意思。肯尼迪在这件事上的嗅觉实在过于灵敏，而且，这份备忘录也透露出他对介入选举事件的热切渴望。最高法院内还没有人发出过这样的备忘录。与其他大法官相比，肯尼迪特别喜欢戏剧和他所称的“法律诗性”。不过，肯尼迪的虚荣心不但完全无害，相反倒非常有趣——就像他办公室地毯的风格那样。

简朴大方是多数大法官办公室的装饰风格。不过，每位大法官都有自己的个人偏好——奥康纳的办公室基本是西南部风格，美洲土著人风格的毛毯搭配各种古玩。金斯伯格办公室内满是歌剧纪念品。斯蒂文斯保留了1932年世界职业棒球大赛的个人成绩表，巴比·罗斯正是在那次对芝加哥小熊队的比赛上打出那记名为“命中之箭”的本垒打。（斯蒂文斯12岁时就开始参与这项运动了。）肯尼迪则格外与众不同，他在自己办公室铺设了大红色的长毛绒地毯，这玩意儿看上去更适合铺在剧场舞台上，而非大法官办公室内。更糟的是（也可能是更好，看大家个人品位了），地毯上还绣着金色星星的图案——对法官助理与其他来访者来说，这种太过花哨的风格反而令他的办公室产生了一种喜剧效果。所有大法官都有权从国家美术馆借一些油画，肯尼迪把这项权利用到了极致，办公室内悬挂着好几幅珍贵藏品。更过分的是，他把书桌放在远离房门的墙角，访客不得不穿越宽敞的办公室去和他握手。这是一个努力甚或用力过猛地想给人们留下深刻印象的办公室。（肯尼迪甚至会为维护自己办公室东侧面向国会大厦那方的开阔视野进行抗争。国会宣布要在最高法院与国会大厦之间修建一座巨大的游客中心后，肯尼迪积极游说，希望立法部门将该中心建在地下，免得妨碍他眺望远景。谈判过程异常复杂，居然持续了好几年，但肯尼迪最终赢得了这场战斗，最高法院的开阔视野也得以保留。）

肯尼迪把第一份关于佛州法律争端进程的备忘录分发给同僚们后，第二份与第三份也接踵而至，简直像是对体育比赛进行实况解说。谁都能看出他对这个案子的渴望。

148 尽管布什的律师未能成功地让联邦法院立即禁止重新计票，他们仍努力争取在一个县里打开局面。现在，双方都已摸清对方在重新计票问题上的意图：落后的候选人必须尽力拓宽计票范围，在尽可能多的地方重新计算尽可能多的选票；领先的候选人只能殊死抵抗，尽力限制重新计票的人数与区域。这已经不是什么原则之争了，而是你死我活的政治斗争。

戈尔一方有一大优势——佛州法律，而在坚持重新计票的斗争中也面临着一大不利条件，那就是凯瑟琳·哈里斯。州法强烈支持重新计票，以保证最终获取准确票数结果。而哈里斯则占据着佛州州务卿的位置。她是一位房地产富豪的继承人，独断专行、野心勃勃，迅速从州参议员爬到地方行政长官的位置，并打算向共和党高层进一步发展。几年前，哈里斯就曾远赴新罕布什尔州为乔治·W.布什助选，并担任布什在佛州的竞选联合会主席。与全国其他州务卿一样，哈里斯既是有党派的民选官员，名义上也是本州选举事务的中立仲裁者。

大选日一结束，布什阵营就迅速派出他最信任的法律顾问迈克·斯提潘诺维奇来到佛州，作为布什在哈里斯办公室的代表。未经与他商议，哈里斯不得在这一阶段作出任何决定。对她来说，最重要的事就是决定是否重新计票。重新计票能持续到大选 7 日之后，也就是11月14日吗？她当然不会允许这么做。这时，4个县中还有3个县的票数未清点完，情形对阿尔·戈尔已非常不利。11月17日，星期五，佛州最高法院正式卷入争议，宣布推翻哈里斯的决定，允许各县继续点票。法官们将全案开庭审理的时间安排在11月20日，在此期间，重新计票仍将继续进行。

到了星期一，布什在佛州领先的票数已经从300张增加到930张。（沃卢夏县的重新计票已经结束，戈尔又赢得了27票，而布什
也增加了630张海外选票。）摆在佛州最高法院面前的问题是，棕 149
榈滩、布劳沃德和迈阿密-戴德三地的重新计票是否继续进行。如果佛州最高法院阻止重新计票，戈尔就输定了。

在2000年，州最高法院代表着佛州政府的单独分支。佛州有一位共和党州长，杰布·布什，而且共和党在州议会占据多数席位。而民主党在该州权力中心唯一保留下的力量就集中在州最高法院，这里有7名大法官系民主党州长任命。（一名大法官是由杰布·布什与其民主党前任劳顿·查理斯共同任命的。）佛州最高法院从不掩饰对民主党一方的支持，这场与布什阵营的战役也很快揭示了这一点。11月21日，星期二，佛州最高法院判决宣布人工计票可以再持续五天，哈里斯也不得在星期六之前确认选举结果。佛州大法官们很明显地表达了他们对哈里斯的不满，她被描述成“不通情理”“无事生非”“武断专横”“公然抗法”，并“违背了州法的显然意义”。但是，这份一致达成的判决书本身也没有充分说理。判决书并没有解释大法官们为什么把截止时间又延长了5天——而不是4天或6天，又或其他数字。在宣布哈里斯过度注重政治因素的同时，佛州法院给自己也蒙上了一层政治色彩。不过，戈尔阵营总算绝处逢生，再次扳回一局。

接下来的问题，是联邦最高法院是否愿意介入本案，布什竞选团队对此早有安排，专门指定了一名权威人士负责此事。就在佛州最高法院开庭审理之前两天，约翰·G. 罗伯茨就已到了佛州首府塔拉哈西（Tallahassee）。尽管年仅 45 岁，罗伯茨已经是他那一代人中最顶尖的最高法院出庭律师。（8 年前，乔治·H. W. 布什总统就打算将他送上哥伦比亚特区巡回上诉法院法官的位置，但提名却被参议院的民主党人成功阻止。）在塔拉哈西，罗伯茨协助迈克尔·卡文准备后者在佛州最高法院的代理意见，并围绕如何让最高法院受理本案这一问题向贝克提出建议。关于该问题，传统思路是讨论大法官们到底需要什么样的法律争议点。但罗伯茨这次打算另辟蹊径。他大胆对贝克断言，大法官们很想受理这个案子，而他们将会在那里取胜。

150 此时，距离大选已有半个月，佛州争议貌似仍与联邦最高法院无关。正像米德尔布鲁克法官曾说过的，本州选举事务一般由州法规定，自然也应由本州法院负责解释。联邦最高法院无权告诉佛州最高法院如何解释佛州法律。历史上，远在华盛顿的联邦最高法院大法官们还从未卷入过任何一州的计票事务中去。现在他们又凭什么会这么做呢？

罗伯茨已返回华盛顿，处理另一起最高法院案件。根据他的建议，布什团队在感恩节前的星期三（11 月 22 日）准备好了调卷令申请。事实上，共和党实际上是给大法官们备好了菜单，等着他们“点菜”呢。在调卷令申请上，共和党辩称佛州法院的判决违反了联邦选举法律，同时也违反了宪法第二条，该条规定应该由州议会，而不是州法院来负责本州的总统选举事务，此外，重新计票程序也违反了宪法的平等保护条款与正当程序条款。

奥尔森准备的这份法律意见书的奥妙在于其措辞，而非实质内容。他充分利用了大法官们（而不仅是肯尼迪）共同的虚荣心，把他们描述为司法系统中仅有的“成熟人士”，至于其他人——尤其是佛州最高法院的大法官们——不过是一群党棍罢了。奥尔森声称，佛州法院打开了一扇“选举人的灾难”之门，而联邦最高法院必须立刻阻止“一位合法性受到质疑的总统登上大位，或者一场宪法危机的发生”。

其实，奥尔森的指控非常牵强，根本不值一驳。选举事务当然由各州负责，而非联邦法院，佛州不过是秉承几代人延续下来的惯例而已。而且，即使重新计票，也是依照该州法律所为，从没听说连计票都会违反美国宪法。更重要的是，由于选举事务特殊，佛州形势每天都会发生变化，华盛顿的大法官们还在听审时，佛州那边的情况可能已经瞬息万变，这也是最高法院很少在尘埃落定前受理案件的主要原因。可是，这样的意见根本无法送达到大法官们面前，因为共和党已要求最高法院加速审理此案。他们希望联邦最高法院能赶在民主党有机会捍卫佛州最高法院判决之前，尽快受理他们的调卷令申请。

历史上，不知道有多少当事人曾要求最高法院加快审理进度，但他们的请求从未被最高法院接受过。尤其是在伦奎斯特时代后期，由于首席大法官一直致力于提高审理效率，最高法院很少调整既定的日程安排。案件审理进程也很少发生变化。在双方法律意见书呈
上来之前，大法官们连案子都不会看，即使看完法律意见书，也得 151
花上少则几周，多则数月的时间去处理它们。

可是，面对2000年总统大选争议，大法官们打破了常规。秩

序、规则、程序统统被抛在一边，一切都在飞速运转。一位老朋友向斯蒂文斯讨要一张该案庭审的门票，这位资深大法官无奈地说在席位问题上自己也得依程序办事。“我想，现在这是这个地方唯一按程序办的事情了。”他说道。

11 月 22 日，星期三，绝大多数大法官甚至不在院内，他们的助理和身边工作人员不得不出去找他们，并把共和党呈递的法律意见书交到他们手中。许多法官助理都出去度感恩节假期，受理布什阵营调卷令申请的裁决只好由大法官们亲自撰写。他们没有来得及听取民主党人一方的意见就作出了裁决。

作为负责第十一巡回上诉法院事务的大法官，肯尼迪自然承担起本案的具体协调工作。11 月 24 日，星期五，关于是否受理申请的投票结果出来了：

伦奎斯特——同意

斯蒂文斯——否决

奥康纳——同意

斯卡利亚——同意

肯尼迪——同意

苏特——否决

托马斯——同意

金斯伯格——否决

布雷耶——否决

受理调卷令申请只需有 4 票同意即可，共和党方面所得票数比必需的票数还多了 1 票。最高法院将受理此案。

星期五中午，肯尼迪把一名在法官助理办公室工作的律师叫到自己办公室。这些律师都属于全职专业人士（不要把他们与大法官个人的法官助理弄混了，法官助理一般只在最高法院服务一年），他们对大法官的行事风格非常了解，而且擅长预测他们的决策。这位被肯尼迪叫过去的律师断定，肯尼迪肯定会告诉他最高法院已经驳回调卷令申请了，所以到大法官办公室时，他连一张纸一支笔都没有带。估计他脑海里只有一个词：否决。 152

但是，肯尼迪看到他后说的第一句话就是："我希望你带个笔记本过来。"

最高法院的所作所为远不止批准调卷令申请和同意加速审理那么简单，大法官们同时接受了共和党调卷令申请中提出的三个"问题"中的两个。他们乐于倾听布什团队提出的关于佛州是否违反联邦法律及宪法第二条的论点，却并不认为佛州违反了宪法的"平等保护条款"。

更重要的是，肯尼迪还利用职权安排了最高法院开庭审理的时间，5 位大法官投票批准的调卷令上列明的开庭日期，甚至比共和党申请的时间还要早。这可是史无前例的。大法官们很少愿意提前审理案件，也**从来没有**提出比当事人所申请时间更快的日程表。奥尔森希望在 12 月 5 日进行言词辩论，肯尼迪却把时间定在了 12 月 1 日。

由于那位法官助理办公室的律师没有及时为会议做好准备，肯尼迪有些生气，"发送邮件之前先发给我，我好检查一下"。他冷冷地说。大法官们——或者说，其中 5 位大法官——**希望**尽早审理这起案件。

已经到了布什诉棕榈滩县调查委员会案（*Bush v. Palm Beach*

*County Canvassing Board*）的言词辩论时间，很显然，最高法院不应该把这个案子放在第一位。相关的法律问题涉及戈尔对选举结果的抗议，戈尔要求在哈里斯确认最终结果前对其余 3 个县重新计票。该案仍在最高法院悬而未决的那个星期，3 个县中只有一个完成了
153 重新计票，在布劳沃德，戈尔又额外获得了 567 张选票。调查委员会不得不停止重新计票。在棕榈滩县，调查委员会已经开足马力，但仍未赶在哈里斯给出的最后期限前完成计票。11 月 26 日（星期日）晚上，哈里斯在佛州议会大厦国会厅向全国电视观众宣布了该州大选人工计票的最后结果，声称布什以 537 票优势赢得了胜利。戈尔阵营迅速提出"辩驳"（contest），这也是在"抗议"（protest）布什提前确认获胜后想出的新招，只有用这道法律程序来质疑选举结果了。

12 月 1 日，星期五上午，大法官们从巨大的红色幕帘后依序走出，大选结果"抗议"案的审理也随之拉开了帷幕。大法官们好像并不觉得眼前的争议是多大一回事。法庭内的气氛非常活跃，甚至有些不太庄重。佛州的选票争议不仅出人意料，而且匪夷所思，大家都愿意——或者说希望——最高法院能够把整个事情拉到正确轨道上来。

最靠近审判席的旁听席位是为贵宾预备的，前大法官拜伦·怀特赫然在座，这位前橄榄球运动员看上去面容憔悴，甚至略带病容，但是，他与在座的其他听众一样，深知这样的庭审一生可能只会遇到一次，绝对不容错过。

很快，言词辩论就因过度纠缠于细节而陷入泥沼。从大法官们对西奥多·奥尔森的提问可以看出，肯尼迪和奥康纳在这个案子面前就像反悔的买家，对仓促发出调卷令的决定懊悔不已。正像奥康

纳提到的：“如果这一事务只与州法相关，我宁愿我们对此置之不理，让州法院去处理，可你们却竭力说服我们这是一个与联邦法律有关的争议。”

肯尼迪说：“我们在寻找涉及联邦的争议点。”这也是戈尔阵营的律师，哈佛法学院教授劳伦斯·却伯内心的疑问，不过，现在看来，大法官问这些问题，好像是在为自己找一个体面的台阶下。

大法官们在言词辩论当天下午就召开会议，但并没有像往常那样立刻投票，会议重点是如何尽力达成一个没有异议的判决。他们知道，在这个极度政治化的时期，最高法院必须用一个一致性判决来显示大法官们的精诚团结。但是，大法官们彼此意见却并不一致。保守派大法官们（尤其是斯卡利亚）都对佛州最高法院近乎改
写该州选举法的行为非常不满。斯卡利亚认为应该好好敲打一下这 154
家法院，至少在判决书的措辞上应当更加严厉。奥康纳也不喜欢佛州大法官们显示出的自由派倾向，以及对戈尔的支持。而自由派大法官们，尤其是斯蒂文斯，认为佛州最高法院做的不过是任何一州的法院一直在做的事——解释本州法律。斯蒂文斯及其盟友认为，既然大选“争议”仍在进行中，就应当驳回上诉，让佛州最高法院自己处理。

每当会议陷入僵局，无法达成统一意见，伦奎斯特往往会亲自起草意见书，并尽力说服大家接受。可是，遇到如此重大的案件，一向以沉着冷静著称的首席大法官居然没有亲自撰写意见书，而是指派一位名叫卢克·索博塔的法官助理起草初稿。

伦奎斯特决定用“撤销”（vacate）的方式来解决争议——也就是说，推翻佛州最高法院的判决——但拒绝作出新的法律判决。“经过对佛州最高法院意见的审议，现在仍无准确依据供我们作出

判决，”该意见书写道，“目前我们有足够理由拒绝对本案涉及的联邦问题进行审议。”换句话说，首席大法官把皮球又踢回了佛州最高法院，既明确否定他们所作判决的准确性，又没说他们错在哪里。这是最高法院对佛州最高法院发出的一个警告，让他们不要再进一步采取司法能动主义的进路，但事已至此，该判决的实际意义已不大。

最高法院的判决书于星期一公布，这时已经是 12 月 4 日了。判决书内容竭力显示这是整个法院的判决意见，而非某个大法官的一己之见。最高法院在判决书末尾用了“本院”（by the court）这个词，该词一般用于不重要、无争议的判决书。如果这就是联邦最高法院在 2000 年总统大选争议期间的唯一判决，那么大法官们在整起事件中扮演的无非是一个适度注解的角色。大法官们自己也认识到，他们本来就不该卷入选举事务，如果迫不得已被卷入的话，至少不要犯太大的错误。

12 月 4 日这天更重要的新闻发生在佛罗里达州首府塔拉哈西市，当地法官就戈尔团队的“辩驳”作出判决，拒绝了戈尔一方重新计票的请求，并维持哈里斯关于布什一方取胜的核票结果。这一判决将很快被上诉至佛州最高法院——而且，最终会到达联邦最高法院，皮球又被踢回来了。

# 第 12 章　紧锣密鼓

没有什么案子比 2000 年总统大选案更吸引大法官的助理们了。155 他们之中许多人在钩心斗角、互相攻讦的对立气氛中度过了 12 月那段至关重要的时期。那么，法官助理是否真正对判决结果产生了影响呢？

第一个把法官助理渲染成一个工于心计、能量强大群体的人，正是威廉·伦奎斯特本人。42 年前，伦奎斯特刚刚成为罗伯特·H. 杰克逊大法官的法官助理，就在《美国新闻与世界报道》(*U. S. News & World Report*)杂志上发表了一篇文章，断言“自由派”法官助理正将最高法院的工作“推向”左翼。伦奎斯特声称，绝大多数法官助理显示出“对共产主义者及其他刑事被告人权利的过度关注，认为应当扩张联邦权力、缩减州的权力，并极其拥护政府对商业的任何规制”。许多年来，人们一提起最高法院，脑海中首先浮现的就是伦奎斯特描绘的那个被自由派法官助理盘踞的堡垒形象。

但是，到了 1998 年，哈里·布莱克门大法官的前法官助理爱德华·拉扎勒斯颠覆了上述形象。他在最高法院工作期间，见识了许多法官助理为保守派议题摇旗呐喊的现象。在《内庭幕后》

（*Closed Chambers*）一书里，拉扎勒斯称这些右翼助理“自发形成的小集团”，“为了党派目的”，行使“重要权力”。这些助理刚入法学院就成为联邦主义者协会成员，他们为了意识形态的目标联合起来，秘密策划，最高法院的自助餐厅、国会山便宜的中餐馆，都是他们密议的场所。

事实上，最高法院的法官助理都很平凡，没那么神通广大。这些法官助理大多不过 20 来岁，都是精英法学院最优秀的毕业生，在
156 基层法院有过一年法官助理的经历。［那些经常把自己的法官助理送到上级法院的法官一般被叫作“输送者”（feeders）。］法官助理们负责审阅调卷令申请，帮助从大约 8 000 个案件中筛选出 80 件进行进一步审查。在准备言词辩论期间，他们会和大法官一起讨论案情，更重要的是，他们会起草法律意见书的初稿。至于具体操作细节，一般取决于大法官个人。托马斯会指派一个人担任主要助理。奥康纳要求法官助理们为她归纳每个案件的争议点，并形成一份“裁判备忘录”（bench memo）。肯尼迪在每次言词辩论开始前，都会与法官助理们模拟开庭演练。斯卡利亚向来都忽略法官助理的存在。斯蒂文斯干脆另起炉灶，完全按照另外一套机制运作，他是唯一不派人参加“调卷令申请集体审议机制”的大法官，后者是指另外 8 位大法官办公室各派出一名法官助理参与分拣案件，并将每份调卷令申请浓缩成一个详细的案情备忘录。斯蒂文斯的意见书初稿向来由他亲自起草。与伦奎斯特一样，斯蒂文斯每年只聘请 3 名法官助理，而其他大法官通常都会聘请 4 名。

法官助理起草大部分意见书这一事实容易给人们造成错觉，尤其是法官助理群体本身。由于承担了上述职责，许多助理都认为自己的作用非常重要。其实，这一作用被明显夸大了。最高法院的意

见书通常都是格式化文件：事实陈述外加法律分析，这一格式根深蒂固，从不会因案件不同而改变。总体来说，每份意见书中只有极小一部分关系甚大，并可能产生持续性影响，而对于这部分内容，大法官们自己向来是亲力亲为、慎之又慎的。伦奎斯特进入最高法院后，对法官助理的权限进行了重新调整。他曾坦承，经常觉得自己被束缚在一大堆脚注里，而不是前面的意见书正文中，因为法官助理们太喜欢使用脚注了。不过，有一点是最重要的，是大法官本人，而不是法官助理最终决定如何投票，投票权高于一切。

尽管作用有限，但逐年轮换的法官助理还是给最高法院注入了许多新鲜活力，在这座大楼内营造出一种活跃气氛。奥康纳喜欢请亚利桑那人做助理，伦奎斯特偏爱网球爱好者，金斯伯格乐意找热爱音乐的，苏特更愿意要脑瓜灵活的。[1] 年复一年，这种彼此交流当然会产生化学反应。在 1999—2000 年度，也就是大选前那个开庭期，所有法官助理都相处融洽，唯一冒出过的不和谐音符，是曾有一名法官助理把另一名助理推倒在最高法院喷泉池里。但是，在接下来的一年中，随着重新计票争议愈演愈烈，最高法院内的气氛也

---

1 早期的大法官多倾向于聘请名校法学院毕业的白人男性做助理，一般还要求对方有在上诉法院担任助理的经历，随着大法官本身的族裔趋向多元化，对法官助理也逐步放松了种族方面的要求，华裔、非洲裔、韩国裔助理陆续都可以进入最高法院工作。大法官在选任助理时，除了意识形态外，还会斟酌考虑他们的品行、喜好、特长，现任助理的推荐或建议对选拔新助理来说也非常重要。

曾有一名联邦法官在谈到对法官助理的要求时说："法官助理不仅要称职，还要有灵性；不仅要健谈，还要思路敏捷，行文流畅；不仅要深思熟虑，还要讲究策略，令人信服；不仅要敬业，还要积极主动；不仅要善于合作，还要在法庭繁重的审判工作中，执着地减轻法官的负担，推进案件的审理。"关于联邦法院法官助理的工作状况，可参见乔钢良著：《现在开庭：我为美国联邦法官做助理》，生活 · 读书 · 新知三联书店 1999 年版。

急转直下。多年来，左翼大法官，尤其是斯蒂文斯、金斯伯格与布雷耶的法官助理都很偏向自由主义，并以意识形态为标准对其他法
157 官助理分门别类。当最高法院就总统大选争议作出第一个裁决时，法院内部的气氛一度非常紧张。但是，当布什诉棕榈滩县调查委员会案的判决公布后，最高法院看上去仿佛已与 2000 年大选没什么关联，大法官们在该案中的意见，也貌似是他们最后一次就选举事务发言。

然而，佛州的选战仍在进行。戈尔质疑核票结果的案件已经摆在塔拉哈西地方法院法官 N. 桑德斯・索尔斯面前。索尔斯向来以该地区最差劲的法官而著称，此人心胸狭窄、睚眦必报、极端反动。1998 年，因为他“不断破坏司法管理工作”，佛州最高法院甚至威胁要对他进行降职处分。遇上索尔斯这号人来做本案的主审法官，戈尔算是撞了霉运。

索尔斯在小阿尔伯特・戈尔诉凯瑟琳・哈里斯案（*Albert Gore, Jr. v. Katherine Harris*）中的表现，果然“名副其实”。他的判决书于 12 月 4 日下午公布，篇幅不大，但明显牵强附会。他承认，种种记录表明，佛州的计票机器“确实存在算错票的情况，其计票结果不能说完全准确”，但是人工重新计票将改变佛州选举结果这一说法，“并不存在合理的可能性”。这天傍晚，戈尔的律师就此裁决向佛州最高法院提起上诉，那里再次成为戈尔的唯一希望。

佛州法律这次看起来又站在了戈尔这边。如果佛州的机器计票确实存在重大失误，那么人工重新计票的结果显然更为准确。但索尔斯法官偏偏就认为重新计票的结果不会有什么不同。

12 月 7 日，星期四，双方律师再次云集于佛州最高法院。布什阵营仿佛已预料到这次庭审的必然结果。贝克与其他高级幕僚连庭

审都没有参加，这些人的缺席释放出一个信号：佛州最高法院这道程序对他们已经无关紧要了，联邦最高法院才是重点。果然，几位佛州大法官很快得出结论，索尔斯的判决实在是大错特错——计票工作仍需进行。本案的争议点一开始就集中在漏选票上。

起初，布什阵营的主要立场是，如果只在4个县进行重新计票——而不包括其他63个县，就导致了实质上的不公平。而现在，由于核票结果已经证明布什领先，上述论点反而变得对戈尔有利，他本来只是向法院申请在棕榈滩和迈阿密-戴德两地重新计票，而现在大法官们提出的方案更加诱人——重新计算**全**州的**所有**漏选票。 158
对佛州大法官们来说，最公平的办法莫过于清点所有选票，看看有多少合法选票被遗漏掉。既然其余各县也就6万张漏选票，为什么不逐张核查一下呢?

民主党人喜出望外，简直没料到会迎来这样的胜利。12月8日，星期五，下午3：50，佛州最高法院的发言人在法院台阶上宣布了大法官们的判决结果。首先，法院承认棕榈滩和迈阿密-戴德县的选票统计有误，戈尔在两地人工重新计票多出的383张选票应计入选票结果，这就使布什在佛州的领先优势从537张选票缩小到154张。法院接下来的判决内容令人们瞠目结舌。“根据4∶3票的表决结果，多数法官赞成推翻地方法院的裁决，”法院发言人克雷格·沃特斯说，“地方法院应当裁定，对佛州所有还未重新计票的县的漏选票进行人工重新计票。由于时间紧迫，重新计票必须尽快开始。”

佛州最高法院再次将戈尔从政治僵局中解救出来。

戈尔的法律团队在塔拉哈西的办公场所非常狭小，是个三人间办公室。（该团队实际上是劳德尔堡一家中型律师事务所的分支机构，佛州其他几家大所都不愿意接戈尔的案子，他们显然更害怕得罪佛州的共和党掌权者。）一开始，那里的办公条件也非常简陋，没有有线电视，没有高速网络接口，甚至连个供12名律师使用的大房间都没有，许多律师不得不回城工作。

共和党一方则恰恰相反，他们在塔拉哈西市的办公室聘请了佛州第二大律师事务所为其提供法律服务，并租下了足够宽敞的办公场地。（为防止媒体泄密，他们还专门在一个电影外景拍摄场地租了一些房间，这样可以避免被人干扰。）这还仅是在佛州首府，布什在华盛顿的团队亦装备精良。佛州最高法院刚刚裁定扩大重新计票范围，布什阵营的活动中心就迅速从那里转移到了华盛顿。

159 布什律师团队在华盛顿的办公场所，是西奥多·奥尔森在吉布森、邓恩 & 克拉彻律师事务所的办公室。在贝克的指示下，该团队早就在为应付各种突发事件做准备了。12月8日下午，佛州最高法院关于重新计票的判决刚一宣布，布什律师团队就已完成了向最高法院申请立即阻止该判决的初步工作。法律意见书草稿由奥尔森的两名年轻合伙人，米格尔·埃斯特拉达与道格·考克斯共同完成，他们与华盛顿律师迈克尔·卡文（来自另一家律师事务所）一起，在佛州最高法院的首场官司中代表布什一方出庭。事情的发展印证了约翰·罗伯茨最初的观察结论：最高法院需要这个案子。与所有在伦奎斯特法院打官司的律师们一样，布什的律师们非常清楚谁的一票最关键，谁才是他们最重要的听众，那就是——桑德拉·奥康纳。

奥康纳一向认为，判决产生的实际效果比任何法律理论都重要，这也正是奥尔森及其团队起草的法律意见书重点着力之处。“没有什么比眼前这个案子更重要了。对美国总统大选争议的法律解决途径已经到了危机边缘。”他们写道，最高法院必须出手干涉，大法官们不能只是发出调卷令，还应当尽快发出紧急禁制令，在整个事件失控之前，阻止佛州重新计票的继续进行。“在这起维护美国总统与副总统选举程序完整性的案件里，最高法院的介入才是关键，只有这样，才能纠正佛州最高法院犯下的严重宪法错误。”奥尔森团队写道，“必须尽快发出紧急禁制令，阻止错误判决的执行对布什本人，对整个选举程序，乃至对整个国家造成难以弥补的伤害。”

布什一方这次的法律依据仍显得牵强附会，理由并不牢固。他们的主要争议点来自对宪法第二条中一句模糊条款的理解，该款规定，各州选派选举人的方式是“依照该州议会所定方式”。共和党认为，现在是佛州法院而不是该州议会“定”下了佛州选举的胜选方式。支撑这一说法的唯一权威论调，来自最高法院 1892 年作出的一份不知所云的法院判决书。（事实上，佛州法院已经回应了围绕宪法第二条提出的质疑，他们指出，法院所做的不过是他们平时一直在做的事——解释佛州选举法，而不是重新制定一套选举规则。）布什团队的做法有点儿像在散发随看随丢的广告传单，他们很快又增加了一项主张：重新计票违反了宪法第十四修正案的平等保护条款。 160
不过，他们对这一问题的忽视——42 页的法律意见书内，相关内容仅占了 3 页——也是可以理解的。事实上，早在最高法院审理棕榈滩案时，就已经觉得拿“平等保护条款”说事儿过于牵强，并拒绝审理这一争议点。

尽管从本质上看，共和党向最高法院，尤其是向奥康纳提起的这次上诉，绝对是政治色彩大于法律根据。但究其主因，还是民主党人居多的法院作出的判决将大选拖入混乱之中。佛州最高法院的判决被称为戈尔诉哈里斯案。奥尔森团队的律师们却将该案换了标题，并使之青史留名，这就是大名鼎鼎的布什诉戈尔案。法律意见书于佛州最高法院判决公布四小时后被送达法官助理办公室——此时已是 12 月 8 日晚上 9：18。

与此同时，塔拉哈西一位默默无闻的法官用实际行动反驳了共和党关于重新计票将导致混乱与失序的预言。佛州最高法院作出判决几个小时后，特里·刘易斯法官就如何重新统计全州 6 000 张漏选票这一问题进行了庭审，并听取了戈尔与布什双方律师的意见。[由于事态变化太快，唯一剩下的一名法庭报道记者也来不及赶到刘易斯所在的法庭，他只好跑回家里，边听公共事务有线电视网（C-Span）[1] 的直播边记录整个庭审过程。]

与那位无能的同僚索尔斯法官相比，刘易斯完全胜任地区法院法官这项工作。在刘易斯的法庭内，芝加哥著名律师菲力·柏克代表布什阵营出庭，他集中火力，攻击佛州最高法院判决的一处缺陷。该判决只要求重新计票，却没有列出各县计票时应秉持什么样的唯一标准，以判定哪些票有效、哪些票无效。“好吧，”刘易斯问道，“那你觉得应该用什么样的标准？”柏克说：“不可能有唯一标准，因为那无异于在游戏中途改变规则。”布什方的立场就是一个循环论证，必须有一个标准，但又不可能确立一个标准。

刘易斯并没有被难住，他最终拿出了一个解决方案。此时已临近星期五午夜，刘易斯宣布计票工作将于星期六上午 8 点在立昂县

---

1 公共事务有线电视网，创办于 1979 年，主要播放政府及公共事务议题的节目，节目多以直播形式进行，包括国会上的辩论、政治会议、听证会、记者会和竞选演说等。

公共图书馆开始。（许多选票已经被运到塔拉哈西。）其他各县必须
在次日中午拿出方案。所有计票工作至多在一天半之内结束，即星 161
期天（12 月 10 日）下午 2 点之前。刘易斯本人整个周末也将待在
自己办公室内，处理任何相关争议。

星期六拂晓，非同寻常的一幕终于上演。经过彻夜工作，戈尔与布什的竞选团队已集合大队人马，并将他们分组送往州内各县，监控当地计票工作。与此同时，刘易斯也在州内安排了许多法官志愿者，代替各县工作人员对计票工作进行监督与指导。上午 9：51，首席法官率领计票者在塔拉哈西图书馆宣誓。上午 10：07，计票工作开始。图书馆前放着 4 张桌子，每张桌前站着 2 名法官。他们面前放着 5 个盒子，上面贴着不同的标示：布什，戈尔，其他，弃权，存疑。（刘易斯法官将亲自检验“存疑”盒内的选票。）相同的场景也发生在佛州各地。

从一开始，布什阵营的核心观点，就是佛州最高法院的判决将导致无政府主义式的混乱状态，从而令民主党窃取选举果实。但在星期六上午，许多法官与各县的工作人员用实际行动驳倒了这一说法。整个计票过程安静、有序，当然，谈不上完美。截至当天中午，种种情况已经表明，特里·刘易斯将最后期限定在翌日下午是完全合理的，重新计票工作完全可以在此之前完成。

碰巧，星期五晚上，奥康纳的一名法官助理——他属于少数与保守派、自由派两边同事交情都还不错的那类人——召集大家在华盛顿附近一个酒吧聚会。许多法官助理都放下手头工作，过去喝了几杯。不过他们喝完之后还得返回来，抓紧时间阅读布什团队的法律意见书，许多人提前就知道这些文件当晚就会被送来。

回到最高法院后，酒精让本来就很紧张的气氛变得更不安定。许多保守派大法官的法官助理早就对佛州最高法院存有一腔怨气。他们认为，塔拉哈西那帮大法官完全没理会华盛顿的大法官们 12 月在棕榈滩案判决中提出的问题。“他们太坏了，居然想让戈尔窃取大
162 选结果，”一些右翼法官助理如此说道，“他们公然蔑视联邦最高法院，居然敢未经请示上级法院就想让选举结果翻盘！”

此刻，摆在最高法院面前的当务之急，仍是达成一个全体一致的法院意见。问题在于，现在的形势已完全不同于棕榈滩案时期了。两派合作的最后一块遮板已在星期五晚上彻底消失。斯卡利亚大发雷霆，最先对布什团队呈交的法律意见书作出回应。他认为，佛州法院胡作非为、目中无人，已完全失控，该是阻止他们的时候了。在给其他大法官的备忘录中，他说自己决不会仅仅应布什诉求就发布一个针对重新计票的紧急禁制令那么简单。斯卡利亚不但要发布紧急禁制令，还要批准布什的调卷令申请，彻底推翻佛州最高法院的判决——而这些将越过任何听证与言词辩论环节，在星期六上午进行。保守派大法官的办公室当晚开始迅速联合，每一方都拿出了不同的争议点——宪法第二条、联邦法律、“平等保护条款”。

截至星期五晚上，已有 5 票赞成发出紧急禁制令——伦奎斯特、奥康纳、斯卡利亚、肯尼迪和托马斯。当晚，最高法院一度似乎已打算采纳斯卡利亚的提议，越过言词辩论环节，直接推翻佛州最高法院的判决了。就在这时，少数方的资深大法官斯蒂文斯向伦奎斯特提议，至少得在星期六就此议题开个会再作决定。尽管极不情愿，但首席大法官还是答应了他的请求。最开始，伦奎斯特把会议时间定在下午 1 点，但斯卡利亚为了尽快阻止重新计票，说服首席大法

官把时间挪到了上午 10 点。

12 月 9 日，星期六，佛州的计票工作已经开始，大法官们齐聚首席大法官的办公室，一场简短但气氛凝重的会议即将召开。斯卡利亚仍然坚持越过言词辩论环节，直接推翻佛州法院判决，伦奎斯特与托马斯都赞成这一意见。奥康纳与肯尼迪则表示，他俩还是想听听双方当事人的意见，但赞成尽快发出紧急禁制令。另外 4 位大法官——斯蒂文斯、苏特、金斯伯格和布雷耶——对斯卡利亚的提议完全持反对意见。他们又面临上次案件时遇到的问题。为什么不让计票进行下去呢？没准儿布什还会取胜呢。但是，多数方绝不会改变意见。伦奎斯特起草了一份一页纸的指令。紧急禁制令被批准了。言词辩论被定在 12 月 11 日（星期一）举行。斯蒂文斯称，他将针对这一决定起草一份异议意见书。

回到自己办公室，这位芝加哥老人来到键盘前，敲出长长的三段文字。其实，决定在棕榈滩案中与其他大法官达成一致意见之前，斯蒂文斯曾准备过一份异议意见书，所以他只需对原来的初稿进行加工即可完成。斯蒂文斯以他特有的兼具韵律与文采的 163
散文体写道：“通过阻止合法选票的点算工作，多数方今天背离了最高法院在历史上一直恪守的、弥足珍贵的司法克制原则。在此之前，我们一直尊重各州最高法院的意见。在相关问题很大程度上涉及联邦政府另一分支的事务时，我们向来是尽量缩减司法权限，慎重运用司法权力。当涉及联邦宪法性问题的案件还在审理期间、尚未完整呈现在我们面前时，我们从来都谨慎地拒绝发表任何意见。多数方的行动是不明智的。”斯蒂文斯坚持认为，重新计票绝对不会构成什么“难以弥补的伤害”——而这正是紧急禁制令所意图阻止的。

斯卡利亚本来没打算写任何东西，发布紧急禁制令的行为本身就已经说明了他的态度，但是，他很快又被斯蒂文斯的异议意见书激怒，迅速回到桌前撰文回应。（看来他气得不轻，以至于只顾埋头写作，把发布紧急禁制令的事情都给耽误了，尽管他一直坚持尽快发布禁制令，并强调速度就是一切。）三页纸的协同意见书，再次证明共和党人使用的法律策略是成功的——注重政治而非法律。共和党人成功地把佛州法院的法官描绘成一群不讲原则的党棍，但斯卡利亚同样也是基于党派偏见作出决定的，只不过支持了另外一方而已。“计票行为的合法性是值得质疑的，在我看来，它会给布什的选举合法性蒙上一层阴影，对布什和这个国家都将造成难以弥补的伤害。”斯卡利亚写道。首先是计票，其次是合法性规则，并不能产生公众认可、民主的稳定性所需的选举结果。

在正常情况下，或者说在所有情况下，最高法院不会把一件尚不明确的事情比喻成投下阴影，或者描述为酿成法律危害，更不会仓促发布紧急禁制令。此外，就在数个选举诉讼纠缠不清，让人眼花缭乱之际，联邦第十一巡回上诉法院，针对布什一方就迈阿密的米德尔布鲁克法官的裁决提起的上诉作出了先期裁决，禁止哈里斯确认除布什之外的任何人为本州的获胜者。所以，对共和党人来说，唯一**可能**造成的“危害”，就是佛州可以重新计票，而戈尔取得领先位置。不过，只要第十一巡回上诉法院的判决维持不变，戈尔不可能在佛州取胜。对斯卡利亚来说，布什面临的政治问题——重新计
164 票可能给他带来的窘迫局面——绝对算得上“难以弥补的伤害”。面对大选争议，斯卡利亚完全是用布什的眼光在看问题。用他本人的话说，这位大法官更关心如何让共和党赢得漂亮，并不在乎佛州选民到底打算选谁。需要指出的是，由于斯卡利亚的协同意见书观点

太过极端，没有一个大法官愿意加入。

星期六下午 2：40，最高法院新闻官召集了在法院周边守候的“跑口记者”，宣布佛州最高法院的判决将停止执行。调卷令已被批准。法律意见书将于翌日发布。言词辩论将在至少 48 小时之内举行，也就是是 12 月 11 日，星期一上午 11 点。这可谓是最高法院历史上办事效率最高的一次。

此时，戈尔在他位于海军天文台附近的家里，把新闻告诉了家人，并观看电视报道。下午 3：11，他用黑莓手机给自己的首席发言人马克·法比亚尼与克里斯·勒汉发去一条短信：“请确保我方无人批评最高法院。”

# 第 13 章　最终输家

165　12 月 10 日，星期天，布什诉戈尔案的法律意见书在上午公布时，各大电视台的摄像机已在最高法院门前步道占好位置。最近，最高法院连续爆出太多新闻，速度之快令新闻媒体措手不及。由于法院附近遍布记者，法警不得不建议大法官们拉下窗帘，因为摄影记者手上有种高性能镜头，能远程拍下他们手头文件的内容。

法院大楼内，法官助理早已分为两大阵营，每一方都这么看待对方：**他们正竭力窃取大选**。大家彼此间的关系比年初，甚至本周早些时候更差——情况正变得越来越糟糕。

对斯蒂芬·布雷耶而言，他此刻仍处于“超我”状态。的确，事情现在看起来有点糟糕，但是逻辑——他的逻辑——终究会取胜。无论面对什么案子，他从不放弃希望。确实，最高法院多数人批准发布了紧急禁制令——这就意味着，在法律的标准下，他们“很可能”在本案中作出有利于布什的判决。但这并没有解决争议，至少对布雷耶而言。他对理性的力量有种近乎救世主式的信仰，对自己让同僚们领会某种事物的能力也从未失望过——或者说，是自己说服别人接受某种观点的能力。

此外，布雷耶在布什诉戈尔案中所持立场，其实与保守派相差
不远。作为一名前法学教授，布雷耶当然精于法理，擅长修辞，但
他同时也是一名老练的政客。作为老练政客的布雷耶并不喜欢佛州
最高法院的做法。在他看来，塔拉哈西那群大法官看起来太像是在
拉偏架，用力过猛地帮戈尔取胜。布雷耶认为，既然他们没能成功
确立一个重新计票标准，那么其动机就更加值得质疑。布雷耶并不 166
在乎这件事到底是一个正当程序问题，还是一个平等保护问题，或
者属于任何其他法律问题。关键在于，佛州大法官的所作所为经不
起直觉测试，这才是他真正在意的。

但是布雷耶有一个简单的解决方案：把案件发回佛州最高法院重审，让那些大法官制定一条适用于全州的明确计票标准，然后开始重新计票。他热衷于折中做法，而且认为这是个好办法。

于是，布雷耶在星期天交给法官助理一项侦察任务，看看多数方的大法官是否有转换立场的可能。严格意义上讲，可能转换立场的人只有两个。于公于私，伦奎斯特、斯卡利亚和托马斯都已清楚表明了立场。他们对佛州大法官的做法都非常恼火，而且都想让大选尽快结束。看不出他们有任何改变意见的可能。

布雷耶在意的是奥康纳和肯尼迪。可惜的是，对奥康纳司法立场的判断，布雷耶这次又犯了和以前一样的错误。尽管奥康纳一直站在中间温和派立场上，但这并不意味着她总是拿不定主意。在布什诉戈尔案上，她这次可是拿定了主意——而且坚定不移。她认为布什就是应该赢，无论是这场官司，还是大选本身。如果一定要问奥康纳在偏远的西部大牧场学会了什么，那就是自强自立。一个人无权因为自己的错误而怪罪于任何人和政府。她深信佛州这场争议之所以产生，就是因为一些人没弄清正确的投票方

法而投错了票。苦苦思考那些模糊选票的确切含义，绝不是选举官员应做的工作，当然也不是法院该干的事情。如果这些选民不愿为学习如何正确投票费心思，州政府也没必要弄清楚这些倒霉鬼们到底想选谁。至于佛州最高法院，奥康纳把那里的大法官完全看作一帮民主党政客。

奥康纳没有注意到的是，佛州法律明确要求计票者必须审慎判断投票者的意图，并授权佛州法院负责一些程序性工作。（佛州法院曾要求一个县在计票时算入那些用钢笔填写的选票，而按照选举要求，选票一般要用 2 号铅笔填写。）她也没有考虑到，许多选票之所以不完整，完全是因为投票机器出了问题，而不是投票者的脑袋少根弦儿。奥康纳已经完全失去了耐心。某种程度上讲，这也是
167 她对自己感知到的公众情绪作出的反应。在她看来，美国人民与她一样，都已经受够了这场闹剧，希望这一切能早点结束。（事实上，民意调查结果显示，赞成停止重新计票的只占微弱多数，相当多的人支持佛州全面重新计票。）无论如何，布雷耶的游说工作还是失败了。奥康纳决定投票推翻佛州的判决。苏特随后也前所未有地对奥康纳表达了个人请求，希望她能改变主意，他的规劝也未能奏效。

到了星期天，一些自由派助理揣摩奥康纳可能会回避此案。正如戴维·马戈利克起初报道的那样，金斯伯格的一名助理从他在《华尔街日报》工作的哥们儿那里听说，该报星期一的版面将报道奥康纳大选之夜在斯托塞尔家那场派对上的失态表现。自由派助理们猜测，奥康纳或许会主动提出从本案中回避的请求，因为她已明确表示希望布什获胜。但是，助理们再次看错了奥康纳，也错误解读了法律。奥康纳在派对上的言论尽管罕见，但并不能

由此判断她会在本案中存有偏见，无论如何，她不可能会放弃如此重要的案子。

或许，肯尼迪就是另外一回事了。这个开庭期对他可并不轻松。就在大选前几周，他刚刚撰写了法律服务机构诉维拉兹克兹案（*Legal Services Corp. v. Velazquez*）的法院判决书，他在该案中加入了 4 位自由派大法官——斯蒂文斯、苏特、金斯伯格和布雷耶一方，推翻了一部旨在阻止法律服务机构[1]的律师挑战社会福利法合宪性的法律。（国会通过这部法律的目的是防止政府资助的律师参与自由主义政治活动。）在判决书初稿中，肯尼迪违背其他同僚意愿，用华丽文风阐述了宪法第一修正案与律师职业的重要性，而其他人则希望他的语言风格能尽量平实舒缓，少一些无意义的修辞。肯尼迪颇不情愿地照办了。现在，4 位自由派大法官仍然需要肯尼迪那一票，但这次涉及的事情可要大得多。

对大法官们来说，12 月 10 日这个星期天，一切显得格外平静。几名法官助理早早来到法院，等着领取法律意见书，这些文件之前已被分别送至大法官们家中。在星期一上午 11 点的会议之前，大法官们不会再聚集在一起，那将是他们最后一次听取双方律师就大选案发表意见。

---

1 法律服务机构（Legal Services Corporation），1974 年由美国国会特许成立的法律团体，其目的在于为帮助穷人获得法律服务的组织提供财政援助。这一机构的前身是在 1965 年成立的法律服务处（Office of Legal Services，简称 O. L. S），当时它因过多地卷入跨区校车接送事件、策划抵抗和堕胎案件而遭到保守派的批评。国会因此取消了法律服务处，创建了法律服务机构，并颁布规章，禁止为了上述有争议的目的而使用该机构的基金。尽管如此，该机构在实践中仍不存偏见地对一些事业提供了援助，如对帕萨玛科地和佩诺布斯科印第安人要求收回缅因州三分之二土地的诉讼提供援助。它由总统指定的一个 11 人委员会进行管理。

距离首次言词辩论仅仅10天，但12月11日这一天的法庭气氛却与上次迥然不同。12月1日那天其乐融融，而11日的气氛则
168 怒气冲冲。（拜伦·怀特没有出席第二次开庭。几周后，他关闭了自己在华盛顿的办公室，搬回科罗拉多州。他于2002年去世，享年84岁。）在棕榈滩案的审理过程中，最高法院看起来还像是抛开政治因素，只围绕佛州选战就事论事。但是，阻止重新计票的行为使人们觉得大法官们完全陷入了党派偏见，最高法院本应有的公允正直，现在统统看不到了。

西奥多·奥尔森已经在紧急禁制令问题上取得了胜利，此刻，他正打算乘胜追击。如果能够在言词辩论阶段排除万难，他将为自己的客户赢得这场官司（并赢得大选）。令他奇怪的是，肯尼迪一开始就问了一句："你能不能先从联邦司法管辖权开始？这个案子的联邦问题在哪里？"这正是戈尔的律师们一直强调的问题——选举完全是一州的州内事务，不应该拿到最高法院审理。奥尔森平静地答道，佛州最高法院违反了宪法第二条，该条要求由州议会而不是州法院来制定总统选举的规则。但是肯尼迪用戈尔一方的主张反驳道："州立法机关游离于本州宪法之外，也不能使用自己的法院……这似乎符合我们政府的共和主义理论。"

莫非肯尼迪临阵倒戈了？当然不是，因为不久之后，他的观点就明显倾向于布什一方了，他说："我想，你的观点是程序已被引导到违反宪法'平等保护条款'的地步，因为该程序毫无标准可言。"奥尔森当然同意他的说法。

布雷耶认为，肯尼迪的提问完全是在设法引诱自己投他们一票。如果问题是佛州最高法院没有确立计算漏选票的标准，那他们现在为什么不确立一个？让佛州法院确立一个怎么样？或者让凯瑟

琳·哈里斯确立一个？这样重新计票就能重新开始了，对不对？奥尔森勉强让步说，新标准也许可以解决问题。苏特也持类似观点。为什么不确立一个新标准，然后重启计票工作呢？

迈阿密著名律师约瑟夫·克洛克代表哈里斯出庭辩论，由于压力太大，他频频失礼，大出洋相。[1]在回答斯蒂文斯的提问时，克洛克称他为“布伦南大法官”。（布伦南离开最高法院已有 10 年，而且已于 3 年前去世。）不一会儿，克洛克在回答苏特提问时，又把他叫成“布雷耶大法官”。现场听众哄堂大笑，苏特尴尬不已、连声叹息，遂打趣说：“我是苏特大法官。你可别再弄错了。”另一个人当然不甘心被别的大法官抢去风头，他的声音很快从审判席上传过来： 169
“克洛克先生？我是斯卡利亚！”[2]

第二次言词辩论期间，戈尔阵营的律师已从先前的哈佛教授劳伦斯·却伯换成纽约律师戴维·博伊斯，后者已在佛州最高法院两次胜诉。“真的，我还没有看到佛州最高法院对本院一周之前发回的那起案件作出回应，”奥康纳对博伊斯说，“我认为这很麻烦。”当关于计票标准的争议被提出时，奥康纳并没有觉得大惊小怪，她说：“好吧，为什么标准不是投票人被指示遵循的那一个，是出于仁慈

---

1 由于联邦最高法院是许多法律人心目中的圣地，不少第一次到最高法院打官司的律师难免会感到紧张，有时会言语失当、举止失常，甚至说不出话。为此，每次言词辩论开始前，法官助理会先与出庭律师会面，告诉他们应该坐在哪里，什么时候上庭。法官助理还会向他们介绍如何称呼大法官，常用称呼是“首席大法官”或“某某大法官”，还可以叫“尊贵的阁下”，但不许直接叫“法官”。工作人员会安排初次出庭的律师先在法庭走位，以消除陌生环境给他们带来的紧张情绪。

2 金斯伯格刚进最高法院时，尽管她与奥康纳并不相像，但出庭律师经常把二人弄混，甚至把名字叫错，奥康纳一度给自己做了个胸牌，上面写着：“我是奥康纳。”她每次出庭时都挂着这个胸牌，直到没有人再把她俩弄混后才取下来。

吗？我的意思，不可能再清楚了。我是指，为什么我们不按那个标准行事？”在言词辩论中，奥康纳不加掩饰地迭声怨叹“**天哪！我的天哪！**”之类，清楚地表明她将如何投票。

在言词辩论中，博伊斯被各种问题弄得焦头烂额。苏特重申了他对佛州判决未能确立计票标准这一问题的关注（以及不同县按不同规则计票的可能性），但他同时试图寻求一种可以重新启动计票程序的方法。他对博伊斯说：“让我们做一个假设吧，比如，在现阶段，可能存在某种变数，而我们又有责任告诉佛州法院该怎么做。在此假设的基础上，你觉得他们应该如何解决这个问题？”

博伊斯这下可犯愁了。“哦，我想这很难回答。”听众席上再次传出一阵笑声。其实，这个问题并不难。最高法院完全可以自己定一个标准，或者让佛州法院定一个。

这时，斯蒂文斯插话了，并提供了一个看似不错的答案。“如果由同一位法官来行使最终结果的审查权，从而达到标准的统一，这样的程序是否合适呢？”在佛州，塔拉哈西市的刘易斯法官正是采取了这种方式，由他本人来亲自处理计票过程中的所有争议。完全由一位法官来行使审查权，自然可以解决标准不一的问题。博伊斯非常聪明，一点就通，迅速接下斯蒂文斯抛下的这根救命稻草，说：“是的，我正想这么说，阁下。”

奥尔森只有几分钟辩驳时间，他采用了任何一位优秀的言词辩论律师都会用的技巧——继续把听众往他们已经认定的方向上推。他一开始就聚焦于宪法第二条，但他给人的感觉比他本人以为的更关注“平等保护条款”。几位大法官——奥康纳、肯尼迪、苏特和
170 布雷耶——关心的则是在不同县采用不同计票标准的可能性。“毫

无疑问，以这一记录为基础，各县之间存在不同的标准，”奥尔森说道，“那样的话，程序将完全沦落成主观的东西，一切都由行政官员的自由裁量权决定，也不再需要什么统一的标准。现在我们面临着比前面说的那些还要糟糕的状况。现在 64 个县的标准各不相同。我们只是考虑了漏选票，现在锯齿状选票也要被计算在内，但其他类似于锯齿状选票的选票却压根没有被纳入其中。”看得出来，一些大法官确实受到这番话的感染。言词辩论结束后，大法官们还得继续开会。

这可不是一次常规的会议。由于情况紧急，在言词辩论之前，大法官们之间已经交换了好几份备忘录。因此，当他们再次聚齐时，形势已经变得非常明朗，伦奎斯特、斯卡利亚、托马斯，和（几乎可以确定的）奥康纳将赞成推翻佛州最高法院的判决。斯蒂文斯和金斯伯格赞成维持，苏特和布雷耶还在寻求让重新计票继续进行的途径。肯尼迪之前已经分发了备忘录，明确表示自己这次将拥护保守派的观点，但在会议上，他又表露出见风使舵的迹象，搞得大家都以为他会站在自己这边儿。

会议之后，星期一下午，斯蒂文斯第一次向肯尼迪提出要求，正式争取他的支持。考虑到肯尼迪会把缺乏明确标准看作重新计票过程中的一个问题，斯蒂文斯还专门起草了一份只有几句话的指令，要求佛州最高法院在接下来的重新计票过程中，尽快确立一个适用于全州的标准。他让手下尽快把这份指令的草稿送到肯尼迪与其他几位大法官那里。除了金斯伯格，他没有收到任何人的回音，金斯伯格说，如果这个办法能够再次让整个最高法院达成共识，她当然会加入。（布什诉戈尔案同样暴露了最高法院落后的技术条件。虽然当时已是2000年，法院内的技术条件仍很原始。出于安全考虑，电子邮件收发范围仅限于院内。而且，全院仅有一台公用电脑供大法官与法官助理上网。因为只有托马斯和布雷耶经常用电脑，其他大法官根本没有考虑过设备上的更新换代事宜。
171 在多数情况下，大法官们都通过信使传递的、由秘书打印好的备忘录相互沟通。）

尽管哪些人会成为多数方尚不明朗，但伦奎斯特还是像往常一样，提前着手起草法院判决书。在判决书中，他以宪法第二条为依据，推翻了佛州法院试图改变议会选举方案的判决。但是，首席大法官内心也十分清楚，他只有把握拿到4票——他本人、斯卡利亚、托马斯和（几乎可以确定的）奥康纳。

一切将取决于肯尼迪的态度，这也正是他乐见的局面。这么重大的场合，这么重要的决定，正好迎合了肯尼迪膨胀的虚荣心。到星期一下午，在伦奎斯特传阅意见书初稿之后，肯尼迪决定自己也撰写一份意见书。他认为，伦奎斯特仅凭宪法第二条中的模糊条款，就想解决这么重大的争议，风险实在太大。肯尼迪决定另辟蹊径，根据宪法“平等保护条款”来推翻佛州法院的判决。布雷耶一直在为他那罕见的中间派观点辩护，但这其实对他有害无益。不过，肯尼迪认为（奥康纳后来也这么认为），布雷耶和苏特最初对佛州最高法院判决的疑虑，使他们后来反对这一判决的举措显得更加值得尊敬。奥康纳并不想在这个政治色彩如此浓重的案件中加入3位保守派大法官一方。此刻，如果与肯尼迪站在一边，至少与布雷耶和苏特在本案中的立场颇为类似，奥康纳确信自己还是秉持中间派立场比较安全。

星期一晚上，肯尼迪、奥康纳以及他们的助理开始共同起草一份意见书，意见书基本是在两人近两周围绕两起选举诉讼撰写的大量备忘录的基础上完成的。（斯卡利亚那天还罕见地拜访了他们，鼓励两人的共同成果顺利完成。）他们参照伦奎斯特传阅的意见书初稿上列举的事实，围绕"平等保护条款"重新组织了观点。那晚稍早时候，肯尼迪顺利完成了他的意见书。他的投票立场也随之固定。肯尼迪的助理通知斯蒂文斯的办公室，表示肯尼迪将不会加入他的意见书。既然如此，斯蒂文斯决定按照预定计划，于次日（12 月 12 日）上午飞往佛州。他会在电话里口述，让助理完成自己的异议意见书。

"平等保护条款"倒是与肯尼迪对最高法院工作的浪漫设想相 172
匹配。该条款是最高法院历史上最具戏剧性与历史意义判决的主要渊源，如 1954 年的布朗诉教育委员会案与 1964 年的雷诺兹诉希姆斯案（*Reynolds v. Sims*），后者确立了选区划分中的"一人一票"原则。肯尼迪自己作出的一个最著名判决也与"平等保护条款"有关，1996 年，最高法院在这起名为罗默诉埃文斯案（*Romer v. Evans*）的判决中宣布科罗拉多州不得禁止州内各市立法保护同性恋行为，他负责撰写由 6 位大法官组成的多数方意见书。肯尼迪当然算不上自由派，但他从来不惮于将宪法作为保障所有人受到平等对待的引擎。

这就不难解释，为什么肯尼迪宁愿选择"平等保护条款"，也不愿用伦奎斯特那含混晦涩且太富技术性的宪法第二条作为判决依据了。从最宽泛的意义上讲，肯尼迪在布什诉戈尔案中的意见可以说是将"一人一票"原则从如何在大选前合理划分选区的问题，扩展至大选后如何计票的问题。肯尼迪指出："投票权是……基本权利，这一基本权利的属性之一在于每张选票都有相同的分量，每位投票者都享有同样的尊严。"（肯尼迪很喜欢用**尊严**这个词。）各县的计票标准各不相同，诸如“酒窝式孔芯”的选票到底该不该计算在内的问题比比皆是；[1] 个别县还在重新计票进行到一半时变更了标准。“这一过程没有充分保障每个人都受到平等对待。”肯尼迪写道。

正如无数评论者后来指出的，肯尼迪的法律分析中存在的主要问题是，从来没有法院，更别说最高法院，把一种统一的宪法性规则套用在计票问题上。包括佛州在内的许多州，都在同一次选举中适用过不同的选举技术。在重新计票可能出现不一致或不规范的问题上，肯尼迪是对的。但他的错误更为重大，因为重新计票的结果至少比之前更准确。最高法院的意见保护和认可的，偏偏是一个不那么公平也不那么准确的计票结果。

奥康纳也意识到了肯尼迪的“平等保护说”中存在的问题。在言词辩论中，她甚至在对奥尔森的最后几次发问中抛出了上述疑问，后者强调了“每个县都采取不同标准”所造成的困难，奥康纳回应道：“不过，每个县的选票也各不相同，奥尔森先生，这也是我对你的观点不大明白的地方。有的地方用机器，有的地方用扫描仪。选
173 票各式各样，有的地方用蝴蝶选票，这还是我们听说过的，据说有的地方还用了不同种类的穿孔卡片式选票。如果存在这么多种类的选票，你怎么能只用一个标准呢？”

不过，奥康纳最终还是决定搁置争议。尽管她承认平等保护的说法存在问题，但还是打算在法院判决书上签名。但是，她是按自

1 漏选票确实有许多形式，如悬挂式（孔芯一角与选票连接，像飘荡的风筝）、摇摆式（孔芯两角与选票连接，状如门窗）、三角式（孔芯三角与选票连接）、孕妇式（孔芯四角均与选票连接，但中心部分凸起，对准光亮处，可见孔芯边缘透过的光线）、酒窝式（孔芯四角与选票连接，只是在孔芯上或孔芯附近有一个尖细的凸点或凹点），这些不同状态的孔芯让人难以判断投票人的真实意图。

己的典型风格来做的。她的立场就是布雷耶式的：程序不公正，必须被阻止。对奥康纳来说，平等保护的说法，总比伦奎斯特的“宪法第二条”进路听起来要温和得多。但与肯尼迪不同的是，奥康纳向来不喜欢在判决书上高谈阔论，她喜欢内容与最高法院认定的事实严丝合缝的意见，尤其在布什诉戈尔案这样的案子里。她也不想在判决中创立什么新规则，那只会在未来给最高法院造成困扰。12月12日，星期二，时间已经临近中午，肯尼迪开始对自己主笔的判决书做最后的修改，奥康纳对肯尼迪提出了明确要求，她希望判决书不要搞什么权利创新，更不要弄出一套选举新规则来。

肯尼迪的回应，却是在判决书内附加了一句臭名昭著的话。事实上，这句话浓缩了最高法院在这个案子上犯的所有错误。“我们的考虑仅限于当前情况，”肯尼迪写道，“因为选举过程中的平等保护问题常常呈现出错综复杂的情形。”

换句话说，这份判决书没有反映出任何法律原则，倒是让最高法院看起来更像是在给布什帮忙。尽管肯尼迪意不在此，但他所写的内容偏偏就流露出这个意思。也难怪人们因此认为最高法院在2000年大选中的表现极其拙劣。本来，最高法院的职能之一就是借助判例，确立可供普遍适用的原则。但肯尼迪那句话却相当于承认，布什诉戈尔案的判决没有确立任何一般原则——唯一做的事就是指定了获胜者。此外，这句话还引发了人们对本案多数方真实动机的质疑。

星期二下午3点左右，四位自由派大法官传阅了他们的异议意见书，院内气氛变得更加紧张。金斯伯格把自己整个职业生涯都奉献给了宪法第十四修正案的“平等保护条款”，所以，当她看到这一条款被肯尼迪的判决书扭曲时，激愤之情溢于言表。在异议意见书的最后一稿中，金斯伯格引用了媒体早期关于佛州投票过程中存在

174 不当行为的报道，并在脚注中说，如果说佛州违反了“平等保护条款”，那也是州政府与地方官员违反的，而不是佛州最高法院。这个脚注又激怒了斯卡利亚，他迅速写了份备忘录作为回应——备忘录被密封在信封内，注明只有金斯伯格本人才能开启——指责她“往我们身上抹黑”而且使用了“阿尔·夏普顿[1]策略”。金斯伯格只好放弃相关表述，删掉了那个脚注。

异议意见书带来的影响，也困扰着肯尼迪与奥康纳。他们需要证明自己的观点并没有异议意见书描述的那么偏颇。因此，他们决定集中应付苏特与布雷耶的意见书中（斯蒂文斯与金斯伯格都同意其中部分内容）提出的，关于应把案件发回佛州最高法院，并要求其重新确立标准的观点。肯尼迪写道：“本法院八位大法官认为，佛州最高法院下达的重新计票指令存在需要补救的宪法问题。大家的分歧只是在如何补救的问题上。”这一论断显然是夸大其词。事实上，斯蒂文斯、布雷耶和苏特的意见书的侧重点都是重新计票应当继续进行，而不是重新计票存在什么“问题”。

斯蒂文斯此时已身在佛州，但他的助理还是气得对肯尼迪的助理大吼大叫，称肯尼迪那句话扭曲了斯蒂文斯的意思。（在那个混乱时刻，他们也只能对着其他助理大叫，而不是那些真正应该对布什诉戈尔案判决负责的人。）鉴于来自斯蒂文斯办公室的强烈抗议，肯

---

1 阿尔·夏普顿（Al Sharpton），美国著名黑人牧师，民权运动积极分子，在争取少数族裔权益方面，向来以不遗余力、不择手段而著称，每当有种族纠纷发生，他不但不息事宁人，反而煽风点火，甚至教唆他人作伪证，以扩大影响，争取公众注意。在著名律政剧《律师风云》（*Boston Legal*）第一季第一集中，阿尔·夏普顿还客串了一个以自己为原型的角色，他扮演的牧师冲进法庭慷慨陈词，讲述了一番关于种族平等的大道理，最终使原告方反败为胜。

尼迪只好把原来的表述改为“本院七位大法官认为”。按理说，苏特和布雷耶此时也该出来抗议，但他俩因为怕麻烦，想想也就忍了这口气。这样做当然是不对的。结果就是，在肯尼迪最终起草的法院判决书中，布什诉戈尔案的表决情况变成了 7∶2 票。事实上，真正的结果应该是 5∶4 票。

布什诉戈尔案审理期间，到最高法院办理公务者仍可以照常进出，甚至因此闹出一些笑话。星期二晚上 9 点，所有大法官的意见书已经最后校对完毕，即将送往地下室打印。此时，来自某上诉法院的一位名叫阿尼尔·卡尔汉的法官助理突然来到最高法院，按照事先安排，他本来明天要接受奥康纳的面试，却在这个时候提前出现了。其实，卡尔汉过来的目的，是为了见见已经在这里做助理的朋友们。但是，他的到访触怒了部分法官助理，他们认为，像卡尔汉这样的外来者一定会把布什诉戈尔案的判决结果提前泄露出去。出于种种考虑，有人严肃地提出，应该把卡尔汉“扣留”，禁止他与 175
外界通话，并不得让他踏出法院大楼半步。其实，压根就没人告诉卡尔汉判决结果，他不过是走进了一间会议室，在那里看了会儿电视转播。他没有被扣留，但最终也没得到最高法院法官助理的职位。

那天晚上，最高法院记者室被 50 多名记者给塞满了，正常情况下，一般只有 12 人在此进行日常报道。晚上 9∶40，最高法院助理新闻官埃德·特纳走进记者室，说：“我们先排下队好不好？”他念出几位最高法院“跑口记者”的姓名，大家都乖乖地在大理石走廊排好队。后来的人也自觉接在队伍后面。9∶52，几个装满意见书的纸箱被抬过来，队伍迅速变得躁动不安，每个人都一路小跑着过来领取意见书，然后迅速离去，就像伞兵们挨个跳出机舱。新闻处的几名职员站在一边，负责安排记者依序从最高法院礼品店的入口离开。电视台记者们迅速跑过广场，各自对着遍布第一街人行道上的摄像机做第一时间报道。

先拿到意见书的记者飞快地翻阅文稿，试图尽快弄清判决的意思。由于时间仓促，法官助理办公室并没有像往常那样，提前准备好随意见书一起发布的判决摘要。最高法院内部程序的混乱在意见书上亦暴露无遗，记者们的困惑可以想见。在这份大部分由肯尼迪完成的意见书抬头，赫然标着“法院一致意见”（per curiam）字样，而这些字通常是用于全院无异议的判决中的。伦奎斯特坚持要求这么做，因为最高法院的最终意见毕竟汇总了大家的想法，至少要从措词上显示出最高法院在行动上的全体一致。这份法院判决书的末尾写道，这个案子将“发回并对与本意见书不一致的地方进一步审理”。这是最高法院判决中常见的说法，但从表面上看，布什诉戈尔案的前因后果仍不是很清楚。难道这意味着重新计票可以继续进行？粗略一看觉得最高法院在含糊其词，其实认真推敲一下就会发现，答案是：不行。

在最高法院内部，为了让法官助理们收看电视转播，两间相邻的会议室里都放了电视机。自由派助理聚在一个会议室内，保守派助理则占着另外一间。当晚，这彼此分隔的两个房间，倒有点儿像整个国家两派对立的局势。自由派助理们点了泰国菜与啤酒，保守
176 派助理们则享用着比萨与苏格兰威士忌。他们唯一的相同之处，就是都对着电视机大声嘲讽记者的言论。大法官们没有看电视，他们都已在驱车回家的路上了。

最高法院已经有 25 年没有因为解决如此重要的争议而引起全国的注意力。1974 年，在美国诉尼克松案（*United States v. Nixon*）的判决中，最高法院要求尼克松总统遵从法律规定，交出水门录音带。今天，在这么一个意义或许更为重大的时刻，最高法院乃至大

法官个人都扮演了失败者的角色。事实上，在本案中的表现，无疑会成为他们法官生涯中的最大缺憾。

但最高法院在布什诉戈尔案中也受到了不太公正的批评，比如许多人认为大法官中的多数方“窃取大选”成果，将胜利送给了布什。在一定程度上，最高法院的所作所为的确去除了选举结果的不确定性。如果最高法院公正判决——或者说，更理想的是，如果最高法院不受理此案——戈尔还是有可能当选的。重新计票可能会让戈尔在佛州赢得胜利。然而，更大的可能性是，即使最高法院保持中立，让佛州最高法院去解决选举争议，布什仍有可能赢得大选。对 6 万张漏选票的重新清点，甚至可能会维持乃至扩大布什的领先地位。共和党把持的佛州议会也有可能主动介入，把本州的选举人票判给布什。官司如果打到众议院，那里可能会动用宪法权力，让选举人团（Electoral College）来处理这一争议，布什仍有可能取胜。最高法院的本意当然不是要帮助布什赢得 2000 年大选，但大法官们行使权力的方式，却让人觉得既不合时宜，又于事无补。

虽然形势已是阴霾一片，但人们还是见到了一抹亮色。约翰·保罗·斯蒂文斯的高尚、清醒与雄辩，为最高法院挽回了些许尊严。在大法官当中，斯蒂文斯向来以思维缜密、逻辑严谨、注重判决的一致性与合宪性而著称。他在位于劳德尔堡的家里为自己的异议意见书写了一段结束语，这段话作为最高法院历史上最遗憾一幕的铭文可谓再合适不过：“本院的多数方意见书，只会使人们对全国法官工作的评价从充满信心变为悲观失望。法治的真正支柱，在于人们对司法体系的信任。时间总有一天会愈合今日判决给这一信任造成的伤害。但是，有一点是可以肯定的。我们或许无法百分之 177
百地确定，到底谁是今年总统大选的赢家，但最终输家却是确定无疑的，那就是这个国家对法官作为法治公正的守护神的信任。”［在最后一刻，斯蒂文斯的一名助理首次说服他放弃了自己最爱用的词——**透明地**（pellucidly）——并以更常见的**确定地**（perfectly）取而代之，最终形成了人们现在看到的上述名句。］

大法官们都想把布什诉戈尔案抛在身后，重新开始日常工作。三周后，斯卡利亚和金斯伯格按照以往习惯，各自偕家人同贺新年。布雷耶特意请许多内心失落的自由派法官助理吃了午饭。在人声鼎沸的饭店里，布雷耶不得不扯着嗓子说话，他勉励这些年轻的法律人对最高法院保持信心，坚信他们的主张总有一天会被人们重新认同。奥康纳一直回避讨论这个案子。肯尼迪则一直装着对这整件事并不在意。

唯有戴维·苏特感到有什么东西在内心粉碎了。他与其他同僚根本不是一类人。这倒不是因为别人都有直系亲属，其实，他们在法庭之外的生活也和他迥然不同。他们参加晚会或会议，发表演讲。他们融入了华府的生活，可以对周边任何事冷嘲热讽，甚至对最高法院的工作也是如此。对司法中的艰难困苦，其他大法官可以依凭世俗生活摆脱，而后继续前行，但苏特做不到。法官职业就是他生活的全部。他真心相信司法独立是法治根基。而布什诉戈尔案的判决，简直是对这一传统的嘲弄。某些同事的党派偏见过于赤裸裸，其行为也太过明目张胆，苏特想，或许自己不能再与他们共事了。

苏特严肃地考虑了辞职问题。许多时间里，他一直不确定自己是否还应该留在大法官的位置上。在诸多密友的殷殷劝告下，他最终还是选择留下，但他对最高法院的态度已与过去截然不同。有段时间，每当戴维·苏特念及布什诉戈尔案，都会忍不住怆然泣下。

# 第三部

# 第 14 章　开放年代

2001 年 1 月，大法官们结束圣诞假期时，本开庭期余下时间段 181
的待审案件目录最终印证了苏特去年秋天的预测：这是乏味的一年。

布什诉戈尔案招致的批评，曾让一些大法官惊骇不已，剩余开庭期的平淡，或许可以舒缓他们的沮丧情绪。在他们看来，若按人们惯常的批评模式，布什诉戈尔案最多被指责为错误裁判，甚至说是开倒车或右倾，但是，批判声音的矛头所向，却是大法官们的动机与公正。判决被称作一件赝品、一次政治操作、一场政变。

这次判决激起的反响，正以不同方式影响着多数方大法官们。伦奎斯特比多数同僚年长，也比他们更少介入现实政治，对这些喧嚣纷扰并不以为意。向来好勇斗狠的斯卡利亚，对各种指责自然照单全收。（值得注意的是，斯卡利亚极少为布什诉戈尔案判决辩护，他更愿将之称为对一场失控选举的必要干预——如同用于政治“躯体”的止血带一样。“我们必须做些什么，因为其他国家正在嘲笑我们，”斯卡利亚会这样告诉听众，“法国佬正嘲笑我们。”）托马斯的想法就更简单了，在他眼中，布什诉戈尔案引发的愤怒完全是对方的报复行为。

恰恰相反，奥康纳从不在意自己在这起案件中扮演的角色。她珍惜自己在最高法院内的温和中间派地位，由于卷入一桩被许多人认为充满党派偏见的恶劣判决，她最近一直心绪不宁。和斯卡利亚一样，奥康纳很少为判决本身辩护。面对压力，她有时会援引媒体事后推演的重新计票结果，以此证明，布什诉戈尔案判决的作用并不像批评者所渲染的那么大。奥康纳从未对自己的投票感到后
182 悔——反躬自省从来不是她的行事作风——但这起案件确实是她一段不愉快的回忆。

多数方五位大法官中，肯尼迪受布什诉戈尔案的影响最大，可以说，那是他一生中最为痛苦的一段时光。他的职业生涯中，绝大多数时间都在担任法官，并对这一职业怀有一种特殊的敬畏，“法官行当”，他有时会这样称呼自己的职业。事实证明，最高法院将出现两个安东尼·肯尼迪——一个是 2000 年 12 月 12 日之前的肯尼迪，以及在此之后的另一个——他的转变，无疑是这起划时代案件留下的最出人意料的遗产。

与各国法律和外国法官的广泛接触，对后布什诉戈尔案时代的肯尼迪大法官产生了近乎脱胎换骨的影响。2000 年后，在某种程度上为了逃避华盛顿压抑的政治气氛，肯尼迪增加了出行次数，更愿到广阔世界中放松自己，也正是这些旅行最终促成他的转变。考虑到肯尼迪在最高法院中的关键作用，最高法院乃至整个国家，都会受到他这一转变的影响。布什诉戈尔案的悖论就在于，大法官们用判决把总统职位送给一个保守派，却让最高法院转向近年来最自由主义的方向。

表面上看，近代历史上还没有哪位大法官在进入最高法院前，

有着比肯尼迪更为深厚的乡土背景。里根总统 1987 年提名他进入最高法院时，51 岁的肯尼迪还居住在萨克拉门托的祖屋里。

但安东尼·肯尼迪的这个形象——毕生都在同一个小城范围内活动的乡土律师——绝对来自人们的误解。肯尼迪的性格绝不保守。少年时代，他的叔叔，一名石油钻井工，就在夏天雇他去加拿大和路易斯安那州的钻井架工作。大学毕业前，肯尼迪曾在伦敦政治经济学院学习过几个月，那里的学生言论内容之丰富，政治辩论程度之激烈，都让他乐在其中。作为一名年轻律师，尽管自己位于加利福尼亚州首府萨克拉门托的律师事务所规模尚小，他却已红红火火地开展起国际业务。肯尼迪前往墨西哥处理业务的次数极其频繁，因此成为为数不多的拥有墨西哥律师从业执照的美国律师之一，他帮助客户在墨西哥建立了最早一批“加工出口区”——美资工厂。

肯尼迪的父亲是萨克拉门托市的一位传奇说客，因代表加州制 183
酒业对各方进行富有激情（而且有意思）的游说而知名。为了打理律师事务所的生意，安东尼·肯尼迪与客户保持着密切关系，不过，他在萨克拉门托当地却树立起另一种不同的形象——一位教授，而非一个热情的“自来熟”。1965 年，肯尼迪 29 岁，法学院毕业还没多久，他就开始在当地的麦克乔治法学院教授宪法学。对肯尼迪来说，两个方面对他的身份认同来说至关重要，一是教师身份，一是法律乃传播社会价值的载体。

被杰拉德·福特总统提名为联邦第九巡回上诉法院法官时，肯尼迪甚至还未满 40 岁。上诉法院法官的工作本来就很无趣，对他这样的年轻人来说，简直可以用枯燥来形容。法官们的工作内容终日一成不变，不是阅读法律意见书，就是听取法庭辩论、撰写裁判文书。所以，当首席大法官伯格委任他出任南太平洋地区美国海外领地法院主管时，肯尼迪欣然领命，开始奔走于关岛、帕劳、塞班岛、美属萨摩亚、澳大利亚、新西兰和日本之间。不过，他并未放弃萨克拉门托市的教席，偶尔仍在法学院执教。也正是在那里，他获得了一次改变自己司法生涯的机会。1987 年，麦克乔治法学院有了在奥地利萨尔茨堡大学为当地法学院学生授课的一个暑期项目，于是，肯尼迪也开始在那里执教，也正是在那一年，里根提名他进入最高法院。1990 年，肯尼迪重返萨尔茨堡授课，之后每一年，一俟最高法院每个开庭期的最后一份判决书出炉，肯尼迪与妻子玛丽就立刻整装出发，前往阿尔卑斯山麓那个田园诗般的城市。

肯尼迪进入最高法院一年后，柏林墙倒塌了，世界政治在后共产主义时代的发展，对肯尼迪阐释宪法的角度产生了很大影响。几乎是一夜之间，世界上出现了许多即将制定成文宪法的国家。这些国家既包括苏联的加盟国与卫星国，也有亚洲、中东与非洲部分国家。事实上，这些国家为了寻找灵感与启发，都把目光投向了美国——更确切地讲，是美国最高法院。

肯尼迪十分乐意回应这些求助，并且开始向新兴的民主国家——包括捷克斯洛伐克与俄罗斯——提供宪法方面的建议。1990
184 年代初，为了输出美国的法律观念，有数十个相关项目被创立。多数大法官都参与了一些项目交流活动，肯尼迪与奥康纳则是其中最活跃的两位。1990 年，奥康纳帮助创立了美国律师协会中欧与欧亚法律计划（Central European and Eurasian Law Initiative，CEELI），该项目组后来成为同批由官方创立的组织中规模最大的一个。CEELI 的第一次会议将在萨尔茨堡举行，因为肯尼迪正好也要去当地授课，奥康纳就邀他一同前往。

肯尼迪十分享受在这座城市度过夏日，在这里，每年都有许多重要的国际性法律会议陆续召开。这些活动多由一个名叫萨尔茨堡研究会（Salzburg Seminar）的团体组织，该团体由三位年轻的哈佛毕业生于 1947 年创立，他们设想欧洲需要一个地方来研究美国理念。他们募集了数千美元，并租用利物浦斯康城堡（Schloss Leopoldskron）作为主要活动场所，这是一座在纳粹入侵后就久未修缮的 18 世纪城堡。该研究会后来以“马歇尔思想计划”（Marshall Plan of the mind）而广为人知，时至今日，仍有许多学者和法官来此参加会议。自 1971 年以来，美国最高法院共有九位大法官来此参加会议，其中多人更是数次造访。肯尼迪参加过四次研讨会，由于暑期仍然要授课，他很少正式列席会议，但时常去那里会晤外国同行。

相对于萨尔茨堡宽松的安检标准，利物浦斯康城堡的安全措施显得颇为严格，这倒不是因为那些法学家们。事实上，这座城堡曾是 1965 年著名电影《音乐之声》多个场景的拍摄地，并因此吸引了大量影迷与参观民众。两个著名浪漫镜头——一个发生在蕾瑟尔与鲁尔夫之间（伴着歌曲《奔向十七岁的十六岁》），另一个发生在玛丽亚与上校之间（伴着歌曲《世间美好事》）——的外景地原先就设在城堡花园的一个玻璃露台里。如果前来参观的人群实在太多，这个露台会被转移到更靠近萨尔茨堡市中心的场所。（在利物浦斯康城堡外，最靠近街边的墙上有一则用英语写就的告示：“侵入者将被起诉——包括旅游团。”）对肯尼迪而言，这座城堡就是他在萨尔茨堡的第二寓所，世界上为数不多的一个能让一位最高法院大法官与外国同行们轻松交流的地方。

在欧洲，从乔治 · W. 布什上台第一天起，他的单边主义外交政

策、对国际组织的蔑视态度，尤其是西部牛仔式的狂妄自大，就一
185 直不招人待见。2001 年之后的每个夏天里，肯尼迪从未遇到过一位喜欢布什的人。对他来说，布什诉戈尔案就像一出家庭悲剧，始终是个被回避的话题。对于国际同行们如何看待这位总统，如何看待自己那份把布什送入白宫的判决书，肯尼迪心如明镜。

布什诉戈尔案后的一天，肯尼迪与理查德·戈德斯通共进午餐，戈德斯通是南非宪法法院前任大法官，此次来萨尔茨堡是为发表一次演讲，他与肯尼迪一样，热切期待会见外国同行。两人在城堡二层一个装饰着镶镜墙板和镀金烛台的房间用餐，许多年前，这里曾经被布置成《音乐之声》中冯·特拉普的舞池。

“您了解俄罗斯法官吗？”肯尼迪问戈德斯通，“他们能屈能伸。”

“好的坏的我都遇到过，不过，现在他们的法院归总统管了。”戈德斯通说道，他暗指弗拉基米尔·普京总统。

肯尼迪说，自己曾在美国律师协会一个团体的理事会兼职，这个团体会向中国的法官与律师提供一些咨询意见，所以他大概每年会去一次中国。“有一次，我被安排与他们一位副总理共进晚餐，”肯尼迪说，“我知道我应该送别人一件礼物，但是，我们的预算中没有这一项。于是我只好自己来到最高法院礼品店，在那里发现了一本台历。它装在一个精致的皮质盒子里，每个日期上都标注着美国宪法史上一些重要事件及发生年份。晚宴上，我把日历送给这位副总理，他显得很高兴，我就说：‘您生日是哪一天，要不查查看？’然后他把自己的生日告诉了我，并将日历交给翻译。翻译看了一眼，之后就站在那儿，先看看我，再环顾四周，一脸茫然，全场一片缄默。很明显，翻译不知道如何是好了。于是，我说：‘念出来，念出来。’结果，那一天的条目上写的是：丹尼斯诉美国案，一桩支持联

邦政府监禁 11 名美国共产党员的判决。全场又一次陷入沉默。我的警卫向门口走去。接着，那位贵宾哈哈大笑。”肯尼迪也大笑，补充道：“我可算不上一名优秀外交官。”

类似交流在华盛顿也同样进行着。由于伦奎斯特或多或少地禁止大法官们在午餐会上讨论法院事务，大法官们也很难假装对某位同僚的孙辈保持长期关注，所以他们开始邀请客人来最高法院参观。先后来访的包括科菲·安南、康多莉扎·赖斯、亨利·基辛格、历史学家戴维·麦卡洛、女高音歌唱家凯茜·玛尔菲塔诺，以及艾伦·格林斯潘（他也是唯一一位重复受邀者），但最常见的访客还 186
是外国的法官们。戈德斯通是其中一个，还有以色列首席大法官埃伦·巴拉克，以及其他不那么知名的法官们。在后冷战时代初期，这样的司法交流可能开启了一条输出美国宪政主义的通道，但在后来的日子里，不同类型的司法理念开始双向交流，并对最高法院产生了重要影响。

这样的双向交流推动着最高法院——尤其是肯尼迪——向左转。美国是世界上最保守的民主国家，有着支持有限政府和低税收的举国共识。实际上，世界上其他民主国家——无论在欧洲或在其他地区——都维持着更为强大的公共部门，并且偏好诸如全民医疗保险和高税收之类的公共政策。相应地，这些国家的法官们也比美国同行更趋向自由派观点。这一对比在死刑问题上尤为鲜明。全世界的民主国家不仅在实质上废除了死刑，更尝试在他们所参加的区域联盟中禁止死刑。所有申请欧盟成员国资格的国家，必须宣布废除死刑。在许多欧洲法官看来，死刑带给他们的感觉已不仅仅是反对那么简单，而是发自内心的厌恶。肯尼迪的变化还体现在他的眼镜上，他外出时开始戴一副 1970 年代流行的钢框飞行员眼镜，在室内时则戴一副欧式风格的无框眼镜。

21 世纪之后，这种世界主义从几个方向抵达最高法院，新一代的法官助理们也带来了对同性恋的全新态度。当下，同性恋权利运动仍被排斥在主流政治文化之外，但它却彻底改变了法律精英们的世界。在各大法学院和雇用这些法学院毕业生（其中很多人担任过最高法院法官助理）的大城市律师事务所中，平等对待同性恋者的事业几乎获得了一致支持。法学院和律师事务所毫不隐讳对同性恋者的欢迎态度，并以此为荣。大量同性恋法学院学生在这样的环境下成长，耳濡目染，对这类观念习以为常，他们也以法官助理身份陆续来到了最高法院。

同性恋法官助理们改变了最高法院，这并非因为他们宣扬同性恋权利，而是他们的存在本身使然。当然，他们表现优异，和异性恋同事之间几乎没有什么区别，而这也正是重点所在。文雅而正派的大法官们，毫无例外地对同性恋助理以礼相待。当最高法院一名资深法律顾问相处多年的同性伴侣去世，他收到的第一封吊唁信就
187 来自伦奎斯特。（首席大法官身边的工作人员中同样有公开的同性恋者。）托马斯对同性恋法官助理的伴侣们一视同仁，一样说说笑笑、视为家人。有趣的是，他书桌上放着一位单滑板运动员的照片，那是斯蒂文斯大法官一位助理的同性伴侣，没有人觉得这样有什么不妥。奥康纳就更有意思了，每当自己的助理喜添新丁，她都会送一件写着“了不起的助理”的 T 恤。2000 年之后不久，她听说她的一名前助理，一名男同性恋者，正准备与伴侣收养一个孩子。奥康纳的办事风格从来灵活而富有效率，这次也不例外，她把头探进现任助理们的办公室，说道：“我应当也送给他们一件 T 恤，对吗？大家都觉得这是个好主意，没错吧？”助理们点头称是，T 恤衫很快

就被寄了出去。

最高法院内的社会转型，恰好与许多年前那段司法场景形成鲜明对比。在 1986 年的鲍尔斯诉哈德威克案中，最高法院维持了对一名与同性发生性行为的佐治亚州男子的有罪判决。拜伦·怀特为这份 5∶4 票形成的判决撰写的多数方意见书，对同性恋权利完全不屑一顾。“说进行这种性行为的权利是‘深深植根于这个国家的历史与习俗’或是‘隐含在法定自由中’，实在是无稽之谈。”怀特写道。首席大法官伯格也在协同意见书中表示了轻蔑：“认为同性性行为是一项受保护的基本权利的观点，无疑是弃数千年来的道德教化于不顾。”对整整一代同性恋人士及其支持者而言，这一案件导致的伤口从未愈合。

1986 年春天的一个星期六，刘易斯·鲍威尔大法官与他的法官助理小卡贝尔·奇尼斯，围绕鲍尔斯诉哈德威克案进行了一段不寻常的谈话。那一天，奇尼斯凑巧提到乔伊斯·默多克与德布·普莱斯，这两人合著了一本讨论最高法院同性恋权利案件历史的著作。鲍威尔顺便问起同性恋的普遍程度，说根据一份“法院之友”意见书的统计，数量在 10% 左右。奇尼斯说他觉得这个数字比较准确。但鲍威尔说：“我不认为我碰到过同性恋人士。”奇尼斯说那似乎不大可能。同一天晚些时候，鲍威尔回到奇尼斯身边，问道：“为什么（男）同性恋者不与女人发生关系？”“鲍威尔大法官，”奇尼斯回答道，“一个男同性恋者在和女人做爱时无法勃起。”这次谈话显得比较诡异，倒不是因为话题本身的内容，而是因为奇尼斯本人就是一个同性恋者（和鲍威尔此前几名助理一样）。在这个开庭期早些时候，奇尼斯曾把同居男友介绍给鲍威尔认识，但这名助理从来不敢 188

确定鲍威尔究竟会如何理解他的性取向。事实证明，这番谈话确实影响深远，因为鲍威尔在长时间的痛苦思考后，最终投出了支持怀特在鲍尔斯案中判决书的第 5 票。

17 年后，当最高法院面对一起新案件，开始考虑是否要推翻鲍尔斯案的判决时，没有大法官敢宣称自己从未遇到过一个同性恋者。但是，就算大法官们都认识同性恋者，也并不意味着他们必然会倾向于推翻这一年代并不久远的先例。

这起名叫劳伦斯诉得克萨斯州案（*Lawrence v. Texas*）的新案件案情并不复杂，与鲍尔斯案中的事实简直如出一辙。1998 年 9 月 17 日，休斯敦警察局接到枪支走火的报案后，闯进市内一间公寓，发现约翰·戈德斯·劳伦斯与泰伦·加纳正在做爱。两个男人很快被捕，罪名是违反禁止“异常性行为”的法律，该法禁止所有口交与肛交。摆在最高法院面前的问题是，一州禁止两个成年人之间自愿性行为的立法是否合乎宪法。

即使在言词辩论过程中，人们也能很明显感觉到最高法院这些年观念的变化程度。伦奎斯特只是用一句“我们所谈论的这种行为已经被禁止很长时间了”，委婉表达了对得克萨斯州相关法律的支持。即使是当年与伦奎斯特、奥康纳一同加入了鲍尔斯案多数方意见书的斯卡利亚，听起来也处于守势。“这是在私人场合进行的行为，”他说，“警察们并没有四处乱转，敲开所有卧室的门看是否有人在——我的意思是——这并不是一种警察们每天都在侦查的犯罪。”在向哈里斯郡地区检察官小查尔斯·A. 罗森塔尔发问时，布雷耶称鲍尔斯案判决“后果上有害，理论上错误，贬低了宪法价值观”，并问道：“你怎么回应这一点？”

罗森塔尔试图转换话题。

但布雷耶穷追不舍，说：“我希望听到你的直接回答。”[1]

听到这句话，许多听众都乐了，为布雷耶这句既非有意也未留心的双关语。

在会议上，只有三位大法官支持得克萨斯州相关立法——伦奎斯特、斯卡利亚、托马斯。奥康纳当然不会彻底否定自己在鲍尔斯案中的投票，但她也不愿重拾过去的立场。于是她找到了一个颇具个性的中间立场，以对同性恋者（而不是异性恋者）的起诉违反了 189
宪法“平等保护条款”为由，支持撤销对劳伦斯的定罪。这样就剩下了 5 票——斯蒂文斯、肯尼迪、苏特、金斯伯格和布雷耶——来推翻鲍尔斯案判决，斯蒂文斯非常睿智地把多数方意见书指派给肯尼迪撰写。（在法院内部，肯尼迪有时会被说成是“受助理驱策”，暗指他被自己的助理过分影响了。劳伦斯案证明这样的指责是既不公正，也无实据的，因为肯尼迪这一年聘请的 4 名法官助理中，有 3 名都是顽固的保守派。）

由于最高法院通常把最具争议的判决留在本开庭期的最后一天公开，因此，所有人都知道劳伦斯案将在 2003 年 6 月 26 日宣判。一般来说，大法官们并不当庭宣读他们的全部意见，为恰好在场的游客和（通常是）困惑的旁听者准备的，多数是意见书摘要。但是，这一天真正来临的时候，旁听席上还是坐满了从全美各地赶来的同性恋权利支持者。人们焦急地等待着劳伦斯案的结果。当伦奎斯特以其一贯冷漠的语气宣布“第 02-102 号案件，劳伦斯诉得克萨斯州案的最高法院判决书，将由肯尼迪大法官宣读”时，旁听席上一

1 原文为 I would like to hear your straight answer。Straight 在英文中既指直接，又可指异性恋，故有双关语效果。

阵骚动。

肯尼迪的声音略带颤抖。他比刘易斯·鲍威尔更为世故——肯尼迪认识很多同性恋者——但他在很大程度上也是一位保守主义者。作为一名虔诚的天主教徒，他谨奉教规，无须任何教导，即能明白有关同性恋行为的宗教与道德禁令。但是，他已经被不断变化的外部世界所改变。

“我们批准了调卷令申请，并考虑了其陈述的宪法主张，包括鲍尔斯案判决是否应被撤销的问题。”他说。随后引用了判决书中的一段话：“当前的问题在于，联邦宪法是否将同性性行为视为一项基本权利。”围绕这一问题，肯尼迪阐述道：“这么说显然是一种贬低，如同我们说婚姻的内容只是做爱是对已婚夫妇的贬低一样。鲍尔斯案和本案中所涉及的法条，无疑是禁止一种特殊性行为的法条。但它们的惩罚与目的，有着更深远的后果，涉及人类最私密的行为——性行为，与最私密的处所——家。这些法条试图控制人与人之间的关系，而这恰恰是一种公民可以选择，而不会被当作罪犯惩罚的自由。”他接着说道：“这个国家，被宗教信仰、对权利与可接
190 受的行为的观念，以及传统家庭的尊重而形塑。对许多人来说，这些并不是微不足道的，而是他们内心深处深沉的信念，是他们据以决断自己人生道路的伦理和道德原则。”这段内容，其实是肯尼迪对自己信仰形成过程的“夫子自道”，但是，他接着指出，人们不能单凭内心信仰，就认为宪法应指引所有人的行为。

判决的下一部分——也是最关键的部分——显示出萨尔茨堡对肯尼迪司法理念的影响。鲍尔斯案的判决“广泛援引”了西方文明中多年来对鸡奸行为的禁令。但这些援引并没有“考虑到相反方向的权威意见”，肯尼迪说：“包括欧洲人权法院在达哲恩诉联合王国

案（*Dudgeon v. United Kingdom*）中的判决。这个判决依照《欧洲人权公约》，针对与鲍尔斯案及本案一样的事实，裁定禁止同性性行为的法条无效。”前萨尔茨堡时代的肯尼迪——乃至是前布什诉戈尔案时代的肯尼迪——绝不会援引欧洲人权法院的判例。

法庭内的气氛越来越紧张，此时，肯尼迪终于宣布了判决结果："本案要求我们表明鲍尔斯案的裁决是否仍旧有效。我们的结论是，鲍尔斯案的判决理由经不起细致的推敲与分析，该案自判决当天起就是错案，今天我们仍然认为它是错误的。它不应当成为一个有约束力的先例。鲍尔斯案应当而且现在就被宣布推翻。”

毫无疑问，肯尼迪作出的判决非常重要。问题的重点并不在于最高法院废止了实际上早已不再发生的鸡奸指控，而在于最高法院正式宣布，同性恋者不能仅仅因为自己是同性恋就被当作罪犯。他们是公民。他们和其他所有人一样。“上诉人有资格得到对他们私生活的尊重，”肯尼迪简略提到这一点，“州不能以将个人间的性行为定罪的方式来贬低或控制同性恋者的命运。”那些毕生致力于这一目标的人们，当然理解眼前这一切的意义所在，也正是出于这个原因，最高法院的旁听席上，到处是喜极而泣的男男女女，在最高法院历史上，还从未出现过这样的一幕。

# 第 15 章　法律文化

191 并不是所有人都会为劳伦斯案的判决欢欣鼓舞。事实证明，该案判决成为这场文化战争的关键契机。在各大报刊社论版，在法学院，在美国各大城市，乃至异国首都，肯尼迪的判决都得到人们的赞许与尊重。但是，正如斯卡利亚迅速指出的，这些声音并不代表所有选民意愿。在这场精英观点与大众意志的斗争中，没有谁能够稳操胜券。

劳伦斯案判决也进一步加深了肯尼迪与斯卡利亚之间的分歧。两人出生日期只差几个月，被同一位总统提名进入最高法院，且中间仅一年之隔；这对在同一时代的法学院读过书，还曾一同结伴慢跑的老伙计，过去仅有几次意见相左，但是，对斯卡利亚来说，后布什诉戈尔案时代的肯尼迪已与他渐行渐远。事实上，肯尼迪在劳伦斯案中的判决内容，几乎囊括了现代宪法中所有令斯卡利亚深深厌恶的观念。与罗伊案一样，劳伦斯案的判决基础也是“隐私权”，一项斯卡利亚认为根本就不存在的权利。肯尼迪还用很大篇幅讨论了凯西案。1992年，他通过与奥康纳、苏特的秘密联合，造就了这一里程碑式的案件，他亲自撰写的一段判词后来曾被反复引用：“这些问题涉及人一生中所能做的最私密的选择，与人的自主和尊严息息相关的选择，它们是宪法第十四修正案所保护的自由的中心。自由之核心，是个人对生存、生活意义、宇宙乃至人类生命奥秘的概念进行自我界定的权利。”斯卡利亚在为劳伦斯案撰写的异议意见书中，嘲笑了肯尼迪在凯西案中的那段话，称之为“那载有美妙生命奥秘的著名段落”。

斯卡利亚当然不会只是奚落肯尼迪的言词那么简单。作为一 192
名宪法原旨主义者，劳伦斯案判决折射了斯卡利亚最厌恶的司法形象——一个不按照制宪者们设置的不变条文行事，却根据现代潮流变换立场的最高法院。对社会问题，斯卡利亚有着更深入的洞察。肯尼迪在其判决书中，曾提到与1986年时相比，世界已经发生了很大变化，但是，斯卡利亚十分了解，很多美国人——甚或是绝大多数美国人——对同性恋抱有与他同样的反感。劳伦斯案判决并非顺应了公众在此问题上的一致意见，而只是迎合了其中**某一种**意见。“法律文化很大程度上已接受了所谓的同性恋议程，我是指由一批同性恋激进分子推动、试图消除传统上与同性恋行为联系在一起的那种道德羞耻感的议程；这种文化进而衍生出一个作出今天这样判决的最高法院。”斯卡利亚在他的异议意见书中写道，并补充说：“在这场文化战争中，最高法院已偏向其中一方。”

斯卡利亚知道，至少在某些问题，甚至大部分问题上，公众——真实世界的公众们——是站在他这边的，尤其是对劳伦斯案判决中明确流露出的潜台词——同性恋婚姻问题。肯尼迪也非常警觉，为防止自己的观点被人误读，他在多数方意见书中特意表示此案“与政府是否必须正式认可同性恋者间所试图缔结的某种关系等问题无关”。

但斯卡利亚仍然穷追不舍，他以更加直白的语言回击道：“别信这个……要说本案与同性恋婚姻‘无关’，就像相信原则、逻辑与最高法院的判决完全无关一样可笑。许多人盼着如此，最高法院也作出了安慰性保证，过不多久，它就会那么做。”斯卡利亚的预测果然得到印证，仅仅 5 个月后，马萨诸塞州最高法院裁定同性恋人群也应当被允许结婚，判决很大程度上依托于劳伦斯案这一先例。

此时此刻，肯尼迪已决定向下一个同样极富争议的议题推进，那就是——死刑。

尽管深受萨尔茨堡夏日之旅的影响，但肯尼迪仍算不上最高法院里最狂热的国际主义者。布雷耶才是。

在美国，演员们说话都热衷于带一口完美的中大西洋口音[1]，而布雷耶则找到了属于自己的中大西洋式完美生活。从斯坦福大学毕业后，布雷耶获得了马歇尔奖学金，并前往牛津学习。返回美国后，
193 他先在哈佛法学院就读，接着迁往华盛顿，担任阿瑟 · J. 古德伯格大法官的助理。在那里，他遇到了一位名叫乔安娜 · 海尔的年轻英国女士，后者当时在伦敦《星期日泰晤士报》（*Sunday Times*）驻华盛顿办公室任助理。乔安娜来自一个英国贵族（同样富有的）家庭；她的父亲约翰 · 海尔，布莱肯汉姆子爵一世，是一位英国贵族政治家，1950 年代至 1960 年代曾担任保守党领袖。布雷耶夫妇在英国结婚，乔安娜 · 布雷耶后来成为一名心理医生，在波士顿的达娜–法布尔癌症研究中心帮助治疗年轻的患者及其家人。（布雷耶大法官也能说一口流利的法语，鉴于布什行政分支和法国的恶劣关系，他很少宣扬这一点。）

1 中大西洋口音是指带有英国口音的美式发音，曾在美国上流社会流行，在影视剧中也被广泛使用。后文提到的中大西洋生活亦指类似的带有英国风格的美式生活。

无论是在哈佛法学院，或是在其 1980—1994 年供职的第一巡回上诉法院，还是在最高法院，布雷耶都热衷于与外国同行建立友谊。他是当代第一位适用外国法律阐释美国宪法的大法官。刚开始这样做时，他非常小心谨慎。1999 年，最高法院拒绝受理一名死刑犯的上诉，这名死囚将自己等待死刑执行达 20 余年之久的遭遇，诉称为一种违反宪法第八修正案的“残酷且非同寻常的惩罚”（cruel and unusual punishment）。与最高法院多数方意见书相比，拒绝发出调卷令的裁定并不怎么引人注意，但是，布雷耶还是针对这一裁定撰写了一份简短的异议意见书，这也是大法官们尝试提出新观点的惯用方式。在这份关于奈特诉佛罗里达州案（*Knight v. Florida*）的异议意见书中，布雷耶援引了来自牙买加、印度、津巴布韦和欧洲人权法院的判决，并评述称：“在美国之外，越来越多国家的法院……已认定死刑程序中的漫长延宕将使最终处决显得野蛮、可耻与异常残酷。”布雷耶小心翼翼地指出，这些观点虽然对美国法院没有约束力，却非常值得关注。不过，尽管他引用外国法律的方式如此审慎，却仍然招致克拉伦斯·托马斯的迅速反驳，他也很快拿出一份简短的意见书，表示最高法院永远也不应该“把外国的意识、潮流或风尚强加在美国人头上”。伴随这次短促交锋，战斗打响了。

肯尼迪把死刑之争带至下一个层面。对他的外国同行们来说，
这也是一个事关重大的问题。2004 年 10 月 13 日，最高法院就各州 194
能否处决未成年犯，即犯罪时未满 18 岁的青少年听取了言词辩论。

这次的议题显得格外具有争议性，因为与劳伦斯案的情况一样，最高法院几年前也曾审理过类似的死刑案件。1989 年，斯卡利亚在为斯坦福诉肯塔基州案（*Stanford v. Kentucky*）撰写的判决书中，允

许各州对16岁和17岁的罪犯实施死刑。但在2003年的洛波诉西蒙斯案（*Roper v. Simmons*）中，密苏里州最高法院却又裁定，考虑到斯坦福案之后，法律已经发生很大变化，对未成年犯适用死刑属于违宪行为。

围绕与死刑相关的一系列议题，整个社会的情感指数也正不断变化。刚进入最高法院时，伦奎斯特曾致力于加快美国境内死刑的执行速度，却受挫于自由派反对者们——主要是布伦南和马歇尔——设置的程序性障碍。在死刑问题上，比尔·克林顿倒是和首席大法官理念一致。俄克拉何马城爆炸案[1]之后，克林顿签署了1996年《反恐与促进死刑法》（Antiterrorism and Effective Death Penalty Act）。这个名称古怪的法律本意是为限制死刑犯上诉，但其影响却受制于当时的社会形势。克林顿执政期间，犯罪率大幅下降；与此同时，因被误判而获释的囚犯（往往是死刑犯）的数量也在增加。（新的DNA技术的应用催生出许多无罪判决。）小布什上任时，公众对死刑的支持率、陪审团判决死刑的频率、死刑执行的实际数字都在下滑。1999年，全国仅执行了98起死刑，算是达到了历史高峰，之后的死刑数字很少高出这个水平。[2]

即使没有了那些彻底反对死刑的大法官们，如布伦南、马歇尔以及（最终转变的）布莱克门，布什任期内的最高法院仍旧对死刑

1 1995年4月19日，美国俄克拉何马州首府俄克拉何马城的联邦大楼发生爆炸，导致168人死亡，500人受伤，大楼被炸毁。在“9·11”事件之前，该案是美国本土发生的最大规模的恐怖袭击案。罪魁祸首是极右翼白人至上主义者蒂莫西·麦克维，他于2001年6月被执行死刑。

2 根据美国死刑信息中心提供的数据，2004年，全美有3 503人在死囚名单上，每年平均有60～100人被判处死刑。截至2004年，美国50个州中，仍有38个州允许实施死刑，只有12个州及哥伦比亚特区废除了死刑。

执行施加了新的限制。2002 年，最高法院宣称，法官在未经陪审团附议的情形下，不得径行判决死刑；同一年，大法官们裁定，对智障者执行死刑违反了宪法第八修正案禁止实施残酷且非同寻常惩罚的规定。[1] 尽管上述判决都遭到伦奎斯特、斯卡利亚、托马斯，有时还有肯尼迪或奥康纳（她是死刑的坚定支持者）的强烈异议，但可以确定的是，最高法院在死刑问题上的整体立场，已发生了明显转变。

尽管已有之前变化作为铺垫，但是，肯尼迪在洛波案中的表现仍然令人震惊。

“让我们把注意力放在‘非同寻常’这个词上，暂且先不管‘残 195
酷’这一说法，”肯尼迪对杰斐逊城地方检察官詹姆斯 · R. 雷顿说，雷顿为密苏里州一项法律辩护。“我们已能从很多例子中看出，国际上对死刑的观点，至少如欧盟领导人所实际阐明的那种观点，与我们是不一致的。这是否会影响到我们对‘非同寻常’的界定？假设美国是极少数处决未成年犯的国家之一，而那当然也是事实。这是否意味着对未成年犯的死刑是‘非同寻常’的？”

“不，”雷顿说，“既然问题涉及的是美国宪法第八修正案，判决就不应当以世界上其他地方发生的事情为依据，而是应基于美国社会的风俗习惯。”

斯卡利亚继续打他的民意牌，插话道：“那些欧盟成员国废除死刑有没有经过全民公决？”问题一下绕到了国外，雷顿顿时犯了愁，只好推说不知道。问题是，斯卡利亚对此了解得非常清楚，他很快

---

1 美国宪法第八修正案规定：不得要求过多的保释金，不得处以过重的罚金，不得施加残酷且非同寻常的惩罚。

指出，尽管欧洲“不少国家的民意调查表明公众支持死刑”，但欧洲精英们还是废除了本国的死刑。

肯尼迪很清楚斯卡利亚问话的意图，他说：“我已经在之前的提问中承认了这一点。的确，许多国家的领导层反对死刑。但让我们做个假设，如果世界上绝大多数国家基于道德原因，不对未成年犯执行死刑，它已成为广为接受的惯例。这难道与我们界定什么是‘非同寻常’完全无关吗？”

“没有任何关系。”雷顿说。

这时，布雷耶出面支援肯尼迪来了，他指出，詹姆斯·麦迪逊及其同事们在起草宪法时，也曾参考过外国文献。当然，布雷耶说，认为制宪者们“觉得世界上其他地方发生的事情与‘非同寻常’全然无关”当然是毫无理由的。亚伯拉罕·林肯就曾研究过著名英国法学家威廉·布莱克斯通的学说，“我想，林肯这么做，肯定是因为他认为国父们也曾研究过布莱克斯通，而且英国发生的事也确实与我们有关；现在难道有什么特殊原因，令国外发生的事与本案又完全无关了吗？”（在言词辩论中，大法官们互相交谈时，律师们通常只能旁观。）

肯尼迪干脆把问题反过来问：“我们是否曾持有这样一种立场，即我们在本国的作为，应当对其他地区人们的思考造成影响？”在
196 过去十年中，肯尼迪如同一个传播民主与法治的传教士，耗费大量时间尝试影响“人们如何思考”。但就像其他许多传教士一样，他在传播思想的同时，自己的思想也因此发生了变化。

“在你看来，杰斐逊先生是否也认为我们的行为对其他国家没有任何影响？”肯尼迪接着问。

雷顿说他无法代表托马斯·杰斐逊讲话。

金斯伯格指出，《独立宣言》提供了这一问题的答案。她说：“但他难道不是说过，为了领导世界，我们必须展现出‘对人类舆论诚挚的尊敬’吗？”

所有这些关于国际思想交流的讨论，都远远超出了斯卡利亚所能承受的限度，他只好用一句俏皮话打断了讨论：“约翰·亚当斯[1]是怎么看法国人的？”听众们都被逗乐了。

既然肯尼迪已预先表明了立场，投票结果自然不言而喻了。大法官会议以5∶4票推翻了对未成年犯的死刑判决，并随之否定了斯卡利亚过去撰写的、已持续了15年的判决内容。斯蒂文斯是多数方中资历最深的大法官，多数方成员还包括苏特、金斯伯格与布雷耶，斯蒂文斯明智地把意见书撰写任务分配给对此已表现出极大热情的肯尼迪。事实证明，肯尼迪的这份判决书将完全不同于最高法院历史上任何一份判决书。尽管国内仍有20个州维持这类死刑规定，但他还是以“反对判处未成年犯死刑已成全国性的共识”作为开头。不过，判决书的核心内容——当然也是最非同寻常的部分——在于肯尼迪的结论完全是靠比较法论据来推导的。

“我们认为，适用于未满18周岁罪犯的死刑是一种不恰当的惩罚，同时还要提醒大家注意一个事实：美国是世界上唯一一个官方支持处决未成年犯的国家，”肯尼迪写道，“当然，这个事实并不能决定什么，因为阐释宪法第八修正案仍旧是我们的职责。”来自外国的论据或许“不能决定什么”，但明显对肯尼迪及多数方大法官有着

1 约翰·亚当斯（John Adams，1735—1826），美国第二任总统，任内执行亲英政策，在处理英法战争时受到当时许多法国人的挑衅和侮辱，并主导了美国与法国在海上发生的小规模战争。他极力反对法国大革命，批评法国大革命实施的压制统治与极端激进主义，曾称法国人“愚蠢、自大而贪婪”。

至关重要的意义。他在判决书中指出，1990年以来，在处决未成年犯问题上，美国与之为伍的是下列国家：伊朗、巴基斯坦、沙特阿拉伯、也门、尼日利亚和刚果。饶是如此，这些国家也先后废除了这类规定。

“总而言之，我们可以这么说，在一个整体倾向于反对处决未成年犯的世界里，美国是唯一支持这么做的国家。”肯尼迪写道，并补充说，“国际社会舆论，尽管并不能左右我们的判决结果，但为我们
197 的结论提供了重要而又令人敬服的佐证。”肯尼迪以他一贯高调、晦涩的高谈阔论作为判决书结语：“我们之所以尊敬宪法，其中有一点原因不可忽视，那就是我们知道这是我们自己的宪法。其他国家和人民对于某些基本权利的明确肯定，只会强化这些权利在我国自由传统中的核心地位。承认这一点既不会降低我们对宪法的忠诚，也不会削弱我们对宪法起源的自豪感。”

这一次轮到斯卡利亚来质问肯尼迪了，他想弄清楚，采纳这些外国文献的意义所在。“虽然本国公民的观点现在都很难影响到最高法院的判决，”斯卡利亚以他特有的刻薄语气提到，“但其他国家和所谓国际社会的观点却在法院里唱起了主角。”的确，肯尼迪并没有提出任何类型的标准，来决定美国何时应该和世界其他国家保持一致，何时又不必如此。斯卡利亚开具了一份长长的清单，列出美国法律不同于其他国家的领域：依靠陪审团裁判、非法证据排除规则、政教分离。一如既往，他最后又把话题绕回自己的眼中钉——堕胎，他说：“我们可还别忘记了最高法院在堕胎问题上的立场，那使得我们允许了所有在胎儿体外存活期之前的堕胎，世界上统共仅有6个国家有类似规定。”

斯卡利亚语气严厉，毫不留情地指出，最高法院对外国法律的

关注不过是一个借口，目的是为了“按照某些大法官自己的应然世界观”改造法律。他在异议意见书结尾警告说：“与自己看法相同时就引用外国法律，反之则将其忽略，这不是理性，而是诡辩。”

这场关于外国法律影响的争论，反映出肯尼迪和当代共和党价值观之间的距离已经越来越远。与奥康纳一样，肯尼迪也曾经历过支持低税制与有限政府的共和党时代，但他越来越认识到，社会问题已成为界定这个党的重要标志。正如肯尼迪迅速意识到的，对国际法以及像联合国那样的国际组织的敌视，也已成为共和党的核心宗旨。肯尼迪曾经热忱甚至是天真地相信，他对外国法律的承认，正好与那套布什向全世界传播自由的福音主义相符。他曾经说过：“如果我们要求世界上其他国家接受我们关于自由的理念，那么其他国家和人民至少也可以用一种对我们有所启发的方式，来定义与阐释他们的自由。在我看来，二者之间存在密不可分的关联。”

事实上，肯尼迪的所作所为，恰恰显示出他与当代共和党的疏 198
离。洛波案之后，54 名众议员联合提起一项议案，谴责最高法院使用外国文献。来自艾奥瓦州的共和党众议员斯蒂夫·金发起了一项针对大法官们出境记录的调查，资料主要来自大法官们出国前必须填写的相关信息表格。“在 1998—2003 年期间，大法官们总共有 93 次出国记录，”金说，“调查显示至少有那么几位大法官，尤其是肯尼迪和布雷耶，更倾心于世界对他们的‘启示’，而不怎么情愿受我们自己宪法的约束。”

每一年，总会有一至两位大法官到国会作证，协助国会对最高法院年度预算进行审核，肯尼迪经常承担这项工作。洛波案结束后，肯尼迪曾在国会一次听证会上，无意间提到自己经常使用互联网进行法律研究。这使得众院多数党领袖汤姆·迪莱在接受福克斯新闻台访问时大发牢骚："我们的肯尼迪大法官撰写判决书时，依据的不是美国宪法，而是国际法。这已经令人无法容忍，不仅如此，他还在一次会议上说自己借助互联网进行法律研究，这简直难以置信，太过分了。"（迪莱显然不太清楚，所有的法律研究，无论是关于美国法还是外国法，现在大都在互联网上进行了。）

几周后，肯尼迪对迪莱的无端攻击进行了反击。他为伦奎斯特历届助理的一次聚会制作了一盘录像带。录像带中，肯尼迪端坐在电脑旁，说自己正在做研究。最后，他在录像带结尾用好几种语言说了"再见"。

借助这盘录像带，肯尼迪只是俏皮地眨眨眼，就彻底摆脱了迪莱的批评。但是，毫无疑问，尽管最高法院内部气氛如常，但周边环境正因布什班子的影响而逐渐恶化。自从在凯西案的堕胎议题上临阵倒戈后，肯尼迪迅速成为保守派势力诅咒的对象，这一次，他由于援引外国法律，又激怒了右翼本土主义势力，几乎是千夫所指。在此之前，苏特曾是共和党的主要攻击对象，但肯尼迪在许多重大案件中的表现，使他很快沦为保守派眼中的叛徒。

洛波案后不久，在华盛顿召开的一个保守派会议上，资深的反女权主义领袖菲利斯·施拉夫利称，肯尼迪的判决提供了"一个
199 发动弹劾的好理由"。家庭学校法律保护协会（Home School Legal Defense Association）主席迈克尔·P. 法里斯则表示，热衷于援引外国法律的肯尼迪"应成为弹劾海报上的男主角"。"如果我们的国会议员们没有弹劾肯尼迪大法官并撤除其职务的勇气的话，他们也应当一道被弹劾。"爱家协会创始人兼主席詹姆斯·多布森则将肯尼迪称为"全美最危险的人"。考虑到肯尼迪在一系列文化冲突类案件

中的立场，对保守派来说，多布森这一界定绝对算不上夸张。

对大法官进行派性攻击，绝不是右翼的专利。左翼一样有自己热衷于批判的对象。鉴于安妮塔·希尔事件及其他不良记录，托马斯早就被批倒批臭了。此后，由于他的交际圈子仅限于亲信好友，在法庭上也不发言，政敌们自然无从骂起。如今，反倒是斯卡利亚因其脸皮够厚、胆子够大、说话够狠、斗志够猛，已成为自由派们最惯于攻击的保守派。

1990 年，拜伦·怀特对督导联邦第五巡回上诉法院的任务逐渐生厌，甚至力不从心，就将这项任务交给了斯卡利亚。位于新奥尔良的第五巡回上诉法院下辖部分南部地区，全国多数死刑案件都来自此地。这些案件往往衍生出许多提交给最高法院的紧急申请，相关大法官必须及时处理这些申请，并交给其他同事传阅，怀特显然不想再从事这项工作了。一般来说，负责督导上诉法院的大法官还应当定期前往法院辖区出席会议，并参加聚会、宴请及其他社交活动。当斯卡利亚开始负责第五巡回上诉法院时，一些律师和法官决定邀请他体验一下当地的特色体育活动——打猎。

斯卡利亚看起来可不像一个猎手。他 1936 年出生于特伦顿，从小在纽约皇后区的埃尔姆赫斯特长大，是一个文雅的城市家庭的独子。斯卡利亚的父亲绝不像一个会在丛林中游玩的人，他是一位翻译家，同时也是布鲁克林学院教罗曼斯语[1]的教授。据玛格丽

1 罗曼斯语，指由拉丁文演变成的意大利文、法文、西班牙文、葡萄牙文等的统称。中世纪时，教会仍用拉丁文，但一般人都用罗曼斯语，大量文学作品也是用罗曼斯语写成。

特·塔尔博特回忆，斯卡利亚曾经说过：“我父亲是一个远比我聪明，也更具学者风度的人。”“他面前总放着一本书。”斯卡利亚接受
200 的是传统的天主教学校教育，要学 4 年拉丁文和 3 年希腊文。他后来考上乔治城大学，在辩论队表现出色，并以全班第一的成绩毕业。他的毕业致辞颇能显示其文学风格与个人兴趣。“我们的时光都花费在打猎上了，但我们的猎物却比任何森林里的鹿或深山里的熊都要来得珍贵，也更加难以捕捉，”他说，“因为我们孜孜以求的，是永恒不变的真理。”他接着就读于哈佛大学法学院，曾任《哈佛法律评论》编辑，之后在克利夫兰一家律师事务所短暂工作过，并先后在几所一流法学院执教。20 世纪七八十年代，他先后在尼克松与福特行政分支的司法部任职。在此期间，他和妻子莫琳生育了 9 个子女，其中一个日后当了牧师。

如果因此把斯卡利亚看成一个书呆子，那就大错特错了。高中时，斯卡利亚是校来复枪射击队的成员（他曾随身携带 0.22 口径自动手枪乘坐纽约地铁），他还擅长弹钢琴，曾在校园演出中献唱。为捍卫自己的观点，他常常不惜全武行上阵。在斯卡利亚的父亲看来，无论当代知识潮流如何变化，都绝不能改变对宗教与政治的确信，这应当是力量而非软弱的象征。斯卡利亚十分乐于接受天主教教义所秉持的真理，对现代社会中的道德相对主义不屑一顾。“说上帝之子是一个处女生出来的？我的意思是，还要相信他死而复生，最后肉体还升入天堂。这简直是太荒谬了！”斯卡利亚在天主教兄弟会组织哥伦布骑士团（Knights of Columbus）的一次聚会上说。“上帝从一开始就设想，世界上所有聪明人都会把基督徒当作傻瓜看，他也从未因此失望过。”

斯卡利亚就是这样看待来自批评者的质疑的。“为了基督，甘愿

做（他人眼中的）傻瓜，”他这样鼓励自己的教友们，“要有勇气去忍受这个复杂世界对你的漠视。”斯卡利亚的思维模式与肯尼迪截然相反，个人遭遇也各不相同，肯尼迪只是被保守派攻击，斯卡利亚受到的却是全球知识精英们的嘲讽。

基于上述原因，斯卡利亚迷上了打猎。对第五巡回上诉法院的访问点燃了他对这项运动的热情。斯卡利亚迅速把自己的办公室变成了一个名副其实的动物标本博物馆：他的猎物越来越多，战利品都被陈列在墙上。在斯卡利亚的书桌背后，悬挂的是他从史密斯森尼博物馆借来的一幅宏伟画像，这是由吉尔伯特·斯图尔特绘制的乔治·华盛顿肖像。不过，若是和房间里陈列的那个驼鹿头相比，画像顿时显得黯然失色，驼鹿的鼻子几乎横跨了整个办公室，像是要凑过去跟开国总统套近乎似的。在斯卡利亚接待访客的沙发前有张小桌子，上面摆放的是一个更小，也更令人振奋的玩意儿——一
只木鸭，这是在提醒人们，斯卡利亚大法官很可能已成为全国最负 201
盛名的猎鸭能手了。

迪克·切尼就是行政分支里的尼诺·斯卡利亚，一个同样能招致政敌无数明枪暗箭、憎恨猜疑的家伙。而最高法院里一宗同时涉及他俩的案件，颇能折射出当代华盛顿的政治生态。

乔治·W. 布什上台没几天，切尼就成立了一个能源问题特别工作委员会，并自任主席。大概五个月之后，特别工作委员会发布了一份报告，接着就宣布解散。两个公众利益组织，保守派赞助的司法观察（Judicial Watch）与自由派环保组织的塞拉俱乐部（Sierra Club），对副总统提起诉讼，要求他公布特别工作委员会全部工作文件和通信记录。切尼拒绝了这一要求，宣称行政分支有权对这些记

录保密。

这根本就是一项不涉及任何利益的争议。像首都许多所谓特别工作委员会提交的报告一样，上述报告发布之后很快就被人遗忘，所提出的建议也基本上被束之高阁。切尼的这个委员会与众多能源公司频频交换意见的事实不仅广为人知，也是顺理成章与完全恰当的。即使是原告方这边，也不认为特别工作委员会的记录会泄露什么违法或者不合适的举动。这起名为切尼诉美国地区法院案（*Cheney v. United States District Court*）的案件只不过是华盛顿政治壕沟战的一部分。因此，该案在司法系统内默默无闻地漫游了两年。

在此期间，斯卡利亚继续在南部荒野上进行狩猎活动。每年 12 月，他都会和华莱士·卡尔林去路易斯安那州乡下猎野鸭，卡尔林经营的公司负责向墨西哥湾的石油钻井提供服务。2002 年，斯卡利亚得知卡尔林素来敬仰副总统切尼，而斯卡利亚与切尼正好在福特执政时期就认识。按照卡尔林的建议，斯卡利亚邀请切尼加入他们的狩猎队伍。由于每个人的行程安排都很复杂，这次狩猎直到 2004 年 1 月才得以顺利成行。碰巧的是，这次旅行之前三周，最高法院正好受理了与切尼领导的特别委员会相关的那起案件。

202 这次狩猎远征开始于 2004 年 1 月 5 日，最终却一无所获，还掀起了轩然大波。斯卡利亚与自己的儿子、女婿买了三张往返机票，但切尼又邀请他们乘坐“空军二号”专机，直接飞往帕特森镇的小机场。当地居民从没见过像切尼这么大的排场。政府在 11 月和 12 月预先到此打了两次前哨，副总统的专机降落在机场时，还有两架黑鹰直升机在机场上空盘旋护航，接着降落的还有第二架喷气式军机，搭载的是副总统的幕僚和随从们。切尼、斯卡利亚一行 13 人乘一排装甲越野车离去，全程不准任何人拍照。

卡尔林的围场经常被描述成一个狩猎露营地，但它其实是一艘巨大的驳船，长150英尺，宽50英尺。这艘船抛锚在一片沼泽地中央，无论在船的哪边，都十分适合打猎。在驳船上方，则是一个房屋式建筑，里面有几间小卧室，大家两三人共住一屋，切尼独享一间。饭菜都是家常菜，打猎则是两人或三人一组分头行动。（切尼和斯卡利亚从未分在同一组。）

切尼的专机抵达时，当地正在下雨，在副总统停留的两天里，雨就没有停过。（斯卡利亚和家人在当地待了4天。）意外的是，这种天气显然潮湿得过了头，以至于喜爱潮湿的鸭子都不愿出来。人们连一只绿头鸭或水鸭都很难见到，猎到的鸭子就可想而知了。事后，卡尔林说这是他35年来最糟糕的一次猎鸭经历。

当月晚些时候，《洛杉矶时报》和路易斯安那州摩根市的当地报纸《每日评论》（*Daily Review*）都披露了这次猎鸭之旅。塞拉俱乐部很快提出要求，请斯卡利亚在能源特别工作委员会的案件中主动回避。奇怪的是，在最高法院大法官何时应当从特定案件中回避这个问题上，从来就没有什么正式规定。与下级联邦法院法官不同的是（对他们是有这类明文规定的），最高法院大法官是不能被替换的（也没有人可以替换），如果因缺少一名大法官而出现4∶4票的平局，就意味着维持下级法院之前的判决。由于可能导致这样的结果，大法官们往往不愿主动退出某个案件的审理。按照一般规则，大法官们应当在“公正性可能会受到合理质疑”的情况下申请回避，至于怎么界定，那就众说纷纭了。

要求斯卡利亚主动申请回避的提议，反映了华盛顿的一种倾向，也就是把对实质问题的争议转化为对个人品德的攻讦。1990年代，

共和党人专挑克林顿“无足轻重的问题”下手。布什当选后，民主
203 党人因为失去了对国会两院的控制，报复机会少了许多，但这次对斯卡利亚的攻击——或者说是一种持续的折磨——正是报复手段之一。其实，根本就没有任何证据能够证明切尼跟斯卡利亚讨论过这个案件，也没有任何证据表明，因为这次与切尼共同出行，斯卡利亚的立场受到了什么影响，而且，在涉及行政分支权力问题上，斯卡利亚向来立场鲜明。总之，要求斯卡利亚主动申请回避的论据是极其无力的。而且，切尼是以公职身份，而非个人身份被起诉的（这意味着即使切尼离职，案件也仍将继续），而且最高法院一直都在审理涉及重要政府官员的案件。最重要的是，从历史上看，斯卡利亚和切尼之间的关系也并非不正常。其他行政分支的官员与最高法院大法官的关系，比他俩要密切得多。

与很多人一样，布雷耶也敦促斯卡利亚尽量避免争议，主动申请回避，彻底甩掉这个政治包袱（布雷耶是典型的和事佬）。斯卡利亚拒绝了他的提议。在被骚扰数周后，斯卡利亚干脆在特别工作委员会案件开审前，高调发布了一份公开备忘录。这份 21 页的备忘录就像一本百科全书，既插科打诨，又暗藏玄机，里面既包含一些常识观察（“许多大法官被提名进入最高法院恰是因为他们与时任总统之间的友谊”），也涵盖不少历史考据（好几位大法官经常与罗斯福、杜鲁门一起打扑克），以及对那些“所谓的调查记者”报道中出现的谬误的讽刺 [《圣安东尼奥快报》（*San Antonio Express-News*）称那次猎鸭之旅一共持续了 9 天 ]。

备忘录还附上了那次旅行的详细账目，甚至包括斯卡利亚的个人花销。（他的往返机票尽管有一半没使用，但费用仍旧比一张单程机票要便宜，所以搭乘切尼的专机根本没给斯卡利亚一家省下一分

钱。）斯卡利亚自以为是的性格，通过上述行径表现得淋漓尽致，他提到自己已“正如那份动议无情但精确地指出的那样，成了深夜喜剧节目里的笑料素材”。比如，杰·雷诺在《今夜秀》（*The Tonight Show*）节目中就煞有介事地描述了切尼访问白宫时的“尴尬一刻”。“安检人员让切尼掏空口袋，结果口袋里掉出个人来，大家一看，原来是安东宁·斯卡利亚大法官！”

公允地说，斯卡利亚坚持参与审理的决定是正确的，该案最终以一堆众说纷纭的意见结案，判决总体上有利于切尼一方。（斯卡利亚投票支持了切尼一方，苏特和金斯伯格则持异议意见。）后来，斯卡利亚以其特有的虚张声势，当众将切尼案的争议称作他大法官生涯中“最为自豪的”一刻。“（应对）其他的争议需要的是聪明才智，而（应对）这个争议需要的，则是人格。”他说。这就是说，对于一贯以救世主自居的斯卡利亚而言，他更愿意选择这件无足轻重的小 204
案子作为自己“最为自豪的”一刻——而不是，比如说决定总统选举结果的案件，或是许多真正生死攸关的官司。

斯卡利亚的同事们则早已习惯他在法庭内外的这些戏剧化演出，他们对于这个争议的集体反应，至多是转转眼珠子而已。就像奥康纳经常说的：“尼诺就这个德行。”数月后，金斯伯格在夏威夷一次演讲中提到，大法官们的新年团拜会上有一道美味的鹿肉，食材就是斯卡利亚的打猎战果，这可能是大法官们对那起争议给出的最巧妙回应了。“斯卡利亚大法官，”她语气平淡地说，“在猎鹿方面的成就已超过了猎鸭。”

从针对肯尼迪和斯卡利亚的人身攻击可以看出，严重两极分化的意识形态氛围，正如何影响着最高法院。大法官之间仍旧充满热忱与友好，但法院之外的空想家们，已把他们当作另一批充满党派偏见的政客了。大法官们自认为置身政治之外的幻想，已经越来越难以维系。

把最高法院扯进政治风波的这股暗潮，困扰着每一位大法官，尤以奥康纳为甚。对奥康纳来说，妥协和折中是再自然不过的了，但并不是每一个案子都能够这样处理。在布什担任总统的头几年里，曾有一起上诉到最高法院的案件，最终完全是奥康纳一个人说了算。在这起案件中，她既尽力使自己处在最高法院的中间立场上，也试图让最高法院处在美国人生活立场的正中。奥康纳在这起案件中的努力，成为她大法官生涯中最具标志性，也是最关键的一刻。

# 第 16 章　演讲之前，说点什么

问题起因于约翰·阿什克罗夫特。 205

被布什提名为司法部长前，阿什克罗夫特曾任密苏里州参议员。在奥康纳看来，现代共和党所有让她嗤之以鼻的德行，都能在阿什克罗夫特身上找到。这个人极端、激进、因循守旧——**非常乏味**。韦耶特·丁[1]曾是奥康纳的法官助理，也是她最喜欢的法官助理之一，此人经历非同一般，曾以船民身份逃离越南，后成为乔治城大学法学教授。当奥康纳听说丁在阿什克罗夫特手下担任要职后，曾大为震惊。她告诉另一名前助理："跟着阿什克罗夫特干，他的事业算是完了。"

但是，奥康纳错了。与阿什克罗夫特合作后，丁开始青云直上，因为乔治·W. 布什治下的华府所待见的是阿什克罗夫特式的保守主义，而不再是奥康纳式的保守主义。奥康纳也意识到这一严酷的现实。对共和党乃至布什本人，她的个人感情正从一开始的寄予厚望，

---

1 韦耶特·丁，越南裔美国人，1968 年出生于西贡，2001—2003 年间担任美国助理司法部长，他是《爱国者法》(USA Patriot Act）主要起草人。

慢慢变成灰心失望、不抱幻想。事实上，这正是她在大法官生涯的最后几年里逐步确立的想法，而伦奎斯特法院也在这段时间里，逐渐向最终转型推进。

奥康纳认为，布什行政分支的倒行逆施其实早有征兆，任命阿什克罗夫特是征兆之一，“9·11”事件则是另外一个。恐怖袭击发生时，奥康纳与斯蒂芬·布雷耶正在印度出访，他们原计划与当地法官座谈，之后不得不停留了些时日，以确保行程安全。但奥康纳对袭击的反应未受关注，已从另一个角度反映出她正在脱离布什的圈子。

与肯尼迪一样，周游世界已成为奥康纳意识形态之旅的重要部
206 分，即便在她 70 岁之后也是如此。在 2000 年，她仍是最高法院出访最多的人。（金斯伯格的秘书曾处理过许多来自奥康纳曾访问过的团体的邀请函，开玩笑说，奥康纳到过太多地方，她一定有一个双胞胎姊妹，才能分身有术。）

奥康纳的一大优势，在于她是最高法院唯一的名人，她的任职向全国乃至全世界昭示，女性同样可以在最高层级的政府机构服务。正是因为这一点，在许多情况下，她的出场本身就传递了她意图表达的信息。她曾率美国法官代表团出访中国，这也是中美两国第一次法院与法院之间的交流。

世贸中心“归零地”废墟内的暗火还未燃尽，奥康纳就打算去那里看看。2001 年 9 月 28 日，尽管人们到达纽约市仍很困难，奥康纳夫妇还是应邀来到这里，主持纽约大学法学院一座新大楼的破土动工仪式。（这是奥康纳第 7 次来纽约大学，虽然这所大学与她并没有瓜葛，事实上，她也经常多次造访全美其他法学院。）在仪式上，她以一名老练政治家特有的优雅语调，开始阐述自己对

时局的看法：“就像爱尔兰人说的，演讲之前，说点什么，”她开场道，“约翰和我来过纽约多次，尤其是我们定居东海岸之后这 20 年。……今早我们特意绕道而行，想去看一眼 9 月 11 日那天造成的令人难以置信的惨况。那一瞥令我泪流满面。”好像是与她的话相呼应，警报这时突然拉响，在那段创伤未愈的日子里，纽约市内经常回荡着这样的警报声。在这样的气氛下，奥康纳当然不可能只作一次寻常的演讲。

“我们国家遭受的创伤，即将而且已经改变了我们的生活方式，”奥康纳说，“它促使我们重新审视我们关于刑事监控、窃听、移民等 207
各类事务的法律。与我们珍视的、那些保障威胁我们国家安全的刑事被告人权益的宪法标准相比，今后我们可能会更加依赖国际准则。结果可能是，在这个国家里，我们的个人自由要比过去受到更多限制。我们会开始思考和讨论国家对恐怖主义的反应。我当然希望这些是没有必要的。我当然也希望我们能让时光倒流，回到过去那更加和平与繁荣的时代。但我们做不到这一点。我们必须面对致命的敌人，以及那些不惜一切毁灭我们国家的人。就像玛格丽特·撒切尔说的，法律终结之时，暴政不期而至。”

在这样的场合，奥康纳不得不非常谨慎，她尽量回避就有可能诉至最高法院的话题表明具体立场，但她也表达了许多预见和关切。袭击发生后不久，奥康纳就已发出警告，国家安全有可能与公民权利发生冲突。她不相信阿什克罗夫特治下的司法部能够在二者之间保持适当平衡。奥康纳在演说中着重提到“国际准则”并非偶然。布什行政分支已明显表露出对国际法和国际组织的敌意，与之形成鲜明对照的是，奥康纳则微妙地树立起一个标签，她对世界范围内的法官和律师共同体秉持深刻的信仰。

与热衷于夸夸其谈、高调传播法治理念的肯尼迪不同，奥康纳的出访一般更侧重于解决问题。与布雷耶的印度之行就是典型例子。一般来说，她格外关注青少年司法及女性在法律中的作用，出访主题也多与此相关。她选择与布雷耶这位最高法院的头号技术统治论者同行，当然并非巧合。事实上，布雷耶也热衷于解决实际问题，比如：如何增加女性法律人的数量？如何为陪审员提供照顾小孩的帮助？因为经常一起出行，加上两人都是最高法院心态最平和的人，奥康纳与布雷耶最终成为最高法院关系最密切的两位大法官。

奥康纳之所以去印度，也包含一定的意识形态因素。她经常与人谈起自己过去在印度的经历。一次，她到新德里一家高等法院旁
208 听一起案件庭审。该案起因于印度教徒与穆斯林教徒为政府利益导致的纠纷。令奥康纳大为讶异的是，在辩论过程中，双方律师都引用了美国最高法院的先例，以支持己方观点。围绕某一具体问题，律师们开始争论一份关于政教分立的判决书的具体含义，有趣的是，该判决书恰恰是由奥康纳主笔。奥康纳归国后，曾在一次演讲中谈道："每当生命与自由面临危险，人们都会认真研究美国最高法院那些里程碑式的判例，无论这些人身处新德里或斯特拉斯堡，还是华盛顿特区或伊利诺伊州首府斯普林菲尔德。很不幸，这一信任并未得到同等回报。"

奥康纳与共和党的疏远并非一朝一夕的事，更不是因为某起事件而彻底决裂。奥康纳之所以心生芥蒂，更大程度是因为文化领域的争议，如堕胎、政教关系、同性恋权利，当然，她也不可能因此蜕变成一位彻头彻尾的自由派。在刑事司法领域，尤其是死刑方面，她仍然固执己见；在联邦主义事务及州权问题上，她更是伦奎斯特的强大盟友。对整个国家与最高法院而言，奥康纳在一个极为重要

的议程上，立场一直暧昧不清——种族问题。

奥康纳1981年进入最高法院时，民权问题仍是大法官们日程表上的主要议题。1989年，她在一份重要的法院判决书中，展现了自己在这类议题上特有的态度——模棱两可、摇摆不定。

事情是这样的，弗吉尼亚州首府里士满市通过了一条地方法令，规定凡与该市签订的市政工程合同，必须预留30%份额转包给少数族裔开设的公司。J. A. 克罗森公司因为缺乏提供给少数族裔的转包合同，最终失去了在里士满监狱安装不锈钢盥洗室的合同，该公司随即对里士满市提起诉讼，控告该市违反了宪法“平等保护条款”。最高法院采纳了克罗森公司的意见，在里士满市诉克罗森案（*Richmond v. Croson*）中，以6∶3票推翻前述法令。多数方指定由奥康纳撰写法院判决书。

对奥康纳来说，自己面临的显然是最棘手的宪法议题之一。50年前，罗斯福总统任命的大法官们默认了新政措施的合宪性。自那以后，但凡国会或州议会通过某项法案，大法官们都不会介入这一民主程序。但是，由此也导致许多重要问题被搁置。比如，如果一州通过了歧视少数族裔的法案，就像南部各州一直在做的那样，最 209
高法院该不该管？如果一州声称只有白人才有投票权，或者只有白人才能当陪审员，又该怎么办？难道最高法院就应放任这类法案的存在？答案当然是否定的。1938年，最高法院历史上最著名的一个脚注回答了这一问题。在美国诉卡洛琳产品公司案（*United States v. Carolene Products*）法院判决书的脚注4中，哈伦·菲斯克·斯通大法官指出，对待不同类别的法律，最高法院采取的方式也应有所不同。在涉及经济或财产权的案件里，大法官们应充分尊重国会立法。但是，对于那些明显歧视少数族裔或其他“分散与孤立的少数群体”的法律，最高法院应作出“更为彻底的司法审查”。

正如后来的大法官们对这一著名脚注的解释，它意味着一部法律如果歧视黑人，最高法院就可以对之进行“严格审查”，以判断它是否具备正当性。在 1960 年代，最高法院通过不断地进行严格审查，横扫了所有夹杂种族歧视内容的法律——各类吉姆·克劳法[1]——并将其逐一推翻。随着各类先例不断累积，人们已经可以清楚地预见到，如果大法官准备对某部法律进行严格审查，这部法律就死定了。

到了 1970 年代，上述法律原则的作用却变得日趋复杂，此时，政府与企业逐步开始对黑人和其他少数族群提供帮助。可是，种族平权措施本身也明确包含了种族分类的意思。那么，最高法院是否也应该审查这些**帮助**黑人的法律，就像当初审查那些**伤害**黑人的法律一样呢？此外，这些“逆向歧视”[2]白人的法律，是否能与传统上歧视黑人的法律相提并论？这些都是奥康纳在克罗森案中必须回答

1 吉姆·克劳法（Jim Crow laws），泛指美国南部各州自 1870 年代开始制定的对黑人实行种族隔离或种族歧视的法律。吉姆·克劳原是 19 世纪上半叶黑人歌舞剧中一首歌曲的名称，剧中扮演反叛者的黑人在歌词中曾用吉姆·克劳的名字，以后就成为对黑人的蔑称。

这种法律实质上是美国内战结束后，南部各州白人种族主义政府通过征收人头税、选举登记、文化测验、仅容许白人参加预选、“祖父条款”（即规定本人或其祖辈在 1867 年参加投票者才享有选举权）等手段，变相剥夺黑人选举权；并在学校、居住区、公共交通、公共场所（包括旅馆、剧场、公园、教堂、医院等）以及就业、司法、服役、婚姻等各方面，实行种族隔离。

2 由于种族平权措施为黑人与少数族裔在就业、入学问题上提供了优惠，势必会损害一些白人的利益，不少白人认为，这种种族优惠政策是一种“逆向歧视”（reverse discrimination），是政府与企业对白人的歧视政策。

的问题。还有一个重要问题在于，最高法院是否应对预留份额给少数族裔企业的这类政府规划适用严格审查，并明确界定种族平衡应该达到的程度？

回答这个问题时，奥康纳一如既往，采取折中路线。奥康纳认为，里士满市颁布的法令确实包含了对白人不利的种族分类因素，这一点毋庸置疑。“里士满市为照顾少数族裔，用规定固定转包比例的方式，使一些市民失去了在市政工程合同中的投标机会。”她写道。基于上述原因，奥康纳判定，相关法案应当接受最高法院的严格审查，她认为：“无论某种具体分类给某一族裔造成负担，还是使之受益，都与宪法‘平等保护条款’对它的审查标准没有关系。”这样做本身就是一个重大进步。要知道，这可是最高法院第一次对一 210
部意图帮助黑人的法律进行严格审查。

从历史上看，对法律或政府规划的严格审查往往意味着它们自动失效。难道奥康纳打算推翻所有带有种族意味的规划，哪怕制定它们的目的是为了帮助少数弱势群体？当然不是，为此，奥康纳认为有必要设定一个清晰合理的界限。里士满市在出台其预留份额规划前，根本没有调查少数族裔分包商在这座城市里到底有没有受到歧视。规划出台的主要依据，仅仅是因为这座城市历史上曾发生过种族歧视事件。奥康纳认为，这样的理由并不充分，只有在特定情况下，地方政府出台的为少数族裔预留份额的法律才可能具备正当性。“我们并不是说州或地方政府没有权力采取措施，纠正过去因种族歧视而造成的影响，”她写道，“如果里士满市能够确认，非少数族裔承包人将少数族裔企业系统性地排斥于转包范围之外，那么，该市就应当采取行动，终结这种带有歧视性的排斥。”

由此看来，奥康纳的立场像是赞同种族平权措施，但又认为这类行动只应当用于纠正对特定人群的歧视行为，而且这类歧视行为必须已被证明确实存在。不过，她的这一标准在解决一部分问题的同时，也带出了许多新问题。比如，什么是系统性歧视？如何确认？是否只对受害者采取补救措施？抑或，让整个少数族裔群体一起分享利益？奥康纳并没有澄清人们对这些不确定问题的疑惑，但她在后来一起案件中再度亮出同样立场：部分种族平权措施是被允许的——但数量不能太多。

与奥康纳不同的是，她的另外 8 位同事在种族问题上的立场向来是旗帜鲜明。伦奎斯特、斯卡利亚、肯尼迪和托马斯 4 人都支持“色盲”宪法的观点，认为任何建立在种族差别上的法律，包括以帮助少数族裔为主旨的法律，都应该被推翻。斯蒂文斯、苏特、金斯伯格与布雷耶 4 人坚信政府与企业应当赋予少数族裔群体部分优惠，这样既能纠正历史偏见，也有利于促进种族多元。与其他问题一样，最高法院在这个议题上又形成了 4∶4∶1 票的投票格局。

211 全国所有学校中，要数密歇根大学落实种族平权措施最为得力，尤其是在该校入学政策方面。由于每年申请密歇根大学本科的学生很多，该校一般采取统计学的评估标准，即根据学生的成绩和学术水平测验考试（SAT）分数，综合决定是否录取。由于黑人学生的这两项成绩普遍低于白人，如果纯粹以分数为标准，可能导致每个班清一色由白人和亚裔构成，因此，密歇根大学调整了录取政策，对少数族裔给予一定照顾。平均成绩点数为 3.5 和 SAT 分数为 1 200 分的少数族裔申请人可以自动被录取，然而，白人申请人如果是这个成绩，则很可能会被淘汰。至于密歇根大学法学院的申请程序，虽然涉及学生数量较少，但在对申请人个人条件的评估标准上，也对黑人采取了优惠政策。有一年，平均成绩点数在 3.25～3.49，而且 LSAT（法学院入学考试）分数在 156～158 分的申请人中，每 51 名白人只有 1 名被录取，而 10 名黑人却全部被录取。

个人权利中心（Center for Individual Rights）是一家保守派公益组织，该组织一直在寻找挑战种族优惠政策的突破口。对他们来说，密歇根大学的招生政策显然是个好靶子，现在就差一个能够博取公众同情的原告来打官司了。

芭芭拉·格鲁特是加尔文基督教改革教会（Calvinist Christian Reformed Church）一位牧师的 9 个孩子之一。她经营着一家医药咨询公司，由于密歇根大学法学院的医疗管理与法律联合项目正好与她的工作领域相关，她决定申请去法学院就读。格鲁特的本科平均成绩点数为 3.8，LSAT 分数是 161 分，拥有同等成绩的黑人学生铁定会被法学院录取，可是，格鲁特却被放进了待定名单，不久就收到了学校的拒信。珍妮弗·格拉茨也是一名白人，同样因为密歇根大学本科部的录取政策遭拒。在个人权利中心的帮助下，两人于 1997 年提起诉讼，开始了在联邦地区法院与巡回上诉法院的漫长征程。

格鲁特诉博林杰案（*Grutter v. Bollinger*）与格拉茨诉博林杰案（*Gratz v. Bollinger*，李·C. 博林杰是密歇根大学校长）两起
案件从一开始就引发各方激烈争议。有人推测，最高法院如有意 212
推翻所有种族优惠政策，那么对密歇根大学这两起案件的审理显然将是一个最佳的机会。此时，奥康纳的立场也流露出右倾迹象，这一点在她 1995 年撰写的阿达兰德建筑公司诉佩纳案（*Adarand Constructors, Inc. v. Pena*）法院判决书中体现得最为明显。在该案判决书中，她推翻了下级法院支持联邦政府对少数族裔建筑公司采

取种族平权措施的判决，从个案来看，好像一切种族平权措施都面临类似命运。正像斯卡利亚在该案的协同意见书中所说："在政府眼中，我们都属于一个种族。那就是美国人。"1996年，联邦第五巡回上诉法院推翻了得克萨斯大学入学措施中的种族优惠政策，随后，最高法院也驳回了该案败诉方的调卷令申请。看来，最高法院1995年的判决正在全国逐步发挥示范作用，否定种族平权措施的序幕已经拉开。

然而，就在此时，密歇根大学的入学政策，乃至所有种族平权措施的救星不期而至。此人正是美国最著名的"貂熊"。[1]

杰拉德·鲁道夫·福特卸任后，比其他前总统更加远离政治纷争，但是，他一直非常关心自己母校的事务。1999年，这位86岁的前大学橄榄球明星决定公开支持密歇根大学的种族平权措施。他在《纽约时报》社论版上发表了一篇名为"兼容并包的美国，正风雨飘摇"的文章，文中说："两起案件……将禁止密歇根大学与其他大学考虑入学申请者的种族背景。"如此一来，"未来的大学生也将陷入文明与交流上的贫乏，这种贫乏也曾困扰过我们这代人"。

1999年9月15日，这篇文章发表一个月后，福特与自己白宫时期的幕僚詹姆斯·M. 坎农在大急流市吃饭。（两人刚刚听完约翰·保罗·斯蒂文斯在福特博物馆的演说，斯蒂文斯是福特总统生涯中任命的唯一一位最高法院大法官。）福特请坎农在最近两起诉讼中尽量帮帮自己的母校。第二天，坎农去安阿伯市（Ann

1 密歇根州由于盛产貂熊（Wolverine），所以又被称为貂熊州，前总统杰拉德·福特在担任总统前，曾是密歇根州大急流市众议员，所以这里说他是全国最著名的"貂熊"。

Arbor）见了博林杰。坎农曾在美国海军学院的监察委员会工作过，他深知种族平权措施对军方，尤其是军官团体的重要性。军方人士曾多次对坎农说，海军不希望主要由少数族裔构成的水兵队伍都由清一色的白人军官指挥。由此可见，种族平权措施不仅是项社会工程，对军队来说也必不可少。这也正是博林杰想让大法官们接受的信息。 213

密歇根大学的策略，是把纯粹的诉讼竞技转化为政治利益上的考量，这正好迎合了大法官们在争议性议题上格外重视公众舆论的作风。博林杰及其团队非常清楚，取胜的关键在于赢得奥康纳那一票，因此，必须在这个案子中发动社会对种族平权措施的广泛支持。民权组织，甚至其他大学，当然会支持密歇根大学的立场，此外，还必须让大法官们了解，支持种族平权措施的包括方方面面的社会力量，并非只有传统的民主党势力一方。

案件尚在地区上诉法院审理期间，博林杰就在学校总法律顾问马文·克里斯洛的帮助下，说服通用汽车公司向法院呈递了“法院之友”意见书[1]。通用汽车公司的意见书阐述了多元种族的员工体系对密歇根这家最著名的企业的重要性，从侧面支持了校方入学政策的科学性。及至案件到达最高法院，密歇根大学校方甚至动员了《财富》（*Fortune*）500强中的65家企业递交“法院之友”意见书，为种族平权措施提供支持，而且赞成者的名单一直处于持续增加状态。不少大公司与受公众尊重的企业陆续加入，如波音、可口可乐、

---

1 “法院之友”（*Amicus curiae* 或 friends of the court），是指法院在审理案件过程中，对案件涉及的政策或法律问题存在争议时，由当事人以外的第三人向法院提供相关书面意见的制度。法官在判决书中，可以回应或援引“法院之友”意见书的观点，但所有“法院之友”意见书全文必须公开。

通用电力和微软。正如这些大公司在意见书中提到的："今天的全球市场和日趋多元化的美国人口需要跨文化的体验和理解力，它来自这样一种教育，即学生们有机会接触多元的人物、思想和观点，并积极互动。"

但是，军方是密歇根大学潜在的更重要的同盟。对学校来说，要是找现役军官出来为这类争议表态，显然不太合适，于是，校方律师团队想到了一个次佳群体——退役军官。克里斯洛联系了华盛顿律师约瑟夫·里德，里德在克林顿时期曾任陆军部助理部长，在军界人脉甚广。在约瑟夫·里德的鼓动下，许多高级退役军官联名向最高法院递交了意见书，其中包括 H. 诺曼·施瓦茨科普夫、约翰·沙利卡什维利、休·谢尔顿、威廉·J. 克劳，以及其他 20 多名前军方高层人士。为了写好这份军方意见书，密歇根大学团队专门请卡特·菲利普斯及其同事维吉尼娅·塞茨亲自操刀，这两人可谓
214 最高法院出庭律师中的佼佼者，如此豪华的阵容在一起民权案件中是非常罕见的。

"总结几十年来的经验，本'法院之友'意见书认为，由一支受过良好教育与训练的，高素质、多种族的军官队伍来指挥我们多种族的士兵，对于加强军队执行保护国家安全任务的能力，有着至关重要的作用。"菲利普斯在意见书开头写道。目前，美国的现役士兵中有 21.7% 系非洲裔美国人，而军官队伍中只有 8.8% 是黑人。"军官队伍必须继续保持种族多元化，并加强军队的凝聚力。"他继续写道。

在意见书的关键部分，菲利普斯说明了三所主要军事院校——西点陆军学院、安纳波利斯海军学院和科罗拉多斯普林斯空军学院——都在录取中采取种族平权措施。（更宽泛的预备役军官训练营

项目也是如此。）光说说军队应招收更多少数族裔是不够的。各兵种必须把特殊对待，即种族平权措施适用于少数族裔申请人。换句话说，“当前，军方还做不到**既**保持军官队伍的高素质，**又**维持其种族多元化状态，除非军事院校与预备役军官训练营运用有限的有种族意识的征募和入学政策”。

退役军官提供的意见书固然有说服力，但其中却隐含着一个关键性问题：既然种族平权措施对军事院校大有裨益，那它为什么不有益于密歇根大学呢?

而桑德拉·奥康纳在内心深处，也在问自己这个问题。

# 第 17 章　绿皮意见书

215 2003 年初，为格鲁特案与格拉茨案的判决做准备的那段时间，奥康纳过得并不轻松。丈夫约翰的病情继续恶化。他现在每天陪她上班，在办公室的躺椅上看报纸，间或与她聊天。为方便照顾约翰，奥康纳又返聘了他的前任秘书，时时看护他，防止他走失或跌倒。在最高法院，人们都不会主动提及阿尔茨海默病一词，但是，约翰的病情却日渐众所周知。

奥康纳每天上午都会与丈夫准时赶到法院，以免错过自己组织的训练班。中午，夫妻俩会共进午餐，下午两点再一起回家，之后，奥康纳才会抽出时间阅读法律意见书。尽管如此，夫妻俩并未中断晚间的外出安排，使馆酒会、美术馆开幕典礼等活动中，常能见到他俩的身影，一切都与奥康纳 15 年前就开始的生活模式差不多。那一年，她刚刚为治疗乳腺癌接受化疗，身体也极度虚弱，但是，她并未因此气馁或退缩。[1] 奥康纳以直率、顽强的方式表明，她绝不会

1 1988 年，奥康纳被诊断出患有乳腺癌，她坚持在周末治疗，避免耽误平日上班。尽管随后做了乳房切除手术，她也只请了两周假，即返回最高法院照常上班。

向疾病妥协，无论患病者是她自己，还是挚爱的亲人。

近些年，奥康纳自己的健康状况倒是不错，她很讨厌人们对她工作了多少年之类的问题一惊一乍。在自己发起的晨间训练班里，她还在原来的有氧踏板与皮拉提斯的基础上增加了莎莎舞。奥康纳非常热爱最高法院的工作，从中不断收获欢乐与满足感。因此，奥康纳并不认同伦奎斯特减少最高法院受案量的做法，那样只会把她中意的案件拒之门外。“让我们找些好案子来！”她总这么说。

和许多老人家一样，奥康纳向来抵触日常生活中的改变，尤其是最高法院修缮这样大动干戈的工程。这座大楼自 1935 年建成后 216
就再没翻新过，为此，伦奎斯特已经说服国会拨款，对法院建筑进行全面翻修。这样的话，每位大法官都得在 2004 年内的某一段时间把办公室暂时腾出，奥康纳被安排在第一个。在这方面，她就像只敝帚自珍的鸵鼠，舍不得自己的办公室和窗外的风景，更何况约翰才刚刚开始每天和她待在一起，她才不想搬到法院二楼的办公室去呢。

现在，奥康纳一般不怎么再为思考如何投票而烦恼。她专门指派了一名助理，让他围绕每起案件的争议点写出审理备忘录，再让持反对意见的其他助理写出反方意见备忘录。她调整了助理们的工作节奏，恢复了 5 天工作日的日程安排，大家也不用在星期六一起吃加班午餐了，不过，奥康纳仍然坚持在每次言词辩论前与助理们一起讨论案情。助理们听她阐明自己的观点后，会帮她拟出双方律师可能提出的问题。她已不愿再刻意唱反调，言词辩论阶段提出的问题，已基本能够显示出她的投票立场。

但格鲁特案与格拉茨案则是另外一回事。对奥康纳来说，两个案子都不简单。这一次，她必须经受煎熬。首先，此案关系甚大。

与最高法院其他热点案件不同的是，密歇根大学这两起案子的意义不仅仅是象征性的。大学录取标准动辄涉及上千名学生的前途，当然至关重要，推而广之，种族平权措施也与无数申请政府与企业职位者的利益息息相关。（相反，像劳伦斯案这类案件，由于很少会有人因同性性行为被起诉，尽管在那一年也引起广泛关注，但对现实生活却几乎没什么影响。）另外，奥康纳的看家法宝——中间温和派路线——这次好像也难以奏效。各大学到底该不该在录取过程中考虑申请人的种族因素，几乎是个非此即彼的判断，奥康纳确实很难拿定主意。

在为言词辩论做准备的那几周里，奥康纳经常一个人躲在办公室里，集中精力阅读双方当事人提交的法律意见书和各方呈递的"法院之友"意见书。在此期间，她明显有些焦躁不安，这可是极为少见的。此刻，她必须努力从错综复杂的案情和自相矛盾的观察中理出头绪。她自言自语道：

"我必须与自己在克罗森案和阿达兰德案中的意见保持一致。"但是，倘若如此，就意味着她应当投票支持原告一方。（奥康纳向来认为，大法官如果前后言行不一，就是……乏味的表现。）

"种族意识是有害的。"

但奥康纳也想到：

"万一这些学校里面全是白人学生该怎么办？我们能够容忍这种情况出现吗？

217 "这并不是一种政府契约行为。这是一个教育问题。刘易斯说过教育问题是不同的。"

"刘易斯"就是刘易斯·鲍威尔，刘易斯既是奥康纳的良师益友，也是在她之前最高法院最著名的"摇摆票"。在教育领域，最重要的种族平权措施先例，是 1978 年的加利福尼亚州大学董事会诉巴基案（*Regents of the University of California v. Bakke*），鲍威尔撰写了该案的多数方意见书。在这一意见书中，最高法院撤销了加州大学戴维斯分校医学院对少数族裔的定额录取制度。（该校医学院在每年 100 名学生的录取名额中，专门留出 16 个特别名额给黑人等少数族裔的学生。）该案审理过程中，大法官们众说纷纭、意见不一，一时无法形成多数意见。最后还是鲍威尔出面打破僵局，他提出的解决方案最终也为各方所接受。鲍威尔首先否定了戴维斯分校的定额录取制度，但他同时提出，大学在录取新生时，可以把族裔背景作为一个因素加以考虑。他的推论在那个时代显得格外与众不同。在 1970 年代，司法界普遍的观点是：由于黑人和其他少数族裔在历史上一直受到不公平待遇，国家欠这些群体一笔特殊的债。与此同时，由于经年累月受到歧视，单靠平等对待无法为他们提供平等的机会，因此，必须通过种族平权措施进行补偿，在教育、就业、经商等各个方面向少数族裔提供特殊优惠政策。

但是，鲍威尔却从另外一个角度论证了种族平权措施的正当性，认为该政策让所有人受益，而不是某一个特殊群体。多元化（diversity）——这个时髦词语在巴基案判决之后才被广泛使用——帮助了所有种族的所有学生。“美国的未来，取决于领导者能宽泛地了解来自我国各个民族的、多元的学生的思想和道德观念，并在其中得到锻炼。”鲍威尔写道，所以“种族或民族背景必须成为申请者们被考虑的‘附加’因素”。在其后的 25 年间，鲍威尔的观点成为种族平权措施论证其正当性的最重要依据——它不是对受践踏者的恩赐，而是造福全社会的措施。

格鲁特案与格拉茨案中的问题是，鲍威尔的判决是否只应停留在教科书上？2003 年 4 月 1 日上午，言词辩论即将开始，大法官们陆续从红色幕帘后走出，此时，甚至连奥康纳的助理都不知道她会投票支持哪一方。

案件正好在一个极重要的月份开审。不到两周前，3 月 20 日，
218 美英盟军正式对伊拉克发起攻击。战争从一开始就取得重大胜利，美军很快突破伊军防线，以摧枯拉朽之势攻向巴格达。此时，无论美国本土还是最高法院院内，军方都享有空前的威望。格鲁特案与格拉茨案开审的这天上午，盟军距离伊拉克首都已经只有 40 英里，对美国军方来说，更加戏剧性的好消息也发生在这一天。3 月 23 日被伊军俘获，已成为美国决心的象征的美军女兵杰西卡·林奇，也在当天被特种部队营救出来。（与这场战争一样，林奇的故事后来也比最初看起来的要复杂得多。）简而言之，格鲁特案与格拉茨案的审判，适逢美国军方士气高涨之时。

在这一特殊时期，有两个法律问题尚存争议。根据奥康纳在克罗森案中的意见，密歇根大学的律师们当然了解，最高法院完全有可能对涉及种族平权措施的项目实施严格审查。因此，第一个问题在于，对多元化的促进能否算得上“迫切利益”？可以说，这一关键问题决定了最高法院是否会对密歇根大学的录取政策适用通常来说致命的严格审查措施。第二个问题是，如果确实存在“迫切利益”，那么，到底该在本科生和法学院录取中采取什么样的标准，才能达到促进多元化这一目标？

奥康纳并不想让律师们就第一个问题等太久。在法学院案件中，代表格鲁特一方的律师是柯克·科尔布，此君口才一流，发言一针见血。他认为，校方固然觉得多元化的申请者才比较理想，但这里

的多元化应当包括经历、观点，甚至籍贯的多元，而不是以他们的种族为标准。科尔布认为，宪法已明文禁止任何种族方面的考虑，哪怕是作为候选人的附加或次要考虑因素。

“你的意思是，种族根本就不应该作为考虑因素，是这样吗？”奥康纳问道，“你是不是认为，种族因素甚至不能成为许多考虑因素中的一个？”

“是的，”科尔布说。“大法官阁下，我认为，种族绝不应成为录取学生时的考虑因素之一。”

“好吧，我想你应该好好看看本院之前的先例判决，”——显而易见，奥康纳这里指的是巴基案判决——“因为在某些情况下，最高法院显然支持在录取程序中考虑种族因素，”她说道，“情况并没有你说的那么绝对。”奥康纳还是一如既往地讨厌过于绝对的说法。

金斯伯格开始发问时，庭审的转折点终于出现了。“科尔布先 219
生，请您注意一下……部分退役军官提交的意见书，他们指出，任何一支军官队伍中都必须包含少数族裔，除了把种族因素作为选拔军官的附加因素而不是最重要的因素外，还没有更好的办法能做到这一点。”金斯伯格说，“难道人们能接受一个没有少数族裔学员的军事院校吗？”科尔布试图避开这一问题，说本案卷宗中没有关于军事院校的证据。

但是斯蒂文斯偏要“打破砂锅问到底”，他说，有充分证据证明军事院校已经这么做了，“如果这些意见书来自对相关规章的准确叙述，那么军事院校已持这一立场……它们会采取种族优惠政策”。苏特此时也趁热打铁，追问起军事院校招生政策的问题。这一次，科尔布又开始顾左右而言他，说自己并不知道安纳波利斯海军学院有这类政策，并强调本案仅涉及密歇根大学，与军方无关。但是，斯蒂文斯可不愿这个话题就此打住。“你能否审慎思考眼前这个严肃问题？难道这些绿皮意见书还不能说明实际情况吗？”（提交至最高法院的“法院之友”意见书通常都是绿色封皮。）肯尼迪提的问题仍与“绿皮意见书”相关。过去，最高法院很少在言词辩论过程中提及“法院之友”意见书，而在格鲁特案中，庭审开始没几分钟，就有 4 位大法官多次提到军方提交的意见书。

大法官们还在为这个议题热身。围绕密歇根大学案，联邦行政分支内部也产生了意见分歧，最终不得不由布什亲自出面摆平争议。在一次电视直播讲话中，布什正式代表行政分支发表声明，反对密歇根大学的招生政策。“我强烈支持多元化措施，包括高等教育中的种族多元化，”他说，“但是，密歇根大学使用的方法严重偏离了这一目标。究其实质，密歇根大学的招生政策相当于一种定额录取，这种仅仅根据学生的族裔，就赋予或剥夺他们利益的做法是不公平的。”他接着说，这种“人为制造的分裂与不公正绝对不符合宪法”。（值得一提的是，布什电视讲话一周后，几位军方意见书署名者的好友，国务卿科林 · L. 鲍威尔，宣布反对行政分支的立场。）

220 布什的煽动性演讲成功取悦了保守派支持者，也与斯卡利亚和托马斯的观点不谋而合，但是，由首席政府律师西奥多 · B. 奥尔森起草的“法院之友”意见书却与之前的口径不大一致。他的意见书小心翼翼地回避了大学录取过程中是否应考虑种族因素这一问题，并且对巴基案是否应被推翻不表露任何立场。奥尔森只是说，密歇根大学的做法相当于定额录取，所以应当被否定。这也是他打算在格鲁特案的言词辩论阶段表达的观点，不过，他后来没有得到这一机会。

在奥尔森发言之前，斯蒂文斯说：“奥尔森先生，我想先弄清一个问题。您看您是否方便回答。我希望您能谈谈对卡特·菲利普斯提交的意见书的看法。您怎么看待其中的观点？……他们来自部分将领和军事院校。”

“我们尊重那些人的意见，”奥尔森说，“但美国政府绝不能接受这样的说法，即那些黑人士兵只会为黑人军官而战，白人只为白人而战。”奥尔森又在攻击一个“稻草人”了，大法官们都心中有数。退役军官们可没说黑人士兵只愿跟着黑人军官作战，他们只是表示建立一支种族融合的军官队伍对军方很有利。

金斯伯格紧追着斯蒂文斯的问题问道：“但是，您是否承认，奥尔森先生，就在现在，所有军事院校仍在录取过程中采取了种族优惠政策？”奥尔森承认了这一点。

“他们的做法是否违法？……或者说，是否违宪？”金斯伯格接着问。这可是一个高难度问题。如果奥尔森说是，那他就等于承认联邦政府违法；如果他说不是，那就相当于打自己耳光。奥尔森只好退避三舍，回避这一问题，说自己没有研究过军事院校的招生状况。

苏特也继续咬住绿皮意见书不放，他想知道奥尔森“如何回应菲利普斯先生意见书中的观点……他们可并不是想在班上简单拿少数族裔学员凑数，或者使他们的人数维持在一个固定数字上”。奥尔森再次回避了这一问题。

密歇根大学在言词辩论阶段聘请的首席律师名叫莫琳·马奥尼，请她出庭也是密歇根大学的政治策略之一。在成为莱瑟姆与沃特金（Latham & Watkins）律师事务所的合伙人之前，马奥尼除了担任过肯尼斯·斯塔尔手下的助理首席政府律师，还做过伦奎斯特的法官助理。（在格鲁特案开庭时，首席大法官还不小心叫了她一声“小

221 莫”。）作为一名共和党人，几个月前，她刚刚被布什提名为弗吉尼亚联邦地区法院的法官人选，但没有在参议院得到足够票数——约翰·罗伯茨在哥伦比亚特区巡回上诉法院的提名也是同样遭遇——于是她与罗伯茨一样，成为同代人中在最高法院出庭的最顶尖的律师之一。她货真价实的保守派身份，使她在格鲁特案中的出庭别具意义，这也正是密歇根大学的醉翁之意。

马奥尼一走上法庭，就试图把大法官们引向她的立场。的确，没有大法官会质疑第一个争议点——多元化是不是一个合法目标——唯一的问题在于马奥尼是否把这个目标抬得过高。马奥尼巧妙化解了斯卡利亚和肯尼迪把密歇根大学的做法描述成“定额录取”的企图，但奥康纳紧接着抛出一个问题，而这个问题，恰恰也是马奥尼第一次阅读巴基案判例时的内心疑问。

“马奥尼小姐，我能否在您结束辩论前转换一下话题，问一个我一直关注的问题？”奥康纳说道，“最高法院在这一领域支持的所有我们称之为种族平权措施的做法里，都会有一个确定的时间段，规定相关措施的起止时期。但是，我们在这个案子里并没有看到这么一个起止日期，对不对？您打算如何处理这个问题？”

奥康纳提出了当下美国一个更为深刻的问题。到底到什么时候，种族问题将不再是个问题？正是这一问题，导致奥康纳在种族平权措施议题上摇摆不定，她想以实用主义的态度解决问题。在她看来，种族优惠措施充其量是种极其不确定又非常极端的补救方式，她必须确保这种措施不会垂范久远。那么，它们到底还应该存在多长时间？

马奥尼回答得也非常巧妙：“好的，大法官阁下，在巴基案中，有 5 位大法官投票赞成加利福尼亚州大学戴维斯分校采用与哈佛大学同样的方式招生。这一方式已适用了25年。整个国家的教育系统都从中受益匪浅。”这个回答埋下一个伏笔。

格鲁特案与格拉茨案，一个事关法学院招生，一个事关本科生招生，关注两个案件的公众认为它们涉及同一个争议，但两种招生 222
程序之间，其实存在显著区别。法学院的录取门槛相对较高，3 500名法学院申请者中，一般只有350人被录取，密歇根大学法学院会对每一名申请者进行个别评估，指导原则是“重点关注学术能力，同时灵活评估申请者的天赋、经验，以及向周围的人学习的潜力”。大学本科录取条件也很严格，但更趋向于采取数字化标准，每个学生要接受总分为150分的评分体系的评估，分数在100分以上者才有可能被录取。分数依据高中平均成绩、标准化测试成绩，以及其他非种族因素，但是，少数族裔可以自动获得20分的附加分。

奥康纳准备投票期间，两种录取程序的区别在她脑海中不断浮现。本科生录取程序并不像布什所说的那样是一种定额录取，但它的僵化之处——让少数族裔学生自动获得加分的做法——让奥康纳非常不舒服。相反，法学院的招生措施倒很像鲍威尔在巴基案中认可的哈佛模式，至少在录取时把每位申请者都视为独立的个体。经过深思熟虑，奥康纳这一次又打算采取折中路线——维持格鲁特案原判决，推翻格拉茨案原判决。（布雷耶也循此方式投票，证明他与奥康纳在意识形态和人际关系上正日趋接近。）其他人的投票结果都在意料之中，伦奎斯特、斯卡利亚、肯尼迪和托马斯都支持原告方；斯蒂文斯、苏特和金斯伯格都支持校方。校方在格鲁特案，也即法学院招生案中以5∶4票取胜；被拒学生在格拉茨案，也即本科生录取案中以6∶3票取胜。

格鲁特案显然将成为一起里程碑式的重要案件，因为5位大法官在该案里阐述了大学录取过程中，何时应该考虑族裔背景，以及该如何考虑等一系列问题。（此外，6位大法官在格拉茨案的多数方意见书中宣称，本科生录取程序不符合格鲁特案确立的标准。）投票结果确定后，一个重要问题产生了，该由谁来撰写多数方意见书呢？

这件事本该由斯蒂文斯来做，因为他是奥康纳、苏特、金斯伯格和布雷耶当中资历最老的大法官。（伦奎斯特将格拉茨案多数方意见书的撰写任务分配给自己。）仅仅一周前，斯蒂文斯刚刚把本开庭期的另一件大案子，劳伦斯案的多数方意见书撰写任务分配给肯尼迪。斯蒂文斯是否真的会大公无私到把格鲁特案也交出去？他
223 现在已经83岁了，还指望以后再写出多少重要的判决书？斯蒂文斯思考了一周，在与奥康纳深谈之后，决定把格鲁特案的判决书交给她执笔。

斯蒂文斯这一无私决定充分显示出他的智慧。奥康纳显然是格鲁特案多数方中立场最摇摆不定的一员，如果斯蒂文斯决定由自己来撰写多数方意见书——就像许多大法官在类似情况下做的那样——他很可能会最终失去奥康纳那一票。相比之下，斯蒂文斯关注的是问题本身，并不在意个人得失，他不会像某些大法官那样，把重要案件的判决主笔权攥在手里不放。更重要的是，斯蒂文斯深知，一种司法理念要想在最高法院成为真正胜者，可能需要耗上很长时间，有时甚至长达几十年光阴。1986年，斯蒂文斯曾在鲍尔斯案中撰写过一份措辞强硬却鲜为人知的异议意见书，该案多数意见支持佐治亚州对同性性行为进行刑事处罚。（哈里·布莱克门在该案中撰写的那份辞藻华丽的异议意见书吸引了人们更多的关注。）但

是，到了 2003 年，最高法院终于通过劳伦斯案判决推翻了鲍尔斯案，由肯尼迪撰写的多数方意见书，很大程度上参照了斯蒂文斯 17 年前撰写的那份异议意见书。因此，基于岁月赋予自己的智慧与经验，斯蒂文斯把格鲁特案——布什诉戈尔案以来最重要的案件——的判决主笔权交给了奥康纳。

尽管奥康纳的助理已替她拟出意见书初稿，但她的判词向来具有独特的风格或曰反风格。奥康纳从不会像肯尼迪那样煽情，在判决书里来上一段诸如“个人对生存、生活意义、宇宙乃至人类生命奥秘的概念进行自我界定的权利”之类的句子；也不会像斯卡利亚那样，在反对某种观点时，强烈表示“没有一个人能够容忍”。她撰写的意见书，向来是首先罗列事实，经常还列举若干细节，再归纳相关法律，继而将法律适用于事实。对奥康纳来说，判决结果始终比修辞重要。通常，她都喜欢以一段提纲挈领、切中要害的话作为开场。在格鲁特案判决书中，这段话是：“本案要求我们判断，密歇根大学法学院在录取程序中考虑学生族裔因素的行为是否违法。”

奥康纳的格鲁特案判决书明显有一个参考范本——鲍威尔在巴基案判决中的表述。她详细叙述了密歇根法学院的录取程序，申明该校董事会致力于在各方面推动多元化，而非局限于“种族与民族 224
问题”。奥康纳认为，密歇根大学的确把少数族裔学生作为一个“关键群体”，但“衡量这一关键群体的并非数字、比例，或者数字、比例的范围”，正如原审法院判决书认定的那样，“法学院的录取方式与鲍威尔大法官在巴基案判决书中认可的哈佛模式‘本质上是相同的’”。奥康纳最后归纳了鲍威尔的判决书，指出他“认为大学对种族背景的考虑，只能是为一种利益：‘保持学生群体的多元化。’”

关于“多元化”是不是一种“迫切的州利益”这一问题，奥康纳确信校方对此完全可以自主判断，无须法院指导，因为“大学在我们的宪法传统中占据了特殊地位”。这一推论并不是在向教育机构致敬，而是奥康纳的一贯作风，她向来希望法院判决能够保持克制，适可而止。她可以尽力认可大学中的种族平权措施，但绝不能容忍种族优惠政策在其他方面任意适用，如雇用或合同领域。

奥康纳接着转向言词辩论中的一个突出话题——来自退役军官们的“法院之友”意见书。奥康纳给予卡特·菲利普斯这份意见书罕见的高规格待遇，在判决书内直接援引其中不少段落：“为履行相应职责，‘军方必须招募一支受过良好训练与教育的高素质军官队伍，只有在录取时秉持种族多元化标准，才有可能形成一支种族多元化的军官队伍’。”在递交意见书之前，菲利普斯曾担心最高法院觉得军事学院与法学院存在很大区别，进而认为把二者相提并论是不适当的。但奥康纳却反其道而行之，在再次援引意见书原文的同时，她写道：“我们同意‘只需稍加分析即可得出推论，我们国家其他需要对申请者进行严格筛选的机构，应当在严格选拔的同时，注重多元化的保持’。”

从综合言词辩论与奥康纳的判决情况可以看出，退役军官提交的“法院之友”意见书在本案中发挥了至关重要的作用，甚至可以说是最高法院历史上影响最大的一份意见书。与之形成鲜明对比的是，奥康纳很鄙视布什行政分支提交的意见书。她尊重首席政府律师奥尔森本人，但把他起草的那份意见书看成一份政治性文件，是那个正与她日渐疏远的行政分支的产物。

助理起草的初稿，并没有提到奥康纳问马奥尼的最后一个问
225 题——种族平权措施应当何时停止实施？奥康纳认为，种族优惠政

策不能无休止地延续下去。但是，谁能定下一个确定的时间表呢？

在最高法院的22年光阴中，许多重要案件都是由自己投下决定性的一票，奥康纳当然拥有足够强大的自信，这一次，她决定直接在判决书中设置一个时间限制。她让助理在初稿中加入这么一句话："人们曾为使高等院校学生群体更趋多元适用过种族优惠措施，鲍威尔大法官曾在判决书中认可这一做法。如今，25年过去了，与那时相比，拥有优秀成绩与较高分数的少数族裔申请人正越来越多。我们希望，在未来25年之内，种族优惠政策将逐步失去适用之必要。"

强迫人们接受一个期限，此举既可能是奥康纳的一大败笔，也可能是其判决书的一大亮点。谁都知道，奥康纳是"审判席上的立法者"，尽管这是布什这类保守派对能动主义大法官们的责难。结合宪法的含糊规定，她居然推导出一个最后期限，而不仅是什么法律规则。对斯卡利亚和托马斯这样的宪法原旨主义者来说，这简直就是赤裸裸的司法扩张。即便是那些既非原旨主义者又非保守派的人士，也对奥康纳的判决深感疑虑。一位非民选的法官有什么权利给整个社会强加上如此明确的一个规则？既然相关实践25年后就会违宪，那干吗不现在就宣布它们非法？

"无论多数方找出什么证据，以证明黑人与白人学生的身份差距在某一段时间内会缩小乃至消失，他们都不应当也不可能确立一个时间期限，"托马斯在异议意见书中写道，"包括最高法院在内，没有人能够保证，高等院校内的种族区别会在25年内消失。最高法院也不会因为种族区别缩小，就宣布种族歧视只在25年内属于违宪行为。"更重要的是，如果奥康纳可以在种族平权措施议题上作出立法性质的判决，她为什么又要阻止其同僚在其他领域进行类似尝试呢？答案当然是，在这种情形下，能够左右法官判断的，只有其良知与理智。

或许，这也是奥康纳此刻最好的辩护理由。在种族平权措施问题上，奥康纳给出了一个结果，也达成了一项妥协，这正好被绝大多数美国人所接受。杰出的政治本能使得她一直依循温和中间派路
226 线行使权力，而这一权力也从未正式受限。其实，奥康纳从一开始就认为，25 年的种族优惠政策实施期恰到好处。这一想法可能会让最高法院历史上的大法官们深感不安，甚至包括与她同时代的同僚们，但她还是义无反顾地行使了权力，宣布了 25 年的最后期限。她的司法路径或许在理论上无法自圆其说，但在实践中始终游刃有余。

保守派在密歇根大学两起案件中再次受挫。肯尼迪在格鲁特案中撰写了一份个人意见书，像鲍威尔在巴基案中一样，他声称自己赞同在录取程序中考虑种族因素，但密歇根大学法学院的录取程序看起来确实很像定额录取，所以他无法给予支持。关于是否应考虑种族因素这一问题，甚至连伦奎斯特也回避就此表态。只有斯卡利亚和托马斯两位大法官直截了当地宣称，任何在录取程序中考虑种族因素的做法都是违宪的。

托马斯或许是全国最著名的种族平权措施的获益者。他却撰写了一份充满激情的意见书，大肆抨击这一措施。他援引其偶像弗雷德里克·道格拉斯的话，写道："黑人需要的不是善行，不是怜悯，不是同情，只是**公平**而已。美国人民总是急着想知道该做些什么……我所希望的是，给他一个机会，让他用自己的双腿站起来！别去管他！"尽管语气气势汹汹，但谁都知道，托马斯的意见不过是种边缘观点——在最高法院内部如此，在全国范围内亦然。

布什诉戈尔案之后，肯尼迪与奥康纳都逐渐左倾，这一趋势在格鲁特案后愈发明显。连伦奎斯特本人都打算让自己一手发起的联邦主义革命关门大吉，他亲自撰写了内华达州诉希布斯案（*Nevada v. Hibbs*）的法院判决书，支持了国会 1993 年通过的《家庭与医疗假期法》(Family and Medical Leave Act)，这可是克林顿行政分支的重要成就。

随后，在一系列复杂案件中，最高法院违背布什行政分支的意愿，先后推翻了州与联邦的《刑事量刑指南》(Criminal Sentencing Guidelines)。最高法院还以 6∶3 票推翻《预防儿童色情法》(Child Pornography Prevention Act)，该法允许对制造或持有“虚拟”色情制品的行为定罪，哪怕其中一些图片是电脑合成的。同时，在几起重要的刑事案件中，最高法院也支持被告一方，撤销了相关有罪判决。

2000 年后，布什诉戈尔案的多数方——伦奎斯特、奥康纳、斯 227
卡利亚、肯尼迪和托马斯——仿佛已经完全控制了最高法院，但事实却并非如此。他们的联盟正在分崩离析。在 2002 年开庭期，布什诉戈尔案中的多数方只在 14 起案件中的 5 起形成了 5∶4 票的判决；在 2003 年开庭期，是 19 起中的 9 起；到了 2004 年开庭期，则是 22 起中的 4 起。最初，是布什诉戈尔案的延伸后果将奥康纳与肯尼迪推向了自由派一方；后来，就是布什行政分支自身的所作所为了。

# 第 18 章 “我们行政分支不会这么做”

228 2003 年春，伴随美军在伊拉克的凌厉攻势，布什行政分支在军事上的自信也达到顶峰，虽然最后的事实表明，一切不过是昙花一现。格鲁特案判决一个月后，总统乘战机从圣迭戈海岸出发，降落在“林肯号”航空母舰上，并在“任务完成”标语下向欢呼人群发表热情洋溢的演说。几乎从那一刻起，幸运之神就不再青睐美国了，伊拉克的局势开始急转直下。游击队和叛乱者杀死了 3 000 多名美军士兵。成千上万的伊拉克人也死于非命。选举进行了，宪法通过了，新政府也成立了，但美国在伊拉克仍然举步维艰。就在战局趋向恶化之际，反恐战争引发的第一批官司也陆续被送至最高法院。这些案件发生在加勒比海岸一个如诗如画的地方，也就是后来举世闻名的关塔那摩湾。

1898 年，美国与古巴军队将西班牙人逐出古巴，美军从此在古巴南岸保留了一块 45 平方英里的驻地。根据美古两国 1903 年签署的条约，美国开始正式驻军，并承诺每年支付 4 085 美元租金。时至今日，美国政府每年仍坚持向古巴政府付酬，但是在菲德尔 · 卡斯特罗执政的 50 多年里，古巴政府只接受过一次租金。

阿富汗战争对关塔那摩湾的最大影响，是让它在国际上臭名远扬。从 2002 年 1 月 10 日开始，美国军方陆续将在阿富汗战场捕获的囚犯转移至此，在这里，包括海军在内的所有军人，一律被称为关塔那摩联合特遣部队。在当天举行的记者会上，国 229 防部长唐纳德·拉姆斯菲尔德宣布这些囚犯是非法战斗人员（unlawful combatants），而且“不享有《日内瓦公约》规定的各项权利”，包括《维也纳公约》中举行个别听证会确定每个囚犯状况的权利。

上述做法当然遭到国际社会一致谴责，联合国、欧盟、美洲国家组织及其他国际组织纷纷站出来，反对美国政府的做法。但在美国国内，全国人民尚沉浸在“9·11”后的激愤情绪和创伤中，没人注意到发生在关塔那摩湾的羁押与刑讯——至少一开始是这样。

关塔那摩大概关押了 600 多名囚犯，他们多是被从阿富汗及周边国家的战场上俘获，并被指控为基地组织或塔利班成员。他们是“坏人中的坏人”，一名美国官员这么说。这些人被关押在外国领土上；禁止与外界联系，最多只许给家人去信一封；也不允许接受任何探访。但在 2002 年初，羁押在关塔那摩的澳大利亚人戴维·希克斯设法联系上了纽约的宪法权利中心（CCR），那里的律师答应帮他申诉。

宪法权利中心出面打这场官司并不让人意外，在自由派法律维权团体中，该组织比美国公民自由联盟更为左倾，他们打算利用此案，挑战美国在关塔那摩的羁押政策。诉讼之初，被告律师的做法与密歇根大学的律师在种族平权措施案件中的努力迥然不同，后者曾召集退役将领、大型企业乃至一位前共和党总统。在律师约瑟夫·马古利斯的领导下，宪法权利中心的律师团队开始积极寻求华盛顿几位大牌律师与著名律师事务所的支持，结果全部吃了闭门羹。看起来，关塔那摩案从一开始就被边缘化了。

但是，当官司打到联邦法院时，“9·11”带来的歇斯底里狂热已慢慢消退，人们渐渐开始相信关塔那摩囚犯们的控诉。人们看到，布什行政分支已在法律上把这些人打入另册。他们不是刑事被告人，
230 不受美国宪法保护，同时，他们也不被看作战俘（POW），后者的法律待遇可是受《日内瓦公约》保障的。

关塔那摩的被羁押者被称为“敌方战斗人员”，可以被拘留并审讯至反恐战争结束——那就意味着，他们可以被无限关押。[1] 军方拒绝将被羁押者视为战俘的另一个原因在于，根据《日内瓦公约》，战俘是不能被审讯的。关塔那摩从一开始就备好了审讯设施，囚犯在完全隔离状态下接受审讯，日复一日，月复一月，根本无法与外界取得联系。

此外，政府也对宪法权利中心提起的诉讼明确作出回应，声称原告方根本无权打官司。理由是，被羁押者都不是美国公民，他们被关押在古巴，这就相当于一个外国人在海外战场上提起诉讼，美国法院当然不应受理。下级法院也持这一观点，并驳回了相关诉讼，该案即拉苏尔诉布什案（*Rasul v. Bush*）。讽刺的是，官司在最高法院悬而未决期间，沙菲克·拉苏尔的名字虽然排在原告名单前列，可他本人却已被提前释放。另外两起相关案件也都涉及无限期羁押，

1 根据《日内瓦公约》，合法战斗人员必须满足以下几个条件：身穿军服、佩戴徽章、公开持有武器，是致力于遵守战争法的组织的一部分，而且这个组织内部的上下级关系和责任必须公开。合法战斗人员享受战俘待遇和《日内瓦公约》的保护。非法战斗人员和恐怖组织成员不享受战俘待遇和《日内瓦公约》的保护。

原告分别是美国公民亚瑟·哈姆迪[1]与乔斯·帕迪利亚[2]，他们也各自向最高法院提起了诉讼。

2003年底至2004年初，最高法院陆续批准了拉苏尔案、哈姆迪案与帕迪利亚案的调卷令申请，布什行政分支这才真正紧张起来，开始审慎面对这些案件。终于，在被关押两年后，哈姆迪与帕迪利亚会见律师的申请被批准。国防部长拉姆斯菲尔德同时宣布，军方将成立一个“行政审查委员会”，负责逐个甄别、审查关塔那摩囚犯。但是，这一程序仍然剥夺了被羁押者聘请律师、与证人对质以及提起上诉的权利，仅由政府律师出面评定这些人是否需要继续被关押。按照官方的说法，这些人连基本的程序保障也无法享受，因为这“只关乎简单的判断，不存在法律强加的权利或义务”。很显然，布什的态度并没有变：既然目前尚处于反恐战争中，关塔那摩的囚犯就无权在美国法院提起诉讼。

---

1 2001年底，美军在阿富汗抓获了亚瑟·哈姆迪，并把他作为敌方战斗人员关押在关塔那摩海军基地，哈姆迪供认自己是路易斯安那州出生、沙特阿拉伯长大的美国公民后，美军又把他转送到美国本土关押。这起案件的法律争议点在于，总统是否有权下令无限期地关押美国公民，而且剥夺他聘请律师或接受审讯的权利？联邦第四巡回上诉法院判称，哈姆迪是在国外冲突的战斗区内被抓获的，对他实行关押在总统的宪法职权范围之内。

2 乔斯·帕迪利亚在海外居住多年，于2002年返回美国。他抵达芝加哥国际机场后，被联邦调查局作为和“9·11”恐怖袭击事件有关的重要证人扣押。法庭给他指派了一名律师，律师向法庭要求将其释放，但美国政府怀疑帕迪利亚和基地恐怖组织关系密切，有可能对美国的安全继续构成威胁，因此在法官作出裁定之前就宣布他为“敌方战斗人员”，并交由军方扣押。这个案子提出的问题是，总统是否有权把在美国国土上逮捕并扣押的美国公民定为“敌方战斗人员”，而且剥夺他聘请律师或接受审讯的权利？联邦第二巡回上诉法院作出有利于帕迪利亚的判决。判决说，没有国会授权，总统不能把在美国土地上逮捕的美国公民作为敌方战斗人员关押。判决下令释放帕迪利亚，并向他提供宪法保护。

布什的法律团队仍由首席政府律师特德·奥尔森［Ted 系西奥
231 多（Theodore）的昵称］领军，他把共和党对选民们搞的那套政治伎俩原样照搬到最高法院，希望靠打道德牌取胜。说白了，就是把本案的法律争议简化为两个选项：要么支持美国，要么支持恐怖分子。在拉苏尔案的言词辩论阶段，奥尔森果然把上述选项抛给最高法院。“首席大法官阁下，尊敬的大法官们：美国正处于战争状态，”奥尔森开场即渲染沉重气氛，“申请人要求最高法院行使的司法管辖权既未经国会授权，又违反了宪法规定，最高法院历史上从未有过此类先例。”

奥尔森的话明显带着点威胁的意味，这样或许能吓到别人，对大法官们可并不奏效。事实上，他们很快就进行了反击。“奥尔森先生，假设战争已经结束，”斯蒂文斯插话道，“你们还会把这些人关在关塔那摩吗？”“我们当然会这么做。”奥尔森答道。换言之，只要仗还在打，无论战况如何，军方都会一直关着拉苏尔这帮人。

“也就是说，战争存在与否，和本案的法律争议无关。”斯蒂文斯说道。

“不能说二者无关，因为正是战争引发了这一问题。”奥尔森的回答实在有些牵强。

“但是不管战争存不存在，你们的观点都不受它影响呀。”斯蒂文斯坚持自己的看法，奥尔森只好妥协。这样一来，言词辩论刚开始，斯蒂文斯就成功表明，当前的情况并非布什行政分支所称的权宜之计，而是行政权力的永久性扩张，与战争或和平根本无关。这一回合之后，“美国正处于战争状态”之类的说法沦为煽情滥调。

一周之后，4 月 28 日，哈姆迪案与帕迪利亚案的言词辩论也开始了，行政分支再次抛出行政当局无须接受审查的论点。在帕迪利亚案中，美国公民乔斯·帕迪利亚在芝加哥国际机场被捕，并被怀疑与基地组织有关。司法部认为，即使帕迪利亚是在美国本土被抓的本国公民，也一样无权质疑自己被监禁的方式，他后半辈子都有可能在羁押中度过。助理首席政府律师保罗·克莱门特宣称，“9·11”之后，国会已经授权政府“使用必要且适当的武力”，因此对帕迪利亚进行的无限制羁押是完全正当的。克莱门特认为，最高法院无权阻止对帕迪利亚的关押，甚至无权审理此案，因为这个人已经被归入“敌方战斗人员”之列。

金斯伯格回以一个牵强的假设性问题，试探政府立场的边界所 232
在：“那靠什么来约束行政分支呢？如果行政分支说法律是什么样，法律就是什么样，那行政分支的任何决定都是‘必要且适当的’，”她说，“那我们何必去禁止酷刑？”

“首先，禁止酷刑属于条约义务，”克莱门特说，“任何战争都不容许这类行为存在，而且，如果一名美军士兵对一名未对其构成任何伤害的在押敌方战斗人员或战俘施暴，那就违反了我们对战争罪的界定，这名士兵会被我们送上军事法庭。”

金斯伯格紧接着这个话题问道：“假设行政分支说，‘我们认为，手段温和的刑讯，可以帮助我们获取这一情报’。这就不是一两个士兵做些违反军事法的事那么简单了，而是构成了一项行政命令。一些部门会据此通过刑讯获取情报。”

克莱门特愤愤不平地说：“我们行政分支不会这么做。”

8 小时后，也就是哈姆迪案与帕迪利亚案庭审当晚，哥伦比亚广播公司的新闻节目《60 分钟》发布了美军士兵在阿布格莱布监狱对囚犯滥用暴力，实施性虐待的照片。照片很快激起轩然大波，并成为这场战争的耻辱标记。照片上，美军士兵或是强迫伊拉克囚犯赤身重叠，垒成“人肉金字塔”；或是强迫眼睛被蒙上、浑身缠满电线的囚犯站在箱子上。(其实，哥伦比亚广播公司管理层两周前就掌握了这一情况，后来应国防部高层请求才搁置报道，当他们得知《纽约客》杂志将于5月1日报道这一消息时，才抢先发布了照片。)拉苏尔及其他几名关塔那摩在押犯的律师马古利斯事后回忆说：“这些照片被证明是最强有力的‘法院之友’意见书。”

阿布格莱布监狱美军虐囚事件的曝光，引起公众对伊拉克与关塔那摩在押囚犯待遇的持续关注。调查表明，虐囚行为在驻伊拉克美军士兵中普遍存在，更可怕的是，许多刑讯行为受到布什行政分
233 支高层的支持。2004年6月，拉苏尔案、哈姆迪案与帕迪利亚案尚在最高法院审理，一份名叫“酷刑备忘录”的文件又被泄露出来，激起轩然大波。这份备忘录的来由是：2002年夏天，白宫法律顾问艾伯特·R.冈萨雷斯曾请司法部专题研究一个法律问题，即参加反恐战争的美军士兵是否受联邦法律约束，因为相关法律禁止在美国境内外对人实施任何“残忍、野蛮或侮辱性的行为”。

2002年8月1日，高级政府律师杰伊·拜比与余约翰共同对“酷刑”一词作出一个严格的非官方界定。相关法律条文明确规定，酷刑是指造成“身体或精神上的痛苦或不适”。但是，按照这些律师们的定义，“构成酷刑的身体痛苦必须与身体损伤强度相当，如器官损害、身体机能受损，甚至死亡。而精神上的痛苦或不适若要达到酷刑的程度……必须导致心理受到持续性伤害，比如说，持续几个月甚至几年”。拜比与余还提出，总统完全有权推翻相关法律规定，并可视现实需要使用任何必要的审讯手段。“酷刑备忘录”曝光时，拜比已被任命为联邦上诉法院法官，余则回到加州大学伯克利分校

法学院重执教鞭。值得一提的是，余曾担任过托马斯的法官助理。反恐战争中，在帮助布什行政分支论证各类措施的法律正当性方面，托马斯的几位前助理都发挥过重要作用。

如果说虐囚事件与酷刑政策的先后曝光决定了最高法院对拉苏尔案、哈姆迪案与帕迪利亚案的判决结果，未免太过简单武断，但这一系列事件确实对大法官们起到了一定影响，并最终导致行政分支在部分案件中遭遇了可耻失败。拉苏尔案中，最高法院以6∶3票裁定关塔那摩在押囚犯有权在美国地区法院提起诉讼。哈姆迪案中，最高法院再次以6∶3票判决政府不得阻止被羁押的美国公民向联邦法院提起诉讼。帕迪利亚案中，最高法院总算给了行政分支一点儿面子，至少让他们获得了纯粹程序意义上的胜利，法院仅仅判决原告应当在南卡罗来纳州而不是纽约州提起诉讼。

斯蒂文斯已经把劳伦斯案分给肯尼迪，把格鲁特案分给奥康纳，但这一次，他不会把拉苏尔案分给任何人。像他那一代许多人一样，斯蒂文斯青春岁月中最重要的一段经历就是参加“二战”。他出生在 234
一个舒适安逸的家庭中，祖上是斯蒂文斯大酒店的创始人，这座芝加哥市的标志性建筑后来更名为芝加哥希尔顿大酒店。1941年，斯蒂文斯以优等成绩从芝加哥大学毕业，并计划继续深造，从事莎士比亚研究。战争开始前，他的几位老师陆续开始为海军工作，并游说他为国效力。1941年12月6日，斯蒂文斯正式加入海军，第二天就爆发了“珍珠港事件”，他后来一直开玩笑说，日本人是因为他参军才打过来的。

战争期间，斯蒂文斯在太平洋舰队海军上将切斯特·尼米兹麾下服役4年，并获得一枚铜星勋章。他从事的主要是破译日军电报密码的情报工作，这也是他日后一直津津乐道并深深引以为荣的一段经历。在 1989 年那起著名的焚烧国旗案中，强烈的爱国激情促使斯蒂文斯投出自己司法生涯中最异乎寻常的一票，他前所未有地站在了保守派一方。在为该案撰写的异议意见书中，斯蒂文斯认为焚烧国旗的举动并不受宪法第一修正案“言论自由条款”的保护，因为“国旗不仅仅是勇气、决心的辉煌象征，它见证了最初 13 个殖民地逐步发展为世界权力中心的光辉历程，还象征着自由、平等、宽容，以及所有与我们同享梦想的其他民族的美好期望”。

斯蒂文斯并没有假设军中情报工作经历给了自己足够的智慧，去评价布什的情报人员在关塔那摩的所作所为。但是，他的从军经历与那份自信加在一起，令他难以质疑军方行为的必要性。最高法院历史上的最黑暗时刻，多发生在行政分支提出国家安全高于一切，而大法官们又屈从这一观点之时。第一次世界大战之后，尽管证据并不充分，但最高法院还是维持了对几名政治异议者的有罪判决，理由仅仅是他们的宣传有可能将国家置于危险状态。

更加臭名昭著的还在后头，第二次世界大战期间，为了所谓的
国土安全，大法官们在是松诉美国案（*Korematsu v. United States*）
的判决中支持了政府将日裔美国人全部驱逐至西海岸集中看管的决
定。（在最近几起案件中，是松本人也递交了“法院之友”意见书，
支持拉苏尔一方。）斯蒂文斯熟知这段历史，也并不打算让历史重
235 演。虐囚事件与“酷刑备忘录”事件，已经让布什行政分支的可信
度在大法官们面前大打折扣。这一次，是布什行政分支本身，而不
是原告方那些左翼律师们，忽略了主流的法律和政治舆论。法院的
多数方决定不要偏离公众意见太远。这种转变至为重要。

事实证明，行政分支在拉苏尔案中的关键观点简直可以用荒诞不经来形容。在言词辩论中，奥尔森坚持说关塔那摩海军基地位于

古巴领土，不受美国法律约束，但斯蒂文斯还是在判决中阐明："在与古巴签订的协议上，美国已明确表示对关塔那摩海军基地有'完全的司法管辖权与控制权'，并声称将永远保持该项权力。"军方之所以把囚犯们羁押在这么遥远的地方，就是因为这里行事自由，外界根本无法干预。因此，即使让关塔那摩这些在押犯人会见律师，接受诉讼指导，也未见得会引发脱逃或捣乱的风险。不过，由斯卡利亚撰写，伦奎斯特与托马斯随后加入的该案异议意见书并未表达什么强烈情绪。

很明显，斯卡利亚这次略有保留，这一点在随后进行的哈姆迪案中体现得更为明显。由奥康纳撰写的多数方意见书，对布什行政分支的立场进行了全面批判。意见书措辞极为严厉，显示出她与布什行政分支的关系正日渐疏远。在她看来，诸如国家安全之类的说法无非是些托词："在这个充满挑战与不确定的时刻，我们对正当程序的信仰正遭受严峻考验；即使在海外为国而战，我们也必须恪守自己在国内秉持的法律信念。"

奥康纳打算利用审理哈姆迪案的机会，好好警告一下行政分支，最高法院——她的最高法院——绝对不是"橡皮图章"："有人认为法院应当放弃个案审查，只能关注宽泛的羁押安排，这种观点从合理的三权分立视角来看是行不通的。因为这种思路会把权力压缩到某一个政府分支。我们一直申明，谈到美国公民的权利，战争状态 236
并不是开给总统的空白支票。"谁要对奥康纳的意图有疑问，她就会展示最高法院历史上最惨痛的时刻，援引是松案捍卫自己的观点。

显而易见，奥康纳的观点在最高法院仍属中间温和派路线。她认为，既然哈姆迪未经任何审判，就不应被关押，但也没有必要向他提供与一般刑事被告人完全相同的充分保护。斯卡利亚撰写了一份异议意见书（斯蒂文斯随后加入了该意见，这两人组合在一起倒是很罕见），他在意见书中提出，布什行政分支把美国公民界定为敌方战斗人员，并长期关押的行为是违宪的。

斯卡利亚认为，奥康纳对布什行政分支实在过于软弱了，他指出，要么就该以联邦罪名起诉哈姆迪，要么就该马上放了他。“国父们从一开始就对军事权力充满警惕，这种不信任感在设定行政分支权力时亦有所体现，因此，那种认为行政分支无权在战争时期无限期关押公民的见解符合宪法原意，”不过，斯卡利亚这位宪法原旨主义者也没忘记加上这句话，“有人认为，在战争时期，法律要么就该保持沉默，要么就得被迫改口，可我们的宪法正是为了抵御战争，上述观点无论有什么好处，也根本无法取得宪法支持，也与宪法蕴含的民主原则相违背。”只有托马斯一名大法官支持了布什行政分支的立场。

值得注意的是，尽管拉苏尔案与哈姆迪案都因涉及行政权与司法权的实质界定而备受关注，但首席大法官却没有发表意见，无论是多数方意见书、异议意见书，还是协同意见书。在拉苏尔案中，伦奎斯特加入了斯卡利亚的异议意见书；在哈姆迪案中，他加入了奥康纳撰写的法院判决书。伦奎斯特仅仅撰写了帕迪利亚案的多数方意见书，后者只是解决了该案的程序问题而已。

一般而言，首席大法官很少在重大复杂的争议性话题上保持沉默，对伦奎斯特来说，这类情况就更加罕见。无论是在尼克松时代的司法部任职期间，还是在大法官岗位上，他都坚持认为行政分支享有与其他政府分支同等的权力，这是他与许多联邦主义者共同秉持的理念之一。但是，伦奎斯特这次却在奥康纳痛斥布什行政分支的意见书上签了名，这是他的真实想法吗？他的缄默不语，显然是个不解之谜。

其实，2004 年春天时，伦奎斯特就已疲惫不堪。他已逐渐厌倦 237
最高法院的工作。最近几年，他撰写的意见书篇幅渐短，内容却越来越讳莫如深，因为他知道，决定事件结果的，并不在于大法官们如何解释，而是事件本身在起作用。曾有一位大法官对他的日渐消沉表示不满，伦奎斯特对这位同事说：“别担心案子里的法律分析与法律原则。你只要确定这次的判决结果别出错就可以了。因为你在这个案子里确定的规则，轮到下个案子时，就可能被人家忽略了。”首席大法官之所以懒得在拉苏尔案与哈姆迪案中撰写任何意见，就是因为他觉得写什么都不重要，投票才会影响现实。

伦奎斯特无法控制投票，而且最终未获足够票数支持的情况现在也越来越多。所谓“伦奎斯特法院”，已不过是徒有其名。布什诉戈尔案之后，首席大法官在种族平权措施、同性恋权利、死刑、反恐战争等一系列重要议题上，都未能成为多数意见方一员。所谓的联邦主义革命，也早已黯淡无光，更大程度上沦为中间温和派的改良做法。洛佩兹案的判决结果已经表明，最高法院可以根据宪法“贸易条款”判定国会立法无效，但自那以后，最高法院再没有那么做过。被流放的宪法条款依旧被流放着。在伦奎斯特的努力下，最高法院成功地限制了国会权力，使国会不能出台可令各州成为联邦法院被告的法律。这倒算是一项成果，但放在整个最高法院历史上看，却算不得什么丰功伟绩。同样，在政教关系问题上，最高法院的确出现了适度右转趋势，在最可影响公众和大法官的问题上，伦奎斯特本人的观点影响甚微。

最高法院的人员构成也一直未变。自布雷耶取代布莱克门成为大法官后，10 年之内，并没有新的大法官产生，这可谓 9 位大法官组成的最高法院历史上最长的一段稳定期。

有鉴于此，大法官们专门在 2003 年 1 月 23 日举行了一次聚会，庆贺“9 人组合”新纪录的诞生。（1812—1823 年间亦有这么一段稳定期，但那时的最高法院大法官法定名额还是 7 人。）2004 年，斯蒂文斯已经 84 岁，是所有大法官中最年长的，不过，他一直精力充沛、健康状况良好，最关键的是，到目前为止，还没有出现一个合适的总统，能让他安心腾出位置给继任者。伦奎斯特也已年届八十，貌似萌生去意。他曾坦承，自己向来认为大法官应当把自
238 己的席位交给任命自己的总统所在的党，因此大家推测，他会在退休之前，把提名下一任大法官的机会交给乔治·W. 布什。

可是，伦奎斯特并不打算退休。他鳏居已久，一个人住在弗吉尼亚郊区，三个孩子也早已长大成人。他喜欢自己的工作与所有同事们。他的健康状况称不上很好，但也说不上太差。他性情直率，从不讳言最高法院退休大法官的落寞下场：迅速远离尘世，门可罗雀。所以，他越来越热衷于最高法院的行政管理事务，事实证明，他也确实精于此道。尽管他已对各类错综复杂的法院规则失去兴趣，并认为写什么样的判决都无关紧要，但对他来说，留下来的意义还是要大于急流勇退。是该继续留在首席大法官席位上，还是孤独地待在家里，这个选择并不难做。

其实，伦奎斯特已错过一次让布什提名继任者的大好机会。2004 年开庭期末，总统大选激战正酣。在大选结果产生前，无论提名谁当大法官，民主党方面肯定都会竭力阻挠。像伦奎斯特这样的传统主义者，除非健康所迫，当然不会在这一时期递出辞呈。与往常一样，他回到自己在佛蒙特州的避暑别墅，在那里悠游度日，顺便想想新书的选题。他最近的一部著作是《世纪危机》（*Centennial*

*Crisis*)，该书于 2004 年春天出版，全书以通俗、明晰的语言，系统研究了 1876 年的总统大选争议。[1] 2004 年 10 月 1 日，伦奎斯特如期返回华盛顿度过了自己的 80 岁生日，并做好了迎接新的开庭期的准备。

麻烦不期而至。伦奎斯特这段时间喉咙一直很痛，导致他几乎无法开口说话。10 月前两周，最高法院举行了 11 场言词辩论，10 月 13 日进行的那场辩论涉及一起移民官司：克拉克诉马丁内斯案（*Clark v. Martinez*），庭审期间，首席大法官的声音沙哑低沉，与 6 月份帕迪利亚案宣判时简直判若两人。最后一场辩论举行 3 周后，伦奎斯特决定去看医生。

诊断结果很快出来了。医生说，他患上了恶性甲状腺癌，而且已是晚期，足以致命。（近些年，尽管伦奎斯特已控制抽烟数量，每天只抽一根雪茄，但长年累月的烟民生涯已埋下病根。）10 月 22 日，星期五，他在贝塞斯达海军医院接受气管切开检查，呼吸只能 239
靠一支接入喉咙的细管进行。10 月 25 日，最高法院新闻办公室宣布伦奎斯特患了“甲状腺癌”，而且“预计将于 11 月 1 日返回审判岗位”。（最普通的甲状腺癌完全可以治愈，法院的声明并未指明他患的是哪种甲状腺癌。）

1 1876 年，民主党总统候选人萨缪尔·蒂尔顿得到的普选票超过共和党总统候选人拉瑟福德·伯查德·海斯近 25 万张。在两人所获选举人票接近的情况下，共和党对 20 张选举人票提出质疑。当时，蒂尔顿只需得到这 20 张选举人票中的 1 张即可获胜，而海斯则需获得所有 20 张票才能胜出。之后，两党商议决定，设立一个由 7 名民主党人、7 名共和党人和 1 名无党派人士组成的 15 人委员会，研究并公正地决定每张票的归属。但由于原应参加委员会的无党派人士被选为参议员后从委员会辞职，其空缺由控制参议院的共和党人填补。这样，在委员会每次投票决定选票归属时，结果都是 8∶7 票。最后，这 20 张选举人票全部归海斯所有。

但是，直到10月29日，伦奎斯特仍未出院，显然，他已不具备返回审判席的条件。11月1日，他发布了一项声明，称原本预计的出院时间“过于乐观”，他必须“接受放射性化学治疗”。与第一次声明不同的是，这次的声明直接来自伦奎斯特内庭[1]，而非最高法院新闻办公室。一时间，关于伦奎斯特到底会缺席多久，所患疾病是否为恶性绝症，成为人们关注的热点话题。11月1日上午，最高法院资历最高的大法官约翰·保罗·斯蒂文斯主持了言词辩论，审判席正中的席位无人落座，十分醒目，仿佛预示着某种不祥之兆。

2004年大选的全国性投票在第二天开始，这一天，无论是伦奎斯特本人，还是他的大法官同僚们都已预料到：他，伦奎斯特，可能已经不久于人世了。

1 内庭（Chamber），并非专门机构，一般特指每位大法官背后的工作团队，如秘书、法官助理、信使等审判辅助人员和司法行政人员。

# 第 19 章　转折年代

2004 年 12 月 2 日，乔治·W. 布什在总统大选中以微弱优势险胜约翰·克里，这次，他可没靠最高法院帮忙。如果布什输掉大选，他将会和吉米·卡特一样，成为任期内从未任命过一名大法官的美国总统。但是，大选前夕突然传出的伦奎斯特患病的消息，预示着布什很快将有一次提名大法官的机会。事实上，距离大选结束还不到一天，围绕新任大法官人选的政治斗争就已剑拔弩张、一触即发了。 240

也是在大选日那天，阿伦·斯佩克特第五次当选为宾夕法尼亚州参议员。此君是有名的直性子，聪明有余，魅力不足，属于国会中日渐消失的稀有物种：中间派共和党人。1980 年他初次当选时，同类型的参议员还有许多，如罗伯特·帕克伍德、马克·霍利菲尔德、劳威尔·威克尔、查尔斯·马赛厄斯和约翰·海因斯，但是，到了 2004 年，共和党已经在右翼道路上高歌猛进，当年的中间派也多已销声匿迹。其实，斯佩克特早就与自己的党貌合神离了，共和党的一些保守派教义现在还没有民主党立场对他有吸引力。

11 月 3 日，星期三，斯佩克特循旧例在费城举行了一次选后新闻发布会。发布会上，突然有人向他问起与最高法院提名人选相关的问题，由于斯佩克特即将担任参议院司法委员会主席，这一问题此时相当敏感。[1] 但斯佩克特并没有意识到这一点，他向记者重申
241 了过去曾多次表达的观点，罗伊案判决确立的对堕胎权的宪法保护“不容侵犯”，他同时提出，那些不同意该观点的人“现在统统不会被确认（为大法官）”。

但是，斯佩克特很快就尝到了苦头。他在新闻发布会上的言论刚一传出，就在保守派组织中激起轩然大波，不少保守派团体纷纷表示反对他担任司法委员会主席一职，爱家协会就是其中之一。他的办公室被示威者团团围住，参议院的总机也几乎被打爆。一位共和党参议员甚至在自己办公室的自动应答机上新增了一个选择项：“如果您找的是未来的参议院司法委员会主席，请拨 3。” 11 月 17 日，斯佩克特被迫向参议院的共和党同僚们求饶，恳请他们不要将自己梦寐以求的司法委员会主席职位拱手让人。在与参议院内共和党高层，以及司法委员会其他共和党人反复开会磋商后，斯佩克特被告知，他可以得到主席职位——但必须满足附加条件。

在次日举行的新闻发布会上，斯佩克特不得不再次面对公众。在因任期限制而未能连任司法委员会主席的奥林·哈奇介绍下，斯佩克特出面解释了之前的言论：“我过去、现在乃至将来，都不会采

1 在参议院中，各委员会主席一般是多数派政党成员，他们的资历往往最老（在相关委员会中连续服务的年限最长）。资历是严格按照在委员会服务的时间确定，而不是在国会服务的时间。一名议员如果从一个委员会调到另外一个委员会，他在第一个委员会度过的时间不能计算在第二个委员会的资历上。当然，资历原则也并不绝对，各党也会根据实际情况进行适当调整，尤其是在 2000 年以后，为加强对各委员会主席的控制力，共和党开始在委员会主席选任中引入了竞争机制。

用某些标准去否决一位反对堕胎的大法官候选人,”说这些话时,斯佩克特像被霜打过的茄子,有气无力,疲惫不堪,“我在委员会和参议员位置上始终投票支持布什总统的法官提名。很难想象我会反对总统的提名人选。”

斯佩克特最终还是绝境逢生,如愿得到了司法委员会主席职位,但整起事件传递的信息,已再明白不过。为了让一位共和党总统有一次提名最高法院大法官的机会,保守派已苦等了 14 年,这一次,他们需要的必须是一名虔诚的保守主义信徒。9 位现任大法官中,有 7 人是由共和党总统任命的,但最高法院至今仍让保守派大失所望。共和党现在需要一位在各方面都衷心拥护本党保守派路线的候选人,尤其是在对罗伊案判决的立场上。尽管被提名人尚无眉目,那些在布什连任过程中起到关键作用的保守派激进分子,如詹姆斯·多布森、杰伊·塞库洛之流,已开始为完成下一个任务摩拳擦掌,那就是:控制最高法院。

2005 年 1 月 20 日,自去年秋天宣布生病后,伦奎斯特首度出 242
现在世人面前。这一天,他步履蹒跚地走上台阶,主持乔治·W. 布什总统的就职宣誓仪式。伦奎斯特与他的行政助理萨莉·瑞德赶到国会山时,其他大法官与嘉宾们已依序就座。长期化疗使他的头发只剩下寥寥几绺,气管切开术使用的那根导管还在体内,导致他的声音异常含混,难以听清,但是,首席大法官仍打算凭着坚忍不拔的毅力完整履行职责。布什宣誓完毕后,伦奎斯特对总统说了句“祝贺”。与他 1997 年 1 月 20 日在比尔·克林顿的就职典礼上说的那句模棱两可的“好运”相比,这句话的含义自然大不相同。伦奎斯特在布什发表就职演说之前就离开了,露面时间仅 13 分钟。

其他 8 位大法官都很关心首席大法官的身体状况，但只有斯蒂文斯和奥康纳被获准赴他家短暂探访。即使在家里，伦奎斯特仍会认真倾听庭审录音，并通过备忘录投票、分配意见书撰写任务。在他缺席期间，由斯蒂文斯负责主持所有的大法官会议与言词辩论。其实，就算在健康时期，除了贴身随从，伦奎斯特也一直习惯用备忘录与其他人联系。所以，即使他在家养病，整个最高法院仍运行如常，并没有受到他缺席的影响。伦奎斯特也凭着强烈的责任感，尽量避免法院工作受自己生病拖累。他丝毫没流露出辞职的意思。

与过去许多开庭期一样，大法官们把相对简单的案件放在头几个月处理。一年到头，大约有 40% 的法院判决书系大法官们的全体一致意见，多数案件也只有一到两份异议意见书。伦奎斯特缺席的前几个月里，最高法院运行良好，大法官之间也无明显分歧，唯一的例外要数肯尼迪在洛波案中的判决，他援引外国法律，推翻了对一名未成年罪犯的死刑判决。该案的言词辩论在 10 月 13
243 日上午进行，那也是伦奎斯特最后一次出现在审判席上，判决于 3 月 1 日作出。首席大法官再次在重要判决上保持沉默，只是加入了斯卡利亚的异议意见书，这起案件预示着最高法院的重心正继续向左偏移。

奥康纳与肯尼迪都是这一意识形态转变的最大受益者，他们控制了多数案件的结果，并从斯蒂文斯那里成功获取了撰写多数方意见书的机会，如劳伦斯案、格鲁特案和哈姆迪案。戴维 · 苏特也以他惯有的平静方式调整状态，逐步涤清布什诉戈尔案带来的焦虑与不安。

苏特几乎不用养家，生活方式介于节制与清苦之间。他没有妻儿，在新罕布什尔州有一处祖屋，在华盛顿一个并不时尚的街区有一套小公寓。他一周工作 70 个小时，主要爱好是慢跑。在大法官们每年必须披露的财务信息中，斯卡利亚在 2003 年度 21 次出差（包括几次出国）的费用都是由大学和律师协会承担的；奥康纳共出差 19 次，排在第二位。与往常一样，苏特位列最末，他一次差都没有出过，也从未申报过演讲或出版之类的额外收入。

布什诉戈尔案之后，苏特曾考虑辞去大法官职位，新英格兰式的俭省或许是促使他留在最高法院的因素之一。早些年，他曾在家乡投资当地的金融证券，经过一系列收购与兼并，他持有的股份价值猛增。到 2003 年，苏特申报的现金总额已达到 520 万美元，证券市值高达 2 550 万美元，几乎与申报财产最多的金斯伯格旗鼓相当。但苏特也敏锐地注意到，根据相关规定，联邦法官必须工作期满 15 年，才可能获取全薪退休待遇，自己如果在 2005 年之前，也就是 66 岁之前退休的话，就领不到全额退休金，他后来告诉自己的朋友们，他思虑再三，最终认为放弃这笔退休金是不明智的。事实上，相对于他持有的巨额财产，那笔退休金根本无用武之地，他根本犯不着为这点钱犯愁，不过，大家对苏特这类的奇思妙想早就习以为常了。

苏特的温和魅力，也使他成为同辈人中最受欢迎的大法官，他 244
也喜欢他们，这是他继续留下来的原因之一。同时他也最受女性大法官青睐，她们对他简直有种母性般的关爱，尽管他只比金斯伯格小 6 岁，比奥康纳小 9 岁。金斯伯格经常请苏特品尝丈夫马丁烹制的美食，并与他分享对古典音乐的热爱。她同时引以为荣的是，在所有大法官中，只有她和苏特从不在异议意见书中使用挖苦之语与刻薄词句。

奥康纳则把苏特的婚姻大事放在心上，将尽快促成这个老光棍的婚事作为第一要务。她的传记作者琼·比斯丘皮克曾透露，奥康纳经常夸耀自己做红娘的本事，并称自己在凤凰城向来有“天堂谷媒婆”的雅号。在苏特任职早期，她经常邀请苏特参加自己组织的聚会，希望能为他制造机会，有次派对的主题是：“法士达和轻松乐事……着装要求：西部乡村或东部女性。”多年来，苏特在华盛顿的所有朋友（包括前第一夫人芭芭拉·布什）都曾试图替他撮合，但从没有人成功过。一位大法官曾成功说服苏特带一名女伴出席宴会，据女伴事后所言，那晚与苏特相谈甚欢。苏特送她回家时，也称当晚十分开心，临别时却来上一句：“明年我们再一起出来玩儿吧。”

不过，华盛顿的确留给苏特许多不好的记忆，尤其是 2004 年 4 月 30 日发生的那次意外。在此之前，苏特每天晚上都会独自从最高法院附近的住宅出发，慢跑至波托马克河畔的旧军事基地麦克奈尔堡（Fort McNair）再返回。当晚，苏特在返家路上遭到两名陌生男子的袭击。（袭击原因至今成谜。）他被人狠揍了一顿，不得不到当地医院治疗瘀伤，但在第二天上午又顽强地出现在工作岗位上——虽然那天是个星期六。如果真有什么事能让他选择离开此地，永久定居在新罕布什尔州，那肯定就是这件事了，不过，他最终还是选择了留在华盛顿。联邦法官任期的第 15 个年头即将来临，但苏特并没有退休的打算。

证明苏特在精神上浴火重生的另一个事件发生在杰拉德·冈瑟去世之后，后者是斯坦福大学法学院教授，同时也是勒尼德·汉德法官的传记作者。冈瑟与苏特并非密友，但斯坦福大学法学院院长凯瑟琳·沙利文知道苏特大法官很喜欢冈瑟的著作，便决定邀请他

在葬礼上演讲。（苏特的秘书觉得苏特不会过去，还在电话里调侃了 245
沙利文。）但是，苏特最终接受邀请，并如约前往，这也是他 1970 年以来第二次造访加利福尼亚州。

苏特在亲笔撰写的悼词中盛赞了冈瑟与汉德，某种程度上说，那篇悼词其实也是一篇关于“人们应如何作判断”的散文。汉德在位于纽约的联邦巡回上诉法院从 1924 年一直工作至 1961 年，他与自己的好朋友，同时也是苏特的另一个司法偶像，约翰·马歇尔·哈伦二世一样，一生都秉持着中间派司法立场。苏特在悼词中提到：“每位法官的共同义务在于：对简单案件的审慎，对普遍公理的质疑，对既往先例的谦抑，以及不受现实环境约束，勇敢挑战权威原理的勇气。”事实上，这也正是苏特的自我写照，他本人就是宪法隐私权的审慎守护者、强有力的联邦政府的积极倡导者（当然也是伦奎斯特倡导的联邦主义理论的死敌），而且还是一位百折不挠的司法巧匠。

苏特对冈瑟的颂词，也解释了他为什么会在 2000 年后加入奥康纳与肯尼迪一方，一起走上了中间偏左的司法路线。尽管苏特过去曾在一些极端言论或所谓“普遍公理”前畏缩不前，但在今时今日，他已对各类保守派观点嗤之以鼻。实践证明，中间温和派路线虽然是奥康纳的政治哲学，但同样也适用于苏特，两位大法官最终在司法理念上殊途同归。

最能证明苏特才华的案件，发生在伦奎斯特患病期间。这起名为米高梅诉格罗斯特案（*MGM v. Grokster*）的案件，涉及版权法上的一个重大争议——软件制造商是否应对该软件被用于侵犯版权的行为负责？由于大量视听作品通过格罗斯特公司研发的软件被非法复制并四处传播，该案涉及的赔偿金额已达到数十亿美金。[1] 难道查处几个软件制造商就能防止电影被无耻地盗版？难道限制几项盗录技术就能阻止技术革新？在该案审理之前，人们普遍预测最高法院将在这个问题上再次陷入分裂，相关法律也将因此变得更加复杂。但是，这一次，苏特打算让最高法院统一在自己的意见之下，他在本案中判定，软件制造商只有在采取积极步骤鼓励用户从事侵权行为的情况下，才应对盗版行为负责。[2]
246 这一判决显然与政治无关，甚至跨越政治界限，赢得了包括左派与右派、音像制品商与传播者、艺术家与企业家的一致支持，而这些，居然出自一位只会用钢笔写作的大法官之手。苏特撰写的法院判决书显示出他对技术与娱乐业市场的深刻洞察，要知道，他在 2003 年主持一次婚礼的时候，才首次听说别的大法官已耳熟能详的一支乐队的名称。

尽管苏特在最高法院内人缘很好，但他在许多方面仍保留了一些神秘感，甚至对熟人也是如此。或许，这也正是他的魅力所在，苏特习惯于自得其乐，在自己的小天地内寻找乐趣。尽管苏特和布雷耶并不相像，但外人还是经常把他俩弄混，最高法院曾流行过一个段子。话说某日苏特独自驾车从华盛顿赶往新罕布什尔州，中途

---

1 格罗斯特公司是一家提供免费软件，并支持电脑用户“点对点”共享和复制电子文件的公司。这款软件在方便人们传播音乐和影像文件的同时，为盗版行为也提供了便利，为此，影业巨头米高梅公司联合其他版权所有者，以版权受到侵害为由，向法院起诉格罗斯特公司，并向其索取巨额赔偿。在初审法院，格罗斯特公司以“枪不会杀人，是人在杀人”为由获得了法院支持，米高梅公司只好一路上诉至联邦最高法院。

2 苏特撰写的法院判决书最终由 9 位大法官一致通过，最高法院在该案中判定，格罗斯特公司“诱导”消费者为了非法目的而使用其软件，所以应当为这种诱导行为承担责任。法院指出，“从一开始提供免费软件起，就一再宣称接受者可以用它来传播受版权法保护的著作”，以及“任何人清楚地表示或有其他做法显示，其散布某种设备是以促进侵害版权为目的，就应该对侵害行为负责”。

停在马萨诸塞州吃午饭。一对陌生夫妇走到他跟前，问道：“您是在最高法院工作吗？”

苏特点头称是。

“您是布雷耶大法官，对吗？”陌生人问。

为了不让对方尴尬，苏特只好再次点头，并开始与对方闲谈，直到对方抛出一个出乎意料的问题。

“布雷耶大法官，您在最高法院期间最开心的事情是什么？”

大法官想了想，然后说：“嗯，我不得不承认，我最开心的事情莫过于有幸与戴维·苏特共事。”

2005 年春季，正当大法官们纷纷猜测伦奎斯特的病情时，另一个重大事件不期而至，最高法院被卷入一起自己从未受理过的案件当中。尽管大法官们未就特丽·夏沃事件写下只言片语，但该案无疑是该年度对最高法院影响最大的一起案件。

2005 年初，夏沃的故事在佛罗里达州已是家喻户晓，在全国其他许多地方也广为人知。她在 1990 年 2 月 25 日突然病倒，一次突发的心脏短暂停跳损害了她的大脑，使她从此陷入深度昏迷状态。1998 年，她的丈夫及监护人迈克尔·夏沃向佛州地方法院提出申请，鉴于妻子已处于植物人状态，而且没有苏醒的可能，请求拔掉 247
她的饲管。迈克尔说，他这么做，完全是因为妻子病倒前和他谈过，说自己不愿在这样的状态下活着。一名法官批准了他的申请，下令拔去饲管，但特丽的父母罗伯特与玛丽·辛德勒夫妇却提出，女儿的情况没有那么糟糕，完全有可能在未来苏醒。旷日持久的诉讼大战随之展开。

特丽·夏沃的生死之争当然不只是家庭纠纷那么简单，它同时也是堕胎权与“生命权”之争的翻版，甚至是发生在佛州的另一种形式的布什诉戈尔案。在整个诉讼过程中，有民主党倾向的州法院力挺迈克尔·夏沃，共和党主导的州议会则与州长杰布·布什一道，坚定地站在特丽父母一方。2003 年，州议会甚至通过法律，授权布什州长下令将拔掉的饲管重新插上，不过，佛州最高法院的大法官们，也就是之前两次判决都支持戈尔的那些人，毫不犹豫地宣布州法违宪。

危机最终由一位名叫乔治·格里尔的佛州法官引发，他在 2005 年 2 月 25 日作出判决，要求饲管必须在 3 月 18 日那天拔掉，不得再有任何迟缓。判决作出后，夏沃所在的帕拉斯帕克市安养院前围满了彻夜不眠的抗议者与祈祷者，他们多由帕特里克·马奥尼牧师领导，后者属于一家名为捍卫基督教同盟（Christian Defense Coalition）的宗教团体。（马奥尼在反堕胎运动和诸多保守派事务中均经验丰富，1994 年，正是他说服保拉·琼斯对比尔·克林顿提起性骚扰诉讼。）

3 月 18 日下午，夏沃的饲管再次被拔去。夏沃的父母已在佛州州内穷尽了所有救济措施，眼看着女儿即将在数日内死去，他们只好把目光转向华盛顿，向众议院多数党领袖汤姆·迪莱寻求帮助。迪莱是堕胎的坚定反对者，素来以强硬的派性观点著称，面对夏沃父母的请求，他决定以最快速度推动国会立法。此时国会已经进入休会期，但迪莱还是赶在 3 月 20 日那天凑足了 218 人的法定名额，迅速通过了一项禁止拔去夏沃饲管的法案。参议院也很快审议通过。布什总统迅速从得州度假地飞回，穿越大半个美国签署法案。这一切都于 3 月 21 日凌晨 1：08 前完成。那天晚些时候，布什说道：“始终站在生命权一边是最稳妥、明智之举。”

值此特殊时刻，这部正式名称为《特里萨·玛丽·夏沃父母救济法》的法律指示佛州联邦地区法院必须受理“与拒绝或撤回维持 248
她的生命所必需的食物、流体和医疗相关的案件”。该法还同时要求地区法院“尽快审理并判决此案，不得延误”。法案签署当天，詹姆斯·D. 惠特莫尔法官在坦帕市（Tampa）开庭审理此案，并于次日驳回了辛德勒夫妇再次插入饲管的诉讼请求。辛德勒夫妇先后又上诉至联邦第十一巡回上诉法院与联邦最高法院，后者于 3 月 24 日宣布拒绝受理此案。此时，此案已辗转经联邦与州的 6 家法院共计 19 名法官审理，在 2001—2005 年间，联邦最高法院先后 5 次拒绝审理此案。3 月 31 日，特丽·夏沃去世了。

她的死仅仅为某些人提供了发泄怒火的借口。在她去世那天，迪莱威胁要弹劾所有审理过此案的法官，包括最高法院的大法官们。“是时候清算应对此事负责任的人了，”迪莱说，“让我们来看看妄自尊大、失去控制的司法系统是怎样嘲弄总统和国会的。”

4 天后，来自得州的共和党参议员约翰·科宁发布了更具煽动性的言论。就在几周前，国内刚刚发生了两起可怕的法官及其家人遭袭案。在芝加哥，一名精神错乱的当事人闯入审理该案的联邦法官琼·莱夫科家里，杀死了她的丈夫与母亲。在亚特兰大，一名强奸案被告人当庭杀死了主审法官，并在逃跑过程中杀死另外两人。在参议院的一次演讲中，科宁居然说，面对夏沃案这样的判决，袭击随时可能发生。“我不清楚是否存在因果关系，但我们的确注意到国内近期接连出现的针对法院的暴力事件，”科宁说，“我相信，冥冥之中，这些事情之间一定有联系，正是法官们最近作出的一系列对民众严重不负责任的政治判决，不断聚合累积，才最终导致暴力事件的发生。”

大法官关注着上述进程：先是提起诉讼，接着以近乎狂热的速度通过法案，随后是对法官群体发起恶毒攻击，他们为之惊愕不已。法官遇袭事件与科宁事后的丑恶言论，也给大法官们留下深刻印象。当然，还有一些事件是不为大众所知的，事实上，奥康纳与金斯伯
249 格最近都受到了死亡威胁。一个帖子出现在某网络聊天室中，声称："突击队员们，现在有一项爱国任务等待你们去完成……很容易。最高法院的金斯伯格和奥康纳公然援引外国法律和判决裁判美国案件。这是对我们共和体制与宪法自由的巨大威胁……如果你们认为自己不是那种只说不做的爱国者，这两名大法官就不应该活过下一周。"金斯伯格才不吃这一套，她对人性的丑恶有着深刻的洞察，耸耸肩就把这个威胁撂一边儿去了。

奥康纳不这么认为。对她来说，夏沃案正是极端主义者的最新一起暴行，正是这帮人劫持了她一直深爱的共和党。对约翰·阿什克罗夫特这样的人委以重任，对种族平权案件的政治性回应，反恐战争中使用的一系列非法手段，伊拉克战争导致的灾难蔓延，所有这些都让奥康纳惊骇不已。（奥康纳喜欢用"一团糟"来形容伊拉克战争，当然，这个判断也让她很不舒服，因为她唯一在布什行政班子里服务的密友正是唐纳德·拉姆斯菲尔德，这场战争的总设计师。）但是，在奥康纳内心深处蕴含的对共和党，尤其是布什的不满中，夏沃案是最恶劣的一宗。

事实再次证明，奥康纳在夏沃案中的政治嗅觉十分灵敏。尽管国会两党部分成员认为《特里萨·玛丽·夏沃父母救济法》的通过顺应民意，并为此自鸣得意，但民意调查的结果表明，民众普遍对华盛顿介入公民家庭悲剧的方式非常反感。大约 70% 的民众反对布什与国会处理夏沃事件的手法。根据调查，多数人之所以反对《特

里萨·玛丽·夏沃父母救济法》，理由与支持妇女堕胎权的多数人是一样的：这是个人和家庭所做的决定，与政府无关。

不过，奥康纳之所以忧心忡忡，还有另外一层原因。对她来说，真正的危险在于，国会试图通过类似《特里萨·玛丽·夏沃父母救济法》那样的法律，对法院该怎么判决指手画脚。换句话说，比告诉一个家庭该怎么做更恶劣的是：指导法官们该怎么做。

这也是她周游列国之后得出的结论。她看到在中欧与欧亚法律计划中接受培训的乌克兰法律人成为2004年“橙色革命”的主角，该国最高法院宣布国内一次腐败选举的结果无效。她为津巴布韦丧失司法独立感到悲哀，受本国政府指使的暴徒冲进该国最高法院，无视任何法庭规则，将大法官们从审判席上撵下来。2003 250
年，奥康纳在巴林举行的一次司法论坛上，发表了一段鲜为人知的演讲，她恳请正在形成的民主国家重视司法独立的重要性。“它是法治的核心，公民因为它才对法律的公正、平等适用有了信心，”她说，“司法独立允许法官作出与政府其他分支的利益相背离的判决。总统、部长乃至议员们有时急切希望找到能够方便、迅速解决问题的方法。独立的司法拥有独一无二的地位，它聚集和反映了所有寻求权利和自由的方法，而且可以保证这些价值永远不被破坏与颠覆。”

通过夏沃事件，奥康纳发现，对司法独立的最大威胁并不是来自国会大厦，而是来自与最高法院仅隔着第一大道的白宫。借助反恐战争，布什及其盟友正暗中侵蚀着三权分立原则，他们在关塔那摩完全忽视法治的存在，还削弱佛罗里达州的法官们的权力，奥康纳已不愿再坐视这一切的发生。2005年晚些时候，她终于通过一次以司法独立为主题的激烈演讲，狠狠发泄了内心的怒火。

奥康纳的敌人当然不会退缩。4 月 7 日，汤姆·迪莱在华盛顿一次名为“直面关于信仰的司法战争”的保守派会议上发言说：“司法独立并不等于司法至上。”会议上的发言者呼吁发动一次“大规模弹劾”，剥夺法院对某些案件的审判权，并借助国会的预算权惩罚一些违法的法官。奥康纳迅速予以反击，她在上诉律师协会的一次演讲中说：“在特丽·夏沃的案件中，联邦法院还是第一次适用国会制定的一次性法律，不过，哎呀，没有按照国会议员们一厢情愿的那种方式适用。”

“情况变得更糟了，”奥康纳继续说道，“因为在许多联邦法院，死亡威胁正变得越来越普遍。”接下来，她把矛头直接指向了科宁参议员，“一个高调的参议员仅仅因为对某些他视为激进的判决‘非常失望’，就认为激进主义与‘国内近期接连出现的针对法院的暴力事件’存在‘因果关系’，这种言论于事无补。”

对奥康纳的威胁可不是说说那么简单。2005 年 4 月，网络聊天室中的恶意言论才刚刚出现几周，每位大法官都收到了含有致
251 命剂量鼠药的自制饼干。包裹在到达大法官们的办公室前即被扣下，经过调查，所有包裹都由居住在康涅狄格州布里奇波特市的一名妇女芭芭拉·琼·玛奇寄出，她还将部分有毒制品寄给了几位行政官员。（2006 年，玛奇被判入狱 14 年。）在科宁与迪莱四处大放厥词之际，这个插曲更让奥康纳感受到保守派势力对司法部门的围攻之势。

在最高法院的最后一年，奥康纳一直在为维护司法独立而摇旗呐喊。只有一个独立的最高法院，才能将政府牢牢维系于宪法的核心价值之上。对奥康纳来说，为司法独立而斗争从未变得如此重要，因为她和她的事业正遭遇强有力的对手——一个她曾深爱的政党和

一位被她送上台的总统。

奥康纳正面临着一生中前所未有的挑战。她 75 岁，身体健康，正干着一份自己热爱的工作，这份工作也使她有机会成为美国历史上最重要的女性。她厌恶当前的行政分支，但可以利用世界上最好的平台制止它滥用权力的行为。她比过去更具影响力，许多争议性案件都由她投出决定性的一票，这种责任感也让她深深着迷。此外，自鲍威尔多年前离开最高法院后，她终于再次找到了自己的知己兼盟友——布雷耶。

2005 年的头几个月已过去了，可奥康纳还是没尝到好运气的滋味。经过一段时间的稳定期后，约翰的健康情况再次急转直下。他已经无法再随她去二楼的办公室了。更不幸的是，约翰已经开始出现阿尔茨海默病的一些令人心痛的症状，随时可能会走失。如果不时刻加以看护，可能连她的办公室都找不到。最高法院职员已经数次在他即将走出大门前将他拦下，如果他真的一个人出了门，可能会走失、受伤，甚至更糟。尽管奥康纳已动用了最高法院大法官所能启用的全部资源，但局面仍变得无法收拾。

奥康纳在 2000 年大选之夜流露辞职意图的消息泄露给媒体后，关于她辞职的猜测与传闻就一直没有中断过。奥康纳喜欢引起公众关注，也乐于宣传自己，但一切必须按照她的意图进行。她知道记者会向自己的朋友和同事打探消息，所以从不与这些人讨论辞职话题。奥康纳甚至没有把下一步的安排告诉三个儿子。但是，到了 252
2005 年 6 月，也就是当年开庭期末的时候，可供考虑的时间已经不多了。既然孩子们都是自己一手拉扯大的，她说，自己也不会把约翰交给别人去照顾。

开庭期结束几天前，奥康纳向伦奎斯特提出，希望能去他办公室谈谈。与其他话题相比，大法官们向来彼此尊重对方在退休问题上的隐私，很少主动提及此事，但时不我待，奥康纳必须和首席大法官讨论这个话题。在伦奎斯特的办公室，两位老朋友终于面对面坐下，认真讨论起他们的未来，此时，距离他俩在斯坦福大学初相识已 50 余载了。

“比尔，我想约翰需要我。我该离开了，但是我不希望最高法院留下两个空缺。”她说。

首席大法官说，他并不清楚自己的病情会怎么发展，但至少目前还算稳定，医生也觉得颇有希望。他在离开最高法院 5 个月后，于 2005 年 3 月 21 日重返审判席，尽管气管切开手术用的那根细管仍未取出，但他还是主持了开庭期最后几周的会议与辩论。“我想我会等到明年再做决定，”伦奎斯特说，“我现在没有辞职的打算。”奥康纳本想在最高法院多待一年，但既然首席大法官要坚持到下一个开庭期再做决定，这就意味着她可能还得等上两年才能退休，她觉得约翰等不了那么长时间。伦奎斯特强迫奥康纳提前把自己的席位——也是最高法院最关键的席位——交给乔治 · W. 布什。

6 月 27 日，星期一，2005 年开庭期的最后一天，所有人都在猜想，当天可能会传来大法官辞职的消息，当然，多数人会认为是伦奎斯特辞职的消息。不过，首席大法官仅仅说了些祝福夏安的话，就匆匆宣布闭庭了。于是，所有人都认为华盛顿得到明年再考虑大法官人选的问题了。

然而，三天后，星期四午饭时分，最高法院执法官帕梅拉 · 托金突然致电给白宫法律顾问哈里特 · E. 迈尔斯，称自己会在次日上午送一份信函过来，请她代为安排。（迈尔斯刚刚从白宫副幕僚长的位置上接替艾伯特·冈萨雷斯，担任白宫法律顾问。）托金并没有说明，究竟是哪位大法官要送什么东西过来。第二天上午，也就是7月1日那天，托金在上午9点前电话迈尔斯，说自己拿着奥康纳发出的一封信，已经在去白宫的路上了。

对华盛顿政界来说，奥康纳辞职的消息如同晴天霹雳，最有
希望取代伦奎斯特担任首席大法官的人居然要走了——毕竟，美 253
国已经有43位总统，却只有16位首席大法官。首席大法官如果辞职，布什可以再提名一个大法官，最高法院的力量平衡不会发生任何戏剧性的改变，但是，如果失去奥康纳，一切都将改变。被奥康纳抵挡已久的保守派反革命势力必将卷土重来，而且有可能取得最终胜利。

没有几个人留意这封写给总统的信的内容，但奥康纳可是字斟句酌：

亲爱的布什总统：

我将告知您我的退休决定，……借此提升继任者的提名与确认效率。能够作为最高法院的一员，并在24个开庭期中为之服务，实在是本人莫大的荣耀。我将带着对司法公正，以及它在宪政体制下所起作用的深深崇敬离开。

您真诚的，

桑德拉·戴·奥康纳

奥康纳以礼貌的方式，直接向布什表达了她在最高法院最后的日子中萦绕于心的期盼。她决定捍卫最高法院“在宪政体制下所起

的作用”，希望布什及其支持者别再去破坏它。

但是，没有人注意到这些。奥康纳很快发现，退休除了给她带来大量称颂恭维，也让她迅速变得无关紧要。之前她还是最高法院万众瞩目的“摇摆票”，而现在，她已经成了博物馆的展品。她失去了自己的工作，失去了自己曾挚爱的政党，最糟的是，她正失去自己的丈夫。宣布辞职后的那几天，她不怎么接听电话，一个人坐在办公室内默默哭泣。

# 第四部

# 第 20 章　出自上帝的“G”

为乔治·W. 布什提名最高大法官做准备的工作，2000 年大选 257
日之后就迅速启动了。那时，佛州计票局势尚不明朗，布什能否成为总统还是未定之数，但他的团队还是打算预备人选，以备不时之需，方便随时填补空缺。毕竟布什一旦有机会入主白宫，改组最高法院将成为新行政分支的第一要务。

大选之初，布什并不怎么关注最高法院事务。在得州州长任上时，他就喜欢任命与自己背景相似的法官，这些人多半是保守派，且与大企业联系紧密，而不是共和党内那些社会派或福音派力量。2000 年大选期间，布什曾多次表示，自己进入白宫后，将在选拔法官时继续依循这一模式。与阿尔·戈尔电视辩论时，布什被问到，选民们是否可以认为他的司法任命都会偏向于反堕胎派。“选民们应该明白，在包括该事务在内的任何事务上，我都不会秉持单一的标准，”布什淡淡地答道，“选民们将会发现，我会把胜任的法官送上审判席。”

5 年之后，布什终于获得了任命最高法院大法官的机会，但是，提名标准显然已经改弦易辙。在白宫内部，“中庸”已不再是主要基调，布什此时俨然已以救世主自居，幻想着顷刻间让世界发生沧海桑田般的变化，对他来说，提名一个最高法院大法官，与在中东发动一场战争没什么两样。凭借精心挑选的幕僚班底，为了实现连任
258 后的政治目标，布什这次打算选择一个有变革能力的被任命者，一个将推动最高法院急速右转的大法官。

2000 年大选刚刚尘埃落定，布什就宣布将任命自己得州州长任内的首席法律顾问艾伯特·冈萨雷斯为白宫法律顾问。在此之前，布什刚刚把冈萨雷斯送到得州最高法院大法官的位置上。接获任命后，冈萨雷斯只从当地带了一位名叫斯图尔特·鲍温的副手，就匆匆赴白宫任职。在白宫，法律顾问的主要职责之一，就是为总统挑选并审查联邦法官候选人（包括最高法院大法官），这一次，两个得州佬决定好好利用共和党整整花了 20 年时间才构建起来的保守派网络，组建一支得力的法律幕僚团队。在 1980 年代，保守派还只是各大法学院中孤独的少数派，如今，在新世纪来临之际，他们已经成长为华盛顿一股能量巨大、手眼通天的势力。对他们来说，没有什么比控制联邦司法系统，尤其是联邦最高法院更重要了。

不少年轻法律人陆续加入白宫幕僚班底。他们多数人是联邦主义者协会成员。在过去 8 年时间里，许多人参加过共和党人对克林顿行政分支的各类调查。比如，布雷特·M. 卡瓦诺就是《斯塔尔调查报告》的主要起草者[1]，克里斯托弗·巴尔托默茨参加过参议员阿方斯·达马托对白水案的调查，布拉德福德·贝伦森因担任该案调

1 卡瓦诺曾任安东尼·肯尼迪大法官的助理，经特朗普总统提名，于 2018 年 10 月接替肯尼迪，成为最高法院新任大法官。

查中的媒体评论员而广为人知。其他几个人，如鲍温本人和后来成为冈萨雷斯副手的蒂莫西·弗拉尼根都曾参加过布什在佛州的重新计票诉讼。许多人曾是最高法院保守派大法官的助理。（肯尼迪的两位前助理卡瓦诺和贝伦森在其中也占据了主导地位，因为大法官们都倾向于聘用比自己保守的助理。）

就职典礼举行前，较早到达的几位幕僚——卡瓦诺、贝伦森和托马斯的前助理赫尔基·沃克——在华盛顿商业区的一栋大楼内建立了过渡期间的办公室。他们的第一项任务，是起草一份“候选人备忘录”，也就是说，搜集有可能成为最高法院大法官候选人的资料。弗拉尼根已年近五十，是所有法律幕僚中年龄最长的，也是唯一一位曾以司法部高级官员身份在老布什行政分支工作过的人。他 259
对上诉法院那些共和党候选人的情况如数家珍。在未与候选人直接沟通的情况下，布什的这些幕僚借助公开渠道收集的资料，系统分析了这些法官是否胜任最高法院的工作，以及最后通过批准程序的概率。有些备忘录甚至多达一百页。他们最终的工作成果，将形成著名的“大法官候选人名单[1]”。

2001 年 1 月布什就任后，法律顾问班底随之迁至白宫附近的老行政办公大楼。幕僚们也迅速将注意力转移到最高法院每年 6 月的开庭期末，因为打算退休的大法官多会选择这个时候宣布辞职消息。每年这个时期，他们都会为此打赌，获胜者将赢得一顿 AV Ristorante 的大餐，那是一家破落的意大利餐厅，华盛顿的保守派法律人士经常把这里作为非官方聚会的场所。（在 2007 年关张之前，

1 候选人名单（Short list），政治学术语，本指人数已精简到极致的候选人名单，或最终确定的候选人名单，在司法提名过程中，特指最后确定的最高法院大法官候选人名单。

这家餐厅也一直是斯卡利亚的最爱。）在布什的第一个任期内，他们每年都把赌注押在伦奎斯特与奥康纳身上，结果却总是以失望而告终，最后只能靠几份免费比萨安抚受伤的心。

时过境迁，最高法院始终没有人辞职，这帮法律人也有不少人转到其他工作岗位，但有一项工作始终没有改变，那就是——拟定大法官候选人名单。这份名单的特别之处，在于布什与冈萨雷斯都未介入之前的拟定工作。总统已经把最高法院人选的提名工作全权委托给冈萨雷斯，后者又把这个任务交给年轻的助理们。虽然布什才是最后拍板者，但最烦冗芜杂，也最为重要的候选人遴选工作却是由几位极端保守派法律人士完成的。他们的考察标准非常直接——只要保守派，不要“骑墙派”。

在名单确定过程中，冈萨雷斯与弗拉尼根只提供了少量指导。大家内心都很清楚，布什需要的是一个既富有司法经验，意识形态方面又靠得住的人。在挑选大法官方面，布什可不想重蹈克林顿的覆辙，那种眼高手低、四处撒网的选择方式，最终只会错漏百出。布什认为，一旦空缺出现，必须尽快确定人选，及时递补，速战速决。他非常不欣赏父亲提名戴维·苏特的过程，居然是一个名叫沃
260 伦·拉德曼的局外人——后来成为新罕布什尔州参议员——在最后一分钟介入，成功将自己的亲信推上了大法官位置。混乱无序的遴选过程最可能导致的结果，就是被提名人的表现让提名者，至少是保守派大吃一惊。乔治·W. 布什绝不允许这样的意外再度出现。

在公共场合，总统向来喜欢这样描述自己支持的司法理念：“我信任严格解释宪法者，法官应当对宪法进行严格解释，而不是利用判决制定社会政策。”在其他场合，他还说过希望法官“解释法律，

而不是在审判席上立法”。事实上，所有法官，甚至包括多数自由派法官都认为自己是在解释法律，布什概括的不过是一种公认的司法理念。当布什提到法官们“在审判席上立法”时，他是指法官们以彰显个人权利为由，推翻法律，尤其是限制堕胎权的立法的行为。当然，也包括法官们禁止在公共设施中举行宗教仪式的行为。总统及（尤其是）副总统切尼也强烈地认为，法官不应当干涉政府的外交政策或军事事务，这些都属于行政分支的特权。

在 2000 年大选中，布什曾偶然提到，他要寻找像斯卡利亚和托马斯那样的大法官，后来他再未重复过类似观点，因为这样不利于实现自己的政治意图。不过，这些话虽没有多少选民留意，却让他的保守派力量基础非常受用。一直以来，斯卡利亚与托马斯的意见都是白宫法律幕僚们的重要参考。与其上司不同，布什手下这群年轻的保守派处心积虑，打算逐步把持联邦法院系统，而斯卡利亚与托马斯的助理圈子显然是可供利用的资源。

总统的司法挑选团队，包括副总统、冈萨雷斯和 6 名来自司法部与白宫的行政官员。对法律人群体，布什向来有种商人式的轻蔑，在他看来，这帮人在挑选法官方面实在过于急躁。与近些年的许多总统一样，布什在确定法官人选方面非常注重本党参议员的意见，他经常倾听各州共和党人对上诉法院候选人的想法。他需要的司法候选人必须是一个“忠诚的保守派”。他很少问及候选人的司法立 261
场，也从不阅读他们的判决书。

但是，布什对法官人选还有另一个要求——多元化。在他执政初期，国内的政治分化还没有像后来那么严重，布什曾多次敦促将女性与少数族裔人士送入法院。当然，对他手下那帮有强烈意识形态倾向的法律幕僚们来说，这项任务殊非易事，不过，他们最终还是将一组多元化的联邦法官人选送进了参议院。事实上，布什提名的第一批联邦法官并没有引起人们广泛注意。

2001 年 5 月 9 日，11 名即将被提名为联邦上诉法院法官的候选人聚集在白宫东厅，用句克林顿时期常用的话，他们“看起来就像美国人”。这些人中间有两位非洲裔美国人，分别是罗杰·格列高里与小巴林顿·帕克，格列高里曾被克林顿提名为第四巡回上诉法院法官，却被参议员杰西·赫尔姆斯成功抵制；帕克已被克林顿任命为地区法院法官，布什打算将他提拔至第二巡回上诉法院。被提名者中还有三位女性，她们是伊迪丝·布朗·克莱门特、黛博拉·库克和普里西拉·欧文，还有拉美裔洪都拉斯移民米格尔·埃斯特拉达，埃斯特拉达将赴哥伦比亚特区巡回上诉法院工作。“总统的重要职责之一就是把真正符合条件的人选送进美国的法院系统，”布什说，“他应本着对宪法和国家负责任的态度审慎挑选。我想我已经做到了这一点。”

然而，两周之后，由于佛蒙特州参议员詹姆斯·杰福德选择与民主党结盟，共和党失去了对参议院的控制权，一场“政治地震”发生了。[1] 很快，不仅是参议院，布什的司法提名也受到了影响，因为同样来自佛蒙特州的自由派人士帕特里克·莱希将取代奥林·哈

---

1 2001 年 5 月 24 日，共和党参议员詹姆斯·杰福德宣布脱离共和党，从此成为一名自由人士，这一声明令全国震惊。杰福德是参议员中著名的老实人，之所以和共和党翻脸，是因为他 1981 年反对过里根的减税计划，从此就被共和党记了仇，不是“枪毙”他的提案，就是暗地里给他难堪，他一怒之下，终于选择“脱党”。杰福德离开共和党，意味着共和党 1995 年以来同时控制参众两院时代的结束，共和党少了一名参议员，一下子就成了少数党，按照规定，各委员会主席只能由多数党成员担任，这就意味着包括司法委员会在内的所有委员会主席都得换人，故称其为“政治地震”一点儿也不夸张。

奇，成为参议院司法委员会主席。如果哈奇仍担任主席，布什提名的 11 名司法人选应该会很容易通过听证会，并轻松获得批准。但莱希显然想放慢节奏，尤其是针对两名保守派被提名人——欧文和埃斯特拉达。

还在担任得州最高法院大法官期间，欧文就以其极端保守的司法立场著称，有时甚至为此与艾伯特·冈萨雷斯发生冲突。埃斯特拉达虽然有着光彩照人的背景——哈佛大学法学院毕业，在联邦检察官位置上取得骄人成就，担任过首席政府律师的副手，还是一名顶级的公司法律顾问——但是，此君性格多刺，拒绝告诉司法委员会自己在宪法问题上的任何立场。问题是，埃斯特拉达是哥伦比亚特区上诉法院法官的人选，那里可是大法官的"预备队"，在那里，他很有可能最终成为最高法院第一位拉美裔大法官，民主党人当然不会容忍他这么嚣张，他的提名被彻底晾起来，遥遥无期。 262

总之，民主党控制参议院后，布什的司法提名顿时被蒙上一层阴影。共和党人，尤其是白宫这帮人，认为他们释放出的善意姿态，尤其是对格列高里与帕特的提名，顿时变得一钱不值。而在民主党人看来，布什选择的全是极端保守派，唯一几个例外，也仅是陪衬而已。双方都立场强硬，绝不退让。欧文的提名被拖了好几年。埃斯特拉达在被晾了几年后，提名干脆被直接撤销。不过，布什的 11 人候选人名单中，另外几人倒是最终通过了确认，包括总统用来填补哥伦比亚特区上诉法院另一个空缺的人选，小约翰·G. 罗伯茨。

约翰·罗伯茨并非生来就注定是最高法院大法官人选，但人们却越来越觉得：这一职位非他莫属。他的人生轨迹实在太过一帆风顺，发展之稳健、品德之高尚、个性之迷人，令人艳羡不已，好像一直受到神灵的特殊眷顾。

1955年1月27日，罗伯茨出生于纽约州西部的布法罗市，他在印第安纳州长大，父亲是那里一家钢铁厂的行政主管。年轻时约翰是当地高中橄榄球队队长，也是该校当届成绩最好的学生。1976年，他以最优等成绩从哈佛学院毕业，三年后，再次以极优等成绩从哈佛法学院毕业，在校期间，他担任《哈佛法律评论》的编辑。在《哈佛法律评论》工作期间，他曾与金斯伯格的女儿简共事。1960年代，各大学的本科学院和法学院都曾受政治运动侵扰，但罗伯茨却一直表现优异，从未树敌。他的第一份法官助理职位来自第二巡回上诉法院的传奇法官亨利・J. 弗兰德利，弗兰德利的办公室
263 位于纽约，那里云集了哈佛法学院最优秀的毕业生。弗兰德利与勒尼德・汉德、约翰・马歇尔・哈伦二世一样，都属于中间温和派法官，苏特当年正是蒙他感召，才立志成为法官的。

罗伯茨选择在华盛顿而非纽约发展，他在"里根革命"期间来到首都，并于1980年成为威廉・伦奎斯特的法官助理。当时，最高法院仍由自由派大法官威廉・布伦南主导，年轻的伦奎斯特还是一名大法官，处于相对边缘的位置。不过，随着保守派日渐得势，罗伯茨的事业也呈上升趋势。离开法官助理岗位后，他在里根的白宫法律顾问办公室工作了4年，在那里，他因才华横溢、平易近人而备受好评。他撰写的备忘录，至今仍保存在里根总统图书馆（Reagan Presidential Library）内，字里行间展示了他的睿智、博学与政治上的保守立场。比如，当首席大法官沃伦・伯格为减轻最高法院的工作量，提议在现有巡回上诉法院的基础上增加一个中级上诉法院时，罗伯茨以刻薄的笔调评价道："最高法院的叫苦声足以让人落泪，不过，估计只有最高法院的大法官们和学校里的孩子们才

盼着把整个夏天都用来度假。”

罗伯茨运气颇好，赶在“伊朗门丑闻”爆发前夕离开了白宫，很快在华盛顿著名的霍根与哈特森（Hogan & Hartson）律师事务所确立自己的地位，成为知名上诉律师。老布什总统1988年当选后，罗伯茨返回行政分支工作，担任首席政府律师肯尼斯·斯塔尔的副手。罗伯茨一共在最高法院打过39场官司，最高法院历史上还没有一位被提名者超过这一纪录。他与人为善，又学识渊博，大法官们都很喜欢他。鉴于罗伯茨的良好声誉与优异成绩，1992年，年仅37岁的罗伯茨被提名为哥伦比亚特区巡回上诉法院法官人选。

就在那时，罗伯茨遭遇了人生第一次挫折。1992年11月，民主党已经成功控制了参议院，并在确认程序中占据主导地位。由于罗伯茨看上去就是最高法院大法官的理想人选，为安全起见，民主党人决定一开始就把他挡在联邦法院系统大门外。罗伯茨的提名遭遇阻击，最终以失败而告终。1992年，老布什连任失败后，罗伯茨返回霍根与哈特森律师事务所，开始发家致富的公司法律顾问生涯。

“塞翁失马，焉知非福。”1992年的那次失利，反而令罗伯茨获 264
益匪浅。接下来的8年时光，他成为全美最高法院出庭经验最丰富的人，多数情况下，他都代表大公司处理与政府或其他公司之间的商业纠纷。几乎每年，罗伯茨都会有几次在大法官们面前辩论的机会，并提交过大量调卷令申请与“法院之友”意见书。（当然，他每年至少可以挣100万美元。）在克林顿主政时期，罗伯茨一直刻意回避政治纷争，他拒绝参加对白宫的调查，甚至拒绝就弹劾话题接受任何电视采访。在佛州重新计票诉讼中，他主动为布什出谋划策，起到了十分重要的作用，但他行事低调，尽量不让此事为多数人知晓。沉默寡言的淡定个性、避免树敌的娴熟技巧令他很少受公众关注。在政界与司法界的共和党前同僚中，他也一直保持金刚不坏之身，未卷入任何政治派系斗争。米格尔·埃斯特拉达曾向那些即将离开首席政府律师办公室的年轻律师建议说：“去为约翰·G. 罗伯茨工作吧，他名字中的那个 G 是出自上帝的。( The “G” is for God. )”

如果罗伯茨 1992 年成功通过提名确认，并成为特区巡回上诉法院法官，那么在布什 2001 年上任之前，他可能也会在那里积累丰富的审判经验。但是，这些根本无法与他在审判席之外获取的宝贵经验与良好声誉相比。不过，如果司法委员会仍由民主党把持，他们肯定会像第一次那样，再次阻止对罗伯茨的第二次乃至第三次提名。然而，2002 年，共和党终于再次夺下参议院的控制权，哈奇迅速把罗伯茨的确认程序安排在第二年年初。2003 年 5 月 8 日，参议院全票批准了对罗伯茨的提名，使他正式成为哥伦比亚特区巡回上诉法院法官。在此之前，他在白宫法律顾问办公室的朋友已经开始收集他的档案资料，并把他放在最高法院“大法官候选人名单”上。

2000 年，布什以“富有同情心的保守主义者”和“团结者，而非分裂者”的诉求参加大选，试图跨越克林顿时代的派系纷争，愈合两党派性偏见。但是，到了 2004 年大选，布什已经完全摆出一副意识形态至上的架势，以此争取保守派力量，尤其是基督教福音
265 派力量的支持，后者在之前的斗争中一直备受冷遇。而他们最关注的议题，全部取决于最高法院，因此，最高法院成为布什第二次竞选中的核心议题之一。

在大选中，总统为讨好福音派，无所不用其极，几乎到了匪夷所思的地步。布什与约翰·克里进行第二次电视辩论期间，总统在回答最高法院大法官可能人选的问题时，故意攻击了德雷德·斯

科特案判决，他将该案描述为“在这起多年前的案件中，法官居然说宪法基于保护公民个人财产权的理由允许奴隶制的存在。这只是个人见解，并不代表宪法是这么说的”。德雷德·斯科特案判决是1857年作出的，而且早就被内战后通过的宪法第十三修正案与第十四修正案推翻多年。即使是主流媒体的评论者，也对布什拿一个年代久远且不相干的先例说事儿的行为感到不可思议。事实上，布什提到这个案子，当然别有深意，在反堕胎运动中，罗伊案经常被描述为当代的德雷德·斯科特案，被呼吁马上推翻。布什在这种场合下大玩春秋笔法，其实是指桑骂槐，绕着弯儿表明自己赞同福音派的观点。

时间到了2005年，保守派力量基础当然会对布什投桃报李，他们一股脑地接受了布什的司法提名。大选之后，那帮保守派活跃分子的首次亮相，就是集体批判阿伦·斯佩克特关于罗伊案的言论。几个月后，他们又推动参议院确认布什那些被搁置已久的司法提名人选。（得州大法官普里西拉·欧文自从被布什放入11人提名名单以来，在4年中一票未得。）在布什的第一个任期内，民主党曾利用参议院规则，成功阻止了布什颇具争议的司法提名。民主党使用的策略，就是大名鼎鼎的“阻挠议事法”[1]。此时，诸如杰伊·塞库洛之

1 阻挠议事法（filibuster），又称“冗长演说”，是美国国会一种特殊的运作方式，目的在于通过不停地发表演说，阻止将正在审议的议案或人事提名交付表决，一般由少数派议员使用。阻挠议事法来源于参议院的议事规则，即参议院只有在所有参议员都发言完毕后才能进行表决。只要有人要求发言，主席就必须同意，如此一来，通过不停地发言就可以阻止投票。根据规定，进行“冗长演说”的议员可以吃饭，可以喝水，但不能坐下，也不能离开会议大厅，一旦交回发言权，就不能再要回。如果违反上述规定，其他议员就可以提出表决或其他要求，主席即可采纳，“冗长演说”即告失败。

流的保守派活动家也开始在参议院中积极游说，试图禁止用“阻挠议事法”阻止司法提名。

2005 年春天，参议院为司法提名问题炸开了锅。阻挠议事规则在参众两院各不相同。在众议院，只需达到简单多数就可以强制将议案交付表决，而在参议院，要想这么做，必须达到五分之三的多数，或者凑足 60 票。问题在于，参议院一共只有 55 名共和党人，根本凑不够 60 票。这就意味着，如果位居少数派的民主党人团结一致，就能够用阻挠议事法拖延甚至阻止任何法案或提名。阻挠议事规则的设立初衷是为了推动参议员们达成妥协，或者实
266 现两党合作，现在却成了两党对抗的武器。为此，许多共和党参议员强烈要求修改阻挠议事规则，使一方人数只要达到简单多数，就能强制将提名交付投票。这项试图改变备受尊重的参议院规则的提议，由于事关重大，而被好事者称为“核武器”。另一方面，布什以实际行动默许了这一提议，在一次演说中，他大声呼吁：“无论结果是上是下，每个司法被提名人都应接受投票考验。”台下掌声雷动。

直到最后一分钟，一场轩然大波才以双方的相互妥协暂时告一段落。2005 年 5 月 23 日，来自两党的 14 名中间派参议员组成一个小组在参议员约翰·麦凯恩的办公室进行会谈，最终商定让布什那些被晾了很久的被提名人（比如欧文）尽快接受投票，无论是上是下，该确认的就确认，该否决的就否决。作为回报，共和党方面也同意不再提出修改阻挠议事规则的要求。协议达成后，所谓的 14 人团联合宣布：“阻挠议事法只有在特殊情况下才能对被提名者使用。”但是，到底什么才算“特殊情况”，人们始终没弄明白。

尽管冲突得以化解，但整个对抗过程所传递出的政治信号，却

是显而易见的：对这帮保守派法官的确认，关系到共和党的核心利益。最终达成的妥协协议把动用阻挠议事法的权力交给了两党的中间派议员，这些人本来就很瞧不起阻挠议事法，甚至他们中的一些民主党人也对布什的司法议程漠不关心，因此，妥协就意味着保守派的胜利。

5 周后，奥康纳宣布了她的退休决定。此时，事实已清楚表明，阿伦·斯佩克特这些老前辈们，已不能再靠翻翻老黄历猜测现代确认大战的结果了。1987 年，罗伯特·博克之所以在大法官确认程序中败北，原因就在于民主党控制的参议院认为他太过保守，所以斯佩克特才认为，目前的参议院仍容不下过于保守的被提名者。事实上，对被乔治·W. 布什提名的这些人来说，更大的风险反而在于他们不够保守。换句话说，博克当年没通过确认，是**因为**他反对罗伊案判决；而在 2005 年，一个被提名人**要是不**反对罗伊案判决，是不可能被选上的。

7 月 1 日，星期五，奥康纳赶在国庆假期之前递交了辞呈。假期一结束，保守派力量基础就列出了继任者的选任标准，首要条件 267
居然是：排除艾伯特·冈萨雷斯。

冈萨雷斯刚从奥斯汀市来到华盛顿，就有人猜想布什可能会把他作为最高法院大法官人选。不过，他的经历很难提起人们什么兴趣。冈萨雷斯出生在一个建筑工人与家庭主妇组成的家庭，在八个孩子中排行老二，祖父是墨西哥移民。他在得州一个小镇长大，那个小镇的名字——亨布尔（Humble，意为“卑微”）——恰与他的家境相符。他高中毕业后应征入伍，在空军服役。从莱斯大学毕业后，1982 年又从哈佛法学院获得学位。此后，冈萨雷斯成为休斯敦著名的文森与埃尔金斯（Vinson & Elkins）律师事务所的合伙人，直到 1994 年被布什州长任命为首席法律顾问。三年后，布什任命他为州务卿。1999 年，布什提名冈萨雷斯出任得克萨斯州最高法院大法官。在那个位置上干了不到两年，他就被布什调到华盛顿任白宫法律顾问。布什连任成功后，提名冈萨雷斯担任美国第 18 位司法部长，这也是该职位上的第一位拉美裔人士。2005 年，冈萨雷斯刚满 50 岁，正是开始漫长大法官生涯的完美年龄。如果让他成为第一名拉美裔最高法院大法官，也正好迎合了布什种族背景多元化的政治主张。需要附带指出的是，即使从个人感情上讲，布什也非常喜欢冈萨雷斯，把他视为自己在政府内最亲密的朋友之一。

鉴于冈萨雷斯获取任命的政治优势与个人优势都非常明显，保守派主要势力打算先发制人，阻止对他的提名。攻击在接下来一周很快开始，保守派报纸《华盛顿时报》率先发难，接着，保守派组织鹰派论坛（Eagle Forum）的创立者菲利斯·施拉夫利也公开表示："我没有看到任何有说服力的书面材料，能够证明他是一个坚定的宪法主义者。"同样的反对声还来自新右翼组织的创办人，自由国会基金会主席保罗·韦里奇。《国家评论》（*National Review*）杂志也发表了一篇名为"不能让冈萨雷斯当大法官"的社论。保守派专栏作家罗伯特·诺瓦克专门撰文指出："为了总统自身的政治力量基础，必须坚决反对冈萨雷斯。"

其实，所谓的"力量基础"，根本就在前国会职员曼纽尔·米兰达家里。一年前，米兰达因为偷看并泄露了司法委员会一位民主
268 党职员的电子邮件内容，被逐出了参议院多数党领袖比尔·弗里斯特的办公室。回家后，米兰达很快组建了一个名为第三分支会议

（Third Branch Conference）的组织，办公场所就设在他家里，除他本人外，组织里只有一台便携式电脑和一部无线电话。但是，米兰达了解保守派司法运动中每个人的情况，他那地毯轰炸式的电子邮件和电话会议成为发布抵制冈萨雷斯信息的主要渠道。

7 月 1 日上午，奥康纳公布退休声明两小时后，米兰达就与他的盟友安排了一次电话会议，他告诉他们，自己将“抵制对冈萨雷斯的提名”。在那个长周末里（因适逢国庆假期），米兰达详细说明了这么做的原因，他认为冈萨雷斯“根本不是一位坚定的保守派。他很少就各类议题写文章，我们几乎找不到关于这类问题的任何表态性文字材料。而且，我们不知道他对许多议题的真实想法。这类提名绝对是保守派所不能容忍的。戴维・H. 苏特大法官没有文字材料，安东尼・M. 肯尼迪大法官有文字材料，但未就保守派希望看到的他们对特定议题的想法发表只言片语。所以，我们不能再找苏特或肯尼迪这样的人，也就是说，我们不能再把冈萨雷斯作为提名人选”。米兰达不过是个酷爱炫耀的博主，但他对整件事的热情，还是通过各种渠道影响到了传统的保守派势力，更可怕的是，他还使这样一句口号流行起来：“‘冈萨雷斯’是西班牙版的‘苏特’。”

此时，许多大人物也出面加入了抵制冈萨雷斯的行列。保守派法律人士的代表，前司法部长埃德温・米斯三世和老布什时期的白宫法律顾问 C. 博伊登・格雷同时约见了白宫幕僚长安德鲁・卡德，明确表示反对任命冈萨雷斯。各方攻势来得实在过于迅猛，正在丹麦进行国事访问的布什不得不在 7 月 6 日作出回应。“我不愿意看到自己的朋友遭到批评。他是我忠实的朋友。这位遭遇突然袭击的朋友，其实是一位非常称职的公仆，也是一个好人，”布什说，“那么，我喜欢这样吗？不，我一点儿都不喜欢这些事情。”

在白宫内部，法律顾问办公室内那些年轻的联邦主义者协会成
269 员——他们自身也是保守派运动的煽动者——惊讶地观察着人们对冈萨雷斯的攻击。他们坚信冈萨雷斯是保守主义的虔诚信仰者，用行话说，是“百分之百”靠得住的人。在布什的盟友中，冈萨雷斯一直冲在反恐战争的司法最前线，正是他轻松化解了《日内瓦公约》对囚犯们的保护，并将之称为“稀奇古怪的玩意儿”。他成功颠覆了延续数十年的先例，不再把布什的司法提名名单交给美国律师协会审查，只因为他觉得该协会过于偏向自由派。冈萨雷斯与副总统切尼一道，宣称行政分支有权拒绝移交特遣部队的司法文件。他还代表政府参加了格鲁特案与格拉茨案两起种族平权措施案件的谈判。（尽管他的观点比迪克·切尼与西奥多·奥尔森更具同情心。）正是他负责监督并挑选出了那批迫使民主党人拿出阻挠议事法的司法候选人。冈萨雷斯已经做了这么多事，难道还不能证明他对保守主义事业的忠诚吗？这些人到底还想要些什么？白宫的年轻律师们对此大惑不解。他雇了我们，不是吗？为什么他做了那么多事，最后反而遭遇这种下场？

答案很简单。2000 年，冈萨雷斯在得州最高法院短暂任职期间，他曾参与审理了一系列少女堕胎案件。时任州长布什曾签署一项法案，要求未成年少女必须征得父母同意才能做堕胎手术。但是，根据联邦最高法院先例，法律只对部分女孩做了例外规定，如暴力虐待的受害者，可以经法官而非父母的允许做堕胎手术，在解释这一所谓的司法规避条款时，冈萨雷斯加入了 6∶3 票的多数方，批准一位 17 岁少女就堕胎事宜征求法官意见，而不是征得她父母的同

意。这一判决结论显然困扰过冈萨雷斯，但他不得不依法裁决。“作为家长，这一法律的结果也曾……困扰过我个人，但是，作为法官，我有义务公正无私地适用本州法律，不受个人道德立场的影响。”他在判决书中写道。

得州法院关于堕胎案的结论涉及范围非常有限。包括冈萨雷斯在内，没有一位大法官表达过罗伊案判决应被维持还是推翻的立场。法院判决书也没有解释宪法相关条文。本案唯一的争议，在于是否应对这个小姑娘适用得州法律。但是，这些附加说明毫无价值。冈萨雷斯的事业，包括他四年来忠心耿耿地服务于布什行政分支，同 270
样毫无价值。不管那个判决结果公平与否、准确与否，判决本身就已表明，冈萨雷斯在堕胎议题上靠不住，对那些反对提名他进入最高法院的保守派来说，单凭这一条就足够了。这就是保守派运动的力量，这就是堕胎问题对他们的重要性，布什别无选择，只能把自己的好朋友从预定人选名单上拿掉。总统仍然很欣赏冈萨雷斯，仍然一有合适的机会就为他说好话。但是，他再没考虑过把大法官席位留给这个人。

# 第 21 章　罗伯茨法院

271 一个闷热的夏夜，西奥多·奥尔森在自家宽敞的后花园内大宴宾客。这么多年以来，保守派法律界的第一夫妇，特德·奥尔森与芭芭拉·奥尔森，一直憧憬着这么一个夜晚。特德是到东部发展的加利福尼亚人，曾担任里根的助理司法部长，在布什诉戈尔案中，他代表布什阵营参加了最高法院的言词辩论。作为回报，四年后，他被布什任命为首席政府律师。[1] 他的妻子芭芭拉曾是一位共和党参议员的助理，后来成为知名电视评论员，除了在电视节目中不遗余力地攻击克林顿夫妇，她还专门写过一本畅销书，全面批判这对夫妇的私德、政见与婚姻。奥尔森夫妇的婚礼在 1996 年举行，出席者包括许多保守派大佬，如克拉伦斯·托马斯、罗伯特·博克，以及这对夫妇的好友肯尼斯·斯塔尔。如果希拉里·克林顿的右翼政敌有一个总部，那肯定是奥尔森夫妇位于弗吉尼亚州大瀑布城

1 民主党早就看奥尔森不顺眼，因此，他的提名当年 2 月中旬一送到参议院，参议院司法委员会就围绕他是否胜任的问题争执不休，分歧难以统一的两党委员曾打成了 9∶9 票平局。直到 5 月底，参议院才以 51∶47 票的微弱多数勉强批准了对他的提名。

（Great Falls）的庄园。夫妇俩一直盼着最高法院能产生真正意义上的保守派多数，如今他们梦想成真的时刻就要到了。下一位大法官人选，可能就是当晚的客人之一。

胜利近在眼前，但当晚的气氛却是沉痛感伤的，因为芭芭拉已无法与大家分享喜悦了。2001 年 9 月 11 日那天，她是撞向五角大楼的那架航班上的乘客之一。她临死前勇敢地打给丈夫的电话，为人们了解航班上当时的情况提供了重要线索。[1] 当然，如果芭芭拉此刻在场，一定会赞成特德打开他们家那著名的酒窖，以庆祝这一特别日子。

现场还有一群举止优雅的人，他们来自位于科罗拉多州的爱家协会总部。一般来说，那些社交聚会常客，经常刻意回避诸如杰伊·塞库洛和曼纽尔·米兰达这样的激进分子。但是，尽管保守派人士们来自不同阶层，性情迥异，但控制最高法院却是他们共同的期望。推翻罗伊案判决；扩张行政分支权力；加快死刑执行进度；倡导宗教进入公共领域；召回新政时代被放逐的宪法条款。对他们来说，这些目标现在仿佛已触手可及。 272

之所以举行这次派对，表面上是为了向戴维·利奇致敬，此人即将离开白宫副法律顾问的岗位，出任福特汽车公司的总法律顾问。派对只算得上中等规模，参加者仅 25 人左右，说明保守派法律精英的人数确实有限。利奇在老布什时期的司法部工作过，曾与罗伯茨在霍根与哈特森律师事务所共事，之后在白宫担任冈萨雷斯的副手。

---

1 芭芭拉是撞向五角大楼的 77 次航班上的乘客，据奥尔森说，飞机被劫持后，芭芭拉曾两次打电话给他，告诉他飞机被劫持的情形，但这些说法后来也引起过怀疑，因为该航班乘客的亲属中，只有奥尔森一人接到过电话，而他的身份又正好极其敏感。

奥尔森自己也是潜在的候选人之一，在布什的大法官候选人名单上占有一席之地。但包括奥尔森本人在内，没有人认为他有机会得到提名。他从未做过法官，之前参与的一系列政治活动也使他成为民主党的死敌，况且64岁的他也没有年龄优势。

艾伯特·冈萨雷斯也在现场，大家都对他最近受到的攻击表示同情，尽管抵制他的那些保守派激进分子中，有几个人也在奥尔森邀请之列。从技术上看，冈萨雷斯还是有被提名的可能性。不过，既然保守派反对在先，提名他当然要冒很大风险。

哈维·威尔金森曾任联邦第四巡回上诉法院首席法官，为人谦和、富有威望。威尔金森正与几个年轻客人聊天，与导师刘易斯·鲍威尔一样，他说话略带点儿弗吉尼亚口音。奥康纳的席位已经空了出来，而且谁都知道，伦奎斯特也撑不了太长时间，白宫内部许多人正谋划着将第一位被提名者威尔金森作为首席大法官人选。这对威尔金森当然非常有利，因为他具有南部政治家特有的贵族气质，而且拥有履行首席大法官职责所需的丰富经验。不过，威尔金森已经60岁了，更糟的是，他受中间温和派司法理念的影响很大。

人们对迈克尔·拉迪格可没这样的顾虑，没有人觉得他会是一个中间温和派人士。尽管他也在被邀请之列，但并没有出席奥尔森
273 的聚会，他未到场的原因正是影响他提名的关键因素，此君性格内向、不善交际，不太习惯这类社交场合。不过，总的来说，拉迪格仍是大法官的最合适人选。拉迪格住在弗吉尼亚州维也纳市，地处华盛顿近郊，他于1991年成为法官，与威尔金森是第四巡回上诉法院的同事，今年55岁，正是担任大法官的完美年纪。拉迪格过去曾做过斯卡利亚的法官助理，拥有积极促成他提名的前法官助理人际关系网络，而且还做过罗伯茨的伴郎。

与奥尔森一样，拉迪格也曾遭遇过飞来横祸。1994 年，他的父母在去得州泰勒市的路上成为一起劫车案的受害者。父亲死于非命，母亲靠装死才得以死里逃生。凶手受审期间，拉迪格专门将自己的办公地点迁到泰勒市，并在量刑阶段为公诉方出庭作证。2002 年，凶手拿破仑·比兹利以谋杀罪罪名被处以极刑。

约翰·罗伯茨当然也是到场的客人之一，与往常一样，他彬彬有礼、不卑不亢，对别人讲的笑话报以礼节性微笑。由于天气闷热，奥尔森穿着夏威夷风格的衬衣和短裤，而罗伯茨却一直穿着休闲西装，打着领带。

由于预计到伦奎斯特即将辞职，布什的幕僚们已开始为最高法院 6 月开庭期末的到来进行紧张的准备工作。整个 5 月，所有主要候选人都被邀请到华盛顿，陆续与白宫高级官员面谈。拉迪格、罗伯茨、威尔金森，以及另外两人——第三巡回上诉法院资深法官小萨缪尔·A. 阿利托、第五巡回上诉法院新任法官伊迪丝·布朗·克莱门特——都先后接受了一个专门小组的提问，小组成员包括冈萨雷斯、安德鲁·卡德、总统政治顾问卡尔·罗夫、切尼及切尼幕僚长路易斯·利比。

克莱门特是一个意外人选，因为她 2001 年才进入上诉法院工作，此前 10 年一直担任新奥尔良市的联邦地区法官。在最终确定的候选人中，克莱门特的司法立场最为模糊，因为她没有写过一份有影响力的判决书，她的存在或许只是为了满足布什对最高法院任命人选多元化的需要。在她之前，已经有几位共和党女性被任命至联邦法院系统——如第五巡回上诉法院的伊迪丝·琼斯、刚刚通过确认的哥伦比亚特区巡回上诉法院法官贾尼斯·罗杰斯·布朗，

以及同样被安排在第五巡回上诉法院的普里西拉·欧文——她们都
是旗帜鲜明的保守派，其提名十有八九会被民主党用阻挠议事法拖
住。如果是别人，早就因为太偏向中间派立场而被排除在名单之外
274 了，但乔伊·克莱门特确实是一个富有魅力的女人，她精彩的餐后
演讲经常能令听众倾倒，与其他竞争者相比，也许她最欠缺的就是
才干。

7月中旬从欧洲回国前，布什一直没有介入候选人的考察程序。虽然他之前已经读过载有全体候选人信息的备忘录，但谁都明白，布什并不在乎这个，他一向对自己的“识人”能力颇为自得。所以，他经常让助手们凭“直觉”办事，更大程度上依靠本能反应，而不是审慎研究。（在与俄罗斯总统普京第一次会面后，布什曾说：“我看着他的眼睛……我能够感觉他的灵魂。”）7月14日和15日，为了绕开守在白宫西门的新闻记者，几名候选人被引至白宫东厅与总统会面。总统与威尔金森、克莱门特、阿利托、拉迪格和罗伯茨每人交谈了一小时。其实，用“拉家常”来形容这种交谈要更恰当些。布什询问了他们的家庭情况和锻炼计划，还和威尔金森多聊了几句耶鲁往事。根本没谈什么司法理念，话题更未涉及任何个案。（拉迪格事后曾向朋友抱怨起与布什的这次会面：“根本就没聊什么实质性内容。”其实，这恰恰是他最终未获提名的原因。）

此刻，白宫正沉浸在一种雄心勃勃、志在必得的情绪中。临近任命期，布什的一位幕僚曾夸耀说：“我们只需击出一记本垒打。”在自己连任后的第一个夏天，布什仍然认为他的统治将给这个国家乃至整个世界带来急剧变化。刚刚再次当选，他就说：“我在大选中赢得了资本，政治资本，现在我要好好消费它。这就是我的风格。”在他的连任就职演说中，布什宣布：“美国的政策，就是寻找和支持

不断成长中的民主活动与机构，无论它在哪个国家与哪种文化之中。我们的终极目标，就是终结全世界所有的暴政。”在国内领域，布什致力于改造所有联邦政府计划中最棘手、最令人望而生畏的部分：社会保障制度。在布什眼中，任命最高法院大法官，同样代表着一种意义重大的姿态。

威尔金森很快被排除了。布什的幕僚们批评这位弗吉尼亚人“谨小慎微”。此刻，谨慎已经不符合布什团队的口味。从个人角度来说，布什倒很喜欢克莱门特，但是她确实没什么实质性的司法成就，这一点让总统很为难。此外，与克莱门特有宿怨的一名前法官助理最近刚刚发出威胁，要把她之前一些不合乎法官身份，涉及种族、宗教的不友好言论公之于众。消息一旦公开，克莱门特肯定在劫难逃，因为她对此根本没有辩解的余地。阿利托留给布什的印象， 275
倒是一个比较靠得住的人，但他在白宫和华盛顿都缺乏热情的支持者（或抵制者）。（阿利托住在新泽西州纽瓦克市郊外，没有收到奥尔森的聚会邀请。）

最终的选择将在罗伯茨和拉迪格之间进行。罗伯茨此时正在伦敦一个暑期培训班执教，7 月 15 日，他赶到华盛顿与布什会面，之后又匆匆返回海外。罗伯茨在右翼势力中有不少支持者。利奇与威廉·凯莱都非常推崇他，威廉是圣母大学法学院（Notre Dame Law School）教授，后接替哈里特·迈尔斯出任白宫副法律顾问。布什现任幕僚秘书长布雷特·卡瓦诺，以及已经离开白宫的克里斯托弗·巴尔托默茨和布拉德福德·贝伦森，都是力挺罗伯茨的重量级人物。更重要的是，布什本人在会面中也对罗伯茨颇有好感。总统不太喜欢装腔作势的人，而罗伯茨那中西部式的矜持很合布什心意。罗伯茨刚刚收养了两个孩子的行为也给总统留下了深刻印象。

拉迪格仍是保守派的理想人选，他比自己的导师斯卡利亚小 20 岁，也更趋保守。1991 年，他曾以自己的实际行动成为保守派的英雄。当时他还在司法部工作，曾利用职务之便，帮助托马斯通过了那场令其痛苦万分的确认听证会。此外，拉迪格还曾写下过许多份有影响力的保守主义判决书，与罗伯茨相比，他更应得到保守派的回报。

在白宫幕僚中，拉迪格还有一位非常重要的支持者，此人虽然没有公开抵制罗伯茨，但至少对他心存疑虑，这个人就是哈里特·迈尔斯。冈萨雷斯被任命为司法部长后，哈里特·迈尔斯刚刚接任白宫法律顾问。在她看来，华盛顿法律界那些当权者个个都被罗伯茨灌了迷魂汤，传到她耳朵里的声音，全部是……相信我，相信我，罗伯茨是个真正的保守派。但是，这些对迈尔斯来说还远远不够。她是一个法律人，笃信事实本身，而非他人议论。她喜欢阿利托这样的候选人，至少他写过数十份足以证明自己有进入最高法院资格的判决书。至于罗伯茨，迈尔斯需要看到同等规模的证据，以证明他是布什需要的那种保守派。

迈尔斯非常怀疑罗伯茨的可靠性，她找到联邦主义者协会的
276 执行副主管伦纳德·利奥，准备与他一起商量此事。利奥和博伊登·格雷、杰伊·塞库洛和埃德温·米斯三世一样，一直充当着穿梭于白宫与保守派势力之间的联络员角色。与另外几人相比，利奥对各个候选人意识形态方面的纯洁度了如指掌。迈尔斯希望利奥向自己证明，罗伯茨是一个真正的保守派。利奥收集了罗伯茨在里根时代的白宫工作期间撰写的一些文件，以及他在哥伦比亚特区巡回上诉法院的判决书，并与迈尔斯一同审阅了这些材料。但迈尔斯还是心存疑虑。“好吧，”迈尔斯表示自己还得继续考虑一下，“我希望

你是对的。”

布什第一个任期内，迈尔斯在白宫所做的工作大都鲜为人知。多年以前，她离开自己在达拉斯市的律师事务所，到华盛顿任布什的幕僚秘书长。幕僚秘书长从事的虽然是辅助性工作，却是一个非常重要的职位，她负责控制所有进出椭圆形办公室的文件。这份工作与迈尔斯一丝不苟的个性，和她对布什的耿耿忠心倒是非常匹配。她的主要职责之一，就是认真审查那些递交给总统的人事推荐，判断这些人与总统在意识形态上是否一致。为了做好这份工作，迈尔斯恨不得变成总统本人，深入了解他的真实意图。

没有人比迈尔斯更适合这份克己奉公的工作。首先，没有人比她更勤奋。她的红色奔驰每天早上总是最早到达白宫停车场，晚上总是最后离开。在幕僚秘书长岗位上干了两年后，她被提拔为主管政策方针事务的副幕僚长，这份工作同样需要她时刻审视内阁各部门对布什政策的忠诚度。迈尔斯本人可能没什么真知灼见，但她对布什极度忠诚，既崇拜其个人，也拥护其政见。她对约翰·罗伯茨存有的最大疑问是：这个人过去的所作所为能证明他是一个合适人选吗？

对这个问题，迪克·切尼也抱有同样的疑问。在白宫，只有这位副总统赞成用斯卡利亚取代即将离任的伦奎斯特。之前的“猎鸭之旅”早已表明，切尼与斯卡利亚从福特时期就是好友。（白宫的法律幕僚普遍认为，实在没有必要为了让斯卡利亚晋级首席大法官，而在确认程序中与民主党大战一场，因为此君已经 69 岁，在最高法院可能也干不了几年了。）切尼同样关注着白宫意识形态的纯洁度，与迈尔斯一样，他需要有更多的证据，能够证明罗伯茨像他的支持 277
者说的那样，是一个如假包换的保守派。

一起偶然事件化解了他们的疑问，也最终促成了对罗伯茨的提名。2005 年 7 月 15 日，也就是罗伯茨与布什会面那天，哥伦比亚特区巡回上诉法院作出了一项判决，支持行政分支在关塔那摩海军基地使用军事法庭审讯囚犯。2004 年，奥康纳已在哈姆迪案判决书中严厉谴责了行政分支这类做法，并明确指出，关塔那摩的囚犯同样应受正当程序法律的保护。但是，在哈姆丹诉拉姆斯菲尔德案（*Hamdan v. Rumsfeld*）中，包括罗伯茨在内的三法官合议庭却认可了奥康纳曾严厉斥责过的做法。在这起案件中，行政分支的程序明显违反了《日内瓦公约》的规定，公约要求所有囚犯必须由“具有文明人类所必需之司法保障的、正规组织的法庭”进行审判。但罗伯茨等人却提出，布什行政分支无须受国际公约约束，因为“《日内瓦公约》不具备司法强制力”。

对切尼来说（包括对布什、迈尔斯而言），没有什么事比维护总统的权威与权力更重要，尤其是涉及总统对全球反恐战争的指挥权问题。所谓国际公约义务，尤其是《日内瓦公约》义务，在白宫看来简直就是无稽之谈。副总统认为，自尼克松时代开始，行政分支的权力就不断被国会、法院乃至国际组织所吞噬，他必须遏制这一趋势。在切尼看来，行政分支的权力事务与堕胎问题同等重要，都必须切断自由派大法官的阻挠。借助哈姆丹案判决，罗伯茨终于成功取得了切尼和迈尔斯的信任，被认为是可堪重任之人。切尼和迈尔斯决定启动相关运作程序。

接下来的那个星期一，白宫通知罗伯茨，让他尽快从伦敦返回。很明显，布什很快就将作出决定。7 月 19 日，星期二上午，华盛顿谣言四起，称克莱门特将成为大法官人选，而且已在星期六与布什共进午餐。（塞库洛虽然经常把自己臆想成白宫内部人士，此刻却明显被当权者视为一枚有用的棋子，他不得不花上7月19日整个上午，278 向克莱门特解释白宫的最终决定。）当日中午12：35，布什结束与澳大利亚总理的会见后，主动给罗伯茨打电话，告诉他他已成为新任大法官人选。晚上7点，罗伯茨夫妇与他们收养的两个孩子获邀与总统在白宫共进晚餐。9点，电视台在白宫东厅现场直播，布什向全国观众介绍了罗伯茨。这倒与上一次宣布最高法院大法官提名的冷清场面形成鲜明对比。1994年，在星期五下午这个“新闻垃圾场时段”，[1]克林顿匆匆忙忙，而且颇不情愿地宣布了对布雷耶的提名，被提名人甚至都不在现场。而布什则是在最重要的播出时段隆重推出了罗伯茨。

在直播现场，罗伯茨的两个孩子一直在蹦蹦跳跳，儿子杰克穿着短裤，当众模仿蜘蛛侠。不过，这些对罗伯茨完全没有影响，他毕竟是最好的最高法院出庭律师，与平日一样，他的致辞完全不用讲稿。“谢谢您，总统先生，”他说，“非常感谢。能够被提名到最高法院工作，我深感荣幸，亦不免诚惶诚恐。在我成为一名法官前，我的法律业务大多是最高法院审理的案件。这段经历，让我深深认识到最高法院在我们宪政民主体制中的重要作用，也使我对这一机构保持了最真诚的敬意。每当踏上那些大理石台阶，准备参加最高法院的言词辩论时，我总会因内心激动而哽咽，我并不认为这仅仅

1 白宫新闻发言人习惯把一些媒体十分关注，白宫却又不愿意给媒体渲染的敏感新闻在星期五下午一股脑抛出来，这样的好处在于：1. 多个敏感新闻一起抛出后，限于版面，媒体只好将它们均匀分布，这些平日有可能成为头条的新闻就不会引起大家过多注意；2. 星期五下午的新闻，报纸只能在星期六的版面刊登，而读者是不习惯星期六看报的，这样所有新闻就成了“冷新闻”。正是基于这个原因，白宫记者习惯把星期五下午称为“新闻垃圾场时段”。

是紧张导致的结果。我非常感激总统对我的信任，也期待着即将在美国参议院进行的下一步程序。”在致辞结尾，他表达了对家庭和孩子的谢意，“是他们每天提醒我，为保护我们的民主制度而努力对我们来说有多么重要。”

对罗伯茨的所有疑虑都在这晚烟消云散。他才华横溢、资历一流，还长着一张健康清新的帅气面孔，最终征服了所有反对者。在确定罗伯茨为大法官人选那天，14 人团中的共和党人也随之宣称，对他的提名不属于“特殊情况”，不得采用阻挠议事法干扰。更重要的是，14 人团内的民主党人很快响应了这一提议。正如参议员约瑟夫·利伯曼所说：“这是一个可靠的人选，可不像我们前面听说的那个，那家伙完全是一个极端主义者。”此时，参议院内已经有 55 名共和党人，阻挠议事法也已被对方从行动日程上取消，罗伯茨有望顺利通过确认。他的听证会安排在 9 月 6 日，劳动节[1]之后的那个星期二进行。

279 出乎所有人意料的是，伦奎斯特并没有在 6 月开庭期的最后一天宣布辞职。他的声音愈发刺耳，手术安放的那根细管也仍在原处，不过，他那天气色很好、情绪高昂，仿佛已经抑制住困扰自己的病情。他曾对奥康纳说，自己希望再多干上一年，这个愿望尽管不大现实，但并非全无可能。

然而，整个夏天，首席大法官的健康状况却每况愈下。未分化甲状腺癌是种恶性肿瘤，患者一旦确诊，基本活不过一年，现在已经是第八个月了。不过，他意志坚定，仍不打算向病魔屈服，得知

---

1 美国的劳动节（Labor Day）1894 年由美国国会确定，定在每年 9 月的第一个星期一。

自己从前的法官助理罗伯茨被提名为大法官后，他非常高兴。最高法院历史上，之前仅有4位曾任大法官助理者有幸成为大法官，他们是：拜伦·怀特（首席大法官弗雷德·文森的助理）、伦奎斯特本人（罗伯特·杰克逊的助理）、斯蒂文斯（威利·拉特里奇的助理）、布雷耶（阿瑟·古德伯格的助理）。罗伯茨将成为第一位与过去上司共事的大法官。

这年夏天，伦奎斯特已因呼吸困难两次入院治疗，不过，病魔并未影响到他的幽默天性。当他最后一次被送到急诊室，看到自己的主治医生时，首席大法官嘀咕道："我的牙医来了。"8月29日，星期一，他在家中告诉来访的客人，他仍计划参加最高法院即将到来的一个开庭期，但此时已经没有哪个医生能够妙手回春。9月3日，星期六深夜，在三个子女的陪伴下，伦奎斯特在位于阿灵顿的家中去世。

8月29日，伦奎斯特去世五天前，卡特里娜飓风横扫了新奥尔良及周边地区。联邦政府在危机中错漏百出的应对措施，对布什的治国理政造成很大影响，这其中也包括最高法院大法官的选择程序。

9月2日，总统在亚拉巴马州莫拜尔机场接到简报前，对灾区的破坏情况仍缺乏总体了解。就在那天早上，布什对倒霉的联邦紧急事件处理署署长迈克尔·布朗说出了自己执政期间的那段名言："布朗尼，你干得可真漂亮！"[1] 在卡特里娜飓风过去几天后，白宫确 280

1 2005年，新奥尔良与美国南部数州遭受卡特里娜飓风袭击，联邦紧急事件处理署署长布朗救灾反应太慢、协调不力，饱受灾民指责，总统布什由于"下情未上达"，竟在公开场合大大夸奖了亲信布朗，对他说出"布朗尼，你干得可真漂亮！"这句不合时宜的话，让布什民调声望跌至谷底，美国的"全球言论监测机构"将这句话评为布什2005年度经典语录。

实需要做些什么，以分散人们对灾难的注意力。

在正常情况下，布什会在伦奎斯特去世后，马上着手研究接任首席大法官的人选。在此之前，切尼已经劝他好好考虑一下斯卡利亚，事实上，这个人选也确实值得考虑。但是，鉴于7月份对罗伯茨的提名取得了完全成功，行政分支现在迫切需要找到另一个人选。

保守派已在这年夏天完全接受了罗伯茨。在被总统提名前，罗伯茨在华盛顿之外并没有太大名气。提名宣布后，记者们收集了罗伯茨在里根时期撰写的大约7.5万页工作文件，那时他还只是一名年轻律师。这些备忘录显示出他是一个满腔热情又略带刻薄的保守派。举个例子，他反对男女在收入方面存在“所谓的性别鸿沟”，斥之为“左支右绌、有害无益、反资本主义”。与其历任上司一样，罗伯茨支持校园祈祷行为，反对种族平权措施。为回应一位民主党国会议员提出的召开一次“权力分享会议”，合理划分政府各分支职责的说法，罗伯茨说道：“‘权力分享会议’1787年就已经在费城制宪大厅中开过了，看来有人应该告诉（国会议员）莱维塔斯这件事，并且对他说，‘会议简报’早就印发了。”

此刻，主流新闻媒体对大法官确认程序仍抱着过时想法，认为这些备忘录是罗伯茨提名中会碰到的难题（尽管是在可控制的范围内，毫无疑问）。新闻界普遍认为，罗伯茨将会像当年的博克那样，因为立场太过保守而被参议院拒之门外。问题在于，今时不同往日，现在的候选人个个唯恐别人觉得自己不够保守，在他们眼里，被当成中间派才是影响提名的最大障碍。对罗伯茨在里根时代撰写的备忘录，曼纽尔·米兰达在《华尔街日报》网络版上是这么评价的：“保守派普遍觉得十分欣慰。罗伯茨法官作为年轻律师时期的记录，显示出他是一个坚定的宪法主义者。”

布什对好消息的需求实在太过迫切，几乎到了对伦奎斯特不敬的程度。9月5日那天是劳动节，上午8：01，距伦奎斯特去世还不到48小时，布什就在椭圆形办公室召集媒体，宣布他将提名罗伯茨出任美国第17位首席大法官。“在过去的两个月内，美国参议院成员和美国人民已经了解了罗伯茨法官的经历与品行，”布什说，“他们喜欢他。他是一个绅士，是一个诚实正直的人。” 281

受飓风的后续效应影响，罗伯茨的听证会并没有引起太多人关注，更何况结局本就在众人预料之中。（当然，也有人在罗伯茨被提名为首席大法官后流露出稍许怀疑。）9月12日的听证会上，罗伯茨在开场陈述中说道：“司法的角色理当谦抑。法官与大法官只应顺从于法律，除此之外别无其他。法官们相当于棒球比赛的裁判员，地位十分重要。他们必须保证每个人按规则行事，自己又必须消极中立、保持低调。没有人跑到赛场上是为了看裁判员表演。”除了最高法院大法官，罗伯茨也热衷于做一个棒球球迷。不过，说句实在话，最高法院大法官与球赛裁判员可是两回事，大法官们并不局限于机械适用规则，他们**创立**规则。

在听证过程中，罗伯茨小心回避了一系列敏感性宪法话题。在回答阿伦·斯佩克特的提问时，罗伯茨说，罗伊案判决“既然是最高法院的先例，就应当根据遵循先例原则受到尊重”。但他接着又说，大法官们有时也会推翻自己的先例。罗伯茨并没有说他未来会对罗伊案持什么态度。罗伯茨一方面尽量回避作出任何承诺，一方面又把自己的非凡气度与渊博学识表露无遗。他对各类古老判例的名目如数家珍，信手拈来，三言两语即可对古往今来的宪法争议做以条分缕析的解读。甚至会凭借记忆，直接引述《联邦论》原文。来自伊利诺伊州的民主党参议员迪克·德宾甚至说，完全可以为罗伯茨的优异表现“颁发奖杯”。9 月 22 日，参议院司法委员会以13∶5 票批准了对他的提名，之后参议院又以 78∶22 票确认。

282 布什提名罗伯茨出任首席大法官后，白宫宣布总统将暂缓宣布奥康纳的继任者人选，直到新的首席大法官通过确认。行政分支的官员们想当然地推断，既然头一次通过那么顺利，最高法院的第二位提名人选应该不会遭遇政敌阻击。尽管如此，白宫一时半会儿也拿不出继任者的名单来，布什的助手们正殚精竭虑、反复权衡。

罗伯茨提名的顺利通过只是例外，整个夏天，布什行政分支都笼罩在一片愁云惨雾中。2005 年初，伊拉克成功进行了战后第一次自由选举，投票者的手指都被染成紫色，涂满紫色墨水的手指成为民主复兴的象征。但在接下来的几个月里，骚乱再次出现，每月都有大批美军士兵阵亡。同一时期，布什将私人账户纳入社会保障制度的计划遭遇重重阻力，连许多共和党人都予以抵制，该计划最终不得不以失败而告终。此外，联邦政府在卡特里娜飓风中的表现仍然饱受各界诟病，说好听点叫漠不关心、麻木不仁，说难听点简直就是尸位素餐、完全不称职。布什的支持率也急转直下，连任时还是 60%，现在倒好，时隔一年，这个百分比就变成了反对他的数字。总统正是在这样的背景下，开始考虑最高法院第二个提名人选。

这一次，布什还是想提名一位女性进入最高法院。奥康纳辞职后，他一直有这样的想法。在出访南非期间，第一夫人劳拉·布什曾在全国广播公司的电视节目《今日》中说：“我的确很希望他再提名一位女性。”当天晚些时候，布什对一贯谨小慎微的妻子在媒体上发出这么直接的呼吁深表震惊，不得不回应说：“在这个问题上，我还是想听到她本人跟我提建议。”奥康纳认为，既然自己现在已经是宣布辞职的“跛脚鸭”，发表公众言论时，就不用那么小心翼翼了。在钓了一天鱼后，她赴华盛顿州斯波坎市参加一次司法会议。在那里，她被告知罗伯茨将被提名为她的继任者。“真是太完美了！”她说，在她眼中，罗伯茨“法律智慧过人，多才善辩，说话一针见血。除了不是个女人外，样样都好！”。

但是选哪位女性比较合适呢？夏日刚刚来临，布什就已反复考虑了各种可能性，但始终找不到一个理想人选。参议院民主党领 283
袖哈里·里德已经明确警告过布什，如果提名那些极端保守派女法官——贾尼斯·罗杰斯·布朗、伊迪丝·琼斯和普里西拉·欧文——民主党都会动用阻挠议事法阻击。布什并不怯于对抗，只是不愿发生毫无必要的冲突。他必须寻找符合自己保守理念的大法官，但这样的人又很难轻松通过确认。究竟谁才能够同时符合这两项条件呢？

布什与幕僚们聊起这个话题时，突然想起里德在这个夏天还说过另外一些话。其实，在最高法院人选问题上，里德本人也力图回避两党不必要的冲突。在向布什展示民主党人的“黑名单”时，这位参议员曾提到一个相对折中的可能性。他说，自己在罗伯茨被提名前，曾与哈里特·迈尔斯有过短暂接触，并对她留下了深刻印象。里德认为，布什应考虑把自己的白宫法律顾问作为最高法院提名人选。

是啊，没有人比迈尔斯更忠于布什及其保守主义事业了。民主党领袖此时也放出话来，不会阻挠她的确认程序。此刻，布什确实动心了。

# 第 22 章　“我了解她的想法”

284 对哈里特·迈尔斯的大法官提名，很快沦为一场黑色政治喜剧。所谓不幸老姑娘不宜进入最高法院的漫画式描述，或许是此事在短时间内引起全国关注的原因之一，不过整起事件背后却另有玄机。像迈尔斯这样，参议院明明已经开始审议，而且极有可能通过确认，却突然被撤回提名的情形，在最高法院绝对算得上史无前例。促成这一切的真正原因是什么？答案很简单，共和党中的极端保守势力不同意。

2005 年 7 月，奥康纳宣布辞职后不久，白宫幕僚长安德鲁·卡德就曾征求过迈尔斯的意见，问她本人是否考虑补缺，迈尔斯婉言谢绝。很快，迈尔斯就承担起挑选继任大法官的任务。她非常适合这项工作，因为它要求承办人认真细致、一丝不苟，与她之前担任幕僚秘书长与副幕僚长时的工作要求颇为类似。其实，出任白宫法律顾问后，迈尔斯就已开始大法官人选的搜寻工作，她要求助理顾问们不断更新候选人备忘录，并邀请部分入围者面谈。同时，她还会与一些参议员讨论人选，哈里·里德就是在此过程中对她产生好感的。布什确定选择罗伯茨后，迈尔斯负责安排、协调了听证与确认程序，工作内容包括：应付参议员们的各类信息需求；准备最高法院大法官候选人需要填写的大量背景调查表；训练罗伯茨应付司法委员会各类质询的技巧。罗伯茨最终一路顺利闯关， 285
轻松获参议院确认为首席大法官，在整个过程中，迈尔斯绝对居功至伟。

在填补第二个大法官空缺问题上，布什并没有像第一次那样投入太多精力。整个 8 月，他都在得州克劳福德农场度假。重返华盛顿后，他不得不开始应付卡特里娜飓风带来的人道主义灾难和政治上的惨痛后果。9 月中旬，罗伯茨的确认程序成为重头戏，直到这个时候，奥康纳席位的候选人仍未出现，总统确实没时间去琢磨这些。

迈尔斯重操旧业，继续在茫茫人海中寻觅大法官人选。受第一夫人上次意外的公众言论的触动，布什这次已明确表示想提名一位女性，所以这也是迈尔斯的搜寻重点。在与保守派激进组织代表进行的长达两个半小时的磋商中，迈尔斯与他们逐一讨论了联邦上诉法院中的女性共和党人名单，看哪些人适合被提名。有些人看上去很有吸引力，但学识方面却很难认定（如伊迪丝·布朗·克莱门特），有的人政治上过于偏激，参议院那边肯定通不过（如贾尼斯·罗杰斯·布朗、伊迪丝·琼斯），还有些人因为太偏向中间温和派而被排除掉（如来自第九巡回上诉法院的孔苏埃洛·M. 卡拉汉）。女性候选人之所以相对难找，很大原因在于女法官多数较其男性同行而言更倾向自由派，这也是像克林顿这样的民主党总统在联邦司法系统任命的女法官数量多于共和党总统的原因。总体来看，女性共和党法官的选择面实在不宽，而且对迈尔斯和她的上司来说，没有一个候选人较为突出。

尽管如此，迈尔斯处理上述事务的能力还是给布什留下深刻印象，毕竟他以前也有过类似经历。（2000 年，正是布什本人费尽心思，才找到迪克·切尼出任自己的副总统。）由于一直找不到合适人选，布什曾与卡德谈过将迈尔斯作为候选人的想法。卡德随后找来迈尔斯的副手比尔·凯莱，让他研究一下可行性。迈尔斯也听说了卡德的想法，知道自己成为备选人之一，不过她没太看重此事。此时，凯莱已着手做一些准备工作，为自己的上司撰写一份候选人资格备忘录。

奥康纳比迈尔斯年长 15 岁——前者出生于 1930 年，后者出
286 生于 1945 年——她们都在西南部长大，那一时期，女性律师普遍被排斥，并被当作不受欢迎的一类人。但她们之间的差异，既因为“二战”后女性地位的变迁，也因为两人性格完全不同。奥康纳在大牧场长大，迈尔斯自小生活在大城市达拉斯。奥康纳家境富有，迈尔斯则不然。迈尔斯的父亲曾勉力经营着一家房地产企业，她刚刚进入南卫理公会大学（Southern Methodist University），父亲就因中风而病倒。她获得一项奖学金，供自己读完本科及该校法学院。奥康纳 1952 年从斯坦福大学法学院毕业时，在律师事务所最多只能申请到一份秘书职位。1970 年，迈尔斯毕业求职时，也是四处遭受冷遇，最后还是通过给一位有名望的联邦法官做助理，才蒙他推荐，得以在洛克、里德尔和萨普（Locke，Lidell & Sapp）律师事务所任职，一干就是 24 年。

在凤凰城定居后，奥康纳过着快乐而忙碌的生活：法律工作应接不暇，家庭生活蒸蒸日上，对政治充满热情，她还热衷于热闹的聚会。迈尔斯则是把全部精力集中在某一领域，通过不断努

力获取成功。她兢兢业业、勤勤恳恳，逐步克服了人们对女律师的傲慢与偏见。她是洛克、里德尔和萨普律师事务所第一位女律师，并最终成为该所第一位女主任。与许多大律师事务所律师一样，她热衷于代理大公司的案件，并力争在诉前解决问题。她的两个主要客户，迪士尼公司与微软公司，都喜欢这种处理方式，而不是冒险到法院打官司。迈尔斯全身心投入于繁忙的工作，几乎无暇娱乐休闲。1989 年，在一次庭审中，对方律师问她是否读过某本书，她答道："你应该问我最后一次完整读完一本书是什么时候。"

即使在律师事务所之外，迈尔斯的生活状态也与工作时没什么两样，甚至可以说是她律师生活的延伸。像许多政治掮客那样，她早期属于民主党，曾为阿尔·戈尔 1988 年的总统选战捐过 1 000 美金。后来，她很快晋升得州律师协会高层，并于 1992 年成为得州律师协会首位女主席。在此之前，她曾在达拉斯市议会干了两年，但于 1991 年退出。她认为自己不太适合那里的气氛，倒是更喜欢为大公司工作，而非投身政坛。迈尔斯之所以很少接宪法官司，恐怕也是基于这一因素。

与许多专注于事业，别的什么都不关心的工作狂一样，迈尔斯 287
也曾经历过精神危机。许多年来，她都与一个好斗的保守派男人，得州最高法院大法官内森·赫克特保持着若即若离的暧昧关系。迈尔斯本来对天主教比较感兴趣，但在赫克特鼓动下，她加入了达拉斯最大的福音派教会——谷景基督会（Valley View Christian）。她的人生也因此而改变。正如她的牧师后来回忆的："她的人生目标发生了变化。她拥有了仆人心态，我认为这是她的个人信仰中最值得嘉许之处。耶稣告诉信徒，'正如人子来，不是要受人的服侍，乃是要服侍人’。[1] 哈里特就是最好的证明。”

迈尔斯皈依宗教之后不久，当时正首次竞选州长的乔治·W. 布什卷入得州东部一家钓鱼俱乐部的一次人事纠纷。俱乐部的管理员为抗议自己遭遇不公平解雇，起诉了包括布什在内的部分俱乐部成员。未来的州长请迈尔斯帮忙打这场官司，她轻松熟练（而且低调）地取得了胜利。布什这样的政治新秀很喜欢迈尔斯的行事风格，正式邀请她做自己的私人法律顾问，迈尔斯答应了，她对布什怀有的重生激情一如她对自己的新教会。

2005 年 9 月 21 日，布什召集两党部分参议员共同商议填补奥康纳席位的人选问题。一般来说，与参议员们进行的这类“磋商”多半只是装模作样，布什才不在乎这些人怎么看呢。在会上，阿伦·斯佩克特提出了一个让众人目瞪口呆的荒谬提议，他提出，布什应该等到 2006 年才正式提名，这样做的目的是为了观察罗伯茨在首席大法官任上的表现，从而任命一位足以维持最高法院立场平衡的人选。可是，布什及其支持者现在的目的可是**改组**最高法院，而不是去搞什么**平衡**，斯佩克特的提议很快沦为笑柄，根本就没被提上议事日程。在会上，哈里·里德再次谈到了提名迈尔斯的可能性。

总统最初的想法仍没有变：被任命的人选，既要在意识形态上完全克隆自己，又不会在参议院招致民主党太多反对。那晚，布什把迈尔斯叫到椭圆形办公室，正式就提名事宜征求她的意见。这一次，她答应了。

---

1《新约·马太福音》20：28。

迈尔斯成为正式候选人后，由于罗伯茨的确认听证会日渐临 288
近，相关工作开始加速。（参议院司法委员会已经在9月22日批准了罗伯茨的提名。）迈尔斯不再邀请任何候选人与布什面谈。只有卡德、罗夫、凯莱等少数几个幕僚知道迈尔斯已成为候选人，他们都认为布什的这次选择简直无懈可击。司法委员会批准罗伯茨那天，凯莱打电话给联邦主义者协会的伦纳德·利奥，告诉他迈尔斯将成为被慎重考虑的人选。两人翌日一早一起吃了早饭，利奥告诉凯莱，迈尔斯缺乏足以证明自身立场的书面记录，这将会引起保守派势力的质疑。“这将成为一个很难克服的问题。”他说。但是，利奥的观点并没有被传达到白宫高层。（在接下来一周里，利奥试图在其保守派战友中散布迈尔斯被提名的消息，但没有人把这一说法当回事，这些人压根儿没觉得迈尔斯会被提名。）历届白宫都有这么一个颠扑不破的定律，走漏风声有利于解决问题。但是，迈尔斯的这次提名没走漏消息，白宫内部也没有人知道外界对此会有什么反应。

所有考虑过迈尔斯提名事宜的政府高官——布什、切尼、卡德、罗夫乃至迈尔斯本人——并不真正了解最高法院大法官们整天到底在做什么。（“我们的工作就是读读写写，”布雷耶喜欢这么说，“我曾对我儿子说，如果你擅长做家庭作业，就得在今后做好它。”）布什的核心决策层多出身于企业界，在他们心目中，良好的直觉和判断力比任何预测分析都重要。布什本人从不根据书面记录中的观点选择内阁成员，对迈尔斯自然也是如此。对总统来说，迈尔斯有无书面记录，根本就不是问题。

9月28日和29日，布什又陆续与部分内部人士讨论了迈尔斯的问题，之后，布什愈发确信选择她是非常明智的。后来讨论的话题好像与是否把她送入最高法院无关，更像是白宫应否选择她作为自己的代言人。直到此时，寻找大法官人选的工作仍处于保密状态。289 值得注意的是，媒体第一次关注迈尔斯是在罗伯茨9月29日被确认之前，即便在那时她的名字也是位列大法官候选人名单末端。其实，自从迈尔斯9月21日同意接受布什的提名后，筛选大法官人选的工作事实上已经停止了。

10月1日至2日的周末过后，白宫正式通知外界，迈尔斯有可能成为大法官人选。与总统一样，卡尔·罗夫也没把精力放在第二位大法官的选择上。此时，除了为消除卡特里娜飓风带来的不良影响而疲于奔命，他还面临一个新问题。进入9月后，由于中央情报局特工瓦莱丽·威尔逊的身份被泄露，特别检察官帕特里克·菲茨杰拉德提起的刑事调查已进入关键阶段，罗夫随时可能面对起诉。

直到10月2日，星期天，罗夫才介入提名程序。他的第一个电话——这也反映出哪些人的意见真正被重视——打给了爱家协会的创始人及负责人詹姆斯·多布森，并介绍了迈尔斯的资历与条件。罗夫向多布森保证，迈尔斯是一位福音派基督徒，而且是支持严格释宪的宪法至上主义者。罗夫同时指出，尽管迈尔斯在社会事务上很少发言，但她的朋友，得州最高法院大法官内森·赫克特可以担保她是可靠的。事实上，赫克特本人也将在次日举行的，多位福音派领导人参加的会议上发言。罗夫之所以对多布森打起政治牌，是因为布什这位老谋深算的政治顾问非常清楚，真正能够左右提名结果的是多布森这样的福音派领袖，而不是参议院的民主党人，这一点连一些主流媒体都没有意识到。

星期日下午，布什正式将提名信息告诉迈尔斯，她欣然接受。

白宫新闻办公室当晚决定暂时将该消息保密，以准备迈尔斯的背景材料，并决定哪些材料可在宣布提名时一并发布。

10 月 3 日，星期一，早上 8：01，总统与迈尔斯并肩站在椭圆形办公室内。“今天上午，我荣幸地向大家宣布，我将提名哈里特·艾伦·迈尔斯出任最高法院大法官一职。在过去 5 年里，哈里特·迈尔斯在联邦政府中扮演了关键角色，包括出任本国最重要的法律职位——白宫法律顾问。可以说，她一直致力于法治与正义事业，”布什说，“我认识哈里特十多年了。我了解她的想法，清楚她的个性。我知道哈里特的母亲今日将以她为荣，她的父亲也同样为她骄傲。我坚信，当哈里特·迈尔斯正式被批准为联邦最高法院第 110 名大法官时，她将继续为我国司法事业的智慧与品质 290
增光添彩。”

迈尔斯可不像罗伯茨那样离了稿子照样能侃侃而谈，她选择了照稿念：“从我当年在联邦地区法院任助理时开始，30 余年来，我当过律师，也先后在律协、议会工作过，我一直非常尊敬与钦佩创立我们的宪法和政府制度的前辈。这种尊敬与钦佩之所以能够转化为现实影响，正是因为你们允许我在过去 5 年中作为行政分支的一名代表，为美国人民服务。”接下来，迈尔斯打算表达自己的司法理念，这一点在她过去的法律生涯中仍不明确。“三大独立分支是制宪先贤与开国诸君的智慧结晶，其伟大性已被历史证明。我们的法院系统必须按照制宪者的初衷履行职责，这是我们每一代人义不容辞的责任。”借由提到“制宪者的初衷”，迈尔斯暗示自己是一个斯卡利亚那样的宪法至上主义者，“如果能够通过确认，”她继续说道，“我将尽力促成我们司法系统的完善，将保证法院充分履行义务，严格按照宪法与法律行事。”这一次，她的措辞又有点儿像伦奎斯特的风格了。

尽管迈尔斯如此表明心迹，但为时已晚。早上 8：14，宣布仪式刚刚结束，对她的攻击已经开始了。

早上 8：12，曼纽尔·米兰达向保守派同僚们群发了一封电子邮件。“总统作出了自阿贝·福塔斯[1]以来最不适当的选择，那家伙当年也是总统的法律顾问，”米兰达写道，“被提名人居然连个像样的司法记录都没有，这绝对是白宫那帮顾问们的重大失误。”8：51，布什的前演讲撰稿人戴维·弗鲁姆表达了同样的担忧。“哈里特·迈尔斯总是神经兮兮、焦虑不安，”弗鲁姆把一篇写给《国家评论》的文章放在博客上，“我没有说哈里特**不是**保守派法律人士，也没有说她的立场不够坚定，我只是说，目前还没有什么能让我们相信上述两点。”

291 这天晚些时候，正像罗夫之前承诺的那样，内森·赫克特和另一名得州法官，联邦地区法院的埃德·金基德召集各保守派组织的领袖召开了一次电话会议，讨论迈尔斯的提名事宜。这次会议主

1 阿贝·福塔斯（Abe Fortas），田纳西州人，1965 年由林登·约翰逊总统送入最高法院。福塔斯是约翰逊的好友兼法律顾问，也是一位日进斗金的大律师，曾开着豪华的劳斯莱斯去最高法院为当事人免费辩护。肯尼迪遇刺后，时任副总统的约翰逊临时被通知接班，第一个电话就是打给福塔斯的。为了能让福塔斯当上大法官，约翰逊甚至逼着刚刚当上大法官不到 3 年的戈德堡大法官辞职去任驻联合国大使。沃伦首席大法官辞职后，约翰逊本打算提名福塔斯担任首席大法官，但由于福塔斯与他关系过于密切，遭到了各方抵制，先是被查出讲课赚过外快，导致提名流产，接着又被人查出他曾从一个基金会领过 2 000 美元法律顾问费。结果，福塔斯成为最高法院历史上第一个因为被指控行为不检而被迫辞职的大法官。详细内容可参见［美］亨利·J. 亚伯拉罕著：《法官与总统：一部任命最高法院法官的政治史》，刘泰星译，商务印书馆 1990 年版。

要是为阿灵顿团（Arlington Group）成员准备，该组织是 60 家家庭至上团体的联盟，其成员包括许多知名人物，如美国价值观组织（American Values group）的加里·鲍尔和该联盟全国主席詹姆斯·多布森。（2004 年掀起的鼓动修宪，从而使各州可以投票反对同性婚姻的运动，就是以阿灵顿团为主发起的，其战略目的就是动员尽可能多的保守派人士帮助布什竞选。）多布森负责主持这次会议，他说，罗夫已经提议由赫克特与金基德为迈尔斯担保，以证明她是一个坚定的保守主义者。当然，他俩也要负责回答一系列涉及她候选人资格的关键性问题。

“您相信她会投票赞成推翻罗伊案判决吗？”

“绝对相信。”金基德说。

“我相信她会那样做。”赫克特说。

这次电话会议暂时安抚了保守派势力——仅仅是暂时的。

电话会议的消息很快泄露出去。媒体宣称，金基德正为迈尔斯的确认程序造势，赫克特也是主要的摇旗呐喊者。

在接下来的一周时间里，赫克特接受了逾 120 次采访，他始终支持迈尔斯，但效果却好坏参半。赫克特 1988 年进入得州最高法院，并成为这家本就趋于保守的法院中最极端的右翼成员。采访期间，他不时夸赞迈尔斯的虔诚信仰，以及她在福音派教会受洗的决定。但是，由于赫克特言语间透露出与迈尔斯的暧昧关系，这番话反而对她起到负面作用。采访时，赫克特对记者说的一些话近乎意识流般的喃喃自语，给记者的感觉是：仿佛啥也没说，又好像说了很多。“我们是好朋友，亲密的朋友，”赫克特对《洛杉矶时报》记者说，“已经许多年了。我俩一起吃饭。每年一起看

两到三次电影。聊各种八卦。这就是对我们友情的最好描述。我们不是在约会。也没有暧昧关系。那么说可不对。”赫克特越是卖
292 力地为迈尔斯鼓吹，人们就越是有这样的疑问：白宫怎么把迈尔斯的男朋友搬出来给她做担保了？（赫克特的社交生活非常复杂。他曾是得州最高法院前同事普里西拉·欧文的男朋友，欧文刚刚被任命为第五巡回上诉法院的法官，保守派更希望总统提名她而不是迈尔斯。）

之所以没有太多人在这个时候站出来支持迈尔斯，除了个性因素，很大程度上也受她工作性质的影响。在奥斯汀市，布什给她的兼职是随时处理州内涉及彩票管理方面的一些麻烦事务，但她的实际工作却是担任布什的私人法律顾问，这项工作当然不可能取得什么公共成就。同样，幕僚秘书长和副幕僚长的职位也使她看上去更像一个协调者或“交通警察”的角色，而不是一位思想的传播者。没有谁能够证明她的宪法观，因为她从未发表过这类观点。尽管迈尔斯在填写参议院的调查表格时，列举了她经办的主要案件，但大都是商业纠纷。她甚至没有在得州最高法院乃至美国最高法院打过一场官司。

很显然，白宫在提名迈尔斯之后，并没有预备后备人选的计划。罗夫与其他人都认为，赫克特的保证足以令这些保守派人士的疑虑烟消云散，毕竟布什还指望这帮操控着参议院的共和党大佬们能像过去四年半那样事事助力。然而，布什的一大失策，在于忽视了伊战和卡特里娜飓风给他在国会造成的负面影响。对迈尔斯的提名再次反映出布什妄自尊大的一面，以为自己的私人法律顾问根本无须担保，绝对会取得参议院的支持。总统这次可是错误估计了自己的政治影响力，也低估了最高法院对于他那些热情追随者们的重

要性。尤其在这个议题上，乔治·W. 布什的一句“相信我”已经不那么管用了。

尽管右翼一再强调，他们之所以反对迈尔斯，主要是因为她不合适，而不是基于意识形态的考虑，但谁都看得出来，这纯粹是个借口。近些年，最高法院大法官的位置好像都是为上诉法院法官们预备的（克林顿曾试图打破这一惯例，却以失败而告终），293
不过，如果放宽历史的视野，迈尔斯的情况也算不得特例。刘易斯·鲍威尔从未有过政府服务经历，与迈尔斯一样，他只在地方和全国性的律师协会工作过。威廉·伦奎斯特起初也在凤凰城从事民事法律业务，后来出任助理司法部长，并主管法律顾问办公室。拜伦·怀特也只在司法部副部长位置短暂停留过，大部分时间都在丹佛市从事私人法律执业。对保守派势力来说，迈尔斯的问题根本不在于欠缺司法经历，而是他们不能确定这个人会按照他们的议程改造最高法院。

尽管如此，迈尔斯在全国观众面前的初次亮相，并没有迅速毁掉她的提名。哈里·里德当然欢迎这一人选，其他共和党参议员中也有持同样想法者，得州参议员约翰·科宁即是一例。星期三被宣布提名后，迈尔斯第一个致谢电话就是打给自己本州的参议员，科宁还曾当众与她拥抱，大打亲民牌。在迈尔斯离开他的办公室后，科宁声称，她将填补最高法院长期以来因受常春藤校友及华盛顿知识分子把持而导致的“非常重大且真实的鸿沟”，他请保守派“保持判断力”，并称迈尔斯“完全有资格”，而且“魅力过人”。除了个别例外，参议员按照惯例行事：他们避免以这样或那样的方式作出承诺。

但是，保守派内部的反对声音已经出现。共和党全国委员会主席肯·梅尔汉及其前任埃德·吉莱斯皮参加了保守派激进分子在华盛顿的两次集会，两次集会都充斥着对迈尔斯的抱怨与不满。“总统当然应该说一句‘相信我’，他也不得不那么说，问题是，光这么说解决不了问题。”保守派组织美国人税收改革的领导人格罗弗·诺奎斯特说，他也是上述集会其中一场的主办人。“我告诉过梅尔汉，在过往的漫长岁月中，我已听到过5次‘相信我’，”另一场午餐会的东道主保罗·韦里奇这么说道，很显然，他指的是过去对斯蒂文斯、奥康纳、肯尼迪和苏特的提名，“我要说，‘很抱歉，总统光说了解她的想法是远远不够的’。”面对这些质疑，梅尔汉只好搬出布什与迈尔斯数十年的友情作为回应：“我想，总统在说‘相信我’时，是基于他对被提名人的了解，这可能与反对者们的想法存在差异。”

294 对迈尔斯的反对之声在10月达到了高潮，简直就与7月间对冈萨雷斯的群起围攻如出一辙。与对冈萨雷斯一样，迈尔斯的右翼批评者们无法列出她的任何一项不当之举，白宫幕僚们也不得不再次面对这一令他们目瞪口呆的事实，幕僚们心目中最狂热的保守派人士，居然又被描绘成一个潜伏的自由派。

对迈尔斯的攻击根本没什么事实依据。对她的公共评价，基本与她的朋友内森·赫克特所说的差不多，人们认为她的立场与那些强烈反对提名她的人其实是一致的。其实，她早年竞选达拉斯市议员时曾留下过一些记录。在填写得州人生命联合会（Texans United for Life）的一份调查问卷时，迈尔斯明确表示，她支持修改宪法，赞成推翻罗伊案判决，反对给支持堕胎的组织提供任何公共基金支持，并将在任期内“努力促进反堕胎事业”。不过，这项记录当然不够。保守派势力照样吹拉弹唱，齐声反对迈尔斯。

此时此刻，民主党人可是乐开了怀，摆出一副坐山观虎斗的架势。民主党设法向记者透露了迈尔斯在布什任州长期间写给他的一些阿谀奉承之词。“如果顺利的话，詹娜和芭芭拉会觉得她们的父母很‘酷’，就像我们一样，”她在一个便条中写道，“继续这伟大的事业。天佑得州。”还说，“您是最棒的州长，广受爱戴！”及“您和劳拉是最伟大的！”

民主党参议员指责布什任人唯亲，这也正是卡特里娜飓风后布什最受诟病的一个问题。显而易见，没有一个民主党参议员宣布他或她将投票反对迈尔斯。当右派对她发动疯狂攻击时，一些民主党参议员甚至真把她当成了一个潜伏的中间温和派人士，这正是他们对布什提名人选的最大期望，其实，也是不切实际的奢望。

斯佩克特把迈尔斯的听证会时间安排在 11 月 7 日，随着这一日期日益临近，这位司法委员会主席才意识到自己对迈尔斯好像还没什么印象。与绝大多数共和党战友不同的是，斯佩克特并不在乎意识形态问题，反而更关注她的资历。他公开表示，迈尔斯应该去上一个宪法“速成班”，当然，没有人会对约翰·罗伯茨这么说。10 295
月 19 日，斯佩克特与委员会中的民主党高层帕特里克·莱希给迈尔斯发去一封措辞严厉的信，对其调查问卷表的填写结果表示了强烈不满。他们希望问卷的回答内容更加具体，“更本质与客观地”体现她所在组织的立场，要包括“与他人所有的书信往来，包含媒体最近刚刚报道过的那些，要使你的朋友和你的支持者完全确定你的观点”。换句话说，他们希望再次确认，迈尔斯会不会像赫克特事先承诺的那样，会毫不犹豫地推翻罗伊案判决。参议员们要求迈尔斯在

10月26日之前明确答复这些问题。

10月中旬，迈尔斯都忙着私下与参议员们会晤，并为自己的听证会做最后准备。但是，无论是会面，还是为听证会进行的排练，进展都不顺利。迈尔斯既缺乏罗伯茨那样的人格魅力，也没有他对宪法的深刻理解——这使他能够一面引经据典，一面又滴水不漏地隐藏自身立场——她在这方面的确没什么天赋。

尽管反对迈尔斯的人正日益增多，但她似乎仍能轻松应付这次听证会。在旁观者看来，参议员们在国会听证会上的表现，经常像自以为是的井底之蛙。保守派们充满敌意的交叉询问，反而更容易让被提名人获得同情。迈尔斯自强不息、克服逆境的个人经历，有可能像14年前的托马斯那样，再次触动大多数人的心灵。参议院那44名民主党人，也会觉得迈尔斯是最佳人选（她已经60岁了），这将使她有可能以压倒性的票数通过确认。更何况布什那番敷衍了事的游说也可能为她争取到不少共和党票源。总之，到了10月中旬，迈尔斯看似已能够在确认程序中获得足够多的选票。

正是基于上述原因，保守派反对者们决定阻止正式投票。10月21日，抵制迈尔斯的保守派专栏作家查尔斯·克劳萨默写道："我们必须找出避免走向分裂的策略。而我知道答案。"参议员们应该提供"迈尔斯在白宫工作期间的所有受特权保护的文档"，总统当然会拒绝移交。这样的话，就有可能发生"宪法特权争议"：参议院拿不
296 到相关信息，就不会对她进行确认。而白宫也绝不可能让这些信息外泄，以免危及行政特权。如此一来，所有的棘手问题就迎刃而解了：迈尔斯将在参议院与行政分支两边同时失宠。

这一想法虽然是哗众取宠的无稽之谈，却偏偏迎合了保守派的

需要。共和党人对民主党的阻挠议事法早有怨言，这一次却希望他们搬出这招儿来对付迈尔斯。对保守派来说，什么协调、什么公正、什么盟友，统统可以抛在一边，一切都没有控制最高法院更为重要。“克劳萨默方案”很快众所周知，而且即将被投入使用了。

能够阻止这一仓促提名的可能只有迈尔斯本人了。1987年，尽管大家都知道罗伯特·博克无法通过参议院的批准，他仍拒绝撤回对自己的提名，事实证明，他确实以42∶58票落败。这一次，没人认为迈尔斯会输，但究其实质，迈尔斯是布什的顾问，而不是一位独立的参选者。一位律师应当把客户利益置于自己的利益之上，此刻，布什优先考虑的是取悦大多数保守派支持者们，尤其是在最高法院的问题上。迈尔斯当然不愿让布什失望，哪怕自己要付出巨大的个人代价。她经过认真思考，决定请总统撤回对自己的提名。

10月26日，星期三，晚上8∶30，在被提名23天后，迈尔斯主动致电布什，告诉他自己选择退出。此时，这一决定仍处保密状态，直到这天晚些时候，白宫还在将参议员们要求补充的那部分候选人信息送进参议院。次日上午，白宫决定实施“克劳萨默方案”。迈尔斯写信给布什，声称参议员们计划了解自己在白宫服务的情况：“我坚决维护行政分支的独立性……如果坚持行政分支的特权，将会使我的确认程序陷入僵持状态。为此，我必须放弃确认。”在同一天发表的声明中，布什“极不情愿地接受了”迈尔斯撤回提名的申请。

第二天是10月28日，星期五，副总统幕僚长路易斯·利比因 297
在中央情报局特工身份泄露事件中涉嫌作伪证与妨碍司法而被起诉，算是彻底结束了布什执政期间最糟糕的一周。迈尔斯提名告吹与利比被诉期间，伊拉克那边也是乱成一团，战事不断。在这样的危急时刻，别的总统可能会寻求中间派的帮助，或者选择两党合作，至少对政敌展示一下友好姿态。

但这绝非乔治·W. 布什的执政风格。周末，忠心耿耿的哈里特·迈尔斯再次带领手下开始了寻找下一个候选人的工作。他们的目标仍然没变——选择一位最保守的最高法院大法官，这个人必须受到詹姆斯·多布森、阿灵顿团、埃德温·米斯、杰伊·塞库洛、曼纽尔·米兰达，以及总统阵营中其他人的欢迎。星期一早上8 : 01，他们找到了这个人。

# 第 23 章　山雨欲来

这个周末，布什终于可以放松一下了，因为他已经作出决定。尽 298
管利比被起诉的事情仍让他们分神，布什和安德鲁·卡德还是抽时间致电了正在纽瓦克市办公室的小萨缪尔·A. 阿利托法官。匆匆结束的交谈，多少能看出布什这次又是瞬间冲动作出的决定。与拉迪格（仅有的另一位候选人）相比，他更喜欢阿利托一些，那么就阿利托好了。尽管第一夫人劳拉·布什更倾向于提名一位女性，但提名迈尔斯的惨痛经历使总统确信，找个可靠的保守派，现在比什么都重要。

迈尔斯是唯一质疑罗伯茨保守派立场的人，可对她本人的提名却因未能取信于自己人而胎死腹中。既然如此，迈尔斯只能从那些公认的铁杆保守派中挑选候选人。至少对阿利托这样的人选，卡尔·罗夫不用再专门召集自己的保守派朋友们开电话会议了。10 月 31 日，星期一上午，布什与阿利托并肩在白宫出现还没几分钟，曼纽尔·米兰达就群发了一封电子邮件，他写道："加上首席大法官约翰·罗伯茨，总统在提名中打出一记全垒打。"

桑德拉·奥康纳可不这么想。她宣布离开最高法院之后不久，

299 总统曾专门为她在白宫举行了一次私人宴会，并请她拟定一份 50 人的宾客名单。布什在宴会上致辞后，奥康纳只简单用一句“谢谢您”敷衍了事。她对一位现任大法官的夫人感叹道：“好吧，我的待遇还不算太坏。”

对奥康纳来说，布什干出什么样的事她都不觉得意外，但她还是觉得，提名阿利托不啻对她的公然羞辱。事实上，奥康纳对选择迈尔斯也非常不满。她曾质问布什，难道就找不到一个比自己的法律顾问更合适的人选了吗？公允地说，奥康纳本人 1981 年在亚利桑那州中级上诉法院任职时，也是一名立场暧昧不清的法官。但是到了 2005 年，奥康纳已经对自己作为最有权力的女人的地位习以为常，毕竟她现在已是全美最受爱戴的女性之一了。

对阿利托就是另一回事了。奥康纳之所以对他不满，很大程度上是因为他俩曾在一起案件中相遇，而且是站在对立的立场上。

与约翰·罗伯茨一样，阿利托也在老布什任期内被提名为联邦上诉法院法官。但与罗伯茨不同的是，阿利托通过了确认，并于 1990 年担任了第三巡回上诉法院法官。两人的家庭背景也十分相似。阿利托来自一个中产阶级家庭，父亲是新泽西州州政府的一名公务员，年轻的萨姆与未来的首席大法官一样，都是在常春藤盟校接受的教育，先是普林斯顿大学，接着在耶鲁完成学业。与罗伯茨相同的还有，阿利托也是辅佐罗纳德·里根的年轻法律人之一，并很快从一群人中脱颖而出。阿利托在首席政府律师办公室度过了四年时光，另外两年多时间在法律顾问办公室工作，并于 1987 年出任家乡新泽西州的联邦检察官。1990 年，阿利托被任命至联邦法院时，才过不惑之年。

一年后，阿利托正好逮到一个机会，可以协助他的保守派法官同僚们将罗伊案判决置于死地。在那起案件中，第三巡回上诉法院的三法官合议庭宣布他们完全支持法律对堕胎的限制，比如关于父母双方同意和等待期的新规则。案件审理期间，三位法官中有两人认为法案关于“通知配偶”的规定走得太远，表示“有些妇女担心通知丈夫后会招致可怕的后果，这一可能性是确实存在的”。因此，多数方意见书认为法案的这部分内容侵犯了妇女权益。

阿利托不同意这一说法。他在自己的个人意见书中，完全赞成宾夕法尼亚州法案的做法，认为该法为州提供了一种变相限制堕胎的方法指南。既然宾州打算限制堕胎人群，要求妻子把她们的决定告诉丈夫的措施就显得合情合理。阿利托写道：“宾州议会的考虑完全符合情理，一些已婚妇女之所以不愿将堕胎决定告诉她们的丈夫，完全是基于对以下问题的畏惧——如经济条件的约束、未来生活的规划或者丈夫之前的明确反对，如果要求她们必须通知其配偶，将达到有效控制堕胎的目的。”

第二年，奥康纳、肯尼迪与苏特组成的“三驾马车”用他们的联合意见书拯救了罗伊案。（只能说保守派的法律圈子实在太小，当时，代表行政分支出具要求大法官彻底推翻罗伊案的“法院之友”意见书的，正是时任首席政府律师副手的约翰·罗伯茨。）在奥康纳起草的那部分凯西案判决书中，她推翻了包含通知配偶内容的条款，全面批判了阿利托的思维逻辑、论证方式与判决结论。更厉害的是，奥康纳认为阿利托的立场“与现代人对婚姻的理解完全脱节，背离了宪法保障基本权利的本质”，并强调“妇女的宪法自由并没有因结婚而丧失”。

现在倒好，恰恰就是这位法官被选来接替奥康纳的席位，而且 300

之所以选他，就是**因为**他在堕胎议题上忠实地捍卫了保守派立场。就像一位白宫法律人士对阿利托的评价：“在15年的审判生涯中，他从没犯过错。”

奥康纳于2005年7月宣布辞职，之后，所有人都认为她的继任者将在10月的第一个星期一，也就是新的开庭期开始时到任。但是，直到万圣节前夕，布什才宣布提名，而听证会和投票估计又得耗上几个月时间。奥康纳本想尽早离开最高法院，之所以暂时选择留下，其实是存有私心的——她想与约翰·罗伯茨共事一段时间。

奥康纳喜爱罗伯茨。她比绝大多数大法官更在乎外界对最高法
301 院的看法，在她看来，罗伯茨帅气的面容、超凡的魅力正好满足了人们对最高法院的想象。罗伯茨法院开庭伊始，在一次言词辩论中，天花板上的灯泡突然爆掉，法警们吓了一跳，急忙伸手掏枪，而罗伯茨却用玩笑安抚大家：“没事，它们总是用这样的方式来给首席大法官一个下马威。”奥康纳把这个故事念叨了好几周，以此证明罗伯茨的人格魅力。她甚至为《时代》周刊写了篇称颂罗伯茨的文章，尽管内容有点儿牵强附会。（她写道：“约翰·G. 罗伯茨1955年1月在纽约州布法罗市出生那天，天上的星星一定排列成行，因此自那以后，万事万物都径直将他引向美国最高法院。”）不过，奥康纳当然不是追星的小女生。在她召集的一次会议筹备会上，有人担心首席大法官可能不会出席，奥康纳胸有成竹地说：“我来搞定约翰·罗伯茨。”

尽管奥康纳对罗伯茨宠爱有加，但对他的任命并不意味着最高法院将会如她所愿，继续维持左倾态势。事实上，在伦奎斯特与

奥康纳准备离开之际，最高法院的判决确实呈现出“布拉格之春”的迹象，可惜，这只是自由主义在右派势力反扑前的回光返照。伦奎斯特在其任期之末，早已被保守派势力视为异己，不再受他们重视了。

拿首席大法官一直引以为傲的联邦主义革命来说，大法官们在洛佩兹案中推翻禁止校园持枪的联邦法律后，伦奎斯特激活了宪法“贸易条款”，并使之成为制约国会立法权力的有效工具。该判决使最高法院能够成功制止国会介入各州事务，自新政以来，这类立法可从未受到过质疑。然而，在2005年，大法官着手挑战加利福尼亚州一项法律，此法允许该州居民在医生处方指导下，种植并使用大麻。一位名叫安杰尔·麦克莱·雷奇的妇女认为，种植大麻是私人事务，与商业交易无关，根据宪法“贸易条款”，联邦法律无权制止公民个人持有大麻，并为此与联邦政府打起官司。

在这起名为冈萨雷斯诉雷奇案（*Gonzales v. Raich*）的案件中，包括肯尼迪与斯卡利亚在内的6位大法官一致认为，国会有权禁止私人种植大麻，哪怕是在医生的授意之下。斯蒂文斯在他撰写的意见书内，几乎无限扩张了国会在宪法“贸易条款”下的立法权 302
限，仿佛洛佩兹案根本就没存在过。斯蒂文斯大量援引了新政期间的判例，完全没有顾忌伦奎斯特在洛佩兹案中对这些判例嗤之以鼻的态度。斯蒂文斯认为，“哪怕是与‘贸易’无涉的纯粹州内事务”，只要对控制州际商品市场确有必要，国会都有权予以干涉。联邦政府能够管制个人的任何行为，如果这些行为累积起来，将对州际贸易产生“实质影响”。“至于以诱捕方式治理某些纯属州内的事务”——如个人基于医疗目的持有大麻——“是无关紧要的。”斯蒂文斯解释道。

几乎所有的私人经济活动，不管规模多么微小，只要在全国范围内聚合起来，都可能会对州际贸易构成影响，因此，斯蒂文斯的判决意味着，国会实际上有权管制任何事务。形势又倒回到 1995 年之前的样子。在自己漫长的任期内，忍辱负重的斯蒂文斯又一次成功翻盘，一雪前耻。对这一局面，伦奎斯特完全束手无策，只能选择加入异议意见。

在 2005 年分崩离析的，不只是保守派的联邦主义革命。在那一年中，肯尼迪援引外国法律，推翻了对未成年人的死刑判决。随后，最高法院否定了行政分支在关塔那摩湾海军基地的做法，奥康纳认可了密歇根大学法学院的种族平权措施。但是，2005 年最富争议的几起案件，却让剩下的几名大法官深刻意识到奥康纳的离去将会带来的巨大影响。

那天清晨，斯蒂芬·布雷耶是从全国公共广播电台上听到奥康纳辞职消息的。对此，布雷耶颇有些不快，毕竟两人是多年老友，这么大的事，奥康纳竟然都没有预先知会他。当然，对奥康纳来说，保密是应该的，她不希望同僚在被其他人问及自己的辞职计划时，陷入尴尬境地。不过，她与布雷耶的联盟关系，的确随着时间的流逝而日益稳固。在某些情况下，很难说他俩到底谁是最高法院的“摇摆票”。

对最高法院的工作，很少有大法官比布雷耶更热情。布雷耶的
303 睿智是众所周知的，但他在 1994 年被克林顿任命时，并没有多少处理宪法事务的经历。事实上，布雷耶更注重解决实际问题，是一位推崇专业技术者，他同时还是反垄断法与行政法专家，联邦《刑

事量刑指南》的起草者。与别人不同的是，他不喜欢赋予宪法太多宏大含义。但在2005年，他还是做了一件几代大法官都没有尝试过的事情——用一本书来表达自己对宪法的理解。布雷耶的《积极自由》（*Active Liberty*）一书并不是务虚的法理学专著，而是一位实务界人士撰写的实用主义著作。“我们的宪法历史，”他写道，“追求的是一个切实可行的政府，切实可行的民主政府，切实保护公民个人自由的、切实可行的民主政府。”没有什么词比**切实可行**（workable）更适合用来形容布雷耶的思维方式了。

布雷耶撰写《积极自由》一书，某种程度上是为了挑战斯卡利亚的宪法原旨主义理论。与许多斯卡利亚的批评者一样，布雷耶指出，现代人根本无法从**言论自由**条款或**正当程序**条款本身推测出制宪者们的所思所想，更别说了解他们会如何适用这些条文了。布雷耶认为，如果按照斯卡利亚与托马斯的方式解读宪法，只会“削弱宪法对构建一个民主政府的基础框架的影响——这个政府，保护基本个人自由，允许公民自我支配，并最终实现自身的有效管理”。这也正是布雷耶对“积极自由”的界定——一部宪法不仅应保障公民免遭政府的胁迫与侵害，更应当赋予公民积极参与的权利。政府的存在价值，在于赋予每个人参与政治程序的平等机会。

在2005年的两起“十诫”案件中，布雷耶终于有机会把自己的理论付诸实践。在这两起案件中，美国公民自由联盟的律师分别鼓动当事人提起诉讼，称两处公共机构摆放了载有“十诫”内容的宗教陈列物，违反了宪法第一修正案的“禁止确立国教条款”，这两处陈设一个在肯塔基州麦克里利县政府门口，另一个在得州议会大厦门口。4位大法官（斯蒂文斯、奥康纳、苏特和金斯伯格）认为这些陈设违反了宪法的政教分离原则，另外4人（伦奎斯特、斯卡利亚、肯尼迪和托马斯）则赞同两州的宗教陈设。只有布雷耶成了这两起案件中的摇摆票，导致同样事实出现了迥异的结果：他认为肯塔基州麦克里利县政府门前的陈列物违宪，却认为得州议会门前的石碑合宪。

304 布雷耶前后不一的立场招来不少嘲弄，但是，这恰恰显示了他的务实态度与政治策略。他在范·奥登诉佩里案（*Van Orden v. Perry*），也就是得州那起案件的协同意见书中指出，“并不存在一个机械准则，使宪法在每起案件中的适用都必须保持一致”。接着，他比较了两处宗教陈设的历史。得州的戒律刻在一块花岗岩纪念碑上，是由一个名为老鹰兄弟会（Fraternal Order of Eagles）的私人民间世俗组织于1961年捐赠给该州的。（受塞西尔·B.德米尔1956年拍摄的电影《十诫》影响，当时许多地方都贴满了《圣经》戒律。）最重要的是，数十年间，这座矗立于16座其他纪念碑与21处历史标记之间的建筑，并没有招致什么人不满。事实上，本案的原告本来就居无定所，长期在州议会前的公园附近逡巡，自然比其他人更易读到碑上铭文。“与少数人秉持的刻板的检验标准相比，已过去的40多年岁月才是最有力的证明。这少数人无论其信仰体系是什么，都有可能以极为不利的方式把纪念碑理解为政府支持特定宗教。”布雷耶写道。

相反，在肯塔基州那起案件，也就是麦克里利县诉美国公民自由联盟案（*McCreary County v. American Civil Liberties Union*）中，载有“十诫”内容的陈列物是当地官员1999年挂在县政府围墙上的，现场还有一位基督教牧师，这一行为迅速在当地引起争议，有不少人提出反对。在得州案件的意见书中，布雷耶写道：“肯塔基州县政府门前的戒律陈列物历史并不久远，围绕它也一直存在激烈争论，这证明安放者确实存有宗教目的。”（比如说，展览注明展出的“十诫”出自英王詹姆斯一世钦定版《圣经》。）

布雷耶通过自己在这些案件中撰写的意见书，警告政客们不要再用树立宗教纪念碑的方式挑起事端，但对历史存留下来的宗教设施却表示理解。这是一种政治妥协，而非宪法哲学。在这两起案件中，奥康纳都未加入布雷耶的意见书，她站在左派一边，认为两个宗教陈设都应移走。但严格来说，布雷耶这次选择折中做法，本身就延续了奥康纳的司法理念，完全是受她的影响。布雷耶的目的在于尽量不扩散矛盾，该案受理前，估计全国没有多少人知道得州奥斯汀公园内有一块“十诫”石碑，但是，如果法院强令将其迁走，
无疑将会激起一场轩然大波。正如布雷耶所说，移走一块本来不受 305
争议的石碑，将“导致‘禁止确立国教条款’尽力回避的那种宗教纷争”。

一进入布雷耶在最高法院的办公室，访客们往往会对他桌后书架上排列整齐的古典皮面精装书籍赞不绝口，那张桌子来自他妻子的英国贵族家庭。他们在剑桥的家里，布满了来自布莱肯汉姆子爵一世豪华古宅的传世之宝。不过，那些书多由布雷耶已故的舅舅利奥·罗伯茨搜集，后者是一位举止怪异的哲学家，经常在旧书店出没。斯蒂芬年轻时，经常拂晓时分就和舅舅从床上爬起来，跑去一家旧书店淘书，在那里，每本书的价格很少超过一美元。日积月累，他们已经拥有了数千册藏书，利奥·罗伯茨去世后，布雷耶只保留了办公室那些书，把其他书籍都捐给了位于波士顿的马萨诸塞大学。

布雷耶的举止风度，与他的法学理念一样，既受到妻子贵族家庭的熏陶，也来自自己犹太双亲的影响。他偶尔会吐出几句英式重音，最特别的是，他有个女儿是圣公会的牧师。但是，布雷耶之所以不愿激起宗教仇怨，源自自己在城市的生活经验。他通过父母在旧金山的政治经历，体会到宗教冲突的危险，这种危险即便在美国也存在。他认为，宪法是控制普遍激情的工具。布雷耶天性乐于息事宁人，最不愿挑起无谓纷争。

在这种精神的鼓舞下，2005 年，布雷耶终于有了控制最高法院的机会。在那一开庭期，他很少位居少数意见一方，总共仅有 10 次，列于奥康纳的 11 次之后。通过一系列复杂案件的审理，他成功地达成妥协，使自己在上诉法官时期制定的联邦《刑事量刑指南》成为审理案件的重要参考，相关争论已延续多年，布雷耶成为最终的胜者。他左右了“十诫”案件的结果，还在未成年人死刑案件中投票支持了肯尼迪。有意思的是，在一些案件中，他还加入罕见的“多数方组合”。5 月，最高法院以 5∶4 票的判决宣布各州不得一边允许州内葡萄酒酿造厂用船运输消费者，一边却禁止州外厂商这么
306 做。支持酒厂的多数方包括法院判决书的起草者肯尼迪、斯卡利亚、苏特、金斯伯格和布雷耶——他正好是最高法院内头号葡萄酒爱好者。布雷耶后来把这一组合戏称为“面如桃花秘密小组”（the rosy-cheeked caucus）。

之前取得的一系列成功，使布雷耶在面对本开庭期末其他重大案件的失利时，难免有些灰心丧气。1998 年，制药业巨头辉瑞公司宣布要在康涅狄格州新伦敦市兴建一个研究中心，市政府决定借此机会复兴当地经济，通过一家私营开发商实施了一项开发规划，包括在当地兴建大型酒店、购物中心和度假中心。作为开发规划的一

部分，新伦敦市启动了征收权[1]，试图迁走一些当地居民，并将他们的土地移交给私营开发商名下的购物中心或停车场。苏泽特·凯洛及其邻居们认为自己的权益受到了侵犯，共同提起诉讼，宣称新伦敦市政府违反了宪法第五修正案中“不给予公平赔偿，私有财产不得充作公用”的规定。原告方指出，一个城市可以征收土地建设一条高速公路、一所学校，或者一座医院，但是，将私人财产移交给私营房地产开发商绝对不能算“充作公用”。

2005 年 2 月，凯洛诉新伦敦市案（*Kelo v. City of New London*）一路打到最高法院时，并没有引起太多人注意，甚至对大法官来说，这个问题都是关于宪法常见条款的一个较为深奥的争议。最高法院之前已认定，政府的确有权征收土地并将其交给私有运营者，比如铁路运营商。而本案的问题在于，为促进本地经济发展进行的经济规划是否算得上公共用途。在本开庭期末，以斯蒂文斯为首的 5 位大法官组成的多数方（包括肯尼迪、苏特、金斯伯格和布雷耶）支持了新伦敦市一方。斯蒂文斯在判决书中沿袭了司法克制主义的思路，宣布尊重当地民选官员对公共用途的界定。他写道：“我们拒绝对新伦敦市已慎重考虑过的发展规划进行事后评判，也拒绝评判新伦敦市为达到发展经济的公共目的，而作出的关于土地如何使用的决断。”

---

1 征收权，指某一政府实体为公共目的，征收私有财产尤其是土地，将其转为公用，同时为其征收支付合理补偿的权力。征收权主要体现于美国宪法第五修正案与州宪法中，不过最高法院一直认为此种权力先于第五修正案而存在。若任何财产被定为公用，就不能免于被征收；国会不仅有权征收任何土地，而且无须征得州同意，也不管征收是否会对州项目产生影响。同时，州也享有此项权力，并且该权力并非立法机关所专有，它可被授予行政机关，甚至是实施公共目的的私人组织。征收权是被附加了严格限制的权力，其核心要件有二：财产仅为“公共用途”（public use）方可征收，且物主必须得到合理补偿（just compensation）。

但大法官们，尤其是斯蒂文斯，对此案可能激起的情感共鸣完全判断失误。判决使市政当局完全可以将征收的私人土地交给私营业主，大大增加了人们对不受抑制的政府权力的担忧。奥康纳显然比同事清醒，她非常清楚公众会如何看待这一判例，她在异议意见书中写道：“私有财产现在普遍受到了威胁，政府只要打着发展经济
307 的旗号，就可以任意征收所有私人私产，只要立法机关认为私营业主的使用方式有利于公众，就随意把征收的私产移交给他们。”（奥康纳与布雷耶站在对立立场的案子不多，这起案件算一个。）无论如何，凯洛案的判决都是一次倒退。

当晚，特丽·夏沃事件后那种“群魔乱舞”的情形再次上演。保守派势力并没有把凯洛案看作司法克制主义的成功，而是将其视为大政府主义的胜利。汤姆·迪莱将之称为“一个恐怖的判决”，还说，“国会不会袖手旁观，让一个不负责任的司法机构作出如此荒谬的一个判决”。迪莱与约翰·科宁分别在众议院与参议院四处活动，呼吁政府拒绝为那些擅自动用征收权，强迫人们为盈利性投资出售私产的地方项目提供资金支持。为了达到骇人听闻的效果，杰伊·塞库洛甚至宣称，凯洛案判决将导致政府对教会土地的没收，把这个案子当作抵制最高法院的有力武器。

对最高法院的敌意正迅速蔓延，而且到了近乎狂热的程度。一个名叫洛根·达罗·克莱门特的保守派激进分子写信给苏特的家乡新罕布什尔州韦尔市政府，要求征收大法官的农场，把它改造成“迷失自由旅馆”，以“甜点咖啡馆”为特色。克莱门特写道：“征收行为当然是有道理的，因为这个旅馆可以更好地为公众利益服务，还可以推动韦尔当地的经济发展，为政府带来高额税收。”第二年，韦尔市竟真的为此举行了一次投票，苏特的农场以 1 167∶493 票得以保全。（当然，

即使票数对苏特不利，当地政府也不会真把他家的地给征收了。）出于对本案的慎重回应，个别州甚至加大了申请征收权的限制条件。（某种程度上，这类做法反而对斯蒂文斯有利，因为他在意见书中写道，如果宪法允许这样运用征收权，各州当然可以自由地限制这类行为。）

布雷耶对最高法院遭受的连番攻击失望至极。他多次重申，最高法院的判决并没有**指示**各地政府征收土地，只是**允许**在特定情况下动用这类措施。即使有不满，也应该发泄到那些征收行为的发起者身上，而不是针对大法官们。事实上，保守派掀起这场风波的时机，正好与大法官人选的确认时间重合。它将聚合社会与经济上的 308
保守派力量，共同反对一个“自由主义”的最高法院。

罗伯茨法院的第一个开庭期之初，奥康纳尚在审判席上，最高法院的待审案件目录上充斥着无关紧要的案子。新任首席大法官一直推动同僚们作出比较“窄”（narrow）的判决，并尽可能达成全院一致意见。在乔治城大学的一次演讲中，罗伯茨倡导在判决中尽量贯彻司法最低限度主义：“在一个判决上，大法官们之间达成的共识越是宽泛，它所仰赖的理由就越是尽可能地窄。”[1] 一开始，大法官们都很给新首席大法官面子，尽量满足他的愿望，全院意见一致判决

---

1 司法最低限度主义（Judicial Minimalism）强调个案正义，关注具体个案中的特定事实问题。其主要特点在于“窄”与“浅”。所谓“窄”，是指最高法院判决案件时，只解决手头的案件，而不对其他案件作出评价，除非这么做对解决手头的案件确有必要。所谓“浅”，就是尽量避免提出一些基础性的原则，使意见不一的人们尽可能达成共识。从严格意义上说，司法最低限度主义既不同于沃伦法院的司法能动主义，也不同于斯卡利亚坚持的宪法原意解释，后者倡导进行尽可能“宽”与“深”的判决。关于司法最低限度主义的详细介绍及分析，参见［美］凯斯·R. 桑斯坦著：《就事论事：美国最高法院的司法最低限度主义》，泮伟江、周武译，北京大学出版社 2007 年版。

的比例也逐步增高。每次开会时，罗伯茨也会改变伦奎斯特时代的做法，尽量延长讨论时间，因为讨论时间越长，就越有利于大法官们接纳彼此观点，并将其体现在自己的意见书中。罗伯茨个性开朗、性情温厚，也没有伦奎斯特那样让人时刻挂心的健康问题，最高法院的气氛很快又变得活跃起来。

除了管理之道，罗伯茨还充分展示了自己熟练高超的司法技艺。他起草的第一份重要判决书涉及同性恋权利、学术自由和军事权力等多个领域，并最终赢得了全体大法官的一致同意。从这起案件人们可以看出，即使在法律界，法学院自由派教员与国会保守派多数的裂痕也正急剧加深。经过克林顿时代围绕军中同性恋问题产生的一系列纷争，多数主要法学院已禁止军方招募人员进入校园，理由是军方拒绝招募公开的同性恋人士，这违反了校园歧视政策。学校怠慢军方的做法招致了部分保守派国会议员的不满，他们成功推出了《所罗门修正案》( Solomon Amendment )。这项修正案规定，接受联邦经费补助的高等院校，包括法学院，必须允许军方招募人员进入校园，否则，政府有权取消对他们的联邦经费补助。于是，一些法学院教员提起诉讼，称该法案违反了宪法第一修正案“言论自由条款”。[1]

1 克林顿执政时期，为消除一些人对同性恋行为有可能影响军队士气及凝聚力的担心，保守派和自由派人士想出了一个折中的解决办法，那就是：“不问，不说。”( Don’t ask. Don’t tell. ) 这个政策在 1993 年经美国国会通过成为法律。根据这一政策，军方不会主动向军人问及他们的性取向，但如果同性恋者在军队中从事同性恋活动，例如公开承认自己是同性恋，有同性恋的举动或试图和同性结婚，等等，他们就会被要求退役。自 1994 年以来，约有 8 700 多名军人因为触犯这一政策而被要求退役。军方的“不问，不说”政策和美国一些大学，特别是法学院实行的反歧视政策相抵触。代表美国法学院的全美法学院协会长期以来实施的一项反歧视政策规定：对于那些因种族或性别原因而进行歧视的雇主，校方必须禁止他们使用学校的招聘服务中心。

（转下页）

在罗伯茨起草的判决书中，最高法院一致支持《所罗门修正案》，驳回了法学教授们的主张。罗伯茨的观点可以用一句谚语概括，那就是："谁付吹笛钱，谁有点曲权。"他写道："国会当然有权在提供联邦资金补助的同时，任意设定合理、明确的附加条件，教育机构也没有接受的义务。"他认为，这起案件根本与言论自由无关，"《所罗门修正案》既没有限制法学院可以说什么，也没有要求他们必须说什么。总而言之，《所罗门修正案》是对行为的规制，而非针对言论"。罗伯茨以这种方式化解了潜在的激烈争议。 309

同样的技巧也运用于他第一次遭遇堕胎案件时。2003 年，新罕布什尔州通过了一项法律，规定医生在为未成年少女做堕胎手术前，如果未经父母一方同意，必须事先经过至少 48 小时的提示期。但是，医生如果觉得堕胎手术"对挽救未成年人生命确有必要"，可以省略这一提示过程。本案的主要争议点在于，州是否应同时规定另

（接上页）

1990 年，全美法学院协会还一致投票决定把性取向列入反歧视政策的保护范围之内。为了遵守这一规定，全美几乎所有的法学院都要求到学校招聘人才的雇主在一份声明上签字，证明他们的做法符合学校的反歧视政策。如果军方招募人员不同意在涉及性取向内容的文件上签字，法学院就不准他们进入校园，或拒绝给他们提供与其他招聘单位同等的帮助。学校的这种做法激起了一些国会议员的不满，1994 年，在纽约州参议员所罗门提议下，国会通过了《所罗门修正案》。这一法案实施后，全美大多数法学院开始允许军方招募人员进入校园和学生面谈，但是禁止他们使用学校的招聘服务中心。起初，国防部认为这种程度的合作是恰当的，甚至还致函法学院表示感谢。

然而，"9·11"恐怖袭击事件之后，国防部再次致函法学院称，如果他们不向军方提供和其他雇主同等的招聘待遇，将失去所有的联邦经费补助。联邦政府每年给大学拨款 350 亿美元，很多学校因为担心失去丰厚的联邦经费，最后同意军方招募人员进入校园，或允许他们使用学校的招聘服务中心。在这种情况下，代表 30 多所法学院的"学术和机构权利论坛"，不得不在 2003 年把国防部告上联邦法院。

一个例外情形，即未成年人健康受到威胁时，是否可以省略掉那 48 小时提示期。数十年来，最高法院一直支持堕胎法中的“健康”例外，但反对者们也为此争论不休，他们认为，上述例外的范围过于宽泛，相当于没有设立任何限制。该案虽然只涉及法律的一个狭窄角落，但在最高法院里面，从来是“堕胎无小事”，更何况它恰好给人们提供了一个机会，了解罗伯茨法院将如何处理堕胎这一最具争议性的话题。

但是，罗伯茨再次回避了主要矛盾，并得到了全体大法官的支持。尽管新罕布什尔州出台的法律只是部分内容存在争议，但下级法院已宣布其整体无效。因此，大法官们决定从程序上处理该案，将它发回原审法院，作进一步审查。（或者，寻求某种折中的解决方式。）这种尽可能回避热点争议的意见，正是奥康纳的拿手好戏，罗伯茨自然也就顺水推舟，把意见书撰写任务分给她。

阿约特诉北新英格兰计划生育中心案（*Ayotte v. Planned Parenthood of Northern New England*）的判决书，将成为桑德拉·奥康纳二十五年大法官生涯中撰写的最后一份多数方意见书。“今天，我们不讨论堕胎先例，”她在开头写道，接着概述了那部法案的内容。“我们长久以来一直支持州颁布关于父母亲介入堕胎过程的条例，就好像当前
310 这部法案，直到今天，我们对这类条例存在的必要性也没有产生过怀疑。”她写道。至于对堕胎的法律规制，它们仍应受“不当负担标准”的检验。她接着写道：“新罕布什尔州并没有质疑本院先例支持的观点，即只要堕胎手术是‘基于合理、适当的医疗判断，为挽救母亲的生命或健康’而实施，州不得对其加以限制。”这段话的引文来自凯西案判决书，后者转引自罗伊案判决书。

枯燥的法律语言反而遮蔽了这份简短意见书的重大意义，事实

上，它意味着奥康纳个人的辉煌胜利。与许多美国人一样，奥康纳认为未成年人堕胎必须通知父母。但是，她同样抱着与多数人相同的想法，那就是并非所有堕胎都应被禁止。在她看来，对堕胎的限制不得危及“母亲的生命或健康”。1981 年，她进入最高法院时，其他大法官没有一个人认为关于堕胎的法律应接受“不当负担标准”的检验，但是，奥康纳不仅创设了这一标准，还说服绝大多数大法官接受了这一提法。她单枪匹马，在许多最富争议的领域重塑了最高法院的司法立场。她以自己特有的方式反映和迎合了多数美国人的愿望。在美国历史上，没有其他女性，甚至只有寥寥数位男性，对他们的国家起到过如此巨大的影响。

2006 年 1 月 18 日，奥康纳宣读了阿约特案判决书。此刻，她对最高法院的影响到底还能持续多久，已越来越不得而知。

# 第 24 章 “我从过去到现在一直都是……”

311 白宫律师考察潜在大法官人选时，向来以严格审核、低调行事为原则。由于受调查者太多，他们一般只审查公开记录，很少普遍撒网。对于在任法官，他们主要查阅他公开发布的判决书，或者在新闻全文数据库与谷歌上输入候选人姓名进行检索。由于人数太少，他们根本没有时间和精力在国家档案馆查阅浩如烟海的记录。结果，还是记者们在那里找到了萨缪尔·阿利托当年留下的书面材料，此时距离布什宣布提名阿利托已经只有两个星期了。

阿利托于 1981 年加入首席政府律师的团队，并迅速成为里根行政分支的得力干将。很快，他有机会被提升为主管法律顾问办公室的副助理司法部长，在里根时代，法律顾问办公室表面是总统的宪法法律顾问，实际却是白宫意识形态的指挥中心。由于该职位是一项政治任命，阿利托必须接受白宫的审查。后来，人们在国家档案馆找到了阿利托当年为这一岗位所写的申请信，从这块“罗塞塔石碑”[1]上，不难破解他的政治立场与司法理念。

---

1 罗塞塔石碑（Rosetta Stone），一块制作于公元前 196 年的大理石石碑，原本（转下页）

在这封写于 1985 年 11 月 15 日的信的开头，阿利托写道："我从过去到现在一直都是一名保守派。"可见，他从不掩饰自己的立场。但是，在阿利托的确认听证会上，这封信的遭遇却显示出当前确认程序的另一面，我们还能从中解读出民主党与共和党的差异，以及最高法院的未来。

罗伯茨在听证会上作证时，曾被问及他起草的一份呼吁推翻罗 312
伊案判决的"法院之友"意见书。未来的首席大法官巧妙回避了这一质询，说自己当时不过是一名代理客户发表意见的律师，虽然客户是公然反对罗伊案的乔治·H. W. 布什总统，但客户的意见并不代表律师本人的立场。罗伯茨宣称，他在意见书中的观点，并没有反映自己对罗伊案的个人看法，至于他的个人看法究竟是什么，罗伯茨拒绝透露。相反，阿利托在 1985 年那封申请信中就已表示："能在里根总统手下的首席政府律师办公室工作，并协助推广本人坚决拥护的司法理念，将是本人的无上荣耀与满足。在最高法院最近几起案件中，政府要求废止对少数族裔的定额录取政策，否认宪法对堕胎权的保护，本人在其中亦尽到绵薄之力，并为此深感荣幸。"

由此可见，阿利托的个人立场根本就无神秘性可言。通过这封信还可以看出，1985 年时的阿利托比 2005 年时的伦奎斯特还要右倾。阿利托同时写道："在大学期间，我就对宪法产生了浓

(接上页)是一块刻有埃及国王托勒密五世诏书的石碑。但是，由于这块石碑同时刻有同一段文字的三种不同语言版本，使得近代考古学家得以有机会对照各语言版本，进而解读出已失传数千年的埃及象形文意义。所以，"罗塞塔石碑"也被用来比喻为解决谜题的关键线索。

厚兴趣，之所以如此，很大程度上是因为我反对沃伦法院的一系列判决，尤其是涉及刑事程序、禁立宗教条款以及重新分配议席（reapportionment）等领域的案件。”沃伦法院判决的主要成果，包括米兰达警告、禁止公立校园祈祷，以及选区划分中的“一人一票”原则。即使像伦奎斯特这样的保守派，也要敬其三分，不敢轻易说“推翻”二字，可阿利托倒好，早在里根时代，他就公开指责这些判决自由化倾向太过严重。在15年的下级法官生涯中，阿利托当然无权推翻这些先例，但种种迹象表明，一旦大权在握，他肯定会拿它们开刀。

尽管阿利托立场极端，但通过确认程序却几乎已成定局。对他的提名刚一宣布，保守派力量基础立刻表示欢迎。一般来说，过了这最重要的一关，被提名者才算真正通过了考验。

相比之下，如果参议院是在满员情况下进行表决，形势将对
313 阿利托更为有利。那样的话，参议院内就会有55名共和党人，其中，来自罗得岛的林肯·查菲，以及来自缅因州的苏珊·科林斯和奥林匹娅·斯诺肯定会把票投给像他这样的极端保守派。（阿伦·斯佩克特在别的情况下或许会走中间温和派路线，但为了保住自己挚爱的司法委员会主席位置，他肯定不会反对布什提名的人。）总之，从阿利托被提名那刻开始，民主党要想在确认程序中阻止他，除了动用阻挠议事法，就只能指望拥有更多的参议员了。

历史上，从没有大法官被提名者在取得多数参议员支持的情况下，还被阻挠议事法拒之门外。（1968年，曾有人用阻挠议事法反对林登·约翰逊总统提名阿贝·福塔斯出任首席大法官，但福塔斯本来就很难获得足够票数。）因此，民主党不大可能用阻挠议事法来

对付阿利托，况且，即使有个别人打算做此尝试，也未必能让阿利托出局。事实上，在之前的争议中，参议院多数党领袖比尔·弗里斯特已明确表示将伺机使用“核武器”，试图一劳永逸地废除阻挠议事法。弗里斯特显然想用这一招讨好保守派阵营，这位田纳西州参议员可是一心想在2008年大选中成为共和党提名人的。（后来他退出了角逐。）总之，民主党基本上已经不可能阻止对阿利托的确认了，因为对手不但人多势众，而且出手够狠。

但是，对他获提名的反应显示出博克听证会后时势的变迁。一年前，在斯佩克特眼中，任何反对罗伊案判决的人都不可能通过确认。如今，萨缪尔·阿利托与共和党把持的参议院将证明，风水轮流转，现在可是保守派说了算。

民主党也有自己的力量基础，那就是堕胎权的支持者们，他们对民主党的重要性，与其对手对保守派的重要性差不多。在司法提名问题上，最为活跃的自由派力量是一家名叫美国模式捍卫者（People for the American Way）的政治游说组织，它受到良好资助，创办者系电视制片人诺曼·利尔，负责人为拉尔夫·G. 尼斯，尼斯正是1987年在参议院确认阶段力挫博克的幕后推手。美国模式捍卫者拥有75万名登记在册的活跃分子，对阿利托的提名刚一宣布，尼斯马上着手动员，呼吁人们反对这个被他称为“极右法律人士”的家伙。尼斯相信，阿利托必将成为推翻罗伊案及其他一系列民权 314
判决的领军人物，必须阻止他进入最高法院。

尼斯的抗议最终只得到不冷不热的回应。与迈尔斯不同，阿利托拥有一个由亲信好友及前法官助理（有些甚至是民主党人）组成的圈子，这些人非常了解他，对外也为他说话。此外，阿利托本人的司法资历确实也无可挑剔，毕竟他已经在联邦巡回上诉法院法官的位置上干了 15 年。（美国律师协会的考评小组一致认为阿利托“完全胜任”。）唯一值得投票反对他的理由——也是美国模式捍卫者的施力重点——就是他过于保守，有可能投票推翻罗伊案判决。但是，在这一问题上，两党观点从来是泾渭分明，多说无益。

民主党力量基础对本党党员的控制力并不强，这一点与保守派势力对共和党的牢牢控制倒形成鲜明对比。中间温和派的民主党人多对阻挠议事法持抵触情绪，不愿轻易动用。白宫的法律幕僚们一早就把阿利托送入国会，安排他与 14 人团成员逐个会面，会见也貌似达到了预期效果。来自内布拉斯加州的中间派民主党人本·纳尔逊对阿利托表示，他将保持绝对中立。来自俄亥俄州的共和党人迈克·德万与南卡罗来纳州的林赛·格雷厄姆则表示，只要民主党人敢动用阻挠议事法，他们将动用“核武器”。德万说话倒是一针见血：“这个被提名人不值得任何人大惊小怪，毕竟是乔治·布什赢得了大选。”2006 年 1 月 9 日，阿利托的听证会开始前，民主党动用阻挠议事法的计划终于彻底搁浅，对他的确认貌似已万无一失。

“最近几周，我一直在琢磨一个老故事，关于一个出席最高法院庭审的律师的故事，今天下午，我想先和大家分享这个故事。”这也是阿利托第一次面对司法委员会的全体参议员发言，“故事是这样的：从前有一位律师，他从未到过最高法院，更没有在大法官们面前进行过言词辩论。辩论开始时，一位大法官问：‘你怎么到这儿来的？’这句话本意是问他如何在一级级法院打官司，最终把案子送

到了最高法院。但这个律师实在太过紧张，完全按照字面含义理解
了这个问题，他说：‘我是乘巴尔的摩到俄亥俄州的火车过来的。’
之所以突然想到这个故事，是因为我最近经常问自己：‘我到底是怎 315
么到这儿来的？’”这个令人不知所云的拙劣开场，实在不是什么好
兆头，后面发生的事很快将阿利托拖入泥潭，身陷其中，他魅力全
失，手足无措，不再雄辩。

当被问及1985年那封工作申请信时，阿利托决定回避这一话题。他说：“当某人成为法官后，你就应该撇开他做律师时的那些作为，毕竟一个人在刚刚开始自己的法律生涯时，不可能像一名法官那样去思考法律问题。”至于现在对罗伊案的态度，他说：“我会像一名法官那样去思考，对这一问题的思考方式，与我对其他法律问题的思考方式并无二致。对这类案件，我将抱着开放性的态度，认真审视整个司法程序，并最终形成一个完善的判决。”阿利托再三回避罗伊案判决是否应被推翻的问题，并拒绝就此问题表态。如此一来，当代政治生态中的一个奇怪现象出现了。临近换届，司法委员会18名成员都想在此期间表明他们对罗伊案的立场，质询过程中，这帮人竭力向各自所属的党派表示忠心；可是，最应该就罗伊案表态的未来大法官，却始终顾左右而言他，拒绝直接回答关于罗伊案的任何问题。

听证会举行前，《纽约时报》刚刚揭露了布什行政分支授权拓宽对美国境内外电话窃听范围的消息。早在里根时代，阿利托的记录就已表明，他赞成扩大行政分支的权力，尽管他个人不愿在听证会上涉及这一话题，甚至否认他在1985年那封申请信上写过“我坚信政府的民选分支具有至高无上的权力”。这显然是“一种极为不当的言论”。但阿利托却在听证会上宣称，政府的三大分支是**平等**关

系。他唯一一次正面回答问题，是说："我不认为我们应该用外国法律来解释我们自己的宪法。"这句话显然是针对肯尼迪说的。（罗伯茨也在他的听证会上表达了同样观点。）

与阿利托的表现一样糟糕的，是司法委员会某些民主党人。特拉华州参议员约瑟夫·拜登简直像一个发表冗长演说的拙劣政客，明明已分配给他 30 分钟质询时间，他却用 24 分钟自说自话。马萨诸塞州参议员特德·肯尼迪经验丰富，先后经历过 19 名最高法院大法官的确认程序听证会，他抛出连珠炮式的问题，质问
316 阿利托介入先锋共同基金（Vanguard mutual funds）案件的前因后果，因为阿利托是该基金的投资人之一，与此案存在利害关系。（其实，阿利托当时已很快意识到这一问题，并迅速申请回避，不过，这只是一个微不足道的小案子，根本不会影响到他的投资利益。）肯尼迪后面的问题也让阿利托困窘不堪，他问阿利托是否曾是关注普林斯顿男校友组织（Concerned Alumni of Princeton）的成员，该组织一直反对男女同校与大学种族平权措施，是个极端歧视女性与少数族裔的保守派团体。不过，阿利托在这个组织里实在是个小人物，他试图转移话题，申辩自己不过是支持"预备役军官训练营"回归普林斯顿大学而已。其他民主党参议员也围绕权力分立原则、环保、法律实施等话题问了些不痛不痒的问题。阿利托侥幸逃过一劫。

最荒谬的一幕发生在阿利托听证会的第三天，也就是倒数第二天。为帮助阿利托渡过难关，林赛·格雷厄姆突然发言，对肯尼迪的连串攻击进行了冷嘲热讽，或许是为安抚阿利托的情绪，格雷厄姆先是问阿利托是不是民主党描述的那种"橱柜偏执狂"（closet bigot），接着又假惺惺地对阿利托的家人"不得不坐在这儿听这些

说辞”表示遗憾。话音刚落，阿利托的妻子玛莎–安突然泣不成声，从司法委员会的听证室夺门而出。她的反应实在过于罕见，而且显然是由格雷厄姆的矫情提问所引发的。此事很快成为各大媒体大肆渲染的焦点新闻，玛莎–安掩面哭泣的照片迅速占据了报纸大量版面，这对阿利托极为有利。司法委员会中的民主党人见势不妙，只好放弃了阻挡阿利托的努力。

司法委员会的最终投票在 2006 年 1 月 24 日举行，两党委员壁垒分明，以 10∶8 票通过了对阿利托的确认。[1] 约翰·克里呼吁动用阻挠议事法反对阿利托，但说这些话时，他正在瑞士达沃斯度假，这么做不过是为了对最高法院人选问题表个态。（后来共和党人揶揄克里，说他在滑雪胜地也不忘竞选。）没有多少人响应克里的倡议。1 月 31 日是参议院的投票时间，反对阿利托的一方终于凑足了 42 票——动用阻挠议事法至少需要 40 票以上。但是，由于多数参议员不愿动用阻挠议事法，阿利托最终靠 48 票锁定胜局。

阿利托进入最高法院的时间，距离罗伯茨上任正好四个月零一天，两人很快开始忙于应付大量的调卷令申请与言词辩论。他
俩处理事务的方式，也反映出不同的个人风格。罗伯茨很快与最 317
高法院的老员工们打成一片，他们中不少人曾是伦奎斯特的秘书与法官助理，对工作无限忠诚。此外，罗伯茨还从哥伦比亚特区巡回上诉法院带了几名法官助理过来。近些年，一些保守派大法官倾向于雇用一些年龄稍长的法官助理，这些人一般都担任过上

1 10 名共和党委员全部投了赞成票，8 名民主党委员全部投了反对票。

诉法院的助理，而且在布什治下的司法部待过。阿利托干脆把这一做法用到极致，他雇用的第一名助理亚当·辛洛依已经37岁，之前是时代华纳公司的高级副总裁，还给前司法部长约翰·阿什克罗夫特做过两年贴身助理。尽管法官助理的重要性经常被夸大，但辛洛依10年前就在第三巡回上诉法院给阿利托当过助理，对他的任命显示出大法官与行政分支之间的联系正日益紧密。由于罗伯茨法院最初几个月没有遇到什么重要案件，新任大法官们正好利用这一时间熟悉新环境。

奇怪的是，受两位新任大法官影响最大的人，居然是刚刚过了70岁生日的斯卡利亚。在公开场合，斯卡利亚曾拿自己差点儿当上首席大法官的事情开过玩笑，不过，他也承认，自己已达到职业生涯的巅峰，是消停一下的时候了。斯卡利亚擅长在言词辩论中制造戏剧效果，乐于撰写词藻华丽的异议意见书，由此可以看出，他并不情愿像其他同僚那样安于现状。1996年，他在写给哈里·布莱克门的信中说："与过去的9个开庭期相比，本开庭期末是我颇为气馁的一段时期。我开始重复自己了，而且看不到行动的实际效果。"10年后，斯卡利亚仍然在重复自己，他心中已生倦意。

其实，这会儿本应是斯卡利亚春风得意的时期，毕竟又有两位立场相似的新任大法官加入了最高法院。不过，虽然斯卡利亚已在最高法院工作近20年，但他的影响力却实在有限。他那些著名的异议意见书经常能让读者们发出钦佩的笑声，但这些意见书却没有法律效力。尽管已经在一个总体趋向保守的最高法院待了20年，但他作为多数方一员撰写的重要判决书，数量实在少得惊人。在一次公开论坛上，他曾被问及自己最满意的一份判决书——许多大法官在类似场合下都会被问到这一问题——他想了想，列出了一个深奥晦涩的判例，在该案判决书中，他解释了宪法第六修正案中的“对质条款[1]”。

斯卡利亚在大法官中的号召力也不强。众所周知，斯卡利亚刚 318
一出任大法官，就处处惹奥康纳生气，最终把她推向了中间、摇摆的立场。他对肯尼迪的影响也是如此。至于托马斯，很难说是斯卡利亚影响了他，还是他影响了斯卡利亚，此君秉持的简直是 19 世纪的保守主义理念。

刚开始，两位新任大法官投票时都和斯卡利亚站在同一阵营，但他俩并不是人云亦云、盲目跟风。在自己的确认听证会上，罗伯茨就曾对斯卡利亚的宪法原旨主义表示出与布雷耶一样的指责，他说：“我认为，制宪者之所以使用诸如‘自由’、‘正当程序’及‘不合理的’搜查与扣押等可作宽泛性理解的语言，是因为他们已考虑到自己起草的文件将流芳百世。”进而言之，罗伯茨对司法最低限度主义推崇备至，这恰好与斯卡利亚热衷于通过宽泛的判决解决所有问题的方式相抵触。部分受自己秉持的“文本主义”影响，斯卡利亚总是刻意回避提到立法记录，他更喜欢逐字逐句解读法律原文，很少关注记录国会在形成这些法律条文期间磋商、辩论过程的基础文献。但是，阿利托刚到最高法院，就在意见书中直接援引立法记录，而斯卡利亚则一如既往地远离这些记录。

1 对质条款（Confrontation Clause），美国宪法第六修正案规定，在一切刑事诉讼中，被告有以下权利：由犯罪行为发生地的州和地区的公正陪审团予以迅速和公开的审判；得知控告的性质和理由；同原告证人对质；以强制程序取得对其有利的证人；并取得律师帮助为其辩护。

在最高法院之外，斯卡利亚也经常因为他的孩子气遇到一些麻烦。最高法院很少有人像他那样频繁出行，也没人像他那样动辄与批判他的听众争吵。这样的对质对大法官形象可没什么好处。可斯卡利亚不在乎这些，他把那些不赞同自己原旨主义解释方法的人称作“白痴”，他让那些对布什诉戈尔案的结果失望者“自求多福”，还把欧洲宪法法院称为“西方的毛拉[1]们”。2006 年 3 月 26 日，在波士顿一座教堂内，一名记者大声询问斯卡利亚的宗教信仰问题。“你知道我对那些人的看法吗？”他答道，接着面向记者用四根手指贴了贴下巴。“西西里人会这么做。”他解释道。翌日，《波士顿先驱者报》（*Boston Herald*）发表报道，说斯卡利亚当众做了“下流”手势。两天后，斯卡利亚给那家报纸的编辑写了封信，信的部分内容如下：

> 我注意到，贵报星期一刊登了一篇报道，说我做了一个下流手势，而且还是在圣十字大教堂内。这篇报道与事实相悖，烦请全文刊登此信，以正视听。
>
> 319 你们的记者，那个名叫劳雷尔·J. 斯威特的“热衷于套别人话的家伙”，（装作很恭敬地）问我想对那些反对我参加诸如红弥撒[2]之类公共宗教仪式的人说些什么，我用一个诙谐手势作为回应，展开右手手指，贴在下巴上。她完全没看明白我的意思，我说：“西西里人会这么做。”并把意思解释给她听——也就是说我完全不在乎。

---

1 毛拉（mullah），伊斯兰教国家对老师、先生、学者的敬称。

2 红弥撒（Red Mass），指在宗教会议、国会等开场时主祭神父身穿红色圣衣做的弥撒。

事实上，几年前的一本畅销书早已精确描述过这个手势的含义，而且举出了例证。路易吉·巴津在《意大利人》(*The Italians*)一书中写道："摊开四根手指，缓缓摸摸下巴的含义是：'我根本不在乎这些。与我无关。想怎么着就怎么着吧。'"你们的记者怎么就能得出那样的结论（而且正好与我解释的意思相反），说那是一个下流动作？唉，她居然在文中这么解读："'西西里人会这么做。'这位意大利裔法官说，并以'《黑道家族》'中的挑战手势作为解释。"我也看过许多集《黑道家族》，你手下的记者看来已习惯了把任何西西里人的手势都当作下流的——尤其是一个"意大利法官"做的手势。(顺便说一句，我是一位美国法官。)

当然，斯卡利亚的睿智与渊博很容易讨人欢心，他也的确是一位受欢迎的讲演者。但是，20年来，斯卡利亚始终未能用魅力征服他的听众与同事们，他的人格力量从未成功转化为影响力与感召力。

在罗伯茨与阿利托进入最高法院的第一年，整个开庭期只有一起案件引起轰动——当年，罗伯茨正是因为在这起上诉案中的判决才取得迪克·切尼的信任。这又是一起涉及关塔那摩湾囚犯的案件。

罕有案件比哈姆丹诉拉姆斯菲尔德案到最高法院的过程更曲折。提起这一诉讼的主要是几名军事法律师，他们甘冒职业生涯中的最大风险，试图为关塔那摩那群被羁押者讨个公道。这些律师的牵头者是来自空军的威尔·冈恩与来自海军的查尔斯·斯威

夫特，他们不屈不挠，尽管在一次次诉讼中输给了自己的顶头上
320 司国防部，但仍然屡败屡战。为了寻求帮助，他们找到了乔治城大学 33 岁的法学教授尼尔·凯迪亚，凯迪亚曾是布雷耶的法官助理，之后在克林顿时代的司法部待过一段时间。尽管己方人单势孤，面对经验丰富、位高权重的对手，凯迪亚还是成功对布什行政分支所持的法律立场发起了攻击，在宪政历史上留下了浓墨重彩的一笔。

2004 年，大法官们第一次面对关塔那摩囚犯提起的诉讼时，布什行政分支要求最高法院立即驳回他们的诉讼请求，因为这些人不属美国司法制度管辖，连打官司的权利都没有。大法官们通过这两起案件的判决书，严厉驳斥了行政分支的说法，奥康纳甚至犀利地宣称“战争状态并不是开给总统的空白支票”。行政分支没有办法，只好单方面成立了简易军事法庭，负责受理被羁押者们的抗辩。那些军方律师及后来加入的凯迪亚，挑战的就是这种军事法庭审理机制。为了更方便达到诉讼目的，凯迪亚与战友们挑选了一个威胁最小的囚犯，在阿富汗战场上被俘的塞勒姆·阿曼德·哈姆丹，他被指控为本·拉登的司机，但他根本不是一个恐怖分子，甚至称不上是战斗人员。

2006 年 3 月 28 日，星期二上午，该案的言词辩论在最高法院进行。年轻的法学教授凯迪亚拥有一项重要优势——布什行政分支的极端主义主张，他知道多数大法官不吃这套，这类主张越偏激，越会给行政分支帮倒忙。这是凯迪亚第一次在大法官们面前进行言词辩论，对他的对手，首席政府律师保罗·克莱门特来说，这已经是第 34 次了。克莱门特一开始就说，国会早在批准对“9·11”事件作出回应时，就已默示认可了停发人身保护令的决定，在美国历

史上，这样的做法只有过4次。这些话把苏特气得恨不得从审判席上跳起来。

“今天我们这场完美的辩论，是来争论美国国会是否有权采取停发人身保护令这么大的措施吗？”苏特问道，“要是那样的话，我们至少得慢一点儿接受您的观点，免得有丝毫怠慢。”

“好吧，”克莱门特回答说，“如果我们讨论的只是那些美国领土之外的人们……”

“等一下，”苏特紧追不舍，“保护令就是保护令！”

可是，在一个没有了奥康纳的最高法院，哈姆丹案的命运完全
取决于安东尼·肯尼迪那一票。斯卡利亚、托马斯和阿利托绝对是 321
布什行政分支的盟友，斯蒂文斯、苏特、布雷耶与金斯伯格则站在针锋相对的立场上。（罗伯茨已从本案中回避，因为之前在哥伦比亚特区巡回上诉法院的判决由他作出，并支持了布什一方。）

肯尼迪向来对国际法有着浓厚兴趣，这个案子正好迎合了他的喜好。事实上，几周之后，肯尼迪又将启程前往萨尔茨堡，接下来，他将在2006年进行一次环球之旅：从华盛顿到夏威夷，为美国律师协会作一次演讲；再到马来群岛，与一位苏丹见面，后者也兼任法官职务；接着去迪拜出席一个有400名法官参加的会议；然后到伦敦的老贝利[1]观摩一次谋杀案庭审；最后返回华盛顿。布什行政分支在哈姆丹案中的核心论点，就是《日内瓦公约》不适用于关塔那摩监狱的囚犯，尽管美国在很久之前就签署了这一重要国际公约。

---

1 老贝利（Old Balley），英国的中央刑事法院（Central Criminal Court）。根据1834年的《中央刑事法院法》设立，负责审理发生在伦敦、米德尔塞克斯、埃塞克斯、肯特和萨里郡等地区的犯罪案件。因该法院坐落于伦敦的老贝利街，人们习惯以“老贝利”称呼该法院。

“好吧，让我们这么办，”肯尼迪对凯迪亚说，“如果我们只是讨论《日内瓦公约》以及其他国际法上的基本原则是否适用于此，我们何不将本案发回哥伦比亚特区巡回上诉法院，让他们弄清这个问题呢？”

“那样或许有用。”凯迪亚答道。

“好吧，假设我们告诉哥伦比亚特区巡回上诉法院，《日内瓦公约》或国际法其他内容适用于……？”

肯尼迪摊牌了。在言词辩论之后的大法官会议上，他加入了自由派大法官一方，再次推翻了布什在关塔那摩的政策。6月29日，本开庭期的最后一天，斯蒂文斯发布了由他撰写的法院判决书，强烈谴责了布什行政分支，措辞比最高法院两年前的判决更为强硬。他指出：未经国会批准，五角大楼**不得**单方面设置军事审理程序。同时，五角大楼**不得**忽视《日内瓦公约》的存在，相关程序必须符合公约规定。对这类争议，各级法院**不得**袖手旁观，不能等到这些囚犯被军事法庭定罪宣判还无动于衷。行政分支今后必须依循宪法行事。斯蒂文斯的判决仍维系了过去的克制风格，他明确表示，他和他的同事们都认为布什的观点近乎违法。《日内瓦公约》“适用于本案”，他写道，哈姆丹必须由“具有文明人类所必需之司法保障的、正规组织的法庭”来审判。

322 反对派的回应仍然是强词夺理，一如共和党人在2002年、2004年及2006年政治选举中的伎俩。托马斯认为判决“强烈削弱了总统对抗与击败致命的新敌人的能力”，而且破坏了国家“阻止未来袭击”的能力。肯尼迪、苏特和金斯伯格加入了布雷耶的协同意见书，在这份意见书中，布雷耶显示出罕有的直率与雄辩，他援引了自己刚刚离去的盟友奥康纳的一句名言：“最高法院的结论最终基于一个简单的立场：国会从没有给行政分支开过‘空白支票’。”

哈姆丹案控辩双方均承认该案至关重要，这倒不仅仅因为那些关塔那摩囚犯可能面临死刑，事实上，这起案件关系到如何在反恐时期解读宪法含义，尤其是在最高法院的转型阶段。“任何地方，包括本院，都不存在阻碍与国会沟通的紧急情况，司法分支坚持认为，把相关问题交给国会解决，绝不会削弱我国的危机处理能力，”布雷耶写道，“相反，坚持上述做法，将以民主方式增强我们作出最佳决策的能力。对宪法的信念与信仰，必须通过民主方式来体现。今天，我们最高法院正在这么做。”

# 第 25 章　司法最低限度主义?

323　最高法院有个延续多年的传统，凡有新大法官履任，之前进院的大法官都会亲自做东，为他举办一次欢迎宴会。由于最高法院近年一直未有人事更替，这一传统已被闲置多年。不过，2006 年夏天，布雷耶正式宣布，他将复兴本院传统，设宴欢迎阿利托加入。[1]最高法院许多资深员工也非常珍视这个传统，对能够承担宴会安排任务，都由衷感到高兴。为营造一个完美无缺的夜晚，他们甚至提前对宴会流程进行了多次预演。

10 月 6 日，星期五，在海军陆战队军乐队奏响的美妙乐曲声中，历任大法官夫妇陆续进入最高法院大厅。此时此刻，最高法院更像一个大家庭。出席宴会的宾客包括奥康纳夫妇，以及瑟古德·马歇尔与波特·斯图尔特的遗孀。[2]最后，在用甜点之前，布雷耶起立致祝酒词。

1　这一惯例仅适用于大法官之间，约翰·罗伯茨直接出任首席大法官，首席大法官一般被推定为资历最深的大法官，所以享受不到欢迎晚宴的礼遇。

2　按照最高法院惯例，出席这一宴会的仅限于前任与现任大法官及其配偶。

“萨姆，今天我们在这里欢迎你，”布雷耶说，“我们非常高兴为你举行这次宴会。但我不得不提醒你注意一些事情。今晚在场的每个人都会友善待你。但是，他们今后也有可能站在你的对立面，会反对你的意见，会拒绝在你的异议意见书上签字。这可是一个很难伺候的群体。”

在枝状大烛台闪烁的亮光下，客人们满脸疑惑、面面相觑。

“在这里，你需要的是一个朋友，”布雷耶接着说，“你需要有人站在你这一方支持你——是打心眼儿里真正地支持，而不是像围在这张桌前的人们。”

这时候，通往宴会厅的大门突然被撞开，一只浑身绿毛，有着紫色睫毛，身着费城费城人队[1]球衣的巨兽冲了进来。它是阿利托最 324
喜欢的棒球队吉祥物菲尔·凡纳提克。这只可爱的大怪物笨拙地走到阿利托面前，给了他一个熊抱，然后大摇大摆地扬长而去，留下现场人们一阵阵的哄堂大笑。

这次对阿利托的欢迎晚宴显示出，新任首席大法官到任后，伦奎斯特时期那种同事之间的活络气氛正逐渐复苏。罗伯茨对新同僚们十分友善，与他在司法委员会接受听证之前没什么两样。他态度谦和，甚至略显恭顺，以一种公允持重的方式管理着最高法院。当年，伦奎斯特正是凭着这样的工作作风赢得了大法官们的一致好感。在会议模式上，罗伯茨也沿袭过往惯例，任何人若想作第二次发言，必须确保之前每人都有一次发言机会，发言时间也比伦奎斯特时期

1 费城费城人队（Philadelphia Phillies），位于宾夕法尼亚州费城市的美国职棒大联盟球队，隶属国家联盟东区。该队吉祥物凡纳提克是一只绿色怪物，由于形象可爱，曾被选为全美最受欢迎的吉祥物。

有所延长。与伦奎斯特一样，罗伯茨在分派意见书撰写任务时十分公正，无论是重大案件，还是谁都看不上的“垃圾案”，分配时都一视同仁。在向国会呈交的年度司法报告中[1]，首席大法官重拾被搁置多年的一项重要议程，积极呼吁国会为联邦地区法院与上诉法院的法官加薪，这可是自由派大法官与保守派大法官们都非常关注的问题。此外，罗伯茨曾在多次演讲中倡导司法最低限度主义，在他看来，司法最低限度主义的最好体现，就是受绝大多数大法官认可的“窄”的判决（当然，最好是所有人一致同意）。

可是，表面欢快的气氛，以及对未来的美好承诺，反而使人们忽视了对罗伯茨法院最核心也是最重要的一项内容的关注——司法判决。我们已经看到，乔治·W. 布什总统的第二个任期简直是一段灾难之旅，总统与共和党在一系列重大政治事件上接连受挫——伊拉克战争、卡特里娜飓风、社会保障、移民改革、中期选举，以及部分人事提名。但是，起码有一项经营多年的重大事业遂了他们心愿，那就是：改组最高法院。新的最高法院很快将用一系列判决证明，在 2006—2007 年，它已经摇身一变，变成了一个较为保守的机构。

局外人比大法官们更先意识到最高法院的转变。

---

1 最高法院每年都要向国会提交年度司法报告，这并不是宪法与其他法律的强制性要求，而是威廉·塔夫脱总统时期形成的一项惯例，有点类似于行政分支每年提交的“国情咨文”。年度司法报告往往以书面形式提交，内容主要是对联邦法院过去一年的工作进行系统总结和回顾，反映法院面临的困难，同时向国会提出一些具体要求。国会不必对报告投票表决，但如果报告的要求和建议有合理性，国会会相应采取一些回应措施。

在他们眼中，转变的第一个明显标志，来自最高法院近些年审理的第一起校园隔离案件。在路易斯维尔市[1]，各个学校在 1954 年的布朗案之前都实施法定的种族隔离。[2] 甚至在最高法院推翻“隔离但平等原则”后，肯塔基州当局也与全国其他许多地方一样，拒不 325
遵从布朗案判决，直到 1970 年代还维持着按学生黑白肤色划分校区的制度。但当整个社会最终开始依法行事时，路易斯维尔市开始面临一个尴尬问题。由于黑人和白人居住在不同区域，当地学校如果按学生离住所距离远近划分校区，将导致一些学校全部是黑人，一些学校全部是白人，这就很难保持校园内的种族平衡。为此，当地的学校董事会决定实施 1980 年代中期的一项计划，以保证学校学生的种族多元化。根据新的招生计划，学生的种族将成为招生时的考虑因素之一，每所学校的黑人学生不得少于 15%，不得多于 50%。一些家长质疑这项计划的合法性，向法院提起诉讼，称当地学校董事会无权在校区分配时适用种族标准。在另一起案件中，类似招生计划在西雅图也受到抨击。

---

1 路易斯维尔市，肯塔基州北部城市。

2 1920 年代至 1950 年代之间，全美公立学校普遍实行种族隔离制度，白人和黑人学生分别在各自学区就读。堪萨斯州的一名 8 岁女孩琳达，因种族隔离政策，每日需走 1.5 公里的路上学，耗费相当多的时间与体力在路上，女孩的父亲布朗要求让自己的女儿进几个街区外的另一所公立学校，却被校长拒绝，理由是这是所白人学校，但琳达是黑人。

布朗最后诉至联邦最高法院，1954 年，最高法院裁决公立学校的种族隔离制违反了宪法第十四修正案的“平等保护条款”。根据第十四修正案，任何州未经正当法律程序，不得剥夺任何人的生命、自由，也不得拒绝给予任何人同等的法律保护。到了 1955 年，最高法院补充了原来的判决，要求公立学校立即废除种族隔离制，黑人子女从此进入白人学校。不过，到了 1970 年代，最高法院的立场再度改变，法院裁定，各学区如认为已经达到自己的融合目标，可以不再受法院命令限制。

从某种程度上说，这两起校园案件看上去都很简单。下级法院已经指出，学校的招生计划符合奥康纳 3 年前在格鲁特诉博林杰案判决中确立的标准。与密歇根大学法学院一样，路易斯维尔市和西雅图学校董事会认定他们是为了促进社区的种族多元化，所以他们完全可以像密歇根大学那样，把种族作为选择学生的考虑因素之一。但 2006—2007 年间的最高法院，已不再是 2003 年时的最高法院。路易斯维尔市学生家长聘请的律师一路将官司打到了最高法院。阿利托通过参议院确认那个月，家长们正式提出调卷令申请。律师们提出的问题直接冲着奥康纳留下的法律遗产："是否应……推翻格鲁特诉博林杰案？"调卷令申请获得批准。

与许多卸任大法官一样，奥康纳只能坐视现在的最高法院处置她确立的先例。退休丝毫没有达到她预期的效果。[1] 奥康纳离开最高法院的主要目的，就是为了照料生病的丈夫，可是，由于耽误时间太长，约翰·奥康纳的病情已经到了十分严重的地步，并以出人意料的速度继续恶化。到了 2007 年，他已认不出自己的妻子，奥康纳只好将他送到凤凰城一家看护中心治疗，并由住在附近的儿子们负责照料。最令她痛心的是，当初若非为了照顾约翰，奥康纳本来并不打算辞去大法官职务，而忽然之间，她却已对约翰爱莫能助。

326 奥康纳以她惯有的风格面对这一切——既不自怨自艾，也不悲观失望，继续以空前热忱投入各项工作与活动。离开法院后的

1 据报道，奥康纳辞职次日，她的弟弟曾致电问她，对辞职决定是否感到后悔，奥康纳说："的确有点后悔。在华盛顿这个地方，一旦脱下大法官的黑袍，你就成了无名之辈。"

第一个秋天，她积极投身于特丽·夏沃案后曾困扰过她的那些事务。2006 年 9 月，她在乔治城大学司法独立法律中心资助、组织并发起了一次会议，许多发言人在会议上大肆抨击共和党人在堕胎、刑事判决、外国法院影响力等议题上对法官造成的干扰，这类干扰几乎贯穿布什整个执政期间。奥康纳的自信也从来没有因为离职而有丝毫减损。在乔治城大学会议的一次筹备会上，一些人对新任首席大法官能否与会尚存疑虑。“我来搞定约翰·罗伯茨。”奥康纳打包票说。会议那天，新任首席大法官果然如约而至。

奥康纳在筹备司法独立会议期间，同意出任伊拉克研究小组（Iraq Study Group，以下简称 ISG）成员，这是一个精英荟萃的专门小组，由前国务卿詹姆斯·A. 贝克三世及前民主党议员李·H. 汉密尔顿共同担任主席，主要职责是重塑美国对伊政策，监测战争进程，并提出切实可行的建议。尽管奥康纳没有处理军事及外交事务的直接经验，但她熟稔提问技巧，在之后 6 个月对上百名证人进行的质询过程中，奥康纳发挥了关键作用。她是个急性子，做起事来风风火火、务求实效，很快博得研究小组另外 9 名成员的一致好感，有时甚至为他们提供了不少笑料。一次，王牌摄影师安妮·利伯威茨来到 ISG 会议现场，要求为他们拍摄一组人物肖像照，以刊登在《时尚先生》（*Men's Vogue*）杂志上。奥康纳拒绝参与这类蠢事。“我到这儿可不是为了干这个。”她怒气冲冲地说。同事们都吓了一跳，只好由她去了。几年前，利伯威茨曾给她拍过肖像照，她觉得被摆拍的过程实在无聊，所以再不愿意掺和这事。最终，贝克与汉密尔顿还是让利伯威茨拍了照。

2006年12月6日，ISG公布了他们的报告，报告开宗明义："伊拉克局势非常严重，而且仍在恶化之中。"奥康纳与同事们倡导实行一种全新的、倚重外交的方式，使美军的逐步撤离成为可能。但是，布什总统根本没把报告中的建议当回事，继续下令向伊拉克增派上万名美军士兵。

奥康纳早就习惯了布什那套做法，因此，对布什拒绝ISG计划的行径，奥康纳虽然非常愤怒，却一点儿也不吃惊。几乎是一种宿命，这一次，她又将放弃扮演一个地位尴尬、作用有限的角色。当晚的新闻发布会上，她宣布自己在研究小组的使命已经结束。"我们已做了分内的事，结果我们说了不算，"奥康纳说，"坦率地说，一切都靠你们了。"

327 在最高法院，所有事情突然开始取决于安东尼·肯尼迪的立场了。现在，肯尼迪对判决结果的控制力，甚至超越了奥康纳在之前10年间所起的作用。在伦奎斯特时代，奥康纳与肯尼迪的观点都非常不确定，很难准确判断谁在投票中起到了决定性作用。但现在的形势已经非常明朗，罗伯茨法院有4位公开的保守派——罗伯茨、斯卡利亚、托马斯和阿利托，以及4位自由派——斯蒂文斯、苏特、金斯伯格和布雷耶。而肯尼迪则是一位响当当的中间派。他喜欢现在这个局面。

肯尼迪秉持的司法理念，恐怕是最高法院中最难概括描述的。他的理念完全与他对法官职业的理解息息相关，也取决于他那超越任何特定意识形态的戏剧化个性。无论待在家里，还是出差在外，肯尼迪都深信，开明的个人理念与确定的法律方法，对法治的维护都大有裨益。可是，在最高法院20年间，肯尼迪渐渐变成一棵顺风摆的“墙头草”，判决书永远是形式大于内容，仿佛真理在手，却又说不出个所以然。

这一点在堕胎问题上表现得尤为明显。在 1992 年的凯西案判决中，他起到了关键作用，并负责起草了认可罗伊案判决结论的那部分内容。（这份判决书由肯尼迪与奥康纳、苏特联合起草，但只有肯尼迪起草的那部分风格格外与众不同。）“（怀孕）女性的自由正处在危险中，从某种意义上讲，无论对于人类境况还是法律本身，这都是极为特殊的。”他写道，“她们所承受的痛苦极为隐秘和私人化，州不能再将自己的立场强行加诸其身，哪怕这种观点在我们的历史文化传统中曾占有多么重要的地位。女性的命运只能由两个因素决定，一是她对自己精神准则的观念，二是她的社会地位。”

凯西案刚过去 8 年，到了 2000 年，肯尼迪又戏剧性地改了主意。在斯坦伯格案中，布雷耶曾小心翼翼地说明，内布拉斯加州禁止所谓“局部生产”堕胎的行为，就是肯尼迪当年所说的一州所不能为之事。但肯尼迪临阵倒戈，声称“不得阻止一州立法保
护未出生的生命，必须确保对人类生命及潜在生命的尊重”。肯尼 328
迪还援引反堕胎人士的说法，将堕胎医师称为“非法为人堕胎者”（abortionist），并宣称“医疗程序必须受蕴含人类生命固有价值的道德准则之支配，也包括未出生胎儿之生命”。1992 年，肯尼迪还在为妇女的自主权唱赞歌，到了 2000 年，他就转过头来歌颂未出生胎儿的生命了。

布什上台后，国会与总统估计到肯尼迪的立场仍会摇摆反复，打算通过立法来巩固战果。国会很快通过了一部联邦法案，内容几乎与布雷耶判决推翻的内布拉斯加州法案相同。与内布拉斯加州法

案一样，这部联邦法案不但禁止“局部生产”堕胎，而且拒绝写入为维护母亲健康允许实施该手术的例外规定，很快在全国引起一系列诉讼。各地上诉法院根据布雷耶在斯坦伯格案中的意见书，判决这项法案因缺乏健康例外规定而违宪。这类案件在 2006 年开庭期之初陆续进入最高法院，现在，轮到罗伯茨法院审理这类案件了，判决结果几乎从一开始就已注定了。[1]

在罗伯茨法院，保守派的阿利托已经取代了中间派的奥康纳，案件结果自然不难预测，最高法院以 5∶4 票宣布联邦堕胎法律合宪。罗伯茨指定由肯尼迪来撰写法院判决书。当年，肯尼迪在斯坦伯格案中撰写的还是异议意见书，如今终于熬成了多数意见方，这种感觉无疑令他十分享受。在这起名为冈萨雷斯诉卡哈特案（*Gonzales v. Carhart*）的案件中，最高法院并没有正式推翻斯坦伯格案的判决，却变相达到了这一效果。布雷耶的意见书——禁止堕胎的法律必须包含保护女性健康例外规定——现在被彻底废弃了。与往常一样，肯尼迪总是喜欢提升自己行为的意义，在他看来，他的判决并不只是认可国会立法那么简单，而是送给广大女性的一份大礼。“尽管缺乏可靠数据支持，”肯尼迪写道，“但是，确实有不少女性开始对选择将她们辛苦孕育的胎儿流产这一举动感到后悔。”肯尼迪当然找不到这样的“可靠数据”，因为尽管反堕胎势力一再鼓吹，却一直没有科学、可信的数据支持上述一厢情愿的论调。很显然，与美国法律相比，外国法律（正是它们经常促使肯尼迪倾向左翼）对堕胎权的限制有过之而无不及，

1 2003 年，国会通过了《禁止局部生产堕胎法》，禁止采取“局部生产”堕胎手术，结果有三个地区法院、两个上诉法院宣告其违宪，官司一直打到最高法院。

因此，与同性恋权利和死刑等问题不同的是，肯尼迪在这个问题上的后援大多来自外国同行。

鉴于肯尼迪与阿利托在堕胎议题上的立场已是众所周知，没有人会对本案的结果感到意外。尽管如此，肯尼迪撰写的判决书涉及 329
范围之广（以及他对罗伊案与凯西案先例近乎轻蔑的承认）还是令4位自由派大法官深感震惊。然而，这一年，才刚刚开始。[1]

在自己的确认听证会上，罗伯茨曾建议增加最高法院审理的案件数量，但是，到2006年秋天，大法官的时间安排表只列着寥寥几起案件，这着实让人觉得有些尴尬。为了避免被人指责消极怠工，最高法院2007年1月的言词辩论日程表已排满了案子。2006年结束时，最高法院全年仅作出68个判决，对一个现代社会的最高法院来说，这个数字实在难以让人满意。不过，从后面

1 肯尼迪起草的法院判决书承认罗伊案与凯西案判决是有拘束力（controlling）的先例，但认为本案与斯坦伯格案不同，因为该案系州法的争议，与本案联邦法的争议相比，显得较为模糊。联邦法律仅对“局部生产”堕胎手术进行限制，系在极度限缩的情况下所订定，并未对女性造成不当负担。被告并未证明，国会缺乏“立法禁止堕胎”的权力。而且若医界并未达成共识，国会仍有权力立法。鉴于国会认为“局部生产”堕胎手术在医学上是不必要的，因此无须订定保护孕妇健康的例外，即便某些医疗团体认为是必要的。每当“医学上的不确定性”（medical uncertainty）出现，便要求例外规定，会对医疗立法施加过多限制。但法院并不否认，假如发生必须采取“局部生产”堕胎手术，以保护妇女健康的情形，仍可考虑对该法的合宪性进行审查。

对这一判决，哥伦比亚广播公司的法律分析人士科恩是这么评价的：“目前的形势不利于堕胎权益支持者，而有利于反堕胎人士，因为你从这个裁决中能够看出，联邦最高法院的立场出现右倾的巨大转变。这是很多人都担心的一种立场转变。当阿利托被任命出任联邦大法官时，堕胎权益支持者就感到担心，现在，这些担心得到了证实。”

的日程安排表来看，春天来临后，各项工作将逐渐忙碌起来。由于案件涌入速度很快，连大法官们自己一时都弄不清楚接下来会发生什么样的转变。

金斯伯格是第一个意识到转变的大法官。她个性腼腆、不善言词，总是独自一人待在二楼办公室内，很少与同事们来往。可以说，金斯伯格从未成为过最高法院的影响力中心，她缺乏斯蒂文斯那样的资历，没有布雷耶那样温润平和，不像斯卡利亚那样夸夸其谈，更不会像奥康纳与肯尼迪那样摇摆不定。（其实，金斯伯格特别反感肯尼迪炫耀知识、漫无边际。）凑巧的是，金斯伯格最喜欢的两位大法官——伦奎斯特与奥康纳——都相继离开了最高法院，因此，对她来说，这一开庭期的开端也比以往要漫长。不过，与其他人相比，金斯伯格向来超脱于政治之外，专注于裁断是非曲直，这也使她对同事们行为的动机与后果有更清晰的认识。

金斯伯格发现，保守派目前已在最高法院占据上风，并迅速开始扩大战果。尽管大法官人员有了调整，但根本分歧仍在，内容也从未改变。在过去几年里，奥康纳迅速左倾，并逐步与布雷耶保持一致，而伦奎斯特也不再着力于意识形态的调整，反倒成为一个机构管理者，更注重维持最高法院的稳定。（据说，这位首席大法官当年并不支持米兰达案判决书，但后来却逐渐接受了该案判决书中的观点。）2007 年春天的形势，很快显露出罗伯茨与阿利托之间的差异。正如金斯伯格在之前那起堕胎案件的异议意见书中冷静指出的，导致该判决结果的唯一原因在于，“与我们上一次审议限制堕胎的法律时相比，最高法院的人员构成已经发生了重大变化”。

唯一让金斯伯格欣慰的是，这起堕胎案终于令她有机会就堕

胎权的宪法基础问题表达自己与众不同的看法。其实，直到成为 330
法官之前，金斯伯格还不太赞同布莱克门在罗伊案判决书中提出的隐私权思路。她在冈萨雷斯案的异议意见书中写道：“要想从法律上反驳对堕胎手术的不当限制，未必要靠隐私权这一宽泛概念。问题的重点，在于妇女拥有选择自己人生道路的自主权，这就涉及对公民平等权的保护。”金斯伯格坚信，堕胎权需仰仗妇女平等权益的保护，而不是靠隐私权来维护，她说服另外几位异议者——斯蒂文斯、苏特与布雷耶——加入了她的异议意见书。但是，从2007年这个春天开始，这4位大法官的意见已不能再影响另外5人中的任何一人。

多年来，金斯伯格一直对自己在异议意见书中的克制态度引以为荣，在此方面，她向来以奥康纳与苏特为榜样。无论是公开演讲，还是私下交谈，她从不掩饰自己对斯卡利亚式风格的不满，认为这种高调姿态与激烈言词对最高法院的工作有百害而无一利。但是，在4月18日那天，她自己也在一起堕胎案中宣读了一份言词激烈的异议意见书。5月29日，她又在莱德贝特诉固特异轮胎橡胶公司案（*Ledbetter v. Goodyear Tire & Rubber Company*）中强烈谴责了同事，这起案件的判决结果看上去简直就像是为了存心激怒她。在金斯伯格还是一名法学教授时，就曾根据1964年《民权法案》第七编中禁止工作场所的歧视的规定，代表部分女性当事人打过同工同酬的官司。该法规定，个人对“非法雇用行为”的诉讼请求必须在180天之内提起。多年以来，各地法院一直认为，如果一位女性在工资待遇上受到性别歧视，180天的起诉期应从女性最后一次收到歧视性工资时起算，而且必须对她受歧视期间的全部损失进行赔偿。但是，在莱德贝特案判决书中，5位保守派大法官却以原告的诉讼要求未能在6个月法定期间内提出为由，驳回了她的索偿请求。[1]

“对女性的工资歧视一直是以隐蔽方式进行的，可是，最高法院根本就不理解这些，或者说对之完全漠不关心。”她说。鉴于自己在反性别歧视领域的丰富阅历，金斯伯格比最高法院任何人都清楚，多数方的判决完全忽略了当事人提起诉讼的现实可能性。她说，女性很难在180天内知道自己的工资比男性低。“莱德贝特最初为其雇主带来利益的行为，绝不应阻碍她日后要求补偿因性别原因导致的工资损失。”她在异议意见书的结论中，恳请国会修改《民权法案》第七编，确认多数意见方的解释是错误的。在她看来，她的同僚们已经不可救药了。[2]

331 出任首席大法官两年后，罗伯茨意图实现的目标已非常明确。

---

1 莱德贝特诉固特异轮胎橡胶公司案的案情并不复杂，莉莉·莱德贝特从1979年起就在固特异轮胎橡胶公司上班，她并不知道自己同事的工资高低。当时她还是亚拉巴马州伯明翰一家轮胎厂的监督员，男同事做什么，她就做什么。1998年，有人在她的邮箱内放了一份备忘录，上面列有她的底薪：每年大约4.4万美元，上面还列有工龄、职位与她相同的3名男同事的底薪：每年5.3万～6.2万美元。莱德贝特非常震惊，并对她的雇主固特异轮胎橡胶公司提起诉讼。

2003年，在联邦地区法院，陪审团裁定赔偿她380万美元损失，法官后来减为30万美元。但是，固特异轮胎橡胶公司却一路上诉至最高法院。该公司陈述的理由是：《民权法案》虽然禁止以种族、性别或宗教原因进行工资歧视，但同时规定，雇员必须在收到第一笔歧视性工资后180天内提起正式诉讼。也就是说，莱德贝特需要在她受雇以后6个月内提起诉讼，而不是20年之后。2006年，最高法院最终认可了固特异轮胎橡胶公司的诉讼请求，裁定其对莱德贝特不予赔偿。

2 金斯伯格的努力后来终于有了回报，2009年1月29日，奥巴马就任总统后签署的第一项法案，就是取消雇员因歧视性工资起诉雇主的时间限制，法案的名称就是《莉莉·莱德贝特公平薪资赔付法》。

审理更多案件；尽量达成一致意见；发布尽量窄的判决意见，实现司法最低限度主义。可是，在 2007 年，罗伯茨的目标一个也没有实现。之前一年，全院一致意见的判决还占 45% 的比例，第二年就很快跌至 25%。（伦奎斯特时期，全体一致意见约占三分之一。）更引人瞩目的是，2006—2007 年间，33% 的判决都是以 5∶4 票达成，说明最高法院的内部分化已经到了前所未有的地步。

那么，能不能由此就认为罗伯茨任期的第二年失败了呢？答案恰恰相反。事实上，新任首席大法官根本不在乎那些数字或程序上的细节，对他来说，能达到实质目的就是胜利。提名罗伯茨的总统（以及那些幕后推动他出任首席大法官的支持者们）注重的也是最高法院判决的实质内容。最高法院在这一年中的一系列戏剧性变化，使幕后支持者们更加确信，罗伯茨不愧是首席大法官的最佳人选。2007 年春天过后，法院内的保守派逐渐加快了转变步伐。最高法院首先废除了《麦凯恩–法因戈尔德竞选筹款法》（McCain–Feingold campaign finance bill）中对政治性广告的部分限制，就在 4 年前，法院还认可这类规定。[1] 在一起涉及政教关系的关键判决中，最高法

1 为弥补《联邦竞选法》的漏洞，解决政治竞选活动中的“软钱”问题，麦凯恩和法因戈尔德两位参议员 2002 年联袂提出《跨党派竞选筹款改革法》，又称《麦凯恩–法因戈尔德竞选筹款法》。该法的关键条款包括：禁止向政党无限制捐款，具体地说就是禁止来自公司、工会或者富裕者的“软钱”，禁止当选官员主动征收“软钱”。另外，这项法律还对工会、公司和非营利组织的电视广播广告作出限制。《跨党派竞选筹款改革法》后来经国会批准，布什总统签署成为法律。但是，以麦康奈尔参议员为首的反对派人士，以这一法律违反宪法第一修正案的“言论自由条款”为由，将官司打到联邦最高法院。最高法院以 5∶4 票认定，限制公司和社会团体发布电视广告是对政治言论自由的威胁。苏特、斯蒂文斯、金斯伯格与布雷耶持异议意见，认为这一判决将为法律试图禁止的那些广告大开方便之门，公司和团体的大量资金将会投入“伪装”的广告之中。

院使公民挑战政府资助宗教活动的行动变得更加艰难。[1] 在一起来自阿拉斯加州的案件中，一名高中生当街展开一面写有“为耶稣，抽大麻”（BONG HiTS 4 JESUS）的横幅，结果被学校勒令休学，最高法院支持了学校的处理措施，削弱了学生的言论自由权。[2] 这些案件的投票结果都是 5∶4 票，而肯尼迪都加入了保守派一方。

与金斯伯格一样，苏特不愿在自己的意见书中谴责同事，但 6 月的一起案件还是触碰了他的底线。在这起案件中，同样的多数方驳回了一名囚犯的申诉请求。这名囚犯因为一位联邦地区法官读错法条而弄错了上诉期限，结果超出法定期限 3 天才提起上诉，因此被上级法院驳回。一贯性情温和的苏特撰写了一份异议意见书（斯蒂文斯、金斯伯格与布雷耶加入），他痛心疾首地说：“司法系统居然能这样对待人们，简直令人无法忍受，怎么可以连一个足以宽恕他的程序抗辩理由都不给人家。”

---

1 在海因诉自由脱离宗教基金会案（*Hein v. Freedom From Religion Foundation*）中，最高法院以 5∶4 票判决纳税人无权起诉布什行政分支对一家宗教性机构的联邦资金投入。

2 该案即莫尔斯诉弗雷德里克案（*Morse v. Frederick*），案情是：2002 年 1 月，冬季奥林匹克运动会火炬传递要从阿拉斯加州朱诺地区经过，为庆祝这一盛事，沿途的朱诺–道格拉斯高中准许在校学生暂时停课，并在老师指导下到校门口观看。火炬经过时，站在学校街对面的几名高中生突然打出一条巨大的横幅，横幅上写有“为耶稣，抽大麻”的字句。校长看到这个横幅后非常震惊，跑上前去要求学生们把横幅拿掉，其中一名学生约瑟夫·弗雷德里克拒不服从，被勒令停课 10 天，他随后提起诉讼。

2003 年，阿拉斯加州联邦地区法院作出有利于校方的裁决，指出：学生们观看冬季奥林匹克火炬接力跑，是学校组织的活动的一部分，因此，在这期间如果出现赞同吸毒的言论，学校负责人完全有权斟酌处理。案件上诉至联邦第九巡回上诉法院后，该院作出了有利于学生的裁决，裁定校方侵犯了学生的言论自由权。判决认为，即使是高中生，只要他的言论没有扰乱学校活动或教学任务就是可以的。校方上诉至最高法院后，最高法院支持了校方的观点，罗伯茨主笔的判决书判定：校方勒令休学的行为没有违背宪法。

在这几起案件中——涉及堕胎、竞选拨款、政教关系——多数方的判决都与最高法院之前的先例直接抵触，但罗伯茨与同僚们却不明确表示那些旧判例已经被推翻。这让斯卡利亚与托马斯 332
颇为失落，他俩都希望看到最高法院大刀阔斧，明确推翻过去的先例。在竞选拨款案的协同意见书中，斯卡利亚抱怨罗伯茨没能对既往判决进行致命一击。他说：“这种伪劣的司法克制只会带来司法混乱。”

斯卡利亚认为，罗伯茨搞的那一套完全是虚假的司法最低限度主义，表面上尊重最高法院先例，实际上却背道而驰。但是，如果避开先例不谈，另起炉灶，怎么论证都像是一种诡辩。在这一问题上，斯卡利亚的鲜明立场反倒令人尊敬，在他看来，判决书应当坦白直率，该维持就维持，该推翻就推翻。但是，面对这些抱怨，罗伯茨镇定自若，并不为之所动，仍然“挂羊头，卖狗肉”，打着误导他人的旗号，做着实质性的判决。2007 年春天，最高法院已经变成一个更加保守的机构，很快，它就将影响到全体美国人的生活。

最高法院习惯将争议性案件放到开庭期最后几周宣判——最麻烦的则放在最后一天。每个开庭期最后一天，大法官总会呈现出他们最本真的一面。这个时候，他们多半身心疲惫，脾气也不大好。所有工作会匆匆结束，毕竟之前大部分时间他们都只能和同僚或法官助理待在一起，根本无暇享受生活乐趣。2007 年 6 月 28 日，上午 10 点，大法官们陆续从红幕帘后走出，多数人看上去都需要去理个发了。

萨缪尔 · 阿利托坐在听众最右端的位置，那里是资历最浅的大法官席位。他面无表情，直视前方。成为大法官前，他在上诉法院法官岗位上已经待了 15 年。不过，与任何一位新人一样，最高法院特有的案件压力已让他难堪重负。他面色苍白、略显迟钝、举止保守，从坐下那刻起，就好像一副还没睡醒的样子。

金斯伯格坐在与阿利托相邻的席位，她身材纤小，几乎陷进椅子里，透过审判席只能看到她的脑袋。与神情疲惫的同事们不同，她精神矍铄。坐在台下，明显能看出她带着怨气。对她来说，这个开庭期不啻一场灾难，她不打算掩饰自己的愤怒。

戴维·苏特向来不喜欢各种仪式性场合。作为一个古老传统，
333 每次言词辩论前，最高法院都会允许最高法院出庭律师协会的新晋律师现场宣誓。整个过程大约需要 10 分钟，首席大法官对新获得代理最高法院案件资格的律师致欢迎词后，仪式方告结束。与其他同僚们不同的是，整个宣誓仪式上，苏特从不展露笑颜，因为他觉得这完全就是浪费时间。本开庭期始终弥漫着令人不悦的气氛，尽管今天已是最后一天，但瞅着这毫无意义的烦冗仪式，苏特的情绪当然好不到哪儿去。

斯卡利亚看上去心情不错，保守派这年战果颇丰，令他喜上眉梢、乐不可支。尽管他并未在每起案件中取胜，保守派同事们挺进的步伐与速度也未能尽如他意，但本开庭期对斯卡利亚来说，仍算得上妙不可言，因为他期盼这一天的到来，实在已太久太久。

罗伯茨坐在审判席正中的席位，尽管发梢已经见白，那张娃娃脸上却并未留下太多岁月痕迹。此刻，他已拥有空前自信，坚信这是他的最高法院。而这一点，相信已没有人再去怀疑。

斯蒂文斯坐在首席大法官右侧，神色如常，两个月前，他刚刚度过自己 87 岁生日。（此刻，他 95 岁的哥哥威廉，还在佛罗里达州兼职从事法律工作。）他仍打着蝴蝶领结，戴着那副已显过时的大

框玳瑁眼镜，再过一会儿，约翰·斯蒂文斯就将直奔劳德尔堡，去那里打桥牌、度长假了。

肯尼迪故作深沉，却难掩欢颜。在本开庭期内24个由5∶4票形成的判决中，肯尼迪是唯一一名全部位居多数方的大法官。在最高法院历史上，还没有哪个大法官能在一个开庭期内做到这些。他先后撰写了两份重要的多数方意见书，以及一份关键性的协同意见书。由于早上刚在椭圆机上锻炼过，这个70岁的男人看上去满面红光。

审判席最后两个座位离媒体席最近。这一天，全国公共广播电台的尼娜·托滕伯格坐在离大法官们最近的位置。克拉伦斯·托马斯在座位上来回晃动，几乎挡住了她的视线。阿利托进入最高法院前，托马斯在审判席另一侧已坐了11年，不过，这一安排倒是投其所好，对他来说，离记者当然越远越好。托马斯的座椅被专门调整过，加大了他的后仰幅度，这样他就不用像阿利托那样努力睁大眼睛，生怕别人看出自己在犯困了。即使按照托马斯自己的独特标准，这一年对他来说也非同寻常。整个开庭期下来，托马斯一共亲历了104场言词辩论，却一个问题都没问。

审判席尽头，布雷耶不断调整着坐姿，显得比别人更加坐立不
安。他早盼着本开庭期快点结束了。本开庭期对布雷耶的改变，要 334
远远超过任何人。之前，他虽在多起案件中受挫，却仍然毫不气馁，对未来抱有无限期望——就像布什诉戈尔案后，他召集所有自由派法官助理为他们打气时那样。现在，在保守派的接连猛攻下，布雷耶阳光灿烂的明朗个性已渐渐黯淡下来。虽然这个令他灰心失望的春天有许多案子要办，他还是将主要精力投入到游说国会为联邦法官加薪的工作中去了。至少在第一街对面那座建筑内，布雷耶还有

机会取得胜利。

还剩下三起案件。肯尼迪宣读了第一起案件的判决，该判决推翻了九十六年前的一个先例，最高法院这回算是彻底撕下了最低限度主义的伪装。被推翻的先例是 1911 年的迈尔斯博士医药公司案，在该案判决中，最高法院支持了反垄断法禁止制造商对产品进行最低定价的规定。当时的理由是，最低定价不利于竞争，而且提高了消费者的消费成本。不过，根据肯尼迪与其他 4 位保守派大法官的意见，最低定价行为从此被许可了。[1]

一如既往，肯尼迪又开始长篇大论，概述起他对别人会怎样做的评价。之后，与他隔着右侧两个席位的布雷耶，怒目圆睁地开始了发言："斯蒂文斯大法官、苏特大法官、金斯伯格大法官，和我本人提交了异议意见书，"布雷耶朗声道，"在这里，我只想强调一点，那就是：遵循先例。"这也是他在这一天，乃至这一年所要表达的主要观点。保守派在没有任何正当理由的情况下，把先例规则抛到了九霄云外。

另一起案件仍由肯尼迪宣判，这次他站在了 4 位自由派大法官一边。他们推翻了对一名患有精神病的得州男子的死刑判决。这一判决才真正体现了司法最低限度主义，因为最高法院并没有确立新

---

1 在迈尔斯博士医药公司案中，一家医药公司因为与药品零售商达成了"最低零售限价"协议而被起诉。多数方大法官认定被告违反了《谢尔曼法》中关于禁止"限制贸易"的规定。在 2007 年的丽晶创意皮具公司诉 PSKS 公司案（*Leegin Creative Leather Products Inc. v. PSKS Inc.*）中，最高法院以 5 ： 4 票推翻了迈尔斯博士医药公司案，并认为，判断转售价格的合法性，要衡量它对竞争的影响，并根据个案来判断，有些产品制定销售最低价更有利于竞争。如果不制定最低销售价，部分销售商就会受到其他销售商的侵害。比如，网络销售商就能提供更多的折扣，因为他们不需要支付产品展销和专门的销售服务费用。从经济学角度讲，本案多数方的观点是有道理的。

规，只是指示下级法院再为这名男子开一次庭。作为最高法院最坚定的死刑支持者，托马斯撰写了一份由罗伯茨、斯卡利亚与阿利托加入的异议意见书，但他仍拒绝在庭上发言。

接下来当然就是本年度最后一起案件，路易斯维尔与西雅图学校废止种族隔离案，罗伯茨将宣读他主笔的判决书。说起撰写判决书的速度，历史上还没几位大法官比罗伯茨更快。新任首席大法官 335
尽管性情温和，但个性中也免不了有争强好胜的一面，他写判决书就跟自己做律师时写法律意见书一样——逻辑清晰、文采飞扬、事例生动。在罗伯茨宣读的判决书中，最高法院故技重施，仍然是形式上维持先例，实质上却将先例认可的内容全盘推翻，这一次的目标所指，是奥康纳在格鲁特案中的判决。

在最高法院，没有哪个判例能比布朗诉教育委员会案更坚若磐石，在 1954 年这个里程碑式的一致意见判决中，首席大法官厄尔·沃伦宣布禁止公立学校的官方种族隔离行为。但对罗伯茨而言，只要是以种族为划分标准的招生计划，哪怕只实施一年，或者只为一所学校分派了一名学生，都算是违反了布朗案判决确定的规则。“在布朗案之前，学生能上或不能上某所学校，都是根据他们的肤色确定。在这些案件中，校方并没有出示充分证据，以说明他们为什么再次允许这类行为发生——哪怕是基于完全不同的理由，”首席大法官以他低沉的中西部口音读道，“制止种族歧视的方法就是停止种族歧视。”

在接下来的时间里，布雷耶讲了 27 分钟，这也算最高法院耗时最长的抗议之一了。布雷耶在发言中概述了异议意见书的主要内容，并称该意见书“篇幅起码是我平时的两倍”。肯尼迪赞同路易斯维尔与西雅图案件的判决结论，但对罗伯茨的部分观点不敢苟同。

在自己那份含混晦涩的协同意见书中，肯尼迪提出，在某些情况下，以种族为划分标准是被允许的，但是不能采取上述两个城市的做法。事实上，许多大城市的学校已不再适用路易斯维尔与西雅图那样的做法，而是通过提高考试分数来推动种族融合。

但是，布雷耶之所以撰写那么长的异议意见书，表达那么强烈的情绪，显然是因为更重要的利害关系。在他看来（另外3位自由派大法官也加入了他的异议意见书），布朗案整个儿就被保守派给劫持了。“最大的教训在于，有些人完全混淆了种族隔离与种族融合措施的本质区别，”他说，“判决混淆历史、颠倒黑白，把今天的路
336 易斯维尔和西雅图当成了1950年代堪萨斯州的托皮卡。”[1]与此同时，布雷耶看出了罗伯茨判决中的潜台词，那就是在就业、商业、政府乃至教育等各个领域终止种族平权措施，最终将宪法完全变成一部“色盲”宪法，这也是斯卡利亚与托马斯过去一直孜孜以求的目标，显然，罗伯茨与阿利托现在也加入了这一行列。（斯蒂文斯被气昏了头，所以只写了一份简短的异议意见书，里面有句结论十分引人瞩目：“我敢确定，1975年我加入最高法院时，最高法院任何一位成员都不会同意今天这份判决。”）

布雷耶没有扯那么远，只是就事论事，话题始终紧扣最高法院判决本身。在那天，他先后两次质问：“遵循先例原则到底怎么了？”他列举了格鲁特案及另外6起先例，它们都已被当天的判决弄得形同虚设。“多数方的逻辑没有任何法律依据”，他说，然后添了句异议意见书书面版本中没有的话：“历史上，很少有这么少的人

1 堪萨斯州首府托皮卡市1950年代是种族歧视较严重的地区，布朗案即发生在托皮卡，该案全称为布朗诉堪萨斯州托皮卡教育委员会案。

给法律带来如此迅速而巨大的变化。”

面对这样的公然斥责，阿利托仿佛突然被惊醒，怒视着审判席另一边的布雷耶。罗伯茨表面上无动于衷，但谁都看得出他下巴上的肌肉正在抽搐。布雷耶反对的这一切，其议程是在里根时代诞生，由联邦主义者协会培养，受共和党右翼势力拥护，并由罗伯茨与阿利托的提名者大力推动的，主要内容包括：扩展行政分支权力；终止对非裔美国人的任何种族优惠政策；加快死刑执行速度；推动宗教进入公共领域。当然，最首要的，是推翻罗伊案判决，允许各州禁止堕胎。布雷耶比谁都清楚，两位新任大法官，加上斯卡利亚、托马斯，以及（往往包括）肯尼迪，正朝着上述目标突飞猛进。

布雷耶发言结束后，罗伯茨仍一如既往地温文尔雅、礼数周全，在宣布开庭期结束前，他首先向最高法院的配餐厨师哈里·芬威克致敬，哈里即将离开为之服务38年的最高法院，在两天后光荣退休。“谢谢您所做的一切，哈里。”罗伯茨说道。接着，首席大法官宣布休庭至本年10月的第一个星期一。

# 尾声：被封闭的台阶

337 布什总统提名约翰·罗伯茨进入最高法院那天，未来的首席大法官曾提及卡斯·吉尔伯特的设计核心——台阶。“每当踏上那些大理石台阶，准备参加最高法院的言词辩论时，我总会因内心激动而哽咽，”罗伯茨说，“我并不认为这仅仅是紧张导致的结果。”多年来，无数美国人在踏进吉尔伯特设计的这座司法殿堂前，都曾有过与罗伯茨一样的敬畏感。但是，马上就没人有这个机会了。这些通往最高法院大门的台阶，很快将不再对公众开放。

对最高法院大楼进行整体翻新，是伦奎斯特在首席大法官最后几年任期内的头等大事。与许多政府大楼的改造项目一样，即便是适度整修，也会存在预算超支、拖延工期等一系列问题，相关工作大概将于 2009 年完成（甚至可能更久）。而且，“9·11”事件发生后，整修方案还得将安全问题作为考虑重点。很明显，最高法院正面台阶上的公共入口——也是吉尔伯特设计规划中的点睛之笔——存在安全隐患。因此，台阶一侧邻近建筑基座的部分将开设一个新的入口。参观者仍可通过正面的台阶离去，转身也能看到吉尔伯特设计的视觉效果。

关闭台阶的决定或许是一个隐喻，意味着最高法院将在未来发生更大的转变，这一转变部分将由大法官们主导，但更大程度上，可能会由美国人民来决定。在美国历史上，最高法院总是能集中反映推动社会变迁的普遍政治意愿。在共和国早期，当地域冲突成为国家的主要矛盾时，这种紧张气氛在最高法院体现得非常明显。一位来自加利福尼亚州的大法官退休后，总统必须提名来自同一个 338
州的大法官作为继任者。（现在人们可能根本就不会注意到，伦奎斯特与奥康纳这两位资深大法官都来自人烟稀少的亚利桑那州。）在 19 世纪至 20 世纪，潮水般涌入的欧洲移民将宗教问题提升为政治上的中心议题，人们为了在最高法院设立“天主教席位”与“犹太人席位”闹得不可开交。而在现代，克林顿总统已任命了两位犹太人大法官，却没人对此评头论足，这恰恰说明那样的时代已经过去。同样，现在也很少有人注意到，我们已经拥有了 5 位天主教大法官。最高法院历史上最重要的自由派，威廉·布伦南，也是一位天主教徒。

今天，导致美国社会出现裂痕的已不再是地域或宗教问题，而是意识形态分歧。罗伯茨、斯卡利亚、托马斯和阿利托之所以获得任命，是凭借他们的保守派身份，而不是天主教信仰。共和党的力量基础——从福音派的詹姆斯·多布森与杰伊·塞库洛，到联邦主义者中的特德·奥尔森与伦纳德·利奥——其影响力已足以塑造最高法院。与他们的自由派敌手相比，这些人更加有组织，更具动员力，也更加关注最高法院的作用。一旦他们的候选人取得政权，这些保守派将迫不及待地向最高法院输送更多的大法官，而且必须是罗伯茨与阿利托这样能讨他们欢心的。（至于哈里特·迈尔斯这样不受欢迎的人物，提名自然会惨遭拒绝。）可以说，保守派以近乎狂热的激情，完成了他们在最高法院的力量投入，为推动他们的政治目标奠定基础。

至少在公共场合，罗伯茨不得不让自己的观点看上去有别于他的保守派支持者们。“法官就像棒球裁判员，”他在自己的确认听证会上说，“裁判员并不设定规则，仅仅适用规则。”在其他场合，罗伯茨也经常说：“法官不是政治家。”这些话都不足信。最高法院大法官跟棒球裁判员根本没什么可比性。解释宪法，并据此界定美国公民的权利与义务，如此神圣的工作，怎么能跟球场上喊几句口令的机械行为相提并论？这种类比简直是愚不可及。目前，一旦触及解释宪法条文含义这一最高法院核心工作，往往是意识形态，而非写作技巧，左右了案件的判决结果。著名的保守派法官、法学教授理查德 · A. 波斯纳曾写道：“我们很少有可能直接判定最高法院一个宪法性判决的是非对错，因为宪法性案件的判决只能依靠政治决
339 断，至于政治决断孰对孰错，根本与法律规定无关。”

正是基于这个原因，尽管布雷耶一直为维护遵循先例原则劳心费力，但始终应者寥寥。布雷耶及其自由派同事们（在这一问题上，肯尼迪也偶尔加入他们）在劳伦斯诉得克萨斯州案中投票时，可没怎么顾忌遵循先例原则，他们毫不犹豫地推翻了最高法院 17 年前作出的鲍尔斯诉哈德威克案判决。因为他们认为，那时正是废止对同性间自愿性行为进行刑事处罚这一恶劣规定的大好时机。在那种情况下，或者说在大多数情况下，对意识形态的考量往往战胜了对先例的尊重。当然，这类做法有可能夸大了宪法条文的解释弹性。在多数情况下，资深大法官们总是拘泥于条文字句本身的含义，或者着眼于历史或先例，大法官们解释的自由度虽大，却并非不受限制。

尽管如此，在最高法院，一旦涉及敏感的政治议题，判决结果

从来不取决于言词辩论的质量，而是大法官们的立场。比如，斯卡利亚与金斯伯格在智力、技能乃至道德上都不存在明显差别。导致他们立场对立的，是其不同的司法理念，在最高法院，意识形态的差异高于一切。未来的大法官当然也必须拥有足以符合其工作要求的丰厚资历，但左右最高法院乃至整个国家发展的，始终是他们秉持的意识形态。

因此，一项因素——而且仅有一项因素——能决定最高法院的未来：总统大选的结果。总统通过挑选大法官使自己的影响力得以延伸。从这一点上来说，乔治·W. 布什做得非常高明。现在的总统们已经不会再为自己任命的大法官的所作所为大跌眼镜了。苏特和肯尼迪都没让任命者吃惊，苏特的记录早已表明他是一个温和中间派，肯尼迪之所以被提名，是因为比他更保守的罗伯特·博克没能通过参议院的确认。之后陆续被任命的大法官们——托马斯、金斯伯格、布雷耶、罗伯茨和阿利托——其表现都与任命他们的总统的预期一致。几乎可以肯定，斯蒂文斯、苏特与金斯伯格三人最有可能在不久的将来离开，他们的继任者仍将延续这一规律。

恰如其分。卡斯·吉尔伯特设计的台阶，在某种意义上象征着 340
人们的宏大想象——最高法院凌驾于芸芸众生之上，在更高层面上裁断是非曲直。但是，最高法院本身就是民主过程的产物，用句或许有些冷酷的话说，它既代表着最好的人的利益，也代表着最坏的人的利益。对我们的最高法院，我们无须寄予太多期望，也不能完全不抱希望。

# 致　谢

这本书之所以得到很大程度的改观，得益于菲利斯·格拉恩严谨、娴熟的编辑工作。我还要感谢双日出版社的凯瑞恩·马库斯、托德·道蒂、罗斯林·施洛斯、丽贝卡·荷兰、迈克尔·科利卡、贝特·亚历山大以及老板斯蒂芬·鲁宾。再次感谢我的版权代理人埃斯特·纽伯格，他一直给予我正确指引。同时还要感谢圣约翰大学法学院的约翰·Q. 巴雷特与艾金和冈波律师事务所的汤姆·戈德斯坦对初稿提出的宝贵意见，谢谢丹·考夫曼在事实核查方面给予我的帮助。

对于能效力于《纽约客》杂志，我深感荣幸，戴维·雷姆尼克编辑为人慷慨，是我忠诚的朋友。能与多萝西·威肯登、艾米丽·埃金和杰弗里·弗兰克共事，是我人生一大乐事。在美国有线电视新闻网，我很幸运地拥有着乔恩·克莱因与比尔·米尔斯这样的同事，感谢他们对我的支持。

整个世界杯期间，我都埋首于这本关于最高法院的新书的创作，但是，与儿子亚当相处，是本书创作过程中最精彩的体验。与女儿的交谈无疑也是让我接受继续教育的一个过程，我们讨论法律、政治以及其他各种话题。与孩子们的母亲艾米·麦金托什相处的日子，是我生活中最重要的时光。

# 注　释

本书的基本素材，来自对若干位大法官以及超过75名法官助理的采访。采访以不具名形式进行，也就是说，我可以直接引用他们提供的信息，但不得透露信息源。

我的创作同样参考了与最高法院相关的诸多文字资料。我引用了不少文献及著作，也从最高法院记者团成员那里获益匪浅，尤其是琳达·格林豪斯、莱尔·丹尼斯顿、查克·莱恩、戴利亚·利思威克、托尼·莫罗、戴维·萨维奇和尼娜·托滕伯格的报道。感谢最高法院公共信息办公室的凯西·阿伯格、帕特丽夏·麦凯布和埃德·特纳，以及他们完美的官方网站：www.supremecourtus.gov。与许多同时代的学生一样，我曾经在国会图书馆认真研读过关于布莱克门大法官的文献，关于凯西案判决的讨论多半取材于这些无价之宝。

幸运的是，最高法院的判决现在都已被上传到互联网。通过康奈尔大学的网站：http：//supct.law.cornell.edu/supct/index.html，可以轻松查阅到它们。如果想查阅最高法院言词辩论环节的书面记录与现场录音，可以登录西北大学教授杰瑞·高曼创办的网站：http：//www.oyez.org。相关个人博客当中，较权威的是：http：//

www.scotusblog.com，信息量比较大的是：http：//howappealing.law.com，内容非常有吸引力，但不被重视的则是：http：//underneaththeirrobes.blogs.com。我同样很感谢罗伯特·布朗宁博士和他在公共事务有线电视网的同事们，谢谢他们把自己的工作成果与我分享。

### 序篇：台阶

第 1 页[1] 建筑师卡斯·吉尔伯特：Paul Byard, "Supreme Court Architecture," lecture, Supreme Court Historical Society, U.S. Supreme Court, March 24, 1999; Fred J. and Suzy Maroon, *Supreme Court*, chs. 1–2; William H. Rehnquist, *Supreme Court*, pp.100–102; Leo Pfeffer, *Honorable Court*, p.69.

### 第 1 章 联邦党人的思想战

第 13 页 他们最终还是选择了一个更具古典意味的名称——联邦主义者协会（Federalist Society）：George W. Hicks, "The Conservative Influence of the Federalist Society on the Harvard Law School Student Body," *Harvard Journal of Law and Public Policy* 29(2006), p.648.

第 15 页 保守派人士忽然开始质疑联邦政府干涉各州事务的行为：Cass R. Sunstein, *Radicals in Robes*, and Jeffrey Rosen, "The Unregulated Offensive," *New York Times Magazine*, April 17, 2005.

第 15 页 1982 年……耶鲁……演讲：Hicks, "Conservative Influence," p.649.

---

1 注释条目前的页码均为英文原著页码，见本书边码，以下不再一一注明。

第 19 页　“反对至最后一人”：Ethan Bronner, *Battle for Justice*, p.312.

第 21 页　白宫幕僚长约翰·苏努努曾向总统承诺：Jane Mayer and Jill Abramson, *Strange Justice*, p.13.

## 第 2 章　善恶之争

第 25 页　“它们都咬人。”Mayer and Abramson, *Strange Justice*, p.16.

第 28 页　“明尼苏达双胞胎”：Linda Greenhouse, *Becoming Justice Blackmun*, p.63.

第 29 页　当时资历最老的大法官威廉·O. 道格拉斯：Bob Woodward and Scott Armstrong, *The Brethren*, p.170.

第 29 页　斯图尔特非常热情地回应：J. Anthony Lukas, “The *Playboy* Interview: Bob Woodward,” *Playboy*, Feb. 1989.

第 29 页　“一针见血！”Joan Biskupic, *Sandra Day O'Connor*, p.158.

第 31 页　伯格曾送他一顶大礼帽作为礼物：Greenhouse, *Becoming Justice Blackmun*, p.56.

第 31 页　“简直像个乡巴佬。”John W. Dean, “The Rehnquist Choice,” p.86.

第 32 页　“屋子外面很吵”：Bonnie Goldstein, “Rehnquist's Skeletons,” *Slate*, Jan. 16, 2007, www.slate.com/id/2157684.

第 33 页　伦奎斯特曾计划：Mayer and Abramson, *Strange Justice*, pp.349–350.

第 33 页　《华盛顿邮报》决定放弃该选题，不再追踪报道这一事件：同注，第 350 页。

### 第 3 章　待决问题

第 38 页　风笛伴奏：Biskupic, *Sandra Day O'Connor*, pp.31-32, 51.

第 39 页　针对这项在亚利桑那州地区停止将堕胎行为作为犯罪的提案，奥康纳在委员会内投了赞成票：同上，第 58 页。

第 40 页　一位名叫肯尼斯·斯塔尔的年轻法务助理：David J. Garrow, "The Unlikely Center," *New Republic*, Feb. 28, 2006.

第 40 页　最为大胆的诉讼策略：Edward Lazarus, *Closed Chambers*, pp. 459–486; Greenhouse, *Becoming Justice Blackmun*, pp.199–206.

第 41 页　将凯西案从大法官们每周例会要讨论的调卷令申请列表上拿掉了：关于伦奎斯特如何艰难地试图拖延凯西案是有一些争议的。布莱克门显然认为首席大法官试图在大选前拖时间。见 David J. Garrow, "Dissenting Opinion," *New York Times Book Review*, April 19, 1998。

第 43 页　苏特好像并未打算在第一年就投入工作：David J. Garrow, "Justice Souter Emerges," *New York Times Magazine*, Sept. 25, 1994.

第 44 页　享受孤独：Garrow, "The Unlikely Center."

### 第 4 章　三驾马车

第 53 页　导致南北战争的爆发：David G. Savage, "The Rescue of *Roe v. Wade*," *Los Angeles Times*, Dec. 13, 1992.

第 53 页　"那些我们内心并不喜欢的判决"：Lazarus, *Closed*

*Chambers*, p.471.

第 54 页　“哇！真够极端的！”Greenhouse, *Becoming Justice Blackmun*, p.203.

第 54 页　信是一位修女写的：Savage, “The Rescue of *Roe v. Wade*.”

第 55 页　正当与合法：Greenhouse, *Becoming Justice Blackmun*, p.204.

第 55 页　偶尔一起结伴慢跑：Unlikely jogging partners: Savage, “The Rescue of *Roe v. Wade*.”

第 56 页　“我想宪法是啥样，宪法就是啥样！”Margaret Talbot, “Supreme Confidence,” *New Yorker*, March 28, 2005, p.42.

第 56 页　法官在任何时候都不应该对自己判决的正确性产生怀疑：Mark Tushnet, *A Court Divided: The Rehnquist Court and the Future of Constitutional Law*, p.215.

第 57 页　他需要在大法官们走进审判庭前好好“沉思”：Terry Carter, “Crossing the Rubicon,” *California Lawyer*, Oct. 1992.

## 第 5 章　博大胸怀

第 64 页　科莫给克林顿传真了一封信：George Stephanopoulos, *All Too Human: A Political Education*, pp.167–168.

第 67 页　吉尼尔的提名也闹得沸沸扬扬：John F. Harris, *The Survivor: Bill Clinton in the White House*, p.60.

第 69 页　金斯伯格并不像其他法官那样，对法官助理关于工作负担太重的抱怨给予太多同情：参见 http：//www.oyez.org/oyez/resource/legal_entity/107/biography。

第 71 页　我们必须确定答案是 Yes，而非其他：Stephanopoulos,

*All Too Human*, pp.170–171. 参 见 Henry J. Abraham, *Justice*, *Presidents*, *and Senators*, pp.315–320。

第 72 页　露丝 · 巴德 · 金斯伯格一直在为女权而斗争：Roger K. Newman, “President Clinton’s Supreme Court Appointments,” lecture, Hofstra University, Nov. 11, 2005.

第 73 页　他认为民主党内只有自己能够保住纽约州州长职位：David Remnick, “Negative Capability,” *The New Yorker*, Nov. 27, 1995, p.44.

## 第 6 章　流亡者归来？

第 76 页　布雷耶对一群来访的俄罗斯法官发表的一番风趣演讲：Newman, “President Clinton’s Supreme Court Appointments.”

第 77 页　“需要我帮你摇旗呐喊，夸耀你有多么厉害吗？”同上。

第 79 页　克林顿请幕僚让自己独处一会儿：同上。

第 79 页　继续献身于司法事业：见 Morris Sheppard Arnold, “A Tribute to Richard S. Arnold,” *Arkansas Law Review* 58(2005): 481, 482。

第 82 页 《 规 制 》 杂 志：Douglas H. Ginsburg, “Delegation Running Riot,” *Regulation* 18, no.1(1995).

## 第 7 章　福音派反击战

第 87 页　“除我以外，你不可有别的神”：参见 Noah Feldman, *Divided by God*, pp.151ff. 对此的讨论。

第 89 页　律所不得不宣布破产：Tony Mauro, “Jay Sekulow’s Golden Ticket,” *Legal Times*, Oct. 31, 2005.

第 93 页　“搞错了”：Jeanne Cummings, “In Judge Battele, Mr.

Sekulow Plays a Delicate Role," *Wall Street Journal*, May 17, 2005.

第 96 页　一些市民组织：Biskupic, *Sandra Day O'Connor*, pp.282–286.

## 第 8 章　格格不入

第 102 页　托马斯要求新任法官助理：Kevin Merida and Michael Fletcher, *Supreme Discomfort: The Divided Soul of Clarence Thomas*, p.163.

第 102 页　判决作出许多年后，那起案件中的原告威廉·海尔斯仍然卧床不起：Tony Mauro, "Decade after Confirmation, Thomas Becoming a Force on High Court," *Legal Times*, Aug. 20, 2001.

第 104 页　母亲实在无法独立抚养四个孩子：同上，第 39 页。

第 104 页　"轮胎上的公寓"：Merida and Fletcher, *Supreme Discomfort*, p.340.

第 105 页　"普遍靠不住"：Diane Brady, "Supreme Court Justice Clarence Thomas Speaks," *Business Week*, March 12, 2007.

第 111 页　托马斯不愿出席电视台的早间新闻访谈节目：David D. Kirkpatrick with Linda Greenhouse, "Memoir Deal Reported for Justice Thomas," *New York Times*, Jan. 10, 2003.

第 111 页　价值 42 200 美元的礼物：Richard A. Serrano and David G. Savage, "Justice Thomas Reports Wealth of Gifts," *Los Angeles Times*, Dec. 31, 2004.

## 第 9 章　向左走，向右走

第 117 页　克林顿一直辩称自己根本就不记得遇到过这个年

轻女人：当然，可能琼斯和克林顿都撒了谎，他们之间发生了彼此同意的性接触。见拙著 *A Vast Conspiracy: The Real Story of the Sex Scandal That Nearly Brought Downa President*, p.158。

第 123 页　杰弗里·罗森曾写道，他（伦奎斯特）曾经写过一首歌：Jeffrey Rosen, "Rehnquist the Great？" *Atlantic Monthly*, April 2005.

## 第 10 章　保守主义节节败退的一年

第 125 页　抽取的很少一部分财富：关于塞库洛的财务安排，见 Mauro, "Jay Sekulow's Golden Ticket"。

第 132 页　一位匿名检举者将一份医学报告交到全国生命权利委员会的超级说客道格拉斯·约翰逊手中：有关"局部生产"堕胎的立法，见 Chris Black, "The Partial-Birth Fraud," *American Prospect*, Fall 2001。

## 第 11 章　危机边缘

第 142 页　当瑞金斯开始他短暂的演艺生涯时，奥康纳还派人送去一打玫瑰：Biskupic, *Sandra Day O'Connor*, pp.167–168.

第 143 页　斯托塞尔精心策划了这次派对：见 Jeffrey Toobin, *Too Close to Call: The Thirty-Six-Day Battle to Decide the 2000 Election*, pp.248–249; Evan Thomas and Michael Isikoff, "The Truth Behind the Pillars," *Newsweek*, Dec. 25, 2000; Jess Bravin et al., "For Some Justices, the Bush-Gore Case Has a Personal Angle," *Wall Street Journal*, Dec. 20, 2000; Biskupic, Sandra Day O'Connor, pp.308–309。

第 143 页　深藏不露：Biskupic, *Sandra Day O'Connor*, pp.31, 293.

## 第 12 章　紧锣密鼓

第 156 页　许多助理都认为自己的作用非常重要：有关法官助理所起作用的一个现实的、温和的观点，见 Emily Bazelon and Dahlia Lithwick, “Endangered Elitist Species,” *Slate*, posted June 13, 2006, http：//www.slate.com/id/2143628/, which discusses Todd C. Peppers, *Courtiers of the Marble Palace*, and Artemus Ward and David L. Weiden, *Sorcerers' Apprentices*。

第 164 页　请确保我方无人批评最高法院：有关布什和戈尔团队在布什诉戈尔案中的行动细节，参见拙著 *Too Close to Call* 第 15 和第 16 章。

## 第 13 章　最终输家

第 167 页　金斯伯格的一名助理：David Margolick et al., “The Path to Florida,” *Vanity Fair*, Oct. 2004; Toobin, *Too Close to Call*, chs.15–16.

第 172 页　大选后如何计票：参见，例如 Jack Balkin, “*Bush v. Gore* and the Boundary between Law and Politics,” *Yale Law Journal* 110(2001): 1407。

第 172 页　正如无数评论者后来指出的：就一个晚近的案件来说，布什诉戈尔案已经引发了广泛的研究。参见，例如 Bruce Ackerman, ed., *Bush v. Gore: The Question of Legitimacy*, New Haven: Yale University Press, 2002; E. J. Dionne Jr. and William Kristol, eds., *Bush v. Gore: The Court Cases and the Commentary*, Washington: Brookings Institution Press, 2001; Richard A. Posner, *Breaking the Deadlock*, Princeton: Princeton University Press, 2001; Cass R.

Sunstein and Richard A. Epstein, eds., *The Vote: Bush, Gore & the Supreme Court*, Chicago: University of Chicago Press, 2001。

第 175 页　记者们的困惑可以想见：为公正起见，我应该说明，我本人正是那些试图在电视直播中解释最高法院判决的记者之一。

第 176 页　对 6 万张漏选票的重新清点：大选之后，包括《纽约时报》与《华盛顿邮报》在内的八家媒体，在全国舆论研究中心的指导下，对佛罗里达州的选票进行了最全面的清点。详情可见"媒体重新计票"一文，载 http：//www.norc.org/fl/voting.asp。计票者清点了全州 175 010 张漏选票与重复选票。正如大家事先预想的那样，如果在全州范围内重新计票，媒体的重新计票结果显示，戈尔将赢得佛州；如果最高法院仅允许在个别有争议的县区重新计票，结果显示布什将获胜。与官方统计结果一样，媒体重新计票的结果表明，候选人选票之间的差距微乎其微，不过一百多张而已。不过，这次计票并未清点那些已统计过的选票，更别说确认某些模棱两可的选票了。总之，公允地讲，人们已经无法获知，如果最高法院允许重新计票继续进行，布什与戈尔究竟谁将成为最后的胜者。

## 第 14 章　开放年代

第 184 页　一位最高法院大法官与外国同行们轻松交流的地方：Anne-Marie Slaughter, *A New World Order*, ch.2.

第 187 页　刘易斯·鲍威尔大法官与他的法官助理小卡贝尔·奇尼斯，围绕鲍尔斯诉哈德威克案进行了一段不寻常的谈话：John C. Jeffries Jr., *Justice Lewis F. Powell Jr*. 参见 Joyce Murdoch and Deb Price, *Courting Justice: Gay Men and Lesbians v. the Supreme Court*, pp.272–275。

## 第 15 章　法律文化

第 199 页　“他面前总放着一本书。” Talbot, “Supreme Confidence.”

第 202 页　黑鹰直升机：David G. Savage and Richard A. Serrano, “Scalia Was Cheney Hunt Trip Guest; Ethics Concern Grows,” *Los Angeles Times*, Feb. 5, 2004; Adam Nossiter, Associated Press Wire, Feb. 5, 2004.

## 第 16 章　演讲之前，说点什么

第 208 页　指定由奥康纳撰写法院判决书：参见 Biskupic, *Sandra Day O'Connor*, pp.205–208; David G. Savage, *Turning Right: The Making of the Rehnquist Supreme Court*, pp.239–243; Lazarus, *Closed Chambers*, pp.291–299。

第 211 页　评估标准：Nicholas Lemann, “The Empathy Defense,” *New Yorker*, Dec. 18, 2000, p.46.

第 211 页　芭芭拉·格鲁特是加尔文基督教改革教会一位牧师的 9 个孩子之一：同上，第 48 页。

## 第 17 章　绿皮意见书

第 227 页　22 起中的 4 起：一般介绍，见 “The Liberal Legacy of *Bush v. Gore*,” *Georgetown Law Journal* 94(2006): 1427。

## 第 18 章　“我们行政分支不会这么做”

第 229 页　被告律师的做法与密歇根大学的律师在种族平权措施案件中的努力迥然不同：来自原告视角的对诉讼的详细描述，见

Joseph Margulies, *Guantánamo and the Abuse of Presidential Power*。

第 232 页　“这些照片被证明是最强有力的‘法院之友’意见书”：同上，第 152—153 页。没有证据表明克莱门特知道酷刑的事。

第 234 页　后来更名为芝加哥希尔顿大酒店：有关斯蒂文斯与宾馆的关系，见 Charles Lane, “Justice on a Small Scale,” *Washington Post*, June 5, 2005。

第 237 页　最高法院再没有那么做过：参见 Simon Lazarus, “Federalism RIP？” *DePaul Law Review* 56(2006): 1, 30–35。

## 第 19 章　转折年代

第 242 页　与他 1997 年 1 月 20 日在比尔·克林顿的就职典礼上说的那句模棱两可的“好运”相比，这句话的含义自然大不相同：Linda Greenhouse, “The Inauguration: Ailing Chief Justice Makes Good His Promise,” *New York Times*, Jan. 21, 2005.

第 244 页　“法士达和轻松乐事”：Biskupic, *Sandra Day O’Connor*, p.249.

## 第 20 章　出自上帝的“G”

第 268 页　米兰达不过是个酷爱炫耀的博主：参见 Michael Crowley, “Miranda Rights,” *New Republic*, July 25, 2005; Alexander Bolton, “Fall and Rise of Miranda,” *Hill*, Nov. 9, 2005。

## 第 21 章　罗伯茨法院

第 277 页　决定启动相关运作程序：Peter Baker, “Unraveling the Twists and Turns of the Path to a Nominee,” *Washington Post*, July 25,

2005.

第 283 页　里德在这个夏天还说过另外一些话：Elsa Walsh, “Minority Retort,” *New Yorker*, Aug. 8 and 15, 2005, p.42.

### 第 22 章　“我了解她的想法”

第 286 页　在洛克、里德尔和萨普律师事务所任职，一干就是 24 年：J. Michael Kennedy et al., “Few Clues to Miers’ Convictions,” *Los Angeles Times*, Oct. 6, 2005.

第 287 页　“哈里特就是最好的证明。”同上。

第 289 页　赫克特本人也将在次日举行的，多位福音派领导人参加的会议上发言：John Fund, “Judgment Call,” Opinionjournal.com, Oct. 17, 2005.

第 291 页　“我相信她会那样做。”同上。

第 293 页　“魅力过人”：Dana Milbank, “The Sales Calls Begin on Capitol Hill, but Some Aren’t Buying,” *Washington Post*, Oct. 6, 2005.

第 293 页　基于他对被提名人的了解：Peter Baker and Dan Balz, “Conservatives Confront Bush Aides,” *Washington Post*, Oct. 6, 2005.

### 第 23 章　山雨欲来

第 307 页　迪莱与约翰·科宁分别在众议院与参议院四处活动：Mike Allen and Charles Babington, “House Votes to Undercut High Court on Property,” *Washington Post*, July 1, 2005.

### 第 24 章　“我从过去到现在一直都是……”

第 311 页　他有机会被提升为主管法律顾问办公室的副助理司

法部长：Jo Becker and Dale Russakoff, “Proving His Mettle in the Reagan Years,” *Washington Post*, Jan. 9, 2006.

第 314 页　尼斯相信，阿利托必将成为推翻罗伊案及其他一系列民权判决的领军人物，必须阻止他进入最高法院：Lois Romano and Juliet Eilperin, “Republicans Were Masters in the Race to Paint Alito,” *Washington Post*, Feb. 2, 2006.

第 320 页　挑战的就是这种军事法庭审理机制：参见 Nina Totenberg, profile of Neal Katyal, National Public Radio, http：//www.npr.org/templates/story/story.php? storyld=575135。

## 第 25 章　司法最低限度主义？

第 325 页　“是否应……推翻格鲁特诉博林杰案？”：2006 年 7 月，密歇根州选民通过了一项新的公共方案，方案推翻了最高法院在格鲁特案中认可的大学种族平权行动计划。保守派领导人沃德·康奈利率众群起反对，试图终结对少数族裔学生的优惠政策。这项名为第二议案的新方案，已经对法院判决构成了挑战。

第 331 页　最高法院的内部分化已经到了前所未有的地步：所有数据来自 Scotusblog 的权威编纂。参见 http：//www.scotusblog.com/movable type/archives/MemoOT06.pdf。

第 333 页　一个问题都没问：根据麦克莱齐报业集团的迈克尔·道尔本年度对言词辩论书面记录所做的年度统计，布雷耶发言最多，共说了 34 937 个单词，其次是斯卡利亚，30 087 个。阿利托发言字数名列倒数第二，5 674 个，托马斯仍然一言不发。参见 http：//www.mcclatchydc.com/201/story/16193.html。

## 尾声：被封闭的台阶

第 338 页 “我们很少有可能直接判定最高法院一个宪法性判决的是非对错”：Richard A. Posner, “The Supreme Court 2004 Term — Foreword: A Political Court,” 119 *Harvard Law Review* 31(2005).

# 参考书目

Abraham, Henry J. *Justices, Presidents, and Senators*. Rev. ed. New York: Rowman and Littlefield, 1999.

Amar, Akhil Reed. *America's Constitution: A Biography*. New York: Random House, 2005.

Atkinson, David N. *Leaving the Bench: Supreme Court Justices at the End*. Lawrence: University Press of Kansas,1999.

Biskupic, Joan. *Sandra Day O'Connor: How the First Woman on the Supreme Court Became Its Most Influential Justice*. New York: Ecco Books, 2005.

Bork, Robert H. *The Tempting of America: The Political Seduction of the Law*. New York: Free Press, 1990.

Breyer, Stephen. *Active Liberty: Interpreting Our Democratic Constitution*. New York: Alfred A. Knopf, 2005.

Bronner, Ethan. *Battle for Justice: How the Bork Nomination Shook America*. New York: W. W. Norton, 1989.

Clinton, Bill. *My Life*. New York: Alfred A. Knopf, 2004.

Dean, John W. *The Rehnquist Choice: The Untold Story of the Nixon Appointment That Redefined the Supreme Court*. New York: Free Press, 2001.

Feldman, Noah. *Divided by God: America's Church-State Problem — and What We Should Do about It*. New York: Farrar, Straus and Giroux, 2005.

Foskett, Ken. *Judging Thomas: The Life and Times of Clarence Thomas*. New York: Harper Perennial, 2005.

Garbus, Martin. *Courting Disaster: The Supreme Court and the Unmaking of American Law*. New York: Times Books, 2002.

Greenburg, Jan Crawford. *Supreme Conflict*. New York: Penguin Books, 2007.

Greenhouse, Linda. *Becoming Justice Blackmun: Harry Blackmun's Supreme Court Journey*. New York: Times Books, 2005.

Gunther, Gerald. *Learned Hand: The Man and the Judge*. New York: Alfred A. Knopf, 1994.

Harris, John F. *The Survivor: Bill Clinton in the White House*. New York: Random House, 2005.

Harris, Richard. *Decision*. New York: E.P. Dutton, 1971.

Jeffries, John C. Jr. *Justice Lewis F. Powell Jr*. New York: Fordham University Press, 2001.

Klarman, Michael J. *From Jim Crow to Civil Rights: The Supreme Court and the Struggle for Racial Equality*. New York: Oxford University Press, 2004.

Kramer, Larry D. *The People Themselves: Popular Constitutionalism and*

*Judicial Review*. New York: Oxford University Press, 2004.

Lazarus, Edward. *Closed Chambers: The Rise, Fall, and Future of the Modern Supreme Court*. New York: Penguin Books, 1999.

Margulies, Joseph. *Guantánamo and the Abuse of Presidential Power*. New York: Simon and Schuster, 2006.

Maroon, Suzy, and Fred J. Maroon. *The Supreme Court of the United States*. New York: Thomasson-Grant and Lickle, 1996.

Mayer, Jane, and Jill Abramson. *Strange Justice: The Selling of Clarence Thomas*. Boston: Houghton Mifflin, 1994.

McElroy, Lisa Tucker. *John G. Roberts, Jr.* Minneapolis: Lerner Publications, 2007.

Merida, Kevin, and Michael Fletcher. *Supreme Discomfort: The Divided Soul of Clarence Thomas*. New York: Doubleday, 2007.

Murdoch, Joyce, and Deb Price. *Courting Justice: Gay Men and Lesbians v. the Supreme Court*. New York: Basic Books, 2001.

Murphy, Bruce Allen. *Wild Bill: The Legend and Life of William O. Douglas*. New York: Random House, 2003.

O'Brien, David M. *Storm Center: The Supreme Court in American Politics*. 6th ed. New York: W.W. Norton, 2003.

Peppers, Todd C. *Courtiers of the Marble Palace: The Rise and Influence of the Supreme Court Law Clerk*. Stanford: Stanford University Press, 2006.

Pfeffer, Leo. *This Honorable Court*. Boston: Beacon Press, 1965.

Posner, Richard A. *Not a Suicide Pact: The Constitution in a Time of National Emergency*. New York: Oxford University Press, 2006.

Rehnquist, William H. *The Supreme Court: How It Was, How It Is*. New York: William Morrow, 1987.

Rosen, Jeffrey S. *The Most Democratic Branch: How the Courts Serve America*. New York: Oxford University Press, 2006.

——. *The Supreme Court*. New York: Times Books, 2007.

Savage, David G. *Turning Right: The Making of the Rehnquist Supreme Court*. New York: John Wiley and Sons,1993.

Scalia, Antonin. *A Matter of Interpretation: Federal Courts and the Law*. Princeton: Princeton University Press, 1997.

Schwartz, Bernard. *A History of the Supreme Court*. New York: Oxford University Press, 1993.

Simon, James F. *The Center Holds: The Power Struggle Inside the Rehnquist Court*. New York: Simon and Schuster, 1995.

Slaughter, Anne-Marie. *A New World Order*. Princeton: Princeton University Press, 2004.

Starr, Kenneth W. *First among Equals: The Supreme Court in American Life*. New York: Warner Books, 2002.

Stephanopoulos, George. *All Too Human: A Political Education*. Boston: Little, Brown, 1999.

Stohr, Greg. *A Black and White Case: How Affirmative Action Survived Its Greatest Legal Challenge*. Princeton: Bloomberg Press, 2004.

Stone, Geoffrey R. *Perilous Times: Free Speech in Wartime*. New York: W. W. Norton, 2004.

Sunstein, Cass R. *One Case at a Time: Judicial Minimalism on the Supreme Court*. Cambridge: Harvard University Press, 1999.

——. *Radicals in Robes: Why Extreme Right-Wing Courts Are Wrong for America*. New York: Basic Books, 2005.

Toobin, Jeffrey. *Too Close to Call: The Thirty-Six-Day Battle to Decide the 2000 Election*. New York: Random House, 2001.

Tribe, Laurence H. *God Save This Honorable Court: How the Choice of Supreme Court Justices Shapes Our History*. New York: Random House, 1985.

Tushnet, Mark. *A Court Divided: The Rehnquist Court and the Future of Constitutional Law.* New York: W.W. Norton, 2005.

Ward, Artemus, and David L. Weiden. *Sorcerers' Apprentices: 100 Years of Law Clerks at the United States Supreme Court.* New York: New York University Press, 2006.

Woodward, Bob, and Scott Armstrong. *The Brethren: Inside the Supreme Court*. New York: Simon and Schuster, 1979.

Yarbrough, Tinsley E. *David Hackett Souter: Traditional Republican on the Rehnquist Court.* New York: Oxford University Press, 2005.

# 索 引

（说明：条目后的数字为英文原著页码，见本书边码）